中國學術思想 研究輯刊

六 編

林慶彰 主編

第6冊

《老子》「嗇」字的義理分析——
由「斂嗇」到「儉嗇」之角度對老子思想體系進行重建

陳育民 著

花木蘭文化出版社

國家圖書館出版品預行編目資料

《老子》「嗇」字的義理分析──由「斂嗇」到「儉嗇」之角度
對老子思想體系進行重建／陳育民 著 ── 初版 ── 台北縣永和
市：花木蘭文化出版社，2009〔民 98〕
序 4+ 目 4+256 面；19×26 公分
（中國學術思想研究輯刊 六編：第 6 冊）
ISBN：978-986-254-057-2（精裝）
1.（周）李耳 2. 老子 3. 學術思想 4. 研究考訂
121.317　　　　　　　　　　　　　　　　　98015148

ISBN - 978-986-2540-57-2

9 789862 540572

中國學術思想研究輯刊
六 編 第 六 冊　　　　　　ISBN：978-986-254-057-2

《老子》「嗇」字的義理分析──
由「斂嗇」到「儉嗇」之角度對老子思想體系進行重建

作　　者　陳育民
主　　編　林慶彰
總 編 輯　杜潔祥
出　　版　花木蘭文化出版社
發 行 所　花木蘭文化出版社
發 行 人　高小娟
聯絡地址　台北縣永和市中正路五九五號七樓之三
　　　　　電話：02-2923-1455／傳眞：02-2923-1452
網　　址　http://www.huamulan.tw 信箱 sut81518@ms59.hinet.net
印　　刷　普羅文化出版廣告事業
封面設計　劉開工作室
初　　版　2009 年 9 月
定　　價　六編 30 冊（精裝）新台幣 50,000 元　　　版權所有‧請勿翻印

《老子》「嗇」字的義理分析——
由「斂嗇」到「儉嗇」之角度對老子思想體系進行重建

陳育民　著

作者簡介

　　陳育民，臺灣臺北人，西元 1981 年 5 月 1 日生。畢業於國立中正大學中國文學系、國立彰化師範大學國文學系碩士班，現就讀於國立暨南國際大學中國語文學系博士班。

　　曾參加財團法人三清道家道教文化基金會主辦之「第四屆 2005 年三清青年學者道家道教學術論文發表會暨論文比賽」獲頒「碩士生道家類第三名」。目前已發表「老子」相關論文十餘篇。

　　如今博士論文研究方向將以解決碩士論文中的未竟之處開始，也即是將焦點擺在再持續探索「老子」領域裡還應具備重要意義，但卻仍被漠視而個人以為急待開發的幾個關鍵性問題之上。最終，吾人期待如此不僅可彌補碩士論文未竟之憾，而完整還出老子思想最可能的原來面目，也藉以提供日後一己「老學史」研究時的扎實基礎。

提　　要

　　本文從考察《老子》中至今仍未受重視的「嗇」此一觀念開始，以至於逐步建構出以「嗇」為中心觀念的老子思想新體系為結束。而本文重點在於發現若將《老子・五十九章》中之「嗇」字，放在《老子》全書中觀察，也即是由「以老解老」的方法來考慮，今可得出「嗇」字於老子思想中具備歸結全書大部份思想篇幅理論的關鍵地位，與蘊含豐富意義。又，此豐富意義還是源自老子由「農」而來的一套世界觀。本文最終就是以「嗇」為中心觀念，而由「斂嗇」到「儉嗇」之角度對老子思想體系進行重建。

　　本文第一章為緒論，其中即對研究動機、前人研究成果、研究方法、研究檢驗標準、研究目的、研究所據版本與步驟作一交待。第二章乃以「老子其人其書及其環境與經歷對老子提出『嗇』的影響」為題，試圖在今日諸多新資料、新研究的基礎上，先對老子其人其書作出定位，以便用來回應本文視《老子》五千餘言為老子親著之一個整體的態度，之後再據此而由「思想史的進路」仔細探討老子所處特定環境與經歷，對老子提出「嗇」有何決定性影響。第三至五章則由三種面向以對「嗇」字作一仔細、嚴密且全面的考察與分析。其中，在第五章裡更是得出《老子》中「嗇」字，具備歸結全書大部份思想篇幅理論的關鍵地位，與蘊含四種豐富意義。第六至七章，即是本文正式由「嗇」為中心觀念統貫《老子》中其它觀念，以開展老子思想新體系的主要環節。而在前面第五章最後所歸納出「嗇」字的四種意義，將分別被歸入第六章「斂嗇」與第七章「儉嗇」的範圍。第六至七章便按照邏輯順序而從「斂嗇」到「儉嗇」的角度，逐步開展老子思想新體系。在第七章最後也順勢帶出老子思想的目標。第八章乃全文結論及檢討，首先是綜述本文研究成果，其次點出老子思想根源性之問題，與對本文作一自我檢討。

　　本文最終就以「嗇」為中心觀念，而由「嗇」所具備的四種意義，統貫《老子》中諸多觀念以逐步按照邏輯推論開展一套老子思想新體系，故以「嗇」為老子思想體系之中心觀念的嘗試，確實已有被開發的空間。而這當是再提出一套老子以「嗇」作為回應「周文疲弊」一挑戰之智慧，本文也期以此嶄新思維，能刺激當代老學界不斷反省對老子思想體系固有之見解，以重新思考對老子思想體系之中心觀念的說法，是否也「莫若嗇」呢？如果說本文在日後能逐漸被確立此乃對老子思想詮釋一個更完善之架構，無疑將是本文研究價值的重要體現之處。

誌　謝　辭

　　從大學開始接觸老子思想，直到這本論文的完成，竟也已過了六年。這六年來由於興趣的關係，學生可說是上癮式地經營「老子」這塊園地，如今回想起來，學生在此期間最常做的事情，在外人看來似乎只是對著《老子》原典「發呆」。然而，若沒有相同經驗的人，可能真的很難想像學生腦海裡正在進行著無數次翻轉——其實這是我最快樂的時間。

　　而在學生將腦海中所翻轉之一切，陸續訴諸於文字的過程中，每當遇到問題，總因學生個性內向又不善交際的關係，故而始終不敢向老學界的大家們請益。所幸，業師周益忠教授雖然公務繁忙，但仍舊盡量騰出時間予以學生指導，並時常以「繼續加油」一語不斷鼓勵學生，還給予學生莫大空間以自我揮灑，這些在在都使學生相當感動而對業師充滿感激之情。

　　口考時，則要感謝在治學方法上啓迪學生良多的張師麗珠，與遠道而來的莊耀郎教授，願意細心研讀學生論文，並提供許多具體想法與建議，以激盪學生再思索的可能，皆讓學生受益匪淺、深為敬佩，日後自當持續精進以答謝二位先生的不吝指教。

　　另外，碩士班與大學期間也曾給予學生啓蒙與教誨的吳師有能、陳師金木、莊師雅州、劉師文起、謝師大寧及周師天令，雖然這些師長可能不知其曾啓發過學生，甚至如前所說由於學生個性內向且不善交際，因此自己對這些師長來說或許印象模糊，不過在這裡學生仍想表達我對老師們的感激，是以在此也一併致謝。

　　總之，若沒有以上諸位師長的幫助，學生恐難游刃於「老子」這塊領域，更遑論本論文得以完成。

　　最後，學生仍只能以滿懷感謝的心，再次答謝上述師長曾給予學生的恩惠，而此恩惠，實已非筆墨所能道盡矣。

民國九十六年十月
陳育民謹識於臺北

目

次

周師益忠推薦序

　　世之說老子者恆言其「無為」、「不爭」、「虛靜」，或者將「柔弱勝剛強」奉為圭臬，研究者也往往就《道德經》之「無為而無不為」、「道生一、一生二、二生三、三生萬物」等形成體系；但其關鍵所在，尤其道體如何發展為道用，如何由本體論開展出人生觀、政治觀乃至於時代意義等等，也都有待後學者繼續努力。

　　育民君篤靜好學，入白沙山莊，問學於余，余告以學問之道，並以老子思想研究與今之時世相與切磋。育民皆能舉一反三，因以老子之「嗇」字為核心，探討老子思想體系之問題，進行其碩士論文之寫作。

　　育民根據《老子・五十九章》：「治人事天，莫若嗇。夫唯嗇，是謂早服……」的兩個「嗇」字，上下求索，這也是整本《道德經》五千言中僅有的兩個「嗇」字。先就《說文解字》：「嗇，愛濇也」，追溯其本義，並討論到「嗇」字與農業有密切關係，應是「穡」字之古文或本字，點出「嗇」字本乃「斂而藏之」之意，具有「收斂」和「積藏」二義；進而考察「嗇」字還具有「愛惜」和「儉」義。當然也免不了有負面的「貪」、「缺少」、「吝嗇」等意義，其中更以「吝嗇」最為人所熟知，而「嗇」字也因有此負面意義，竟為人所輕忽，研究者殊少。幸有育民此篇論述，自東自西、自古自今，娓娓道來，仔細爬梳，終於還其本來面目，且足以為斯世之借鏡。

　　何以說呢？農業時代的智慧早已為人所鄙視或遺忘。長久以來在工業革命已降的觀念，以消費刺激生產，讓生產者和消費者，資本家和勞工都嘗到甜頭。於是就以為無限的消費，不斷的生產才是經濟繁榮的最佳選擇，什麼凱因斯等等的總體經濟理論，以及今日所謂的全球化，莫不把人類貪婪之心

不斷誘出，像〈創世紀〉中引誘亞當夏娃的蛇一樣。於是人心徹底異化了，不管熱帶雨林的快速消失，地球溫室效應的災難；氣候反常、大地反撲，環保議題並沒有喚醒人類，什麼「京都協議」誰理會呀！「有機械者有機心」的古訓早被嗤之以鼻。人們自以為人定勝天，人是萬能的，只要我喜歡沒有什麼不可以。繼續尋找能源、追求消費，不斷的開發還有揮霍，早把「斂嗇」、「儉嗇」等遺忘的一乾二淨。

但就像〈創世紀〉中神要教訓世人吧！從去年底四面八方席捲而來的金融大海嘯，逼得以前總嫌一天 24 小時不夠用的人，無工可作，無班可上，現在乖乖待在家放無薪假；也讓那些自以為是叫醒太陽的能人，終於可以正眼看日出和日落之美，說不定因此還可體會古人醉飲流霞的奧妙。正因這樣，「節能減碳」的字眼不再是口號，在省錢第一的要求下，它已被時下大家眾善奉行了。資源回收再利用等等「省錢大作戰」的流行，不就是「嗇」字的傳統再現嗎？「收斂」、「積藏」、「愛惜」、「儉」等等「嗇」字的各種意義，人們又省察到它的重要了！於是大地拜此之賜或可得到休養；而人類應也可趁機多眠或生息一陣。總之，那已被異化的心靈終於又找回來了。總要等待海嘯退去，才可能再聽到知更鳥的啼叫吧。因而要想不在此大海嘯中滅頂，學習老子的「嗇」字應是必要的。

而這麼重要的字眼，老子不過稍為點一下，所幸有育民的這一篇義理分析加上思想體系的重建，也讓大家覺知到：在這比千年前大洪水更嚴峻的大海嘯中，老子的「嗇」字恐將是當世唯一的諾亞方舟。古為今用，莫過於此，因而敢向大家推薦。

二○○九年歲次己丑春分
周益忠謹序於白沙山莊

自　序

　　碩士班畢業至今也已一年多，繼續攻讀博士後發覺自己的學術興趣依然無法脫離「老子」這塊領域，當然這無非由於筆者認爲今日對「老子」的研究，還有不少地方仍被漠視而急待開發，比如說在筆者之前對老子所謂「嗇」的研究即是其中明顯一例。是以，本論文的完成無疑展現了一己企圖扭轉長時間以來自囿於權威說法之研究現況，所做的努力。而筆者的這份努力，期望隨著本論文的出版得以開花結果。

　　其實，在出版之前，也許有人會認爲此乃可以讓我再次回頭好好檢視自己論文，並作一番修改的絕佳機會，不過一來由於筆者想盡量保留碩士論文的原來面貌，二來也因自己現今對「老子」的一套想法並未改變，故自然便不存在修改的問題，而只有對一些字句與標點符號的再訂正或再說明。

　　至於說本論文是否有需要補充的地方，大抵只在於「前人研究成果」這個部份。由於從碩士論文提交後，直到最近論文即將付梓前的幾個月，又多出了幾篇在篇名上即可看出應是對老子所謂「嗇」進行說明的論文，其中也有當時未曾提及者，分別是：楊錦桑：〈老子「儉嗇」思想試析〉（「華梵大學哲學系 951 研究生論文發表會」，2006 年 11 月 11 日）、陳蓮笙：〈以「嗇」治人事天〉（收入《和諧世界　以道相通──國際道德經論壇論文集（上）》，北京：宗教文化出版社，2007 年，頁 7～9）、施景鈐：〈治人事天莫若嗇──對張謇取號「嗇庵」之新解〉（《江蘇政協》2008 年第 5 期，頁 24～25）、陳龍：〈以「嗇」治人事天──讀《老子‧五十九章》〉（《玉溪師範學院學報》2008 年第 7 期，頁 9～14）。底下就簡單對這四篇論文做一說明。

　　此四篇論文，乃多以「嗇」爲「儉」義，唯有陳龍先生多提到「嗇」的

「收斂」義,因此大致上來說多出的這四篇仍同於碩士論文中曾提到,是窄化了「嗇」字在《老子》中可有的豐富意涵,當然這本是由於吾人皆未能先對《老子》中「嗇」字意義,進行仔細、嚴密而全面之分析所致。甚至,〈治人事天莫若嗇——對張謇取號「嗇庵」之新解〉此一篇,原先重點就本非放在老子所謂「嗇」字上,而只是借《老子》中「嗇」字的「儉」義,提出他對晚清張謇所以取號「嗇庵」的一己說法。僅以上述說明簡單補充碩士論文「前人研究成果」的部份,而此四篇論文也已補進「參考文獻」之中。

當然,筆者的這本碩士論文也有未竟之處,而現今尋求解答之過程同樣是一條被漠視而急待開發的路,對我而言,「老子」這塊領域的處女地實在還很多……。或許,用盡一輩子的時間我仍舊會有遺憾。

最後,衷心感謝花木蘭文化出版社願意出版敝人的學位論文,以為學界研究參考之用,吾人希望日後不負此乃一篇有貢獻的重要參考著作矣。

民國九十七年十一月

陳育民

陳育民序於南投埔里

第一章　緒　論

第一節　研究動機

　　今日對《老子》一書思想研究，每每將焦點只圍繞於老子所說「道」、「無」、「有」，〔註1〕這些在多數學者認為可等同於西方形而上學的觀念之上。而這些觀念何以反覆受到關注，其因無非在於前賢的重視與大多數學者之認可，並且它們都是《老子》中出現次數較多的觀念。

　　然而，諸多學者共同對某些觀念表達重視的看法，固然對後來的研究者有一定指標性意義，不過，誠如劉笑敢先生所說：「廣泛流行的觀點不一定是正確的」，〔註2〕因此研究者若在研究前就已將自我設限於某一區塊當中，不敢也不能去懷疑所謂權威性說法的話，那麼研究的生機必然將就此乾涸。是以，若要讓研究的生機蓬勃有新意，首要條件便在於是否能「疑」。宋儒張載曾說：「於不疑處有疑，方是進矣」，又說：「在可疑而不疑者，不曾學。學則須疑」，更說：「學貴心悟，守舊無功」。〔註3〕佛教也有謂：「大疑大悟，小疑小悟，不疑不悟」的說法。〔註4〕總之，研究者只要一旦喪失懷疑的能力，那

〔註1〕　關於老子其人其書的問題，詳見本文第二章第一節。

〔註2〕　見劉笑敢：《老子古今——五種對勘與析評引論（上卷）》（北京：中國社會科學出版社，2006年），頁138。

〔註3〕　語分出〈經學理窟三‧義理〉、〈經學理窟四‧學大原下〉、〈經學理窟三‧義理〉。見〔宋〕朱熹註釋：《張子全書》（臺北：臺灣中華書局，1965年《四部備要‧子部》據高安朱氏藏書本校刊），卷6，頁4上；卷7，頁3下；卷6，頁3上。

〔註4〕　見〔宋〕昭如、希陵等嗣法門人編：《雪巖祖欽禪師語錄》（臺北：新文豐出

麼研究的創造性也將在人云亦云當中不復存在。

再者，往往我們也會認為，在某思想家著作中出現次數較多的觀念，就一定是較重要且具關鍵性地位的觀念，相反地，只出現一、二次的觀念，則總是輕易地會被認為是無關緊要者。可是，以出現次數多寡，來判定是否為某思想家所重視的這種做法，雖然相當方便，但卻不可謂是嚴謹的研究態度。試想：吾人真的可以因為某觀念只出現一、二次，而便能不加思索地直接判定此觀念是不重要嗎？出現次數多，當然較有可能是某思想家所重視的觀念，但卻未必定是如此。試看，《老子·二十二章》曾說：「少則得，多則惑」，王弼注曰：「多，則遠其真，故曰惑也；少，則得其本，故曰得也」，〔註5〕多者由於泛濫，每每掩蓋其本，常人見多而不察，不但未得，反而被迷惑以致於離其真。其實，有時越是不被注意甚至幾乎被忽略的觀念，就越可能提供研究者有不同詮釋的契機。而唯有不同詮釋的出現，才能不斷展現「詮釋者心靈的創造力」。〔註6〕

基於此，本文即自覺地秉持懷疑之態度，以仔細考察《老子》中一直不為人重視的幾個觀念。〔註7〕而最為筆者看重的乃是《老子·五十九章》中之「嗇」字。雖然它不過只在《老子》中出現二次，而且還是在同一章中，但吾人若將此「嗇」字放在《老子》全書中觀察，也即是從「以老解老」的方法來考慮，那麼它將具有始終不為人注意的關鍵地位與豐富意義。〔註8〕並且，此豐富意義還是源自老子由「農」而來的一套世界觀，〔註9〕這同樣也是不為老學研究者重視的思考點。〔註10〕此在下面各章中皆會陸續說明，暫不贅。

版公司，1992年《卍續藏經（第一二二冊）》據藏經書院版影印），卷2，頁513。

〔註5〕見〔晉〕王弼注：《集唐字老子道德經注》（臺北：藝文印書館，2001年），頁45。而關於本文研究所據《老子》版本之說明，詳見本章第四節。

〔註6〕見劉固盛：〈經典詮釋與老學研究〉，《洛陽師範學院學報》2006年第1期，頁4。

〔註7〕本文所謂「觀念」，依劉笑敢先生所說：「這裡所謂『觀念』是在觀念的最一般的意義上來使用的，即僅僅把觀念作為思維活動的產物和結果來看」（見劉笑敢：《莊子哲學及其演變》，北京：中國社會科學出版社，1988年，頁110）。

〔註8〕詳見本文第五章。

〔註9〕詳見本文第二章第二節、第五章第三節。

〔註10〕除了筆者之外，能闢專文而從農業的角度以觀《老子·五十九章》者，據個人所知，也只有尹振環先生。其觀點主要可詳見尹振環：〈埋沒千古的老子重農思想〉，《中州學刊》第4期（2002年7月），頁149～151。

　　又，何以筆者會認為「嗇」字始終不為學者注意呢？由於今日尚未發現有學者以較系統性方式，專門且全面地談此「嗇」字，換言之，學者們對老子所言「嗇」並不注意。對此，吾人還可藉由檢索今日出版之研究篇目的標題，以一窺「嗇」字在老學研究者心目中的份量。而何以只檢索研究篇目的標題，其用意本在於此乃能明顯看出某研究者對哪些問題最為看重。今檢索資訊的範圍，大致鎖定在「全國博碩士論文資訊網」、「中國學位論文全文數據庫（人文與社會科學類）」（西元 1977 年～2007 年），與「中華民國期刊論文索引 WWW 版」（西元 1970 年 1 月～2007 年 7 月）、「國家圖書館臺灣文史哲論文集篇目索引系統」、「中國期刊全文數據庫」（西元 1915 年～2007 年）等出版資訊。

　　而根據檢索結果，〔註 11〕除了筆者之外，有將老子所言「嗇」直接反映在其論文標題者，在所有出版資訊中以研究「老子」、「道德經」或「道家」為主，至今大約一萬零七百篇目中，也只有「中華民國期刊論文索引」中的一篇，與「中國期刊全文數據庫」中的五篇，總共就是六篇，連全數研究「老子」、「道德經」或「道家」篇目的千分之一都還不到，其它正式已出版的專書就更不用談了。甚至，由韋政通先生主編的《中國哲學辭典大全》一書，其中也未收「嗇」也。〔註 12〕若然，「嗇」字確實還是個不被重視與談不上被開發的觀念。

　　總之，由於「嗇」字具關鍵地位但卻不被重視，故本文認為相當有必要全面且細部梳理出，此「嗇」字在老子思想裡本有的地位與意義，以期能還老子思想一個更可能的原來面目，而這也是本文以「《老子》『嗇』字的義理分析」為研究主標題之用心所在。又，據王邦雄先生說：「思想有體系，體就是中心思想，系是觀念的牽繫，……思想體系一定要有它的中心觀念，這個中心觀念統貫其它的理念而為一整體，這叫思想體系，或是有系統的思想」。〔註 13〕如今在筆者認為「嗇」字具有極其關鍵的地位之下，已使吾人欲有以「嗇」為老子思想體系之「體」，也即是欲有以「嗇」為中心觀念來統貫老子思想裡其它觀念的嘗試，而這當即是對老子思想體系的一種重建。今依劉福增先生指出，「重建」乃有以下幾種意義：

〔註 11〕最後檢索時間為西元 2007 年 10 月 12 日。

〔註 12〕詳見韋政通主編：《中國哲學辭典大全》（臺北：水牛圖書出版事業有限公司，1997 年）。

〔註 13〕見王邦雄：〈中庸在中國思想史上的地位〉，《儒道之間》（臺北：漢光文化事業股份有限公司，1987 年），頁 44。

　　一般說來，除非是我們原本的照抄一個哲學家的哲學思想，否則我們給它的任何較有條理的解釋，都可以說是該哲學思想的一種重建。但是，當我們特別強調要「重建」某一哲學家的哲學思想時，恐怕有幾種較明顯的意義。一種是，這一哲學家的思想雖然很有內容或特色，但其鋪陳不是很有條理。現在我們努力很有條理、很有邏輯連貫予以解釋和陳現，這是一種重建。再一種是這一思想原本已很有條理陳現出來，現在為了一些理由，我們重新安排其中一些要點的位置或次序，這是一種重建。或者再一種是，我們給予這個思想一種重要的新解釋，這是一種重建。〔註14〕

　　由於本文乃嘗試從一種新角度，也即是以「嗇」字為中心觀念來統貫《老子》中其它觀念，而再逐步開展一套老子思想新體系，故此當較接近劉福增先生所說「重建」的最後一種意義——一種新解釋。而對此一新體系的開展過程，將先在下文第二至五章的基礎上，尤其是在第五章對「嗇」字關鍵地位之說明，與接著提點「嗇」此一重要觀念所具有的豐富意義之基礎上，分別將這些意義歸入「斂嗇」與「儉嗇」之角度，再由第六章「斂嗇」接續到第七章「儉嗇」，而予以老子思想前後邏輯連貫。是以，本文才將研究副標題定為「由『斂嗇』到『儉嗇』之角度對老子思想體系進行重建」。又，最終重建的成功與否，當是判定本文研究價值的主要依據所在。簡言之，企圖使對老子思想的詮釋能有一個既新且更完善之說法，將是本文研究價值的重要體現之處。

第二節　前人研究成果說明

　　老子所言「嗇」不被重視，實已清楚地反映在前人對老子思想的研究成果之上，除了筆者與上述考察博碩士、期刊論文所提六篇之外，現據個人眼力所及，試再考察對老子思想有研究的專書，與多本思想史（含斷代思想史、先秦諸子學等著作）中對老子思想的敘述，同樣地，絕大多數也還是完全不談，只有極少部份能有零星、鬆散的講法。而這極少部份中又幾乎是在談到《老子・六十七章》所謂「三寶」之一的「儉」時，〔註15〕順便指出「嗇」

〔註14〕見劉福增：《老子哲學新論》（臺北：東大圖書股份有限公司，1999 年），頁399。

〔註15〕《老子・六十七章》說：「我有三寶，持而保之。一曰慈，二曰儉，三曰不敢為天下先。」

與「儉」字相通，然後僅以短少篇幅匆匆帶過爲主，不然就是雖有引出「嗇」字所在的〈五十九章〉原典，但卻只作名詞解釋與白話翻譯而已。

若再除去以上考察的著作不看，又對老子所說「嗇」有作名詞解釋、考證，與對《老子·五十九章》有作白話翻譯者，即以歷代《老子》注疏與現當代對《老子》有作今註今譯等類型的著作爲大宗。準此，以上這些對老子所言「嗇」的看法，皆如蜻蜓點水般而未能有進一步說明，故實在還談不上有什麼具體研究成果。

總之，經筆者歸納，古今對此「嗇」字的看法，大致上有二種態度：第一，以自我體會的方式作解，不然則是引用他人說法以爲解。不過，無論是提出一己對「嗇」字的看法，還是引用他人對「嗇」字之理解，總是不加以說明老子所謂「嗇」何以有其認定的意義、何以贊同他人解法而引用，因此無非皆以主觀解《老子》中之「嗇」字也。質言之，這當是以「我」解「嗇」，而非以《老》解「嗇」矣。第二，未能「以老解老」，僅以《老子·五十九章》看《老子·五十九章》，故「嗇」字意義長久以來皆被侷限在固定一章的文字脈絡中，其意義始終被窄化，也即是未能將「嗇」字放到《老子》書中作一全面性的探討。〔註16〕換句話說，古今都未能先對「嗇」字進行仔細、嚴密而全面的考察與分析，因此後來再進行的所有說法，當然都缺少文獻上的支持，而流於附會了。劉福增先生就曾說：

> 由於《老子》言簡義晦、義多，如果對其語句意義不先做相當程度的分析，則任何更進一步的解釋和闡發，都不能視爲是有文獻根據的，只是附會之說。〔註17〕

同樣看法還可藉由解釋學原理來說明。魏元珪先生就曾經指出解釋學上有二個基本規則：「釋出」與「釋入」。前者重客觀而將本義按本就源地作詳盡的剖析，後者則主觀地將一己之意見與觀點帶進本義中。〔註18〕易言之，研究之初若先無「釋出」的工夫，則「釋入」無論如何精采，都將不過只是曲解之見。故如今當同意杜保瑞先生所說，對原典意義的分析與掌握，仍然是當代研究中國哲學的研究者最大之考驗：

〔註16〕古今對「嗇」字的二種態度，詳見本文第四章第二、三節。

〔註17〕見劉福增：《老子哲學新論》，頁159。

〔註18〕詳見魏元珪：《老子思想體系探索（上）》（臺北：新文豐出版公司，1997年），頁200～201。

當代中國哲學研究所缺乏的並不是龐大綿密的理解架構，反而是原典義理的忠實理解，多數受過學院內基本訓練的哲學工作者，都可以輕易地架構理論體系，但是理解力的方向感卻是千差萬別，所以回到經典重新體貼作者原意的工作益顯重要，因此也可以說面對經典的能力才是學術成果的眞正考驗。〔註19〕

又，關於歷代《老子》注疏與現當代對《老子》作今註今譯等類型的著作之內容，劉福增先生還有一精闢判斷：

歷代的註疏，除了字句的考證以外，主要首先是就一些字詞加以註釋。然後，就做一些「義理」的說明或發揮，其間很少對語句意義加以仔細的分析。因此，在歷代的註疏上，是短缺了良好的哲學解釋應有的語句意義的分析。有人也許會質問，老子當代研究的出書中，大都不是先有《老子》章句的白話文或現代語言的解釋嗎？這些章句的翻譯不就是《老子》的語句意義的分析嗎？……這些翻譯有的也許還可以算做是語句意義分析的一個初步或一部份，但是大部份只能算做是翻譯或越過語句意義的讀者或研究者解釋，而不是較嚴格意義上的語句意義分析。〔註20〕

誠然，劉先生的判斷實已道出《老子》研究之一個共同基本不足：事先多半缺少仔細的字詞、語句意義分析，與全面性之考察。如今爲了能在扎實的基礎上較正確詮釋老子思想，故本文將會在第三至五章中由多種面向來仔細考察與分析「嗇」字。又，上述所提古今對「嗇」字的二種態度，也將能在其中第四章第二、三節的說法裡得到依據。

準上所述，古今對《老子》的研究當中，關於老子所說「嗇」字，實際上還未能有較仔細說法與具體成果，故如今可供筆者參考的唯有前面所提六篇論文。以下就分別作一說明。

此六篇分別是：〈韓非子解老篇的嗇惜之道〉、〈「治人事天莫若嗇」——析《七發》《子虛賦》《上林賦》的道家思想〉、〈治人事天莫若嗇——《老子》治安思想探微〉、〈淺談老子「嗇」的妙用〉、〈韓非妙論「嗇神養生」〉、〈治人事天莫若嗇——老子崇儉思想的現代解讀〉。〔註21〕其實，以上有二篇根本是

〔註19〕見杜保瑞：《反者道之動》（臺北：鴻泰圖書公司，1995年），頁29。
〔註20〕見劉福增：《老子哲學新論》，頁159。
〔註21〕分別詳見張素貞：〈韓非子解老篇的嗇惜之道〉，《中華文化復興月刊》1976

以韓非的觀點，來論《老子》中之「嗇」字，因此討論重心依然落在韓非的思想之上，誠如張素貞先生自己指出：「解老雖然是詮釋道家言論，卻也不能忽略其間隱隱透露的法家消息」。〔註22〕所以，此二篇所論「嗇」字，實不能代表老子的意見，反而處處充斥「以法解老」之意味。並且，〈韓非妙論「嗇神養生」〉此一篇，除了談及韓非思想以外，也提到隋末唐初的孫思邈對韓非「嗇神養生」論作了何種進一步之補充與深化，而對老子所說「嗇」字在一開始點出後反倒就未再說明。是以，雖然此二篇所言「嗇」都取自《老子》，但卻皆不是在專論老子所謂「嗇」字。不過，它們對於韓非如何借引《老子》文句以發揮其法家思想，倒還頗有一定呈現。

　　另一篇〈「治人事天莫若嗇」──析《七發》《子虛賦》《上林賦》的道家思想〉，則依《老子河上公章句》釋「嗇」為「少欲」與「節儉」，此解（「儉」）同樣為〈治人事天莫若嗇──老子崇儉思想的現代解讀〉一文作者所採納。然而，如此作解雖然大致不錯，但卻窄化了「嗇」字在《老子》中可有的豐富意涵。〔註23〕其實，《老子河上公章句》無非是個主觀解「嗇」，而又不明言何以其解「嗇」能符合老子原意的老學著作，〈「治人事天莫若嗇」──析《七發》《子虛賦》《上林賦》的道家思想〉一文作者既援引或認同之，自己同樣不明言何以認為《老子河上公章句》解老子所說「嗇」為佳，故他們共同犯了上述所說未能先對「嗇」字意義進行仔細、嚴密而全面分析之毛病，〔註24〕因此後來再進行的所有說法，當然都缺少文獻上之支持而流於主觀附會了。

　　最後一篇〈淺談老子「嗇」的妙用〉，乃主張「嗇」可對治當今社會在物質文明、精神文明與政治文明齊速發展下的種種弊病，不過由於該文也未能先對「嗇」字進行仔細的考察與分析，故其說法仍不免泛論。又，該文寫作

年第 3 期，頁 83～88、黃蝶紅：〈「治人事天莫若嗇」──析《七發》《子虛賦》《上林賦》的道家思想〉，《玉林師專學報（哲學社會科學）》1995 年第 4 期，頁 52～55、劉挺生：〈治人事天莫若嗇──《老子》治安思想探微〉，《合肥教育學院學報》第 17 卷第 1 期（2000 年 2 月），頁 15～20、陳信君：〈淺談老子「嗇」的妙用〉，《中國道教》2004 年第 4 期，頁 47～48、沈爾安：〈韓非妙論「嗇神養生」〉，《健身科學》2005 年第 11 期，頁 27、張全曉：〈治人事天莫若嗇──老子崇儉思想的現代解讀〉，《中國宗教》2007 年第 3 期，頁 64～66。

〔註22〕見張素貞：〈韓非子解老篇的嗇惜之道〉，頁 83。

〔註23〕老子所說「嗇」字至少具備四種意義，詳見本文第五章第二節。

〔註24〕關於有出現此種毛病的諸多例子，詳見本文第四章第二節。

雖頗具現實意義，但全文竟不到二千字，因此未能深入，終究粗談也。

至於說〈治人事天莫若嗇——《老子》治安思想探微〉一文，則由於全文從未論及「嗇」字，故此處不論。

質言之，從古至今，並未有學者能認眞看待老子所說「嗇」字，因此對「嗇」字的研究成果至今仍有如身處蠻荒之地，而急待吾人開發矣。

第三節　研究方法、檢驗標準與目的

筆者前面曾提到期望還原老子思想的原來面目，不過，可惜的是，今日若想探究原初老子的眞正想法，看來早已喪失了條件，陳德和先生就嘗言：

> 從解釋學（hermeneutic）的立場來看，所謂「原本的老學」雖然的確有過，卻已經隨著作者的消失和文本的定型而不再存在，或至少沒有辦法被原貌重現，所以剩下的就純粹只是「演繹的老學」或「歷史視域中的老學」。〔註25〕

因此，情況確實就如同袁保新先生所說：「老子本來面目的揭露，原只是每個時代詮釋者的理想」。〔註26〕吾人今雖也想探尋原始老學的眞面目，但現實上自知已不可能，不過還是希望能藉助一些方法來試圖貼近之。畢竟，「儘管我們永遠不可能達到和證明絕對的、惟一的歷史的『眞相』，但是我們永遠不能放鬆和放棄盡可能貼近歷史眞相的努力」。〔註27〕底下就以在老子思想中另一個也不太受重視的觀念——「心」——爲論述對象，〔註28〕逐漸帶出一些在研究時能貼近老子思想之「樸」的方法。〔註29〕

「心」字，在五千餘言《老子》當中，有出現十次。唐君毅先生曾說：「老

〔註25〕見陳德和：〈戰國老學的兩大主流——政治化老學與境界化老學〉，《鵝湖學誌》第 35 期（2005 年 12 月），頁 61。

〔註26〕見袁保新：《老子哲學之詮釋與重建》（臺北：文津出版社，1997 年），頁 62。

〔註27〕見劉笑敢：《老子古今——五種對勘與析評引論（上卷）》，頁 535。

〔註28〕筆者對《老子》中「心」字的完整說明，詳見本文第六章。又，除了筆者之外，能對《老子》中「心」字有較完整說明者，現據個人眼力所及，大概就屬朱維煥先生。詳見朱維煥：《歷代聖哲所講論之心學述要》（臺北：臺灣學生書局，2001 年），頁 166～175。

〔註29〕《老子》中曾提到「樸」字，如《老子‧二十八章》所說：「復歸於樸」，又此「樸」字本指「沒有雕琢的素材」（見陳鼓應：《老子今註今譯及評介（三次修訂本）》，臺北：臺灣商務印書館，2000 年，頁 106），故由此可知老子以此「樸」字說明每個人的原來面目，而筆者在此處則借指老子思想的原來面目。

子書中，不見性情二字，而心字亦只數見」，又說：「老子不重人之性情與心靈方面之事」。〔註30〕看來，唐先生似乎就是以「心」字出現次數的多寡，來判定其是否爲老子所重視的觀念。

　　不過，就如先前已質疑那般，「心」字較少出現，就一定意味著「心」在老子思想裡，並不具有重要地位嗎？又，若照方東美、牟宗三等先生認爲中國思想是以「生命」爲中心，〔註31〕那麼一個曾說出「心發狂」此話語者，〔註32〕竟會對「心」毫無生命的體會嗎？況且，在今日發現《老子》最早版本的郭店楚簡本《老子》中，〔註33〕出現那麼多从「心」旁文字，諸如：「惻」（賊）、「愇」（僞、化）、「慮」、〔註34〕「愄」（畏）、「忖」（始）、「惕」（易）、「戁」（難）、「悔」（謀）、「悳」（德）、「惪」（憂）、「恣」（愛）、「寵」（寵）、「悬」（仁）、「怣」（過）、「恔」（哀）等字，這個現象難道不值得注意嗎？〔註35〕

〔註30〕　分見唐君毅：《中國哲學原論（導論篇）》（臺北：臺灣學生書局，1986 年），頁 416、417。

〔註31〕　方東美先生曾說：「中國的哲學從春秋時代便集中在一個以生命爲中心的哲學上，是一套生命哲學。」（見李煥明編：《方東美先生哲學嘉言》，臺北：文史哲出版社，1992 年，頁 31。）牟宗三先生也說中國哲學是「以『生命』爲中心」（見牟宗三：《中國哲學的特質》，臺北：臺灣學生書局，1998 年，頁 8）。

〔註32〕　語出《老子·十二章》。

〔註33〕　郭店楚簡本《老子》文字據《簡帛書法選》編輯組編：《郭店楚墓竹簡（老子甲、乙、丙）》（北京：文物出版社，2002 年）。

〔註34〕　《簡帛書法選》編輯組所編《郭店楚墓竹簡》於此字未見有釋字，雖然此字曾被裘錫圭先生釋爲「詐」字，但裘先生今已糾正其釋讀上的錯誤而說：「我們只能把『△』（筆者案：即指『慮』字）釋爲『慮』或視爲『慮』的誤字」，又說：「事實上，除《郭店楚墓竹簡》（筆者案：此書於西元 1998 年由湖北省荊門市博物館所編、文物出版社出版）稿本的作者外，還有很多學者已經把『△』釋爲『慮』了。就我們所知的而言，就有池田知久、高明、崔仁義、許抗生、韓祿伯等先生。他們的這種意見是對的」（俱見裘錫圭：〈糾正我在郭店《老子》簡釋讀中的一個錯誤——關於「絕僞棄詐」〉，《郭店楚簡國際學術研討會論文集》，武漢：湖北人民出版社，2000 年，頁 27）。今試舉高明先生的說法如下：「謂『慮』从『且』聲，與『詐』音近。此字在同出的《緇衣》第 33 號簡中有一與其相同的字，同今本《緇衣》對照，此文作『慮其所終』，可見此字當釋爲慮字。」（見高明：〈讀郭店《老子》〉，《郭店老子——東西方學者的對話》，北京：學苑出版社，2003 年，頁 41。）

〔註35〕　龐樸先生曾說：「『心』爲形符之字之多，使人可以想像，那時候，人們對於內心世界或心理狀態的了解與研究，已是相當可觀了。」（見龐樸：〈郢燕書說——郭店楚簡中山三器心旁文字試說〉，《郭店楚簡國際學術研討會論文集》，頁 37。）因此，在郭店楚簡本《老子》中出現那麼多从「心」旁文字，

　　法國史學家兼文藝理論家丹納（另譯泰納，Hippolyte-Adolphe Taine）曾說：「時代的趨向始終佔著統治地位。企圖向別方面發展的才幹會發覺此路不通。」〔註36〕丹納雖然是針對藝術家而言，不過同樣地，某思想家諸多觀念、理論的出現，也逃不出對時代所作出的反映。是以，今若眞照不少學者指出，《老子》中「道」、「無」、「有」等這些他們認爲能等同於西方形而上學的觀念，才是老子眞正致力闡發的重點，那麼吾人該如何令人信服地解釋在一個「周文疲弊」的時代裡，〔註37〕爲何唯獨老子可以不受那個大變動社會環境影響，而一味地單獨談論起某些在那個時代不應該被迫切關心的問題呢？

　　老子畢竟是生活在距今二千五百年前左右的人，〔註38〕我們以今日所謂西方形而上學之思考來硬套回老子思想，並且還據此作出許多超時代詮釋，試想：這樣所得出的詮釋結果，眞的能符合或接近老子思想的本義或原意嗎？並且，也同時還能不違背中國思想從一開始即自「實踐」上來關心「生命」的本色嗎？〔註39〕筆者以爲，當然不能。因爲此正如陳德和先生所說：「這無異是把老子當成不食人間煙火、不在乎生民疾苦的形上學者來看待，此有悖於歷史的眞相。」陳德和先生接著批判說：

　　　　學界中確實有很多人喜歡說老子是中國形上學的開拓者，甚至讚美

　　　　使筆者不得不設想這是否就是老子極重視「心」，但卻不明言的證據呢？
〔註36〕　見〔法〕丹納（Hippolyte-Adolphe Taine）著，傅雷譯：《藝術哲學》（合肥：安徽文藝出版社，1992 年），頁 79。
〔註37〕　牟宗三先生視「周文疲弊」乃先秦諸子共同要面對的時代問題，他說：「這套周文在周朝時粲然完備，所以孔子說『郁郁乎文哉，吾從周』。可是周文發展到春秋時代，漸漸地失效。這套西周三百年的典章制度，這套禮樂，到春秋的時候就出問題了，所以我叫它做『周文疲弊』。諸子的思想出現就是爲了對付這個問題」（見牟宗三：《中國哲學十九講——中國哲學之簡述及其所涵蘊之問題》，臺北：臺灣學生書局，1999 年，頁 60）。
〔註38〕　對老子其人的定位，詳見本文第二章第一節。
〔註39〕　許宗興先生曾說：「中國哲學不只以探討建構各種生命哲學理論爲職志，更重要的是將這些理論加以實踐而完成之；中國主流哲學中的每一家，殆皆在探討生命實踐的相關理論：有些是已實踐的心得，有些是準備實踐的內容；有些是實踐的工夫，有些是實踐的境界；有些是自己的實踐法子，有些是教導別人實踐的技巧；無論如何都是以實踐爲依歸，不是空口說白話以理論之建構爲滿足。」許宗興先生更認爲最純正的中國哲學自當名曰「中國生命實踐哲學」。詳見許宗興：〈「中國生命實踐哲學」的範疇論〉，《華梵人文學報》第 8 期（2007 年 1 月），頁 54～56。

老子的偉大就在他有純哲學的興趣，於是在論及老子的「道」概念時，就一味從西方存有論式的思考來發揮其中抽象的形上理論，老子乃儼然成了天外飛仙般的智者，完全撒落一切、行其所行，而無視於存在的艱難。筆者認為忽略歷史的機緣而逕從純粹知識的角度去詮釋中國哲學，固然會有知性上的收穫與精采，但畢竟都不是中國的本色。〔註40〕

所以，若照裘錫圭先生曾說：「我們應該注意不要把老子現代化」，〔註41〕在此處便還可補充：「也注意不要把老子西方化」。

其實，時代的共同遭遇，始終都是引發人們具有相同共鳴的起點，所以上曾引述其說法的丹納才又說：「作品一朝陳列在群眾面前，只有在表現哀傷的時候才受到賞識。一個人所能了解的感情，只限於和他自己感到的相仿的感情。別的感情，表現得無論如何精采，對他都不生作用；眼睛望著，心中一無所感，眼睛馬上會轉向別處」。〔註42〕若然，如果說在一個混亂的時代當中，《老子》一書的重點只擺在所謂抽象之「形而上學」理論方面，而對造成混亂的政治與社會問題絲毫不關心，那麼吾人實在很難想像《老子》於那個時代，為何還能受到當時以關心政治、社會情況之絕大多數思想家的賞識，而廣泛地將其文句引用到自己書中。〔註43〕換言之，若沒有共同關心的焦點，《老子》一書還能受到極大賞識，實在是不合情理。故實際情況應當在於《老子》是本為「那些處身該文本產生的歷史階段，並擁有共同生活經歷的讀者

〔註40〕見陳德和：〈論牟宗三對人間道家的哲學建構──以老子思想的詮釋為例〉，《道家思想的哲學詮釋》（臺北：里仁書局，2005年），頁26。

〔註41〕見裘錫圭：〈郭店《老子》簡初探〉，《道家文化研究（第十七輯──「郭店楚簡」專號)》（北京：三聯書店，1999年），頁56。

〔註42〕見〔法〕丹納著，傅雷譯：《藝術哲學》，頁82～83。

〔註43〕聶中慶先生曾說：「先秦典籍《墨子》（筆者案：《墨子》其實不曾引述《老子》文，詳見本文第二章註47）、《莊子》、《尹文子》、《荀子》、《韓非子》、《呂氏春秋》、《禮記》、《戰國策》等都稱引過老子或老聃，這說明在先秦時期老子是個具有廣泛影響的歷史人物。」（見聶中慶：《郭店楚簡〈老子〉研究》，北京：中華書局，2004年，頁12。）又，有關先秦典籍直接或間接引用老子言論的次數，余培林先生曾進行過統計。詳見余培林：《新譯老子讀本》（臺北：三民書局，2002年），頁12～13。嚴靈峰、陳鼓應先生則曾詳細將《莊子》、《列子》、《管子》、《荀子》、《韓非子》等先秦諸子及《呂氏春秋》引《老子》文句一一列出。分別詳見嚴靈峰：《老莊研究》（臺北：臺灣中華書局，1966年），頁492～506、陳鼓應：《老莊新論（修訂版）》（臺北：五南圖書出版股份有限公司，2006年），頁417～440。

而創作的」。〔註44〕

　　或許，有人仍會不厭其煩地想提出一些辯解的說法：因爲老子的個性使然，他天生只對一些好像是形而上學的思考有興趣。不然，也或許是老子對生命問題已感厭倦，因此他想走出一條異於同時代思想家所關懷的面向上。不過，眞是如此嗎？

　　「爲什麼？」一直是筆者試圖追尋老子思想的方式，也因爲如此，便產生了以上些許困擾我許久的問題。而在筆者看來，當老子以「心發狂」一語生動地描繪出人「心」在追逐各種各樣的欲望，以致於走向「發狂」的狀態之時，〔註45〕當下也就展現了他對吾人生命失落後的關懷，而此無疑很符合中國思想是以「生命」爲中心的特質。當然，若還有學者依然要堅持以上所辯解的說法，那麼無非就忽略了研究一家思想所該具備之「思想史的進路」。

　　王邦雄先生曾指出研究一家思想，有二種進路：思想史的進路（發生意義）與觀念系統的進路（本質意義）。思想史的進路是指從外在的因素，從時代、環境等條件，去認識這個思想是怎樣出現的；觀念系統的進路則忽略時代、環境等因素，直接研究一家思想重要觀念之間的關係，以建立其思想體系而使之成爲一個有系統的思想。〔註46〕然而，捨棄思想史的進路而只從觀念系統之研究進路，最後所得出的結果，通常避免不了詮釋者主觀的建構，因此往往爲人所質疑。是以，王邦雄先生才說：「我們要研究一家思想，最好兩方面能兼而有之」。〔註47〕而本文也是自覺地以二種進路兼有的方法來進行研究，並且更以思想史的進路爲觀念系統研究進路之基礎。畢竟，一家思想如果「不是憑空發生的」，〔註48〕那麼思想史的進路就絕不可捨棄。

　　準此，本文若想較精確建構出老子思想體系，那麼以思想史的進路來探討老子思想之起源，便是首要觀察重點。因爲也唯有如此，才能使本文所嘗試重建的老子思想體系於老子特定之時代、環境等既有限制下，不致於作出超時代的詮釋。這也是筆者爲何要以思想史進路爲觀念系統研究進路之基礎

〔註44〕見〔美〕安樂哲（Roger T. Ames）、郝大維（David L. Hall）著，何金俐譯：《道不遠人——比較哲學視域中的《老子》》（北京：學苑出版社，2004 年），頁6。

〔註45〕《老子・十二章》說：「五色令人目盲；五音令人耳聾；五味令人口爽；馳騁畋獵，令人心發狂。」

〔註46〕詳見王邦雄：〈中庸在中國思想史上的地位〉，《儒道之間》，頁 43～46。

〔註47〕見王邦雄：〈中庸在中國思想史上的地位〉，《儒道之間》，頁 45。

〔註48〕見胡適：《中國古代哲學史》（臺北：臺灣商務印書館，1982 年），頁 49。

的用心所在。而前面提到的丹納，便是一個對思想史進路相當看重之學者。又，除了上述所提「時代」的因素之外，丹納認爲「種族」與「環境」也是探討一家文學藝術或思想起源不可或缺的要點。

丹納曾說：「我們所謂的種族，是指天生的和遺傳的那些傾向，人帶著它們來到這個世界上，……這些傾向因民族的不同而不同。」〔註49〕由此可知，丹納所謂「種族」無非意指「民族特性」。而他所謂「環境」，除了政治情勢等社會環境之外，也包含地理位置、地方風氣、氣候等自然環境。試看他說：「因爲人在世界上不是孤立的，自然界環繞著他，人類環繞著他，……並且物質環境或社會環境在影響事物的本質時，起了干擾或凝固的作用。」〔註50〕

英國歷史學家湯恩比（Arnold Toynbee）先生也曾在其《歷史研究》一書中提出所謂「挑戰與回應」的觀點。他說：「一個社會在它的生命歷程裡，會遭遇到一系列的問題」，接著說：「而每一問題的呈現，都是一項挑戰，使社會面臨了嚴酷的考驗」。〔註51〕而這些挑戰可能是「自然環境」的挑戰，也可能是「人文」方面的挑戰，人唯有時刻回應挑戰，文明才能誕生與持續前進。〔註52〕其中湯恩比先生提出「人文」方面的挑戰，其實就等同丹納所謂「社會環境」之因素，又社會環境的好壞本離不開時代之趨向。

而「周文疲弊」正是春秋以至戰國之廣泛時代反映下的共同社會環境背景，故在考慮老子思想起源問題時，廣泛的時代因素就不會像細部環境一樣可能因人而異，況且關於老子所處特定環境的相關問題，本非三言兩語即能交待清楚，故此處暫時先不談老子所處特定環境對老子思想起源能有的決定性因素，這裡只進一步說明廣泛之時代，使老子及其他先秦諸子共同遭遇到之人文挑戰的內容爲何。

先秦時代人文的挑戰，當然就是牟宗三先生所說「周文疲弊」之問題。王邦雄等先生所著《中國哲學史》一書說「周文疲弊」乃是：「以禮樂爲中心的周文化，在經歷長久的社會變遷之下，已然失去了做爲社會價值及秩序的

〔註49〕見〔法〕泰納（另譯丹納）：〈《英國文學史》序言〉，《西方文藝理論名著選編（中卷）》（北京：北京大學出版社，1994年），頁151。

〔註50〕見〔法〕泰納：〈《英國文學史》序言〉，《西方文藝理論名著選編（中卷）》，頁152。

〔註51〕見〔英〕湯恩比（Arnold Toynbee）著，陳曉林譯：《歷史研究（上）》（臺北：桂冠圖書有限公司，1979年），頁203。

〔註52〕詳見〔英〕湯恩比著，陳曉林譯：《歷史研究（上）》，頁225。

權威，從而導致社會問題叢生。」〔註53〕簡言之，即是高柏園先生所指出：「周文的禮壞樂崩，並不只是某種文化形式的式微，而且更是象徵了社會的失序」。〔註54〕

是以，在一個充滿「惡」與「苦難」的「周文疲弊」失序時代中，〔註55〕主宰吾人之「心」該如何安頓，便是無法忽視的課題。也即是在此一思考點上，筆者以為老子有了一些前賢從未論述過的重要想法。易言之，這是以「嗇」字為主而開展出的一套由安頓在上位者（侯王）之「心」為首出關懷的智慧，老子也正是以此作為回應「周文疲弊」一挑戰之方式，從此中國文明進入嶄新的「百家爭鳴」時代，諸子各自提出其回應「周文疲弊」的說法。若究其初衷，他們無非皆是因為不願與垂死的文明橫流共盡，所以才決心要拯救自己的靈魂。〔註56〕而此時也同屬德國哲學家雅斯貝斯（Karl Jaspers）先生所謂世界歷史的「軸心期」（Axial Period）。〔註57〕

當然，老子何以會提出「嗇」，「周文疲弊」只是一個相當廣泛時代下的

〔註53〕 見王邦雄、岑溢成、楊祖漢、高柏園：《中國哲學史》（臺北：國立空中大學，2002年），頁6。

〔註54〕 見高柏園：〈論老子思想中的可持續性〉，《國立中央大學人文學報》第29期（2004年6月），頁52。

〔註55〕 朱哲先生曾主張以「惡」與「苦難」當成把握春秋戰國之世的切入點。他說春秋戰國存在著：「兼併戰爭之惡，人倫關係之惡，惡刑惡典，惡賦惡斂，以及在此背後的人的惡欲，構成惡的時代的基本內容。生活在這個時代裡的人們基本生存狀況就是飢餓的煎熬和死亡的威脅（恐懼）。對於這樣一個苦難時代，我們可以從《詩經》、《楚辭》、《戰國策》等先秦載籍中聽到人們痛苦的吶喊，還可以從先秦諸子（尤其是道家）聽到他們憤激的批評。」（分別詳見朱哲：《先秦道家哲學研究》，上海：上海人民出版社，2000年，頁13、14。）

〔註56〕 詳見〔英〕湯恩比著，陳曉林譯：《歷史研究（上）》，頁225。

〔註57〕 雅斯貝斯（Karl Jaspers）先生所謂「軸心期」指的是西元前六世紀前後幾百年間，他說：「最不平常的事件集中在這一時期。在中國，孔子和老子非常活躍，中國所有的哲學流派，包括墨子、莊子、列子和諸子百家，都出現了。像中國一樣，印度出現了《奧義書》和佛陀，探究了一直到懷疑主義、唯物主義、詭辯派和虛無主義的全部範圍的哲學可能性。伊朗的瑣羅亞斯德傳授一種挑戰性的觀點，認為人世生活就是一場善與惡的鬥爭。在巴勒斯坦，從以利亞經由以賽亞和耶利米到以賽亞第二，先知們紛紛湧現。希臘賢哲如雲，其中有荷馬，哲學家巴門尼德、赫拉克利特和柏拉圖，許多悲劇作者，以及修昔底德和阿基米德。在這數世紀內，這些名字所包含的一切，幾乎同時在中國、印度和西方這三個互不知曉的地區發展起來」（見〔德〕卡爾·雅斯貝斯【Karl Jaspers】著，魏楚雄、俞新天譯：《歷史的起源與目標》，北京：華夏出版社，1989年，頁8）。

社會環境之考量，重點還是在於細部的探討，也即是老子所處特定環境與其日後經歷，尤其是受其故邦地方風氣的影響，才是能提出「嗇」的主要因素。而關於老子所處特定環境及其日後經歷爲何能使老子提出「嗇」，此將留待底下第二章第二節再作說明。

　　總之，筆者是欲先以思想史的進路帶出老子所以會提出「嗇」之背景，再來才由觀念系統的進路，而以「嗇」字爲中心觀念統貫老子思想中其它觀念，最後更使之成爲一前後邏輯嚴密之有系統的思想。又，如今要重建老子思想體系，或許也可說是筆者對老子思想之詮釋始終未有令一己信服的說法，而再做出的另外一種意義之挑戰。個人企圖以「嗇」字爲主而開展老子思想體系，自然也就是一種回應。

　　若要說本文的研究目的爲何，也即是本文的論點在日後可能於學術上，達成某種效果與貢獻的話，那將在於本文願意提供一己嶄新的思維，以刺激當代老學界重新思考對老子思想體系固有之見解。王中江先生曾說，人類思想發展的基本方式之一，本來就是對開創其思想理念源頭的最早文本——「原典」——不斷作出解釋。〔註58〕筆者則更是企圖活化《老子》原典中還不爲學者重視的幾個觀念，以使其意義從此突顯。此也即是李宗定先生所說：

> 經典必須透過不斷地閱讀活動，才能在閱讀中顯現其意義。若我們
> 不對經典進行閱讀，經典只能是一個躺在地底深處的「死」去的歷
> 史，一旦其被人們發掘，才能重新「活」著展示其自身。〔註59〕

　　無疑地，若照「哲學詮釋學」的看法，〔註60〕老子思想早已不只一次在以詮釋者的「前理解」爲前提之下，〔註61〕而被展示其自身，當然這本是由於對老子思想的詮釋，本可被接受且呈現爲豐富甚至無限的多樣性，而不是被強制定於一尊。若對老子思想之詮釋一旦被認定有出現所謂「眞理」的話，那麼「後來的任何詮釋都不再有意義，即一個詮釋若確定爲眞，則其餘的所有討論便爲假」。〔註62〕試想：今日一切新詮釋的形成，不是都在吾人所處時空環境與所有

〔註58〕詳見王中江：〈道家哲學的現代理解——以嚴、章、梁、王、胡爲例〉，《道家文化研究（第十輯）》（上海：上海古籍出版社，1992年），頁373。
〔註59〕見李宗定：《老子「道」的詮釋與反思——從韓非、王弼注老之溯源考察》（嘉義：中正大學中國文學研究所博士論文，林安梧、劉文起教授共同指導，2002年7月），頁12。
〔註60〕關於「哲學詮釋學」的主張，詳見下文。
〔註61〕何謂「前理解」，詳見下文。
〔註62〕見李宗定：《老子「道」的詮釋與反思——從韓非、王弼注老之溯源考察》，

歷史文化傳統此一前提之下，〔註63〕再經過對前人說法先有懷疑與批判，而後始能有所謂創造性的出現嗎？唯有在不斷懷疑、批判與創造的相互激盪中，老子思想之詮釋才能在學者的共同反省下，逐漸走上愈發完善的道路。若以上所言不差，那麼吾人對老子思想之詮釋所該抱持的態度本是：

> 吾人當樂見《老子》一書的思想，一再被重新定義說明、一再被重新研剖分析，如老子所自道：「既以爲人己愈有，既以與人己愈多。」（第81章）這種足供歷代挖掘開墾的態勢，適足以證明《老子》是一片肥沃的土壤，能供給各種不同的作物足夠的營養，在《老子》的這塊沃土上開不同的花、結不同的實，滿足後世學者不同口味的需求，盡情享受《老子》一書所提供的智慧果，在人生各方面獲得啓發與領悟。〔註64〕

不過，吾人在接受詮釋之無限的多樣性時，並非意味著詮釋自此可以完全無止境的蔓延，而如同平常說話一般，想說什麼就說什麼，可以不經驗證。劉笑敢先生就說：

> 哲學詮釋學解放了我們的思想，使我們看到了文本詮釋的豐富的多樣性，甚至是「無限」的可能性。然而這種「無限」的多樣性是就存在的無限可能來說的，並不是就詮釋的目標來說的，就詮釋的目標和結果來說，其實是有一個聚合點或範圍的，我們可以把這個聚合點或範圍稱作「模糊意義域」或「彈性意義圈」，「意義域」和「意義圈」說明有一個方向、目標、範圍，「模糊」和「彈性」說明意義域或意義圈標明的是可能性的範圍，因此，沒有固定不變的邊界，強調有一個意義域或意義圈是爲了說明我們的詮釋活動是有一個方向的，不是漫無邊際的。然而，意義域的邊界對每個詮釋者個人來說都是不明確、不固定的，所以，每個人在進行詮釋時沒有感到任何束縛。意義域或意義圈的概念強調我們的詮釋不可能是任意的，……這說明詮釋活動畢竟要受到某個標準或範圍的制約。意義圈或意義域就是爲了表明這種範圍和制約。〔註65〕

頁11。
〔註63〕此即下文所謂「前理解」或「先見」（前見）。
〔註64〕見楊愛雅：《從對比修辭看〈老子〉的語言意涵》（彰化：彰化師範大學國語文教學碩士班碩士論文，周師益忠教授指導，2002年8月），頁2。
〔註65〕見劉笑敢：〈關於《老子》之雌性比喻的詮釋問題〉，《現象學與人文科學——

　　以上劉笑敢先生只是從「意義域」或「意義圈」的說法，點出詮釋活動所應自有的一個大致範圍，而本文底下便將試著以某些檢驗標準來界定此範圍。換言之，如今若要檢驗一個詮釋是否成功，或者是個能令人信服的詮釋，它的被認同度反而取決於這個詮釋是否站得住腳，而此不外乎三點：〔註 66〕第一，詮釋背後究竟有多少原典支持，並且能否通過「本文的連貫性整體」之檢驗。〔註 67〕第二，在去古已遠的今日，是否能仔細、嚴密且全面的考察與分析原典在當時所要表達之意義。第三，詮釋時對外能否顧及思想所以發生的條件，對內能否做到前後不自相矛盾以成一邏輯嚴密的整體。〔註 68〕而所謂詮釋背後究竟有多少原典支持，當然意味著詮釋必須要能被還原到原典之中，並且得到的原典支持愈多，詮釋自然就愈成功。又，上述提到能否通過「本文的連貫性整體」之檢驗，即在於要避免過度詮釋的出現。意大利哲學家艾柯（Umberto Eco）先生在〈過度詮釋本文〉一文中就說：

　　　　怎樣對「作品意圖」的推測加以證明？唯一的方法是將其驗之於本
　　　　文的連貫性整體。還有一種觀點也很古老，它來源於奧古斯丁的宗
　　　　教學說（《論基督教義》）：對一個本文某一部份的詮釋如果爲同一本
　　　　文的其它部份所證實的話，它就是可以接受的；如不能，則應捨棄。
　　　　〔註 69〕

　　然而，就算如此，在驗之於「本文的連貫性整體」時，以吾人某些「前理解」來解釋原典的方式依然免不了，德國哲學家海德格爾（Martin Heidegger）先生就曾說：

　　　　把某某東西作爲某某東西加以解釋，這在本質上是通過先行具有、
　　　　先行見到與先行掌握來起作用的。解釋從來不是對先行給定的東西
　　　　所作的無前提的把握。準確的經典注疏可以拿來當作解釋的一種特
　　　　殊的具體化，它固然喜歡援引「有典可稽」的東西，然而最先的「有

現象學與道家哲學專輯》第 2 期（2005 年 12 月），頁 95〜96。
〔註 66〕袁保新先生曾提出一項合理詮釋所應滿足的幾點基本之形式條件，劉笑敢先
　　　　生則認爲一個好的詮釋必須從文本之中心地位和直接性出發，二說皆可供參
　　　　考。分別詳見袁保新：《老子哲學之詮釋與重建》，頁 77、劉笑敢：〈關於《老
　　　　子》之雌性比喩的詮釋問題〉，頁 96〜97。
〔註 67〕何謂「本文的連貫性整體」，詳見下文。
〔註 68〕此即上述所謂思想史的進路與觀念系統之進路，兼而有之的研究方法。
〔註 69〕見〔意〕艾柯（Umberto Eco）作，王宇根譯：〈過度詮釋本文〉，《詮釋與過
　　　　度詮釋》（紐約：牛津大學出版社，1995 年），頁 65。

典可稽」的東西，原不過是解釋者的不言自明、無可爭議的先入之見。任何解釋工作之初都必然有這種先入之見，它作爲隨著解釋就已經「設定了的」東西是先行給定了的，這就是說，是在先行具有、先行見到和先行掌握中先行給定了的。〔註70〕

　　而此種「先行具有、先行視見、先行掌握所構成的『前理解』，是任何人都無法拒絕的，一切解釋只能在『前理解』的基礎上才能產生」。〔註71〕故本文在筆者「個人特定的社會文化背景、傳統觀念、民族心理、風俗習慣、知識經驗、思維特點」等時空環境影響中所具備的「前理解」之下，〔註72〕在某些地方勢必也無可逃脫以一己之眼去解釋《老子》原典，這或許也是詮釋者的一種「無所逃於天地之間」吧，〔註73〕故所謂眞正的客觀詮釋在各人所處之天地中都難以追求。因爲若從傅偉勳先生曾提出「創造的詮釋學」一名詞即可得知，詮釋本身就是一種創造，是以詮釋與文本之間總有一定距離。不過，「創造的詮釋學雖然重視詮釋的創造性，但絕不做主觀任意的層次跳躍；雖不承認有所謂詮釋的絕對客觀性，卻十分強調相互主體性的詮釋強度和強制性」。〔註74〕陳德和先生則說：「儘管詮釋者的意思和作者、文本之間終究會出現理解的差距，然只要不是『無限衍義』（unlimitedsemiosis）的話，就未必爲『過度詮釋』（overinterpretation）。」〔註75〕

　　其實，以上所說通過「本文的連貫性整體」之檢驗，也即是筆者相當看重的「以老解老」之方法，試看方東美先生曾說：

　　　假使我們要「解老」，我們不應從外在的立場，而應從老子本身的立場來瞭解他。用韓非子的名辭來說，這叫做「解老」。但是我們在前面要再加兩個字，叫做「以老解老」：也就是拿老子的思想本身來解釋他的哲學涵養，這才比較客觀。〔註76〕

〔註70〕 見〔德〕馬丁・海德格爾（Martin Heidegger）著，陳嘉映、王慶節合譯，熊偉校：《存在與時間》（北京：三聯書店，1987 年），頁 184。

〔註71〕 見劉固盛：〈經典詮釋與老學研究〉，頁 5。

〔註72〕 見劉固盛：〈經典詮釋與老學研究〉，頁 5。

〔註73〕 語出《莊子・人間世》。見〔晉〕郭象注，〔唐〕陸德明音義：《莊子》（臺北：臺灣中華書局，1965 年《四部備要・子部》據明世德堂本校刊），卷 2，頁 9 上。

〔註74〕 見傅偉勳：《從創造性的詮釋學到大乘佛學》（臺北：東大圖書股份有限公司，1990 年），頁 45。

〔註75〕 見陳德和：〈論唐君毅的老子學〉，《道家思想的哲學詮釋》，頁 67 註 16。

〔註76〕 見方東美：《原始儒家道家哲學》（臺北：黎明文化事業股份有限公司，1987

　　而「以老解老」自然也就是採取一種「內證」的方法，意大利籍華人賀榮一先生即說：

　　　　所謂內證，就是以老子書中之言論來證明書中某處辭句之意義與思想，如此其證必穩妥可靠。〔註77〕

　　是以，此無非是一種可以避免過度詮釋與較客觀的不錯方法，而這個方法也有利於避免詮釋時，同樣包含在吾人「前理解」中之「盲目的先見」。據尹志華先生指出，德國哲學家伽達默爾（Hans-Georg Gadamer）先生就在其《真理與方法》一書中將「前理解」（伽達默爾先生稱之為「先見」，另譯為「前見」）分為「合法的先見」與「盲目的先見」二種。前者是歷史給予的、人始終無法擺脫的「先見」，它來自人對歷史文化的繼承，聯結著每一代人與歷史之存在上的關係，因此是「合法的先見」；後者則指個人在現實人生中不斷接觸吸收的見解。〔註78〕

　　若然，在對老子思想進行詮釋時，筆者雖也難以擺脫個人的「前理解」，但對之中所謂「盲目的先見」，則希望在運用「以老解老」的方法時能盡量避免。另外，針對筆者不時會批判一些古今學者之見解的用意，不外乎在於是：「有時也要檢討一些注疏者和詮釋者的講法。這些檢討的主要目的不在接受或拒絕它們，而在比襯本人的講法，使它更清楚」。〔註79〕

　　順帶一提，據劉笑敢先生說：「傳統的方法論詮釋學相信有文本的本義或作者的原意，本義、原意是詮釋活動追求的目標，……自從哲學詮釋學問世，我們都認識到對原意或本義的相信其實是沒有根據或把握的」，又說：「我們都接受哲學詮釋學的深刻的觀察，……承認每個詮釋者都必然會有自己獨特的前見作為理解的前提，〔註80〕因而不可能有一個眾人一致的詮釋結果，因而詮釋的結果可能是無限豐富的」。〔註81〕筆者以為，「哲學詮釋學」雖點出詮釋終究會出現無限多樣性，但這並不意味著詮釋者在進行詮釋時，從此就

年），頁200。

〔註77〕見〔意〕賀榮一：《道德經註譯與析解》（臺北：五南圖書出版公司，1985年），自序，頁2。

〔註78〕詳見尹志華：《北宋〈老子〉注研究》（成都：巴蜀書社，2004年），頁242。

〔註79〕見劉福增：《老子哲學新論》，頁98。

〔註80〕其實，劉笑敢先生也曾指出「哲學詮釋學」的創始者，本也不鼓勵任意之詮釋與隨便的「前見」。詳見劉笑敢：《老子古今——五種對勘與析評引論（上卷）》，頁249～250。

〔註81〕分見劉笑敢：〈關於《老子》之雌性比喻的詮釋問題〉，頁93、93～94。

將反對、放棄「傳統的方法論詮釋學」所要追求本義或原意之用心。〔註 82〕
很多詮釋者本來都是自覺爲了要找尋本義或原意，而才開始進行詮釋的，只
是多數詮釋者可能往往在詮釋當下，都會不自覺地帶入一己所有的「前理
解」，以致於每個人相信的本義或原意都各有不同，因此當然就不會有一個相
同的詮釋結果。

　　不過，如果詮釋者本已在自覺地找尋本義或原意的前提下進行詮釋，若
他同時也能自覺地去除在個人「前理解」中所謂「盲目的先見」，那麼他的詮
釋結果雖然不可能還原本義或原意，但至少比不自覺地帶入所有「前理解」
的詮釋者來說，他的詮釋結果應該會比較貼近所謂本義或原意吧。而本節所
說一個成功詮釋的三個檢驗標準之第一、二點及第三點中之「思想史的進
路」，當然也是能貼近本義或原意的直接方法。

　　總之，本文是自覺地由「以老解老」，與同時以二種進路——思想史的進
路及觀念系統研究進路——兼有的方法來進行研究，並且以思想史的進路爲
觀念系統研究進路之基礎。而以上所提是否能成功詮釋的三個檢驗要點，無
疑正是決定本文是否也已成功詮釋的主要條件。質言之，要以「嗇」字爲中
心觀念重新詮釋老子思想，並促使學界不斷反省對老子思想體系固有之見
解，即是本文之最大目的。又，如何開啓一條能被認同是貼近老子思想之「樸」
的道路，則是本文之最大考驗。另外，避免人云亦云且毫無思考力的寫作方
式，更是筆者在行文之時將深自警惕的研究態度。最後，再次期許自己的觀
點能讓老子思想之詮釋，有越發完善、準確的說法，甚至在未來更多學者之
研究下，能夠被認同這是一條最直接能進入老子思想的康莊大道也。

第四節　研究所據版本與步驟

　　首先，對本文研究所據版本作一說明。雖然今日有不少《老子》地下文
獻出土，如西元 1973 年在湖南長沙馬王堆漢墓出土二本帛書《老子》、西元
1993 年在湖北荊門郭店楚墓也出土三組戰國時代竹簡《老子》，而在這些地下

〔註 82〕劉笑敢先生曾說，雖然「哲學詮釋學」指出經典文本的本義終究不可得，但
　　　　「哲學詮釋學」理論依然無法改變如下事實：即人們有以接近本義爲努力方
　　　　向的共識。詳見劉笑敢：〈「儒家不能以道家爲忌」——試論牟宗三「以道釋
　　　　儒」之詮釋學意義〉，《國立中央大學文學院人文學報》第 24 期（2001 年 12
　　　　月），頁 344 註 2。

文獻陸續被發現後，本文研究所據《老子》版本，依然採用《老子》最流行二種版本之一的王弼注本。由於帛書本、竹簡本《老子》同樣也是《老子》的傳抄本，〔註83〕故既非原始本也就無所謂定本、足本或真本的出現，是以吾人千萬不可抱持如下想法，即認為：

> 新發現的更早期文本必然比通行本更高明，只是因為它們更接近於某種「源文本」。這種想法就像約翰・杜威所說的「哲學的虛妄」，總是假定一個過程的結果先在於該過程。〔註84〕

然而，早期文本之優勢依然在於它們是現今發現最古老的幾種《老子》版本，高明先生就曾說：「近古必存真，因而較多地保存《老子》原來的面貌」。〔註85〕是以，這對於今日吾人在校勘《老子》文字，尤其是校勘王弼注本《老子》文字，以使其成為更接近原始本的文獻，無疑提供了極大助益。

《道不遠人——比較哲學視域中的〈老子〉》一書作者還曾說：「事實上，通行本常常是這些早期文本一個更詳盡、更全面的版本。」〔註86〕而《老子》最流行二種版本之一的王弼注本，即具備了此項特點。並且，《王弼注》更是歷代多數學者得以認識老子思想的主要媒介，故毫無疑問地，它已在歷史上形成深遠影響，晉榮東先生就曾說：

> 不論郭店本、帛書本與今本《老子》之間究竟是怎樣的一種關係，都不妨礙老子哲學之為老子哲學。……老子哲學已經通過今本《老子》（主要是王弼注本）對整個中國傳統文化和哲學思想的發展產生了巨大的影響。換言之，真正具有歷史效應的《老子》不是新近出土的郭店本，而是通行已久的今本。〔註87〕

總之，「今本《老子》卻因它最廣大、最長久的接受史而具有了最大的存在

〔註83〕帛書本、竹簡本《老子》的年代定位，及竹簡本《老子》為原始本《老子》的傳抄本（輯選本）之看法，與其它衍生的相關問題，詳見本文第二章第一節。

〔註84〕見〔美〕安樂哲、郝大維著，何金俐譯：《道不遠人——比較哲學視域中的〈老子〉》，頁84。

〔註85〕見高明：《帛書老子校注》（北京：中華書局，2004年），序，頁5。

〔註86〕見〔美〕安樂哲、郝大維著，何金俐譯：《道不遠人——比較哲學視域中的〈老子〉》，頁84。

〔註87〕見晉榮東：〈略論郭店楚簡的思想史意義及其限度〉，發表於2003年6月15日，2006年7月18日，取自：
http://www.confucius2000.com/confucian/llgdcddsxsyyjqxd.htm
（「Confucius2000」網站）。

價值」。〔註88〕不過,由於流傳至今的王弼注本《老子》,在歷史上已被翻刻過無數次,而「一般原著在流傳過程中,由於人們不斷對原著翻刻印制,難免總有疏漏,會造成對原書的脫、漏、增衍現象」。〔註89〕因此,「所謂早期版本的傳世本已經決然不是它們所冠名的注疏者當年所見的樣子了」。〔註90〕如今,據學者指出王弼注本《老子》之經、注也多有訛誤竄亂,並且經的部份還「其亡久矣」,故可確實已非其舊。〔註91〕而此由今人陳錫勇先生所作〈《通行本》非《王弼注本》原文〉一文中所舉諸證,〔註92〕即可明乎此種情況。

若然,本文引用王弼注本《老子》原典當然便急需採納王弼注本《老子》中之善本。〔註93〕現依羅勤先生說:「越是接近原書時代所刊刻之版本,由於其翻刻的次數較少,錯疏也少,因而所翻刻之書的保真越可靠。在今天看來,

〔註88〕見王建疆:《澹然無極——老莊人生境界的審美生成》(北京:人民出版社,2006年),頁122。

〔註89〕見羅勤:〈黎庶昌與《古逸叢書》芻議〉,《貴陽師專學報(社會科學版)》1998年第1期,頁86～87。

〔註90〕見〔美〕韓祿伯(Robert G. Henricks)著,邢文改編,余瑾翻譯:《簡帛老子研究》(北京:學苑出版社,2002年),頁31。

〔註91〕分別詳見戴美芝:《老子學考》(臺北:花木蘭文化出版社,2006年),頁44、蒙文通:〈《老子》王弼本校記‧敘錄〉,《道書輯校十種》(成都:巴蜀書社,2001年),頁257。

〔註92〕詳見陳錫勇:〈《通行本》非《王弼注本》原文〉,《老子校正》(臺北:里仁書局,2003年),頁281～296。其實,陳錫勇先生所謂「通行本」採取了較嚴格規範,即指清乾隆中浙江書局以華亭張之象本爲底本,以武英殿本校訂重刻,而題爲「老子道德經」、「老子道德經注」者。筆者則寬鬆地視所有流傳至今的王弼注本《老子》,皆可謂是「通行本」或稱之爲「今本」。

〔註93〕馮天瑜先生認爲某些書籍可謂之「元典」,他說:「並非一切古老、重要的書籍都可以視爲『元典』。只是那些具有深刻而廣闊的原創性意蘊,又在某一文明民族的歷史上長期發揮精神支柱作用的書籍方可稱之爲『元典』」,又說:「原典之『原』,主要有初原、原始涵義;而元典之『元』,內蘊更豐,其中十義都切近我們所要論及的文本的性質(筆者案:此十義馮天瑜先生指的是:第一,起始、開端;第二,首、頭;第三,本源;第四,長;第五,正嫡;第六,大;第七,善;第八,美;第九,上;第十,寶)……綜上所列,『元典』有始典、首典、基本之典、原典、長(長幼之『長』)、正典、大典、善典、美典、上典、寶典等意蘊」,還說:「在漢字系統中,與『元典』涵義切近的字彙是『經』。……『經』,本爲書籍通稱,兩漢以後尊經,則專指『聖人之書』,……與『元典』涵義近似的另一字彙是『藏』。『藏』指經典總匯、多卷本聖典。……『元典』大約包含『經典』與『聖典』雙重意蘊而更接近於『經典』」(分見馮天瑜:《中華元典精神》,上海:上海人民出版社,1994年,頁2、3、4)。而《老子》一書後既被稱爲「道德經」,那麼自然也在「元典」之列。

唐寫宋槧本就更有了很高的版本價值。」而由清人黎庶昌主持並進行刊刻的
《古逸叢書》，在比勘詳盡等要求之下，所收即是唐人寫本與直接由唐寫本而
翻刻的宋槧本，故至今仍以其所收版本精良及勘刻講究而稱著於世。〔註94〕

　　馬耘先生也說：「古逸叢書爲我國近世影印古籍之上品，黎庶昌（實爲楊
守敬主其事）、張元濟二氏所擇以影印之底本，均屬精刻精校而爲版本、校勘
意義上之善本，又經二氏主持覆刻、補描、整理，其版本之價值，毋庸贅言。」
〔註95〕是以，本文即根據在版本及校勘意義上均屬善本之《古逸叢書》中，
收王弼所注《集唐字老子道德經注》（底下各章皆簡稱集唐本《老子》）爲主，
〔註96〕若有引用其它《老子》版本，還是以帛書本、竹簡本等《老子》版本
或一些學者之見解，甚至以方言的角度，再校正此集唐本《老子》文字以使
其更完善，則另註明。〔註97〕又，如此一來，相信自能多避免清人段玉裁在
〈與諸同志書論校書之難〉一文中所說，因爲不先正底本而「多誣古人」的
情況出現。〔註98〕

　　其次，說明本文的研究步驟。本文共計八章：第一章是緒論，其中乃對

〔註94〕詳見羅勤：〈黎庶昌與《古逸叢書》芻議〉，頁87。

〔註95〕見馬耘：《論老莊哲學中「道」之無限性與人之自主問題》（臺北：臺灣大學
　　　　哲學研究所博士論文，陳鼓應、陳榮華教授共同指導，2005年10月），頁3。

〔註96〕藝文印書館有將《古逸叢書》中收王弼所注《集唐字老子道德經注》（臺北：
　　　　藝文印書館，2001年）單獨影印發行。又，本文對此集唐本《老子》原典所
　　　　加新式標點，大致依陳鼓應先生所作〈老子校定文〉爲主。詳見陳鼓應：〈老
　　　　子校定文〉，《老子今註今譯及評介（三次修訂本）》，附錄三，頁407～438。

〔註97〕帛書本《老子》文字據高明：《帛書老子校注》（北京：中華書局，2004年）。
　　　　竹簡本《老子》文字據《簡帛書法選》編輯組編：《郭店楚墓竹簡（老子甲、
　　　　乙、丙）》（北京：文物出版社，2002年）。河上本《老子》文字據舊題〔漢〕
　　　　河上公章句：《纂圖互註老子道德經》（臺北：中國子學名著集成編印基金會，
　　　　1978年《道德經名注選輯（一）》據明初建刊六子本影印）。傅奕本《老子》
　　　　（筆者案：此乃依據北齊武平五年開項羽妾墓所出《老子》抄本，與寇謙之
　　　　所傳安丘望本、仇獄所傳河上丈人本，校定之本）文字據〔唐〕傅奕校定：
　　　　《道德經古本篇》（臺北：藝文印書館，1965年《無求備齋老子集成初編（第
　　　　二函）》據明刊正統道藏本景印）。范應元本《老子》（筆者案：此有集《老
　　　　子》古本之大成的稱譽）文字據〔宋〕范應元撰：《老子道德經古本集註》
　　　　（臺北：藝文印書館，1965年《無求備齋老子集成初編（第七函）》據上海
　　　　涵芬樓續古逸叢書景宋本景印）。又，在底下各章校正《老子》文字的過程
　　　　中，吾人自當發現本文所據善本之集唐本《老子》，依然不是王弼注本《老
　　　　子》原來的樣子。

〔註98〕詳見〔清〕段玉裁撰：《經韻樓集》（上海：上海古籍出版社，2002年《續修
　　　　四庫全書・集部（第一四三五冊）》據清嘉慶十九年刻本影印），卷12，頁189。

研究動機、前人研究成果、研究方法與研究檢驗標準及研究目的等所作之交
待。再來，既然上述已提到要「以老解老」，那麼此隨即意味本文將視《老子》
五千餘言爲老子所親著的一個整體，而這無非已牽涉到複雜的老子其人其書
之問題。故在正式進入重建老子思想體系的過程之前，筆者以爲依然要先對
老子其人其書已然分歧的看法，有一說明後的自我立場交待，以便用來回應
本文視《老子》五千餘言爲老子所親著之一個整體的態度。畢竟，這應是從
事老學研究的學者不得不辨明之問題，尤其在今日不少地下文獻陸續出土
後，這就更非能刻意避開。

　　因此，本文第二章將以「老子其人其書及其環境與經歷對老子提出『嗇』
的影響」爲題，以便在今日諸多新資料、新研究的基礎上，持續對老子其人
其書作出定位，而相信這在很大程度上對更加準確詮釋老子思想能提供正面
幫助。接著，對老子其人的定位，更是本文第二章第二節所欲探討老子身處
特定環境及其日後經歷，對老子提出「嗇」有何決定性影響的一個基礎。而
此章即是所謂「思想史的進路」之研究方法，其用心在於防止對老子思想作
出任何超時代的詮釋。

　　再者，本文最終既以「嗇」爲中心觀念重建老子思想體系爲主，那麼爲
了在順利開展思想體系之前，能先對爲何可由「嗇」字爲中心觀念有所說明
與精確掌握「嗇」字意義，而不致於任意、主觀詮釋，故本文在第三至五章
中將分別由不同面向，以對「嗇」字作一仔細、嚴密而全面的考察與分析。

　　而前面幾章其實都是第六至七章所以能順利開展的一個準備。第六至七
章，採用的即是所謂「觀念系統的進路」之研究方法，其中老子思想前後彼
此的邏輯性在這裡將會嚴密來進行。這二章也是本文正式以「嗇」字爲中心
觀念而統貫《老子》中其它觀念，所自開展出一套老子思想新體系的主要環
節。由於在第五章最後會將歸納出「嗇」字的四種意義，分別引入第六章「斂
嗇」與第七章「儉嗇」的範圍，故更細部來說，第六至七章即是從「斂嗇」
到「儉嗇」的角度逐步接續開展出一套老子思想新體系。在第七章最後也將
順勢帶出老子思想的目標。

　　第八章乃是全文結論，首先即對本文研究成果作一扼要回顧，其次則點
出老子思想根源性之問題與對本文作一自我檢討。

　　本文即由對老子其人其書的定位說起。

第二章　老子其人其書及其環境與經歷對老子提出「嗇」的影響

第一節　對老子其人其書的定位

　　關於老子其人其書的問題，歷史記載最早、最完整，當推今傳司馬遷所作《史記・老子列傳》：

> 老子者，楚苦縣厲鄉曲仁里人也，姓李氏，名耳，字伯陽，諡曰聃，〔註1〕周守藏室之史也。〔註2〕孔子適周，將問禮於老子。……居周久之，見周之衰，迺遂去。至關，關令尹喜曰：「子將隱矣，彊為我著書」。於是老子迺著書上下篇，言道德之意五千餘言而去，莫知其所終。或曰老萊子亦楚人也，著書十五篇，言道家之用，與孔子同時云。蓋老子百有六十餘歲，或言二百餘歲，以其脩道而養壽也。自孔子死之後百二十九年，而史記周太史儋見秦獻公曰：「始秦與周合而

〔註1〕　詹劍峰先生據清人姚鼐《老子章義・序》及王念孫《讀書雜志・史記雜志》中所作考證，他說：「現存老子傳，有的地方已被後人竄改，如『字伯陽，諡曰聃』，原文是『字聃』，『伯陽、諡曰』四字是後人妄加」（見詹劍峰：《老子其人其書及其道論》，武漢：華中師範大學出版社，2006年，頁16）。關於此，其實司馬貞所作《史記索隱》中早有說明。詳見〔漢〕司馬遷撰，〔宋〕裴駰集解，〔唐〕司馬貞索隱，〔唐〕張守節正義：《史記》（臺北：臺灣中華書局，1965年《四部備要・史部》據武英殿本校刊），卷63，頁1下。

〔註2〕　《莊子・天道》中子路則稱老子為「周之徵藏史」。見〔晉〕郭象注，〔唐〕陸德明音義：《莊子》（臺北：臺灣中華書局，1965年《四部備要・子部》據明世德堂本校刊），卷5，頁16上。

離，離五百歲而復合，合七十歲而霸王者出焉」。或曰儋即老子，或
曰非也，世莫知其然否。……李耳無為自化，清靜自正。〔註3〕

　　而在上述大約五百字的敘述中，司馬遷對老子生平事蹟已作了大致記
錄。本文對老子其人其書的看法，即要以此為一基礎。換言之，本文前提就
在於要正視此篇傳記中之幾條關鍵文句乃大致可信，並且再進而反省其中還
值得商榷處，甚至是否有無需要被修正的地方。

　　其實，孫以楷先生曾將歷代以至於今，對老子其人其書的不同看法，有
一簡述：

> 這個問題，在戰國秦漢時代是不成問題的，沒有人懷疑《老子》一
> 書的作者就是老子（老聃），老子是孔子同時代而略早於孔子的
> 人，……歷魏晉南北朝隋唐宋元明諸代，一千多年，雖有學者對《老
> 子》一書是老子所著說有所質疑，但那僅僅是極個別的聲音。〔註4〕
> 直到清代中期汪中才提出《老子》的作者是太史儋之說。至 20 世紀
> 20 年代、30 年代，梁啟超、羅根澤等人重提汪中舊說並加以系統化，
> 一時間老子晚於孔子說聲浪甚高。〔註5〕……直到 20 世紀末，雖然
> 郭店楚簡出土簡本《老子》，已足證《老子》一書形成應當在春秋末
> 或戰國早期，應當早於《論語》，但學術界依然有人堅持《老子》為
> 太史儋所著說。〔註6〕

　　以上僅屬於一鳥瞰式說法，下面將以較系統性方式來敘述這場爭論之重點。

〔註3〕　為求集中焦點，筆者只摘錄〈老子列傳〉與本節敘述相關處。詳見〔漢〕司
　　　　馬遷撰，〔宋〕裴駰集解，〔唐〕司馬貞索隱，〔唐〕張守節正義：《史記》，
　　　　卷63，頁 1 上～3 下。
〔註4〕　曾為惠先生曾指出：「老子其人其書，首先懷疑不是春秋時代者，是北魏的崔
　　　　浩，其次是中唐的韓愈，其真能以理由為說者，最早是南宋的陳師道，他在
　　　　《理究》中大略謂老子在孟子闢楊墨之後、墨荀之間。其次有葉適，說『教
　　　　孔子者非著書之老子』。」（見曾為惠：《老子辯難》，高雄：高雄文化出版社，
　　　　1995 年，頁 86。）
〔註5〕　此時有關老子其人其書的問題，曾有一次集中討論，主要皆收入當時羅根澤
　　　　先生編著的《古史辨》第四、六冊下篇之中。聶中慶先生曾說：「如果沒有關
　　　　於老子的那場爭論，我們對老子的認識能達到今天的程度嗎？」（見聶中慶：
　　　　《郭店楚簡〈老子〉研究》，北京：中華書局，2004 年，頁 9。）是以，誠如
　　　　曾為惠先生所說前賢的大辯論，確實為我們建立了功不可滅的基礎。詳見曾
　　　　為惠：《老子辯難》，頁 88。
〔註6〕　見孫以楷：《老子通論》（合肥：安徽大學出版社，2004 年），頁 65。

一、老子其人其書的爭論回顧

　　概括而言，學者們的判斷，大多將老子其人與其書合觀，而眾人看法據《中國老學史》、《老子評傳》、《老子評注》等書作者歸納，不出以下三種觀點：第一，「早期說」，老子稍早於孔子，《老子》書作於春秋末年，但有戰國時人的增益。第二，「中期說」，老子是戰國時代人，《老子》書作於戰國時代（此說尚有戰國初年與戰國末年之分）。〔註7〕第三，「晚期說」，老子與《老子》書分開，老子是春秋末年人，但《老子》書成於戰國中期，為老聃遺說的發揮，甚至有的更認為成書還晚至秦漢之際或西漢之時。〔註8〕

　　而根據今日不少地下文獻出土，實已有助於進一步釐清以上三種分歧的說法。自西元 1973 年有出土證據顯示，抄寫於劉邦稱帝前的湖南長沙馬王堆漢墓帛書《老子》甲本，〔註9〕就已使原先主張《老子》書成於秦漢之際，甚至認為時代更晚的學者，必然要同意《老子》書早出，至少帛書本《老子》已能證明《老子》是秦代前作品。〔註10〕不過，關於《老子》書作者卻依然

〔註7〕　陳德和先生以為牟宗三先生將老子其人定在孔子以後的春秋戰國之際，而這應是介於第一、二種觀點之間的說法。陳德和先生說：「牟先生雖然沒有直接說老子到底起於何時，但是周文罷弊是春秋以來的事實，那麼要說做為一個大教的道家，是一直要到戰國中期才開始對已經發生數百年的事實做出反應，這實在是太不合情理，因此只有定在從春秋末年到戰國初期（請注意在春秋戰國之間還有幾十年的時間難以歸類而被史家稱之為『春秋戰國之際』）才最有可能是牟先生的意見，更何況牟先生從來只認定老子是在孔子之後，從未說過老子是和孟子同時、甚至是孟子之後。」（見陳德和：〈略論老子的年代與思想——對劉笑敢《老子》的幾點質疑〉，《道家思想的哲學詮釋》，臺北：里仁書局，2005 年，頁 75。）

〔註8〕　分別詳見熊鐵基、馬良懷、劉韶軍：《中國老學史》（福州：福建人民出版社，1997 年），頁 4～5、陳鼓應、白奚：《老子評傳》（南京：南京大學出版社，2001 年），頁 2～3、党聖元：《老子評注》（香港：三聯書店，2007 年），前言，頁 6～7。

〔註9〕　馬王堆漢墓中有出土二本帛書《老子》，一種用篆書抄寫，名為甲本；一種用隸書抄寫，名為乙本。而在帛書本《老子》甲本中「邦」字出現多次，但在乙本中則改為「國」字，故可推測乙本乃避劉邦名諱，而改「邦」為「國」。若然，帛書本《老子》甲本年代當抄寫於劉邦稱帝前，乙本則在劉邦稱帝後。

〔註10〕楊鴻儒先生曾說：「據謝守灝的《老君實錄》說：《道德經》有『項羽妾本，齊武平五年彭城人開項羽妾冢得之。』從項羽妾的墓中發掘出《道德經》，可見《道德經》一書及其作者在秦代已很有影響，就連項羽的小妾也十分珍愛，所以被當作殉葬品。」（見楊鴻儒：《無為自化——重讀老子》，成都：四川人民出版社，1997 年，頁 9。）因此，由項羽妾本《老子》的被發掘，也可證明《老子》是秦代前作品。

有不同意見，其尚有二說：第一，作者是春秋末年老聃。第二，作者是戰國中期太史儋。

此爭論一直要到西元 1993 年郭店楚墓竹簡《老子》甲、乙、丙三組出土，才逐漸明朗化。根據考定，此墓當葬於西元前四世紀中期至前三世紀初（戰國中期偏晚），〔註11〕而郭店楚簡抄寫年代自然理應要早於墓葬年代。〔註12〕既然如此，若將先秦時期文字書寫困難、書籍流通速度緩慢、當時交通不便等因素都列入考慮，那麼《老子》從成書到流傳至各地，並且還得到許多學者稱引，〔註13〕進而更成為隨葬品，〔註14〕可想而知，其中「不會是一個很短的過程」。〔註15〕此誠如《道家雙峰──老莊思想合論》一書作者所說：「當然這決不是一朝一夕之事，而必然要經過相當長的轉抄和傳授過程。」〔註16〕

又，據專家學者考察，其中竹簡本《老子》甲組較接近《老子》原始本，而抄寫時間大約在西元前 400 年前後，或者甚至更前，並且此三組《老子》尚且都還不是原始抄本。〔註17〕如今考量到《老子》從成書到流傳至「楚」地，

〔註11〕詳見湖北省荊門市博物館：〈荊門郭店一號楚墓〉，《文物》1997 年第 7 期，頁 47。其實，西元 1998 年 5 月在美國達慕思大學舉辦的「郭店《老子》國際學術研討會」上，與會學者已進一步將墓葬年代範圍縮小在西元前四世紀晚期至前三世紀早期，此一時間段。詳見〔美〕艾蘭（Sarah Allan）、〔英〕魏克彬（Crispin Williams）原編，邢文編譯：《郭店老子──東西方學者的對話》（北京：學苑出版社，2003 年），頁 109。

〔註12〕詳見荊門市博物館編：《郭店楚墓竹簡》（北京：文物出版社，1998 年），前言，頁 1。

〔註13〕詳見本文第一章註 43。

〔註14〕美國學者韓祿伯（Robert G. Henricks）先生曾說：「簡文精美的書法說明這顯然不是為陪葬而著的急就之作。」（見〔美〕韓祿伯【Robert G. Henricks】著，邢文改編，余瑾翻譯：《簡帛老子研究》，北京：學苑出版社，2002 年，頁 28。）

〔註15〕見劉固盛：〈簡帛《老子》研究述要〉，《出土文獻探蹟》（武漢：崇文書局，2005 年），頁 191。

〔註16〕見安繼民、高秀昌、王守國：《道家雙峰──老莊思想合論》（開封：河南大學出版社，2001 年），頁 5。

〔註17〕據丁四新先生的研究指出：「甲組的假借字、古字、怪字特多，則深刻地反映文本甲可能是更古更原始的傳抄本，與乙組比較起來，時間當在前」，又說：「甲組與丙組，亦可以把它們的時間性區別開來。……甲組用字更古更原始，丙組用字更現代，與帛書相近。在文本句式與結構上，甲組比較古樸簡練，丙組則較輕緩舒展。……甲、丙兩組簡書相較，衡之以簡丙到帛甲的時間距離，則甲組至少是西元前 4 世紀上半葉流行的，而其抄寫時間上推到西元前 400 年前後是頗為可能的。……郭店簡本《老子》甲、乙、丙三組皆不是原始抄本，這從它們存在著大量的脫文、衍文等現象可推斷出來」，最後說：「簡

後再被轉抄而成為隨葬品，其間必然要經過一段不短的時間，因此，正如丁四新先生所指出《老子》「真正的原始本應該向西元前 5 世紀去尋找」。〔註18〕是以，今天吾人合理地來推測《老子》原始本在春秋末年實不過份。

　　若然，之前「中期說」裡戰國初年與戰國末年派，在竹簡本《老子》出土的證明下，筆者以為便可除去可能性。〔註19〕於是，今日多數學者正朝著認為竹簡本《老子》即老聃所作、《老子》書出於春秋末年的方向齊進。可是，現在卻又有學者看出竹簡本《老子》只有二千餘字，是大不同於今本《老子》五千餘字，所以再提出「簡本可能是一個完整傳本」、「今本是後人在簡本的基礎上進行改造、重編、增訂而成」的說法，〔註20〕故斷言竹簡本《老子》為老聃所作，今本《老子》為戰國時期太史儋所作。

　　綜言之，今日對老子其人其書的定位，已大多傾向認同「早期說」，只是對竹簡本、今本《老子》作者是否同一人有了再次爭論。而從現存資料考慮，最早說出老子其人其書為「早期說」者，即是司馬遷。看來，「早期說」裡最原始依據的《史記‧老子列傳》，如今勢必將重新再受到審視。因此，以下擬藉由〈老子列傳〉來進行一連串論述，最後也對竹簡本、今本《老子》作者是否同一人有所說明。

　　　本《老子》甲、乙、丙是在三個不同的時期產生的三種不同抄本，具體說來簡甲比簡乙，簡乙比簡丙早，這可以從語言的變遷，或是文本的比較上加以證實。……深玩甲、乙、丙三組語言上的變化，似可認為簡本《老子》甲組抄寫的時間當在西元前 400 年左右，甚至更前」（分見丁四新：《郭店楚墓竹簡思想研究》，北京：東方出版社，2000 年，頁 6、7、9）。

〔註18〕見丁四新：《郭店楚墓竹簡思想研究》，頁 7。

〔註19〕竹簡本《老子》的出土，已使認為《老子》書出於戰國中晚期或戰國以後的看法不攻自破，也必然讓主張「莊前老後」的學者啞口無言。而中外各自主張「莊前老後」最著名的人物，當是錢穆先生與英國學者葛瑞漢（A.C.Graham）先生。當然，此二人都在竹簡本《老子》出土前便先後辭世，故對一己判斷「莊前老後」的論點是否會有所修正，已不可知矣。而錢穆先生當時的判斷是：「據其書思想議論，及其文體風格，蓋斷在孔子後。當自莊周之學既盛，乃始有之。」（見錢穆：《先秦諸子繫年》，臺北：東大圖書股份有限公司，1986 年，頁 223。）類似說法還可詳見其《莊老通辨》（臺北：三民書局，1973 年），上卷、中卷之下。葛瑞漢先生則直言：「宜將其看做成於莊子之後。」（見〔英〕葛瑞漢【A.C.Graham】著，張海晏譯：《論道者──中國古代哲學論辨》，北京：中國社會科學出版社，2003 年，頁 253。）

〔註20〕俱見郭沂：《郭店竹簡與先秦學術思想》（上海：上海教育出版社，2002 年），頁 514。

二、對今本《史記‧老子列傳》的解讀

（一）司馬遷的作史態度

在說明司馬遷所作〈老子列傳〉是大致可信前，吾人不妨先衡量司馬遷的作史態度為何。《中國老學史》一書作者曾提到，司馬遷的主要優點和貢獻就在於歷史文獻學方面之開拓，也即是奠定考據學的雛形。〔註21〕書云司馬遷：

> 他面臨許多不同記載，能夠「擇其言尤雅者」，能夠「考信於六藝」，「折中於夫子」，能夠「信以傳信，疑以傳疑，故兩言之」，形成了一整套文獻考辨的原則，必要和可能還進行實地考察。〔註22〕

其實，據王國維先生之研究與推論，證實司馬遷在《史記‧殷本紀》中所著錄之殷商帝王世系乃大致正確，〔註23〕於此已足見司馬遷撰史的求真態度。詹劍峰先生也指出：「在劉家的天下之下，敢於為項羽作本紀，這就證明司馬遷不會歪曲史實，捏造史實。」〔註24〕並且，對司馬遷不無微詞的班固，〔註25〕更讚美其《史記》為「實錄」，此見《漢書‧司馬遷傳》說：

> 自劉向、揚雄博極群書，皆稱遷有良史之才，服其善序事理，辨而不華，質而不俚，其文直，其事核，不虛美，不隱善，故謂之實錄。〔註26〕

是以，由上可知，《史記》在記載方面真實性的可信度極高。下文正式看司馬遷所作〈老子列傳〉。

（二）司馬遷筆下的老子其人

首先，看老子其人的問題。在〈老子列傳〉中，司馬遷說老子乃春秋末年人，並曾任「周」王朝守藏室史，〔註27〕孔子還曾適「周」向他問禮，後

〔註21〕詳見熊鐵基、馬良懷、劉韶軍：《中國老學史》，頁7～8。

〔註22〕見熊鐵基、馬良懷、劉韶軍：《中國老學史》，頁8。

〔註23〕分別詳見王國維先生所作〈殷卜辭中所見先公先王考〉、〈殷卜辭中所見先公先王續考〉，二文俱收入《觀堂集林》（臺北：河洛圖書出版社，1975年）一書。

〔註24〕見詹劍峰：《老子其人其書及其道論》，頁18。

〔註25〕班固在《漢書‧司馬遷傳》中說：「又其是非頗繆於聖人，論大道則先黃老而後六經，序遊俠則退處士而進姦雄，述貨殖則崇勢利而羞賤貧，此其所蔽也。」（見〔漢〕班固撰，〔唐〕顏師古注：《前漢書》，臺北：臺灣中華書局，1965年《四部備要‧史部》據武英殿本校刊，卷62，頁18下。）

〔註26〕見〔漢〕班固撰，〔唐〕顏師古注：《前漢書》，卷62，頁19上。

〔註27〕王博先生指出老子擔任的官職其實是「太史」，據他說：「老子為周之藏室史

來更著書上下篇，最後不知其所終。

　　上述這些記錄，尤其是孔子曾問禮於老子一事，此在《史記》外文獻中記載尤多，〔註28〕例如說還見於《莊子》書中多次，及《呂氏春秋》、《禮記》、《韓詩外傳》、《孔子家語》等文獻資料中。而關於《禮記》所載此事，何新先生說《禮記‧曾子問》「所記老子之言行凡四，皆與禮有關。則孔子曾問禮於老子，宜若可信」。〔註29〕劉笑敢先生則進一步指出其所記老子言行「這四段都是關於葬禮的，〔註30〕而《老子》中正面提到禮的第三十一章也是談喪禮的。〔註31〕如果沒有事實的依據，為什麼會有這種巧合呢？」〔註32〕（詳見

或徵藏史，主藏書之事。這種史官之名在《周禮》、《禮記》等文獻以及金文中都未發現，但其亦必不能脫出太史和內史之範圍。若將其職掌與太史、內史之職掌做一比較，便可發現其與太史之掌書史、文獻檔案之職合，可知鄭玄以老聃為太史之說是有根據的」（見王博：《老子思想的史官特色》，臺北：文津出版社，1993年，頁20）。

〔註28〕除了〈老子列傳〉外，《史記》於〈孔子世家〉中也有記載。

〔註29〕見何新：〈老子考異〉，《何新考古新論——聖與雄》（北京：金城出版社，2004年），頁6。

〔註30〕這四段文獻是：「曾子問曰：『古者師行，必以遷廟主行乎？』孔子曰：『……吾聞諸老聃曰：「天子崩，國君薨，則祝取群廟之主而藏諸祖廟，禮也。……主，出廟入廟必蹕。」老聃云。』」、「曾子問曰：『葬引至于堩，日有食之，則有變乎？且不乎？』孔子曰：『昔者，吾從老聃助葬於巷黨及堩，日有食之，老聃曰：「丘！止柩，就道右，止哭以聽變。」既明，反而后行。曰：「禮也。」反葬，而丘問之曰：「夫柩不可以反者也，日有食之，不知其已之遲數，則豈如行哉？」老聃曰：「諸侯朝天子，見日而行，逮日而舍，奠；大夫使，見日而行，逮日而舍。夫柩不蚤出，不莫宿。見星而行者，唯罪人與奔父母之喪者乎？日有食之，安知其不見星也。……」吾聞諸老聃云。』」、「曾子問曰：『下殤，土周葬于園，遂輿機而往，途邇故也。今墓遠，則其葬也如之何？』孔子曰：『吾聞諸老聃曰：「昔者史佚有子而死，下殤也。墓遠，召公謂之曰：『何以不棺斂於宮中？』史佚曰：『吾敢乎哉？』召公言於周公，周公曰：『豈不可？』史佚行之。」』」、「子夏曰：『金革之事無辟也者，非與？』孔子曰：『吾聞諸老聃曰：「昔者魯公伯禽有為為之也，今以三年之喪從其利者，吾弗知也。」』」。分見〔漢〕鄭玄注，〔唐〕孔穎達等正義：《禮記正義》（臺北：臺灣中華書局，1965年《四部備要‧經部》據阮刻本校刊），卷18，頁11下；卷19，頁10下～11上；卷19，頁11下～12上；卷19，頁13上。

〔註31〕《老子‧三十一章》說：「夫兵者（筆者案：集唐本《老子》原作『夫佳兵者』，今檢之帛書本《老子》甲、乙本俱無『佳』字，再考量同章下文也只作『兵者』，故『佳』字據以刪之），不祥之器。物或惡之，故有道者不處。君子居則貴左，用兵則貴右。兵者不祥之器，非君子之器，不得已而用之，恬淡為上。勝而不美，而美之者，是樂殺人。夫樂殺人者，則不可以得志於天下矣。吉事尚左，凶事尚右。偏將軍居左，上將軍居右，言以喪禮處之。殺人之眾，

下頁）再來，提到《莊子》一書，有學者總以其間多寓言，進而否定其可靠性。
〔註33〕不過，今依陳鼓應先生考證，《莊子》書中記錄歷史人物間相互關係具
可能性者，高達七十九次，故《莊子》一書關於孔子問禮於老子的記載，應
非空穴來風。〔註34〕

　　是以，誠如徐復觀先生說：「在傳說不同的系統中，而發現可以互證的材
料，則不能不說是有力的材料」。〔註35〕而由上吾人已可看出，除了道家的《莊
子》以外，儒家、雜家的作品中也都記載此事，故這正說明孔子問禮於老子
一事確實相當可信。況且，《禮記》、〔註36〕《韓詩外傳》、《孔子家語》等書
本爲儒家典籍，若此事並非實情，何以儒門學派要向壁虛構，以長他人志氣
呢？

　　而關於先秦幾家學派都有記錄孔子曾向老子問禮一事，〈孔老相會及其歷
史意義〉一文作者以爲透露二點重要訊息：

　　其一，記載孔子問禮於老子的不僅有道家作品和雜家作品，更多的
　　是儒家自己的作品，這表明這一傳說在戰國乃至秦漢十分流行，是
　　眾人皆知的常識，儒家不僅認可這樣的說法，而且對此並不介意。
　　其二，《禮記》、《韓詩外傳》、《孔子家語》等儒家作品皆成書於儒學
　　獨尊、排斥別家的學術氛圍下，儒道兩家的對峙已甚爲明顯，這表

以哀悲泣之，戰勝以喪禮處之。」
〔註32〕　見劉笑敢：〈代年表——《老子列傳》導讀〉，《老子——年代新考與思想新
　　　　詮》（臺北：東大圖書股份有限公司，1997 年），頁 245。
〔註33〕　例如說日本學者穴澤辰雄先生就持有此種看法。詳見〔日〕宇野精一主編，
　　　　邱榮鐊譯：《中國思想（二）——道家與道教》（臺北：幼獅文化事業公司，
　　　　1987 年），頁 75。
〔註34〕　陳鼓應先生說：「細查《莊子》書中關於歷史人物相互關係的記載，如關於孔
　　　　子及其弟子顏淵、子路、冉求；孔子與葉公子高；孔子與楚狂接輿；惠子與
　　　　莊子；公孫龍子與魏牟；管仲與齊桓公等等相互關係的記載，其中在時代上
　　　　絕對可能與大概可能的問對或交往，有七十九次之多，而在時代上絕對不可
　　　　能的只有二次。這就是說，《莊子》書中關於孔子問禮於老子的記載，並非憑
　　　　空杜撰。」（見陳鼓應：《老莊新論》，臺北：五南圖書出版有限公司，1995
　　　　年，頁 53～54。）
〔註35〕　見徐復觀：《中國人性論史（先秦篇）》（臺北：臺灣商務印書館，1994 年），
　　　　頁 470。
〔註36〕　孫以楷先生說：「郭店楚簡中有《緇衣》篇，與《禮記》中的《緇衣》基本相
　　　　同，更是戰國早中期已有《禮記》的直接證明。那麼，《禮記・曾子問》作爲
　　　　孔子及其弟子的作品亦大致可信。其中有關孔子向老子問禮之事當是歷史事
　　　　實。」（見孫以楷：《老子通論》，頁 66。）

明孔子曾問禮於老子並非道家的杜撰，而是自孔子以來儒家代代相
傳的事實，以致儒家即便獲得獨尊的地位後仍不能否認。〔註37〕

至於說有若干儒家子弟一味要將老子置於孔子之後，詹劍峰先生以為此
乃儒者一脈相承舊道統思維之表現，其目的乃是為了大行其「尊孔策略」。
〔註38〕陳錫勇先生也有類似看法說：「蓋尊孔之誠，推之至聖，絕不容老子
在孔子前也。」〔註39〕然而，此舉看來無非只將掩蓋孔子虛心受教的風範
而已。吳賢俊先生就曾說：

> 儒家之徒不願其宗師向道家的宗師求教，只顯出其心胸狹窄，未能
> 學習其宗師孔子的謙虛精神，有辱師門而已。〔註40〕

總之，既然記載此事的文獻眾多，且文字又見於春秋戰國各家學派，故想
必此事在當時學術界之盛大，不然何以能流傳如此廣。另外，張岱年先生替高
明先生其書作〈序〉時還說：「《老子》六十三章有『報怨以德』之語，〔註41〕
《論語》中記載孔子對於『報怨以德』的批評。足證孔、老同時的傳說並非虛
構」。〔註42〕若然，孔子既為春秋末年人，那麼老子年代也當在此時。〔註43〕（詳

〔註37〕見陳鼓應、白奚：〈孔老相會及其歷史意義〉，《南京大學學報（哲學‧人文‧
社科版）》1998年第4期，頁29。

〔註38〕詳見詹劍峰：《老子其人其書及其道論》，頁15。

〔註39〕見陳錫勇：《老子校正》（臺北：里仁書局，2003年），再版自序，頁4。

〔註40〕見吳賢俊：《〈老子〉的名言批判》（桃園：中央大學哲學研究所碩士論文，袁
保新教授指導，1996年1月），頁16。

〔註41〕關於《老子‧六十三章》「報怨以德」一語，嚴靈峰先生以為當為〈七十九章〉
的錯簡（筆者案：〈七十九章〉原文是「和大怨，必有餘怨，安可以為善？是
以聖人執左契，而不責於人。有德司契，無德司徹。天道無親，常與善人」），
試看他說：「『報怨以德』四字，係原六十三章之文，與上下文誼，均不相應（筆
者案：〈六十三章〉原文是『為無為，事無事，味無味。大小多少，報怨以德。
圖難於其易，為大於其細。天下難事，必作於易；天下大事，必作於細。是以
聖人終不為大，故能成其大。夫輕諾必寡信，多易必多難。是以聖人猶難之，
故終無難矣』）。陳柱曰：『六十三章「報怨以德」句，當在此「和大怨，必有餘
怨」句上。』陳說是，但此四字，應在『安可以為善』句上，並在『必有餘怨』
句下；文作『和大怨，必有餘怨；報怨以德，安可以為善』」（見嚴靈峰編著：
〈老子章句新編〉，《道家四子新編》，臺北：臺灣商務印書館，1977年，頁147）。

〔註42〕見高明：《帛書老子校注》（北京：中華書局，2004年），張岱年序，頁2。而
關於孔子對「報怨以德」的批評，乃見於《論語‧憲問》：「或曰：『以德報怨，
何如？』子曰：『何以報德？以直報怨，以德報德。』」（見〔魏〕何晏集解，
〔宋〕邢昺疏：《論語注疏》，臺北：臺灣中華書局，1965年《四部備要‧經
部》據阮刻本校刊，卷14，頁8上）。陳鼓應先生說：「《憲問》章『或曰「以
德報怨」』，『或曰』顯然是引別人的話，而這話正出於《老子》書上。由此可

見下頁）

（三）司馬遷筆下的老子其書

其次，看老子其書的問題。在〈老子列傳〉中，司馬遷說：「老子迺著書上下篇，言道德之意五千餘言而去」。可見，司馬遷認為《老子》一書在春秋末年即已完稿。以下再列舉三則重要文獻。

春秋末年與孔子同時而先於孔子的叔向，曾引《老子》〈四十三章〉、〈七十六章〉文字，事詳《說苑・敬慎》。其中韓平子問曰：「剛與柔孰堅？」叔向回答：

> 臣年八十矣，齒再墮而舌尚存。老聃有言曰：「天下之至柔，馳騁天下之至堅。」又曰：「人之生也柔弱，其死也剛強，萬物草木之生也柔脆，其死也枯槁。」〔註44〕

證《論語》曾引述《老》書。」（見陳鼓應：《老子今註今譯及評介（三次修訂本）》，臺北：臺灣商務印書館，2000 年，修訂版序，頁 12。）

〔註43〕 胡適先生在參照《史記》〈孔子世家〉、〈老子列傳〉與《左傳・昭公七年》的記載後，並依清儒閻若璩《四書釋地續》中的考證，據此他說：「孔子適周，總在他三十四歲以後，當西曆紀元前 518 年以後。大概孔子見老子在三十四歲（西曆前 518 年，日食）與四十一歲（定五年，西曆前 511 年，日食）之間。老子比孔子至多不過大二十歲，老子當生於周靈王初年，當西曆前 570 年左右」（見胡適：《中國哲學史大綱》，北京：東方出版社，1996 年，頁 39）。楊家駱先生則考證老子年長孔子十歲左右，據他說老子的生卒年為西元前 561～467 年。詳見楊家駱：〈老子新傳〉，《老子新考述略》（臺北：世界書局，1967 年），頁 3～9。

〔註44〕 見〔漢〕劉向撰，〔宋〕曾鞏校：《說苑》（臺北：臺灣中華書局，1965 年《四部備要・史部》據明刻本校刊），卷 10，頁 3 上。其實，過去多有學者懷疑《說苑》並非先秦原始資料，不過，今據西元 1973 年河北定縣四十號漢墓中出土的多種先秦古籍裡，有一批竹簡的許多內容見於《說苑》，竹簡整理者將之命名為《儒家者言》（詳見定縣漢墓竹簡整理組：〈定縣 40 號漢墓出土竹簡簡介〉，《文物》1981 年第 8 期，頁 11）。而此書的發現「不但證明《說苑》是保存了先秦時期的原始面目，增強了《說苑》的史料價值，而且說明先秦古籍中有這麼一本書，現在稱之為《儒家者言》」。見李定生、徐慧君校釋：《文子校釋》（上海：上海古籍出版社，2004 年），代前言，頁 4。又，關於上引《說苑・敬慎》原典的可信度，據王葆玹先生說：「叔向即《左傳》中的羊舌肸或叔肸，最早見於魯襄公十一年（西元前 562 年）；而據《史記・韓世家》，韓平子即韓貞子，立於晉定公十五年（西元前 497 年），則叔向在韓平子時當有八十歲左右，正與叔向所說『臣年八十矣』一句相合，這顯然有助於證明《說苑》這條材料的可靠性」（見王葆玹：《老莊學新探》，上海：上海文化出版社，2002 年，頁 42～43）。

戰國初年顏斶曾引《老子・十九章》文字，事詳《戰國策・齊四》：

老子曰：「雖貴必以賤爲本，雖高必以下爲基，是以侯王稱孤、寡、不穀。」〔註45〕

戰國初年魏武侯曾引《老子・八十一章》文字，事詳《戰國策・魏一》：

故老子曰：「聖人無積，盡以爲人己愈有，既以與人己愈多。」〔註46〕

由此三則文獻可知，〔註47〕生活在春秋末年或戰國初年的以上三人，都已引用過《老子》文句。另外，據近世學者研究，也有多方證據顯示《老子》一書應是早出，略述如下。

徐復觀先生從《老子》中不曾出現「性」字，藉此說明《老子》書不能晚於戰國初期，他說：

《老子》一書，沒有一個性字。但性字的流行，乃在戰國初期以後，所以《論語》中也只有兩個性字。在現行《老子》一書中，……有實質的人性論，但不曾出現性字，這也正可證明它是成立於戰國初期或其以前的東西，不足爲異。〔註48〕

劉建國先生藉由馬王堆漢墓出土帛書《老子》甲本中的「邦」字，來斷定《老子》書成於春秋末年，其說：

〔註45〕見〔漢〕高誘注：《戰國策》（臺北：臺灣中華書局，1965年《四部備要・史部》據士禮居黃氏覆剡川姚氏本校刊），卷11，頁5上。

〔註46〕見〔漢〕高誘注：《戰國策》，卷22，頁3上。

〔註47〕其實，也有不少學者指出戰國初年的墨子同樣曾引用《老子》文字，以當爲《老子》書早出的又一條重要證據。而他們的看法乃依《太平御覽》引：「墨子曰：『墨子爲守，使公輸般服，而不肯以兵知，善持勝者，以強爲弱。故老子曰：「道沖而用之，有弗盈也（筆者案：語出《老子・四章》）。」』」（見〔宋〕李昉等奉敕撰：《太平御覽》，臺北：臺灣商務印書館，1985年《景印文淵閣四庫全書・子部（第八九六冊）》據國立故宮博物院藏本影印，卷322，頁9。）然而，可怪的是這條引文卻不見於《墨子》書中，詹劍峰先生對此便提出解釋說：「《御覽》所引當在《墨子》佚篇之中」（見詹劍峰：《老子其人其書及其道論》，頁62）。但這樣解釋今已被日知先生所反駁：「《太平御覽》卷三二二的『墨子曰』應作『淮南子曰』，作『墨子曰』者，《御覽》引書之誤。此條引文，已知出處在《淮南子・道應訓》，就不應當再看作『墨子佚文』，這絕不是什麼佚文了。」（見日知：〈墨子不知老子——《太平御覽》卷三二二「墨子曰」引書有誤〉，《古籍整理研究學刊》1992年第4期，頁4～5。）準此，既然這條引文乃出自《淮南子》，那當然不能當成《老子》書早出的證據。

〔註48〕見徐復觀：《中國人性論史（先秦篇）》，頁327。而陸玉林先生也曾說：「《老子》書中無『性』字，也可作爲早出之證。」（見陸玉林：《中國學術通史（先秦卷）》，北京：人民出版社，2004年，頁283註2。）

在西周多用「邦」稱國，一直延續到春秋末年以「邦」稱國還較普遍。……《論語》中「邦」「國」並用，「邦」多於「國」，與《道德經》甲本中「邦」「國」並用，「邦」多於「國」是完全一致的，〔註49〕說明它們是同時期的作品，反映的是春秋末年的社會情況。這個「邦」到了戰國時期的諸子書中，隨著時代的變化，隨著封邦的諸侯的消失，就都棄之不用了。〔註50〕

古漢語專家王力先生曾說：「從《詩經》用韻的情況看，冬侵合併是合乎事實的，所以《詩經》韻部應該是二十九部；後來由於語音演變，冬部由侵部分化出來，所以戰國時代的韻部應該是三十部。（這樣，《離騷》『庸』『降』協韻作為東多合韻才得到合理的解釋。）」〔註51〕而《老子通》一書作者在對《老子》——「哲學詩之源」——用韻進行研究後，〔註52〕發現《老子》韻部也正是二十九部，故以為《老子》用韻能為王力的春秋戰國韻部之異說，也提供證據。隨即該書作者舉《老子‧七十章》為例，說明其中「宗」字之用韻是《老子》作於春秋末年的一個重要證據：

《老子》七十章全部有韻，其中有句曰：「言有宗，事有君。」如照戰國三十韻部，「宗」入冬部，「君」入文部，兩者不能諧韻。按照王力先生《詩經》二十九韻部，冬部還沒有從侵部分化出來，「宗」入侵部，「君」入文部，兩者為鄰近韻部，當然可以諧韻。校勘學家勞健對這個問題早有所發現。他說：「古讀宗字，音近於尊。《左傳》『伯宗』，《穀梁》作『伯尊』。《釋名‧釋宮室》：『宗，尊也。』《易》：『同人於門，同人於宗』，門宗為韻。《論語》：『因不失其親，亦可宗也』，親宗為韻。知此君字亦叶宗字也。」（《老子古本考》）據此可知春秋、

〔註49〕 竹簡本《老子》中也是「邦」、「國」並用，而以「邦」字為主。又，劉笑敢先生曾以表格統計幾種不同《老子》版本對「邦」、「國」字的使用情況。詳見劉笑敢：《老子古今——五種對勘與析評引論（上卷）》（北京：中國社會科學出版社，2006年），頁222。

〔註50〕 見劉建國：〈老子時代通考〉，《哲學史論叢》（吉林：吉林人民出版社，1980年），頁109～110。而徐洪興、魏元珪先生也有相同看法。分別詳見徐洪興：〈郭店竹簡《老子》三種——對《老子》一書研究的新的重大發現〉，《本世紀出土思想文獻與中國古典哲學研究論文集（下冊）》（臺北：輔仁大學出版社，1999年），頁403、魏元珪：《老子思想體系探索（上）》（臺北：新文豐出版公司，1997年），頁171。

〔註51〕 見王力：《詩經韻讀》（上海：上海古籍出版社，1980年），頁8。

〔註52〕 見許結、許永璋：《老子詩學宇宙》（合肥：黃山書社，1992年），頁134。

西周皆二十九韻部,「宗」字入侵部,還沒有分化出冬部來。〔註53〕

劉笑敢先生藉著比較《老子》與《詩經》及《楚辭》的句式、韻式和修辭手法各方面,發現《老子》與《詩經》極爲接近而不同於《楚辭》,最後他說:

> 從《老子》以四字句爲主的韻文句式來看,從它大量回環往復的修辭手法來看,從它多變而密集的韻腳來看,《老子》顯然是在《詩經》的風格影響下的產物,〔註54〕而不可能是《楚辭》時代的產物。《老子》完全有可能是春秋末年的作品。〔註55〕

鄭良樹先生由對《金人銘》與《老子》的比較中,先考察出《黃帝語》及《席銘》等參照並利用《金人銘》語句,故《金人銘》在前,《黃帝語》及《席銘》等時代在後,又《金人銘》是孔子在「周廟」發現,所以《金人銘》產生時代在春秋之季。再來,他更仔細比對《金人銘》與《老子》語句,進而發現二者關係相當密切,故得出結論說:

> 《老子》的寫作時代應該相當早,至少在孔子時代,甚至於孔子之前,已大部份完成了。孔子以後,《金人銘》不是消失而爲其他個人所見不到,就是殘損竄亂而爲其它文獻如《語》、《席》等所節引,完整本恐怕已保存不下來了。而《老子》由於成書時代比較早,所以,才見及完整本的《金人銘》,並且如此推崇它,以它作爲教材教導別人。〔註56〕

張松如先生從春秋、戰國時代戰爭風氣之不同,判斷《老子‧三十章》所說:「以道佐人主者,〔註57〕不以兵強天下」的思想,只能產生在春秋而不

〔註53〕見古棣、周英:《老子通(中)》(高雄:麗文文化事業股份有限公司,1995年),頁175。

〔註54〕陸永品先生也曾指出《老子》的產生「可能曾受《詩經》的影響」,並且舉例說明現今所見如此工整的「對字協韻」,乃是經過後人的修飾與潤色。詳見陸永品:《老莊研究》(鄭州:中州古籍出版社,1984年),頁16~17。

〔註55〕見劉笑敢:《老子——年代新考與思想新詮》,頁47~48。又,王必勝、崔仁義先生在考察竹簡本《老子》甲組之後,發現甲組由編、篇、章組成,其文體結構也與《詩經》相仿。詳見王必勝、崔仁義:〈春秋《老子》及其作者——兼論郭店竹簡《老子》的命名〉,《郭店楚簡國際學術研討會論文集》(武漢:湖北人民出版社,2000年),頁508~509。

〔註56〕見鄭良樹:《諸子著作年代考》(北京:北京圖書館出版社,2001年),頁18~19。

〔註57〕此處所謂「道」,乃指「正道」。詳見陳錫勇:《郭店楚簡老子論證》(臺北:里仁書局,2005年),頁50~51。

得晚出於戰國，他說：

> 春秋時代的戰爭重義與德，……反對多殺人，這是同戰國時代的風氣大不相同的。……《左宣》十二年記載，楚莊王大敗晉軍於邲，潘黨建議築武功碑以示子孫。莊王不許，說：「夫武，禁暴、戢兵、保大、定功、安民、和眾、豐財者也，故使子孫無志其章。今我使二國暴骨，暴矣。觀兵以威諸侯，兵不戢矣，焉能保大？猶有晉在，焉得定功？所違民欲猶多，民何安焉？無德而強爭諸侯，何以和眾？利人之幾，而安人之亂，以為己榮，何以豐財？武有七德，吾無一焉，何以示子孫？」於是斷然否定了築武功碑的建議。莊王這番話，拿到戰國時代的背景中，簡直迂腐不堪，哪裡是個天下霸主的樣子？可是豈不正是《老子》此章「以道佐人主者，不以兵強於天下」所云云最生動的註腳嗎？若此者，實亦老子思想只能產生於春秋，而不得晚出於戰國之一佐證也。〔註58〕

魏元珪先生則同於張松如先生的判斷，而又以《老子‧六十一章》為立論點說：

> 《帛書老子》多用「邦」字而不用「國」字，而《論語》、《孟子》、《荀子》、《韓非》則不用「邦」而用「國」字，這正是春秋與戰國之分野。春秋時代周天子為「國」之代表，諸侯尚是「邦」，到了戰國時期，周天下名存實亡，周國與諸侯國並立。按《帛書老子》六十一章云：「大邦以下小邦，則取小邦；小邦以下大邦，則取於大邦，大邦不過欲兼畜人，小邦不過欲入事人。大邦聚小邦，小邦聚於大邦，兩者各得所欲。」由是觀之，在春秋時代以霸為目標，以大邦聚小邦、小邦聚於大邦為目的。到了戰國時代則為相互兼併，彼此侵吞，而以滅亡對方為終極目的了。故春秋時代尚處於邦家氏族的時期，而到了戰國時代則走向了以城域為中心的大國主義時期了。在春秋時尚重師出有名、挾天子以令諸侯，或扶弱救亡，以義為重，但到了戰國則彼此攻伐，先發制人，不重道義，唯在乎功業之攫取了。老子所云的社會情勢正是春秋時期的寫照，故不可能如某些人所云是戰國時期的作品。〔註59〕

〔註58〕 見張松如：《老子說解》（濟南：齊魯書社，2007 年），頁 181。
〔註59〕 見魏元珪：《老子思想體系探索（上）》，頁 171。

張揚明先生據清人顧炎武說:「春秋時猶嚴祭祀,重聘享,而七國則絕無其事矣。」〔註60〕而後以《老子》書中曾用「芻狗」為喻,〔註61〕說明《老子》書出於春秋時代,試看他說:

> 老子既用「芻狗」為喻,則其書確係出於嚴於祭祀並流行以芻狗供祭的春秋時代。否則,如到了戰國,祭祀絕少,很可能沒人再用芻狗了。縱或有之,芻狗非習見之物,當然也不會用以取喻了。〔註62〕

王中江先生從《老子》中涉及的一些器物,如「橐籥」、「車」、「弓」等來論證《老子》書早出。〔註63〕他先肯定《考工記》成書於戰國初期,據此他再說:

> 《老子》一書不能晚於戰國初期。因為《老子》一書中所說的「三十輻共一轂」的「車」,與《考工記》中的記載相合。……《老子》一書中提到「弓」而沒有提到「弩」。……《周禮》、《戰國策》有「弩」的記載,新發現的《孫臏兵法》,多次談到「弩」,這似乎說明「弩」的成熟要晚於「弓」。……根據春秋後期已能煉鐵、戰國早期青銅器鑄造已十分成熟的事實,與此相應,自然也要廣泛使用「橐籥」作為鼓風設備,這也可以得到《老子》一書早出的一定資訊。〔註64〕

陳鼓應先生以西元 1973 年在長沙馬王堆漢墓出土的帛書《老子》乙本,其卷前有《經法》、《十六經》、《稱》、《道原》四篇古佚書,而認為此乃《漢書‧藝文志》所著錄的《黃帝四經》,隨即又進一步考證出此書當成於戰國中

〔註60〕見〔清〕顧炎武著,〔清〕黃汝成集釋:《日知錄集釋》(臺北:臺灣中華書局,1965 年《四部備要‧子部》據原刻本校刊),卷13,頁 1 下。

〔註61〕《老子‧五章》說:「天地不仁,以萬物為芻狗;聖人不仁,以百姓為芻狗。」而關於此段文獻,陳錫勇先生曾說:「帛書本『天地不仁,以萬物為芻狗』句,疑非《老子》原文,老子所謂『萬物』,包含『天地』,見第三十九章可知(筆者案:陳錫勇先生已先指出通行本《老子‧三十九章》所謂『萬物得一以生』、『萬物無以生將恐滅』二句當刪。分別詳見陳錫勇:《老子校正》,頁 22、陳錫勇:《郭店楚簡老子論證》,頁 139、147),至乎戰國時代乃以『萬物』為天地之間之事物,故有此句,設使春秋時有此句,則當作『萬物不仁,以天地為芻狗』」(見陳錫勇:《郭店楚簡老子論證》,頁 147)。

〔註62〕見張揚明:《老子考證》(臺北:黎明文化事業股份有限公司,1985 年),頁220。

〔註63〕以上器物分見於《老子》〈五章〉、〈十一章〉、〈七十七章〉。

〔註64〕見王中江:《道家形而上學》(上海:上海文化出版社,2001 年),頁 17~18。

期以前，〔註65〕據此他說：

> 《老子》的哲學思想散見於《四經》各篇。據我概略的估計，《黃帝
> 四經》一書引用《老子》的詞字、概念，多達一百七十餘見。成書
> 於戰國早中期的《四經》以及成書於戰國中期前後的《管子》書中，
> 處處流溢著《老子》思想觀念的影子，可證《老子》一書傳佈的久
> 遠，而司馬遷《史記》所述老聃自著上、下篇當近於史實。

又說：

> 由於它（《黃帝四經》）已經融化了老子思想，因而《老子》成書年代
> 就不能被估計得太晚，應以司馬遷所說的是老子自著為正確。〔註66〕

孫以楷先生以西元 1973 年在河北定縣四十號漢墓中有發現竹簡《文子》
殘篇，他先藉此反駁從前視《文子》為偽書的看法，再來則進一步推測竹簡
本《文子》成書時間當在戰國早期。〔註67〕同時，依史書上說文子乃老子弟
子而與孔子同時的記載，以及由《文子》一書可明顯看出是在老子思想影響
下而形成的作品，〔註68〕據此他總結說：

> 由文子與孔子並時，可證文子之師老子早於孔子。浸透了《老子》
> 基本觀點的簡本《文子》成於春秋末或戰國早期，可證《老子》一
> 書成書時間當於春秋末期。〔註69〕

以上，皆以多方證據說明《老子》成書在春秋末年的可能性相當大。

另外，王博先生也指出竹簡本《老子》三組均是摘抄本，而他所持理由是：
與竹簡本《老子》三組年代相先後的人或書，有引到一些《老子》文獻資料，
例如說有見於《戰國策》、《莊子》等書，〔註70〕但這些資料均不見於竹簡本《老

〔註65〕 詳見陳鼓應：〈關於帛書《黃帝四經》成書年代等問題的研究〉，《黃帝四經今
註今譯——馬王堆漢墓出土帛書》（臺北：臺灣商務印書館，2001 年），頁
35～38。

〔註66〕 分見陳鼓應：〈先秦道家研究的新方向——從馬王堆漢墓帛書《黃帝四經》
說起〉、〈關於帛書《黃帝四經》成書年代等問題的研究〉，《黃帝四經今註今
譯——馬王堆漢墓出土帛書》，頁 3、43。類似看法，也可詳見李學勤：〈孔
孟之間與老莊之間〉，《「新出土文獻與先秦思想重構」國際學術研討會會議論
文集》（臺北：臺灣大學哲學系、中央研究院中國文哲研究所、輔仁大學文學
院、東吳大學哲學系主辦，2005 年），頁 1-6～1-7。

〔註67〕 詳見孫以楷：《老子通論》，頁 122～123。

〔註68〕 關於文子其人其書的問題，本文第三章第三節會有更詳細說明。

〔註69〕 見孫以楷：《老子通論》，頁 123～124。

〔註70〕 如前正文中已提到《戰國策·齊四》記載顏斶曾引《老子·十九章》文字：「老

子》中。〔註71〕並且，竹簡本《老子》三組除了甲、丙二組都抄錄對應今本《老子‧六十四章》後半之外，其它竟都無一處重複，這最合常識的判斷似乎是：它們本是爲了不同目的而從類似於今本《老子》的本子中摘抄出來。〔註72〕再來，又據報告指出，墓葬在發掘時已二次被盜，因此竹簡有缺失，〔註73〕當然竹簡本《老子》應也不例外，〔註74〕所以多數學者皆傾向認爲竹簡本《老子》並非一完整抄本，而此由文字學上的證據也同樣已得到確認。〔註75〕

　　順帶一提，「由於甲組有兩個分篇墨點，依照文本編排的情況來看，所存

子曰：『雖貴必以賤爲本，雖高必以下爲基，是以侯王稱孤、寡、不穀。』」（見〔漢〕高誘注：《戰國策》，卷11，頁5上。）由於顏斶與齊宣王同時，故其年代與郭店墓下葬時間相隔不遠。

〔註71〕詳見王博：〈關於郭店楚墓竹簡《老子》的結構與性質——兼論其與通行本《老子》的關係〉，《道家文化研究（第十七輯——「郭店楚簡」專號）》（北京：三聯書店，1999年），頁160～161。

〔註72〕唐明邦先生曾說竹簡本《老子》三組「不但分不出《道經》與《德經》的界線，而且章目次序相當錯雜，顯然是節錄者爲了某種目的需要，只重其內容相近，而不顧其章目先後所造成的」（見唐明邦：〈竹簡《老子》與通行本《老子》比較研究〉，《郭店楚簡國際學術研討會論文集》，頁430）。王博先生則認爲三組《老子》有各自不同的主題，他說：「丙的主題是治國，乙的主題是修道，甲的主題則有兩個，一個是道與修道，另一個是治國」（見王博：〈美國達慕思大學郭店《老子》國際學術討論會紀要〉，《道家文化研究（第十七輯——「郭店楚簡」專號）》，頁5～6）。裘錫圭先生也認爲竹簡本《老子》三組是經過籌劃而錄出的三種摘抄本，不然不會彼此之間重複的部份這樣少，而且全見於今本《老子》。詳見裘錫圭：〈郭店《老子》簡初探〉，《道家文化研究（第十七輯——「郭店楚簡」專號）》，頁27～28。

〔註73〕詳見湖北省荊門市博物館：〈荊門郭店一號楚墓〉，頁46。其實，彭浩、劉祖信二先生認爲竹簡被盜的數量不太可能會很多。詳見〔美〕艾蘭、〔英〕魏克彬原編，邢文編譯：《郭店老子——東西方學者的對話》，頁107～108。

〔註74〕郭沂先生則力主竹簡本《老子》未被盜。詳見郭沂：《郭店竹簡與先秦學術思想》，頁481～484。

〔註75〕寧鎮疆先生曾說：「夏竦《古文四聲韻》錄《老子》『古文』『官』字作『𤔽』，與曾侯乙墓中『官』字的寫法『𤔂』十分相近，說明夏竦所見定有所本。查『官』字只在今本《老子》28章才有，而28章爲簡本所無。另外『淵』字《古文四聲韻》云『古老子』作『𣶒』，而楚帛書作『𣶒』，兩者亦非常相近。查『淵』只在4、8、36章才有，而這三章亦爲簡本所無。再如『死』，《古文四聲韻》引『古老子』有作『𣦹』，此字望山一號墓竹簡作『𣦵』，兩者亦極相近，而望山一號墓竹簡的年代與郭店的時代十分接近。查『死』只見於今本6、33、42、50、67、74、75、76、80章，而這些章也爲簡本所無。此類例子還有許多。這也從一個側面說明簡本絕不可能是當時的『足本』。」（見寧鎮疆：《〈老子〉「早期傳本」結構及其流變研究》，上海：學林出版社，2006年，頁67～68。）

竹簡並非其全部,所以其內容當更為豐富」。〔註76〕準此,據上吾人當可提出
假設:在竹簡本《老子》前似乎有一個數量更多,且可能類似於今本《老子》
五千餘言的本子以供摘抄。〔註77〕而這和司馬遷認為五千餘言《老子》一書
在春秋末年即已完稿的說法,〔註78〕自然相應。總之,竹簡本《老子》與原
始本《老子》之間,即如美國學者羅浩(Harold D. Roth)先生指出可具有一
種「輯選」的關係。〔註79〕

　　若然,原始本《老子》一書可能在春秋末年即已開始流傳,試看許抗生
先生說:

　　簡本《老子》仍只是《老子》的一種傳本,而老子所著的《老子》
　　原本,在時間上,不僅早於《孟子》、《莊子》,而且肯定比戰國初還

〔註76〕見丁四新:〈論簡本與帛本、通行本《老子》的思想差異〉,《楚地出土簡帛文
　　　　獻思想研究(一)》(武漢:湖北教育出版社,2002年),頁161。

〔註77〕王博先生曾說:「竹簡《老子》的每一本都有自己的主題,我們已經指出這應
　　　　該是編者的有意作為。因為主題集中,所以各段之間的聯繫非常緊湊。以乙
　　　　本為例,首先是講『治人事天莫若嗇』,然後是『學者日益,為道者日損』,
　　　　然後就是『絕學無憂』,其間的聯繫是顯而易見的。但這種聯繫並不見於通行
　　　　本的次序之中。照流行的八十一章的分法,上列內容分別屬於《老子》的五
　　　　十九、四十八和二十這幾個章,互相之間並不連接。這種情形有助於說明在
　　　　郭店《老子》之前,已經存在著一個類似於通行本規模與次序的《老子》書……
　　　　如果竹簡各本是今傳《老子》底本(或稱祖本)的話,後來的編者沒有理由
　　　　打亂原本非常整齊又緊湊的順序,而另外代之以一個較鬆散的次序。」(見王
　　　　博:〈關於郭店楚墓竹簡《老子》的結構與性質──兼論其與通行本《老子》
　　　　的關係〉,《道家文化研究(第十七輯──「郭店楚簡」專號)》,頁159。)

〔註78〕由於《老子》中夾雜一些戰國時期的史實或用語,例如說《老子·六十二章》
　　　　曾出現「三公」一類詞語,因此《老子》一書內容當然也不能排除後人因為
　　　　時代等因素,而進行加工和增添內容。〈古代道治思想的現代啟示──關於
　　　　道家文化與西方文化比較的對話〉一文作者曾說:「一些戰國用辭不能證明其
　　　　作於戰國時代,卻可以是抄傳過程中加入了後來用語。」(見商原李剛、梁燕
　　　　成:〈古代道治思想的現代啟示──關於道家文化與西方文化比較的對話〉,
　　　　《文化中國》2006年第1期,頁6。)周策縱先生也說:「古代沒有我們現在
　　　　這種裝訂的書本,所謂書籍都寫在竹木簡板或絹帛上,遠比現在的活頁書還
　　　　容易增改變更,古人又不注意版本問題,抄寫傳授時改動是常有的事。」(見
　　　　周策縱:〈五四思潮對漢學的影響及其檢討〉,《漢學研究之回顧與前瞻(下
　　　　冊)》,北京:中華書局,1995年,頁164。)陳榮捷先生還指出這些戰國時
　　　　期的史實和用語,也可能是「註語」摻入正文的關係。詳見陳榮捷:〈戰國道
　　　　家〉,《中國哲學論集》(臺北:中央研究院中國文哲研究所,1994年),頁182。

〔註79〕詳見〔美〕羅浩(Harold D. Roth):〈郭店《老子》對文研究的方法論問題〉,
　　　　《郭店老子──東西方學者的對話》,頁66～67。

靠前，……是在春秋後期，它應該比《論語》和《墨子》還要早。
〔註80〕

　　所以，由上吾人可以這麼說，司馬遷對於老子其人其書的判斷，大致上應有所根據。

（四）老聃即《老子》書作者

　　另外存在的問題，便是：老聃是否即為老子，又老聃是否為《老子》一書作者。關於此問題，《韓非子》一書或可提供解答。《韓非子‧內儲說下‧六微》中韓非曾說：「其說在老聃之言失魚也」，又說：「魚失於淵而不可復得也」。〔註81〕此處韓非說「失魚」、「魚失於淵」，當出自《老子‧三十六章》：「魚不可脫於淵」一語。在〈難三〉中韓非又說：「老子曰：『以智治國，國之賊也』」，〔註82〕此見《老子‧六十五章》。在〈六反〉中也說：「老聃有言曰：『知足不辱，知止不殆』」，〔註83〕此見《老子‧四十四章》。因此，韓非在引到《老子》話語時，有稱老聃或老子所言，於此已足見韓非直視老聃即老子，老聃即《老子》一書作者，而此種情況在《莊子》一書中更是多見。〔註84〕

　　再者，吾人該如何斷定司馬遷肯定老子即老聃呢？此或可從《史記》「列傳」此體例一窺究竟，《老子評傳》一書作者說：

> 《史記》中共有列傳七十篇，其中凡寫人物的都是按第一傳主的年代先後排列的，……其中〈老子韓非列傳〉是第三篇，其前面是〈伯夷列傳〉和〈管晏列傳〉，其後面依次為〈司馬穰苴列傳〉、……伯夷是周初時人，管仲是春秋早期人，而司馬穰苴事齊景公，大約與晏嬰、孔子同時。司馬遷把老子安排在管仲和司馬穰苴之間，這位大史學家是明確地認定老子就是春秋時期孔子問禮的老聃。〔註85〕

〔註80〕 見許抗生：〈初讀郭店竹簡《老子》〉，《郭店楚簡研究（中國哲學第二十輯）》（瀋陽：遼寧教育出版社，1999 年），頁 107。

〔註81〕 分見〔戰國〕韓非撰：《韓非子》（臺北：臺灣中華書局，1965 年《四部備要‧子部》據吳氏影宋乾道本校刊），卷 10，頁 1 上、2 下。

〔註82〕 見〔戰國〕韓非撰：《韓非子》，卷 16，頁 5 下。

〔註83〕 見〔戰國〕韓非撰：《韓非子》，卷 18，頁 4 下。

〔註84〕 分別詳見《莊子》〈天運〉、〈庚桑楚〉、〈寓言〉、〈天下〉等篇。

〔註85〕 見陳鼓應、白奚：《老子評傳》，頁 9。而由《史記》中「列傳」所排列人物的順序，也可證本章註 43 所提胡適與楊家駱先生考察老子生年確有一定根據，試看周山先生嘗言：「據《史記》列傳編排次序，《老子韓非列傳》列於《管

　　最後，筆者想補充一說，即今人郭沂、尹振環等先生在郭店楚簡《老子》
出土後，皆先後提倡竹簡本《老子》乃春秋末年老聃所著，而帛書本及各種
傳世本《老子》，則出自戰國中期與秦獻公同時的太史儋。〔註86〕不過，此說
已不免主觀臆測。底下以郭沂先生爲代表，先簡述其論點：

　　　其一，關於函谷關設置的時代，汪中《老子考異》已認爲是在獻公
　　之世，此時正屬太史儋生活的時代，而與老聃時代相距甚遠。
　　　其二，這裡所說的老子離周出關與「周太史儋見秦獻公」一事相符，
　　當爲同一人。
　　　其三，今本《老子》中的權術論與太史儋遊說於諸侯的身份一致，
　　其貶黜儒家之論亦合秦國尊法非儒的傳統。
　　　其四，春秋末年，周雖已衰弱，但名譽上仍爲天下共主，故老聃離
　　周出關的理由是不充份的。……太史儋敏銳地察覺到，周的滅亡和
　　秦的崛起都是不可避免的。這正是太史儋離周入秦並爲秦統治者出
　　謀劃策的原因。〔註87〕

　　對此，聶中慶先生已較全面且有力反駁了郭沂先生的說法。聶先生的觀
點是：上述論據一、二、四無非郭沂先生獨斷，故才會說出關乃太史儋而非
老聃，正因太史儋出關，所以就一定寫了《老子》嗎？聶先生接著說，太史
儋出關與其是否寫作《老子》之間，其實並無任何內在邏輯關係。又，若照

　　（仲）晏（嬰）列傳》之後而在《孫子（武）吳起列傳》之前，據孫武於公
　　元前 512 年以兵法十三篇見於吳王闔廬等事迹，則列傳於孫武之前的老子生
　　於公元前 580 年左右（筆者案：胡適先生考察爲西元前 570 年左右，楊家駱
　　先生則考察爲西元前 561 年）亦大致可信」（見周山：《中國學術思潮史（卷
　　一——子學思潮）》，上海：上海社會科學院出版社，2006 年，頁 73）。
〔註86〕郭沂先生的說法本以單篇論文發表，今收入其書。詳見郭沂：《郭店竹簡與先
　　秦學術思想》，頁 480～533。而後，解光宇、程維榮先生也持贊同看法。分別
　　詳見解光宇：〈郭店楚簡《老子》研究綜述〉，《學術界》1999 年第 5 期，頁
　　13～16、程維榮：《道家與中國法文化》（上海：上海交通大學出版社，2001
　　年），頁 27～32。尹振環先生則是延續郭沂之說繼續講。詳見尹振環：《楚簡
　　老子辨析——楚簡與帛書《老子》的比較研究》（北京：中華書局，2001 年），
　　頁 25～29。日後，大致上仍支持此種看法者有張吉良、晁福林先生。分別詳
　　見張吉良：〈代緒論——從老聃《老子》到太史儋《道德經》〉，《老聃〈老子〉
　　太史儋〈道德經〉》（濟南：齊魯書社，2001 年），頁 1～16、晁福林：〈論老
　　子思想的歷史發展〉，《孔子研究》2002 年第 1 期，頁 21～35。
〔註87〕見郭沂：《郭店竹簡與先秦學術思想》，頁 521～522。

郭沂先生的講法，今本《老子》必定是在函谷關此地一夜寫成，〔註88〕好像非得只能在此處才能寫出《老子》似的。且史書上記載關尹是道家學派代表人物，但卻沒記載太史儋是道家人物，還有《史記》說太史儋是喜好預言的前識者，是位遊說之士，那麼關尹眞的可能向他請求著書嗎？再來說到論據三，聶先生以爲若把《老子》僅理解爲「君人南面之術」，將不會有人同意。〔註89〕至少，在筆者看來絕不會得到多數人的支持，因爲若只由於《老子》書中有少數特別容易引人轉向權謀思考的語句，〔註90〕而便試圖將《老子》全書都定位成所謂「君人南面之術」，那如此未免一廂情願且以偏概全。

　　並且，據前面提到在太史儋之前的叔向已引述過《老子》文句來看，那麼如此說來，「早在太史儋之前，就有今本《老子》或與其相近的本子在流行，從而有力地否定了太史儋爲今本《老子》作者的可能性」。〔註91〕

　　另外，陳廣忠先生在比較竹簡本與帛書本《老子》用韻後，對此問題也作出辯駁說：

〔註88〕《老子評傳》一書作者說：「《老子》一書，就是老子在告別了王官的生活，遠離了政治鬥爭的漩渦，避開了宮廷的喧囂後，才得以靜下心來創作而成。」（見陳鼓應、白奚：《老子評傳》，頁96。）故將《老子》五千餘言視爲老子由「周」返回故邦（老子故邦爲「陳」，詳見下正文中說法）後所作，並且認爲其「哲學思想之形成乃是在他的晚年」（見王博：《老子思想的史官特色》，頁33），應較爲可信。

〔註89〕詳見聶中慶：《郭店楚簡〈老子〉研究》，頁20～23。而張豐乾先生也曾廣泛討論郭沂先生說法之不當。詳見張豐乾：〈關於郭店竹簡《老子》與今本《老子》的關係——就教於郭沂先生〉，《三清青年學術論文集（一）》（臺北：自由出版社，2005年），頁82～93。

〔註90〕歷來最易讓人誤解成是權謀的語句，乃是《老子·三十六章》所說：「將欲歙之，必固張之；將欲弱之，必固強之；將欲廢之，必固興之；將欲奪之，必固與之。是謂微明」。對此，王邦雄先生曾評判說：「徧觀各家註義，以憨山大師最得善解：『此言物勢之自然，而人不能察，教人當以柔弱自處也。天下之物，勢極則反，譬夫日之將昃，必盛赫；月之將缺，必盛盈；燈之將滅，必熾明：斯皆物勢之自然也。故固張者，翕之象也；固強者，弱之萌也；固興者，廢之機也；固與者，奪之兆也。天時人事，第人所遇而不測識，故曰微明。斯蓋柔弱勝剛強之義耳。』」（見王邦雄：《老子的哲學》，臺北：東大圖書股份有限公司，1999年，頁187）。若然，此章無非只在說明物極必反的道理而已。陳鼓應先生則曾說：「老子思想導致權詐的誤解，固然和老子文字的含混性有關，然而讀者的不求甚解，也應負草率附會的責任。」（見陳鼓應：《老子今註今譯及評介（三次修訂本）》，頁12。）

〔註91〕見高晨陽：〈郭店楚簡《老子》的眞相及其與今本《老子》的關係——與郭沂先生商討〉，《中國哲學史》1999年第3期，頁78。

郭店竹簡《老子》三十三章（除去重出的最後一章）中，有韻的共
382 句，與之相應的馬王堆帛書《老子》甲本共 398 句。簡、帛用
韻相同的共有 356 句，分別佔簡文的 93％，佔帛書的 89.4％。兩書
共有九章句數、韻部完全相同，佔簡文章數的 28％，如果扣除殘簡、
虛詞入韻（雙尾韻）等的因素，可以說兩書用韻完全相同。這就無
可辯駁地說明，兩書同為老子所作，出自一人之手。〔註92〕

而後人之所以會將老聃與太史儋混淆，王博先生以為在於是：「除聃、儋
音同等外，其同為太史，恐怕也是一個重要原因」。〔註93〕

附帶一提，不論傳世本或竹簡本《老子》，皆可發現其用語是採第一人稱
方式，〔註94〕故此可謂是出自一人之手的直接證據。還有，由《老子》「全書
體裁一致，為格言體；文體一律，如『夫唯……』、『是以……』等獨特的語
句結構屢見於全書」來看，〔註95〕及「由《老子》書中沒有一處自稱『老子
曰』或『老聃曰』，這也可以證明是老聃自著」。〔註96〕準此，姑且先不論傳
世本，而只以年代最早的版本來說，竹簡本《老子》及其所依據傳抄底本，
當出自老聃之手無可疑。總之，如同陳鼓應先生所說：「老子即老聃，《老子》
一書為老聃所作」。〔註97〕

若然，《老子》五千餘言既為春秋末年老聃所親著之整體，那麼今人劉殿
爵先生曾視《老子》只是一本由眾多沒有關聯的小段落，再湊成之文集的看
法，自然已不成問題。至於說劉先生認為《老子》一書「不會有連貫性」，那
也只不過是他在認為《老子》為文集的說法下，〔註98〕順勢再得出的推論罷

〔註92〕見陳廣忠：〈從簡、帛用韻比較論《老子》的作者——與郭沂商榷〉，《安徽
大學學報》2000 年第 4 期，頁 8。而此文日後也收入其所著《中國道家新論》
（合肥：黃山書社，2001 年）一書。

〔註93〕見王博：《老子思想的史官特色》，頁 20。而高晨陽、余培林先生也有類似看法，
並且還較王博先生多指出尚有出關西遊至秦之相同行蹤。分別詳見高晨陽：〈郭
店楚簡《老子》的真相及其與今本《老子》的關係——與郭沂先生商討〉，頁
79、余培林：〈導讀〉，《新譯老子讀本》（臺北：三民書局，2002 年），頁 8。

〔註94〕粗估《老子》一書，出現「我」、「吾」二字之處，多達三十五次，而竹簡本
《老子》也有出現之，例如甲組「我好青（靜）而民自正」、乙組「虐（吾）
所以又（有）大患者，為虐（吾）又（有）身」。

〔註95〕見陳鼓應、白奚：《老子評傳》，頁 7。

〔註96〕見陳鼓應：《老子今註今譯及評介（三次修訂本）》，修訂版序，頁 8。

〔註97〕見陳鼓應：《老子今註今譯及評介（三次修訂本）》，修訂版序，頁 7。

〔註98〕詳見劉殿爵著，張雙慶譯：〈英譯《老子》導論〉，《採擷英華——劉殿爵教

了。易言之,「《老子》這本書是一本專著而不是纂輯。這本書前後理論一貫,層層推出,成一家之言」。〔註99〕

　　簡述上言,老子(老聃)與孔子同時期,都爲春秋末年人,而由老子所親著的《老子》五千餘言一書,也可能在此時就已逐漸流傳開來。故司馬遷對於老子其人其書的判斷,大致上確有其根據。

三、今本《史記・老子列傳》的待修正處——老子爲「陳」人

　　以上是對今傳司馬遷所作〈老子列傳〉的幾分肯定,不過,也不可諱言,此篇傳記中是有一些語焉不詳處,而這大抵出現在司馬遷以「或曰」、「或」、「蓋」等字爲開頭的幾段文字。可是,若先跳開這些不看,那麼司馬遷所載老子生平事蹟就依然可信,〔註100〕只不過有幾處可疑點需被稍加修正。而與本文相關且最該被修正處即「楚苦縣」一語。其實,對於老子其人,〔註101〕多數一般性看法都依司馬遷而認爲老子是「楚」人。可是,這個判斷如今看來卻已站不住腳。下面先引今傳〈老子列傳〉原文,再對老子爲「楚」人一說進行辯駁。

授論著中譯集》(香港:香港中文大學,2004年),頁76。

〔註99〕 見陳鼓應:《老子今註今譯及評介(三次修訂本)》,修訂版序,頁8。而關於「這本書前後理論一貫,層層推出,成一家之言」的大致判斷,將可在本文第六至七章的說法中得到依據。

〔註100〕 徐復觀先生曾認爲《史記・老子列傳》在「莫知其所終」之前,乃是司馬遷所作老子正傳,之後所記兩個「或曰」則是附錄。詳見徐復觀:《中國人性論史(先秦篇)》,頁485。劉笑敢先生則嘗言:「我們肯定史遷所記大體有據,但不必字字無誤,不能因某些文句的疑誤之處而根本否定基本事實的可靠性」,並且他同樣以爲在「或曰」一語以上「司馬遷已將他認爲可靠的資料撰成主傳,『或曰』則記錄其他傳說,這正是『信以傳信,疑以傳疑』的嚴肅的史家風範」(分見劉笑敢:《老子——年代新考與思想新詮》,頁242、243)。而關於此,《老子評傳》一書作者也有相同看法。詳見陳鼓應、白奚:《老子評傳》,頁8。楊家駱先生則以爲司馬遷所以會有猶豫未決之辭,即是因爲:「及漢武帝(前140～前87在位)時方士李少君輩,以安期生(前281～前186)仙者之說榮惑世主。安期生爲聃數傳弟子,少君輩因復造秦獻公十一(前374)年以預言說獻公之周太史儋即老子之說。司馬遷(前145～前86)史記老子傳爲未定稿,於此說雖不敢盡信,然亦不能關其非,於是全文多游疑難定之辭」,又說:「後之疑老者,遂援之以爲據云」(俱見楊家駱:〈老子新傳〉,《老子新考述略》,頁8)。

〔註101〕 關於古人對老子籍貫的不同說法,譚戒甫先生曾列表統計。詳見譚戒甫:〈二老研究〉,《古史辨(六)》(上海:上海古籍出版社,1982年),下編,頁484～485。

　　今本《史記‧老子列傳》說：「老子者，楚苦縣……人也。」而據《後漢書‧郡國志》可知，「苦縣」本屬「陳」，只是春秋時「苦」並非縣治。〔註102〕雖然說後來「陳」最終滅於「楚」之手，〔註103〕然而若照楊家駱先生考察之老子生卒年（西元前561～467）的時間來看，〔註104〕老子在世之時，至少在老子逝世前十幾年，「陳」之名都依然存在，故老子實不該稱之為「楚」人，試看張松輝先生說：

> 據《左傳‧宣公十一年》和《史記‧陳杞世家》記載，宣公十一年，楚乘陳內亂，舉兵滅陳，但就在當年，楚王在申叔的勸告下又恢復了陳。而這一年老子還沒有出生。陳的最後滅亡是在孔子去世的那一年（前479年）。……這一切都說明，老子在世的時候，陳國還存在，他的家鄉屬陳國管轄，因此，準確地講，老子應為陳人，不是楚人。〔註105〕

　　既然老子在世的絕大部份時間，「陳」都尚未真正為「楚」所滅，那麼「苦」也就不會為「楚」所有，所以理應稱老子為「陳苦縣」人，方符合實情。而據陸德明《經典釋文‧老子道經音義》中曾指出河上公即稱老子為「陳苦縣」人。〔註106〕不過，也如先前所說，「苦縣」在春秋時並非縣治，而一直要到漢代才置縣，〔註107〕所以更準確來說，老子乃是「陳苦」人。總之，司馬遷所說「楚苦縣」，一則是指「陳」滅於「楚」後、「苦」併入「楚」而言，一則又以漢時之建制而稱「苦縣」而不曰「苦」。

　　若然，如今判斷老子為「陳」人，且後來以「陳」之貴族、史官世家的身份，〔註108〕而至「周」任「太史」前的主要居處地為「陳」，則大抵不會有

〔註102〕詳見〔宋〕范曄撰，〔梁〕劉昭補並注：《後漢書》（臺北：臺灣中華書局，1965年《四部備要‧史部》據武英殿本校刊），卷30，頁4下。
〔註103〕「楚」曾三次滅「陳」，詳見下文第二節。
〔註104〕詳見本章註43。
〔註105〕見張松輝：〈老莊文化應屬中原文化〉，《道家與道教——第二屆國際學術研討會論文集》（廣州：廣州人民出版社，2001年），頁204。
〔註106〕詳見〔唐〕陸德明撰：《經典釋文》（臺北：藝文印書館，1969年《百部叢書集成‧抱經堂叢書第二函》據國立臺灣大學圖書館藏清乾隆中餘姚盧氏刊本影印），卷25，頁1上。
〔註107〕詳見〔清〕顧祖禹撰：《讀史方輿紀要》（上海：上海古籍出版社，1995年《續修四庫全書‧史部（第六〇四冊）》據上海圖書館藏稿本影印），卷50，頁428。
〔註108〕分別詳見王博：《老子思想的史官特色》，頁127、陳廣忠：《兩淮文化》（瀋陽：遼寧教育出版社，1995年），頁58～59、李玉潔：《楚國史》（開封：河

錯。而今日支持老子爲「陳」人一說的學者，只舉其要者便有金德建、陳鼓
應、丁原植、鄧立光、王博、李玉潔、張松輝、王葆玹等先生，〔註109〕而已
故學者嚴靈峰先生同樣也力主老子爲「陳」人。〔註110〕又，莊萬壽先生曾說：
「陳統治者嬀姓，〔註111〕與被統治者皆東夷人，則老聃極可能就是東夷或殷
人南下定居於苦之後裔」。〔註112〕

　　順帶一提，今還有不少人指出《老子》一書有使用「楚」方言，其中又
應以朱謙之先生首開其端，〔註113〕李水海先生可爲代表。若照李水海先生的
考證，《老子》一書有多達五十一處使用「楚」方言，〔註114〕而在他看來：「老
子爲楚人，其書《道德經》自然多用楚方言」。〔註115〕似乎他們的研究反倒替
老子爲「楚」人一說又提供了有力證據。但是，此舉依舊不能反駁老子爲「陳」
人的觀點，王博先生就說：

> 我國自古就存在方言區的劃分，這在西漢揚雄著《方言》一書即有
> 反應。在《方言》中，我們經常可以看到「陳、楚」或「陳楚江淮
> 之間」等說法，因而，現代研究方言區之劃分者，從最早的林語堂
> 到後來的羅常培、周祖謨等，都以「陳及楚之中部」或「陳楚江淮
> 之間」爲同一方言區，也就是說，這一地區的人們使用基本上相同

　　　　南大學出版社，2002 年），頁 284、卓伯翰：《老子政治思想研究》（臺北：東
　　　　吳大學中國文學研究所碩士論文，黃錦鋐教授指導，2002 年 6 月），頁 16。
　　　　其實，也有學者認爲老子並非貴族，而只是「陳」之庶人。詳見鄧立光：〈老
　　　　聃職官新考〉，《鵝湖月刊》第 23 卷第 3 期（1997 年 6 月），頁 37～42。
〔註109〕分別詳見金德建：〈老聃學說出於史官考〉，《先秦諸子雜考》（河南：中州書
　　　　畫社，1982 年），頁 48、陳鼓應：《老莊新論》，頁 95 註 7、丁原植：《郭店
　　　　竹簡老子釋析與研究（增修版）》（臺北：萬卷樓圖書有限公司，1999 年），
　　　　序言、鄧立光：〈老聃職官新考〉，頁 39、王博：《老子思想的史官特色》，頁
　　　　107～108、李玉潔：〈老子故里在鹿邑——兼駁老子故里渦陽說〉，《中州今
　　　　古》1994 年第 1 期，頁 35～37、張松輝：〈老莊文化應屬中原文化〉，《道家
　　　　與道教——第二屆國際學術研討會論文集》，頁 203～211、王葆玹：《老莊學
　　　　新探》，頁 42～51。
〔註110〕詳見嚴靈峰：《老莊研究》（臺北：臺灣中華書局，1966 年），頁 476。
〔註111〕詳見本章註 123。
〔註112〕見莊萬壽：〈道家起源新探〉，《道家史論》（臺北：萬卷樓圖書有限公司，2000
　　　　年），頁 22。
〔註113〕詳見朱謙之：《老子校釋》（臺北：華正書局，1986 年）。
〔註114〕詳見李水海：《老子〈道德經〉楚語考論》（西安：陝西人民教育出版社，1990
　　　　年）。
〔註115〕見李水海：《老子〈道德經〉楚語考論》，引言，頁 2。

的方言。〔註116〕

　　正由於當時「陳」與「楚」部份地區屬同一方言區，故與其說《老子》用「楚」語，還不如說是使用「陳楚方言」來得更爲恰當。是以，老子既然是「陳」人，那麼當然可能使用當地方言。

　　準此，今本《史記·老子列傳》所載老子籍貫爲「楚苦縣」的說法，便需修正爲「陳苦」，而「苦」則相當於今日河南省鹿邑縣東。其實，據《禮記·曾子問》疏中曾說：「按《史記》云，老聃，陳國苦縣……人也」，〔註117〕似乎孔穎達所見《史記·老子列傳》乃是作「陳苦縣」人。或許司馬遷本來即未受「陳」爲「楚」滅、「苦」併入「楚」之影響，而以老子爲「陳」人，只不過他仍以漢時之建制稱「苦縣」而不曰「苦」耳。設想，由「陳苦縣」到「楚苦縣」的變動，即是《史記》在多次轉寫改刻的過程中，後人對司馬遷原文所作的更改，也未可知矣。

　　綜言之，本節之所以要花不少篇幅處理老子其人其書的問題，立意本有三：第一，表達一己在諸多分歧說法中的基本立場，以便開啓「以老解老」的詮釋方法。第二，藉由今日大量地下出土文獻，試圖以新資料再釐清之。第三，陳述近世學者對此問題的研究成果。

　　而經本節說法可知，如今我們對今本《史記·老子列傳》所該抱持的態度即是：司馬遷在「或曰」之前所載老子生平相當可信，只是有幾個可疑處需被稍加修正。簡言之，老子（老聃）是春秋末年人，而老子所著《老子》五千餘言一書，在此時也可能已逐漸流傳開來。又，司馬遷視老子爲「楚」人需被修正爲「陳」人。而老子既爲「陳」人，那麼《老子》一書當然就如丁原植先生所說是由「陳」此一地區開始流傳。〔註118〕

第二節　春秋「陳」之環境與其日後經歷對老子的影響
——老子提出「嗇」之外在背景和內在制約

　　由上一節可知，本文將老子其人其書已定位在春秋末年，而老子乃是春秋「陳」人。此節便將以第一章第三節所提「思想史的進路」之研究方法，

〔註116〕見王博：《老子思想的史官特色》，頁108。
〔註117〕見〔漢〕鄭玄注，〔唐〕孔穎達等正義：《禮記正義》，卷18，頁12上。
〔註118〕見丁原植：《郭店竹簡老子釋析與研究（增修版）》，頁36。

以觀春秋「陳」之特定環境對老子能產生何種決定性影響。而細部考察要點也依第一章第三節曾舉丹納（Hippolyte-Adolphe Taine）指出，探討一家文學藝術或思想起源的三個因素——「時代」、「種族」（民族特性）、「環境」（有自然、社會環境），及湯恩比（Arnold Toynbee）先生所謂「挑戰」（有自然環境、人文的挑戰）與「回應」的觀點，以為考察方向。

　　由於在第一章第三節已對「時代」因素及由此廣泛時代反映下之共同社會環境背景（政治情勢），也即是對先秦時代人文的挑戰有過說明，〔註 119〕此節便不再贅言當時所共有的社會環境背景，故在社會環境因素方面只單獨談「陳」的政治情勢。

　　其實，章太炎先生也嘗謂學術之成立，有三個主要因素：「地齊」、「政俗」與「材性」。〔註 120〕王博先生以為「地齊」乃就地理環境言，「政俗」就政治情勢言，「材性」就個人因素言。〔註 121〕而章太炎先生所說「地齊」與「政俗」，大致就能等同丹納所謂「環境」的因素。至於說「材性」方面，則用以思索老子「居周久之」時的個人經歷對其影響為主。

　　簡言之，今若想探究春秋「陳」之環境與老子日後「居周久之」的經歷，對他有產生何種影響，那麼章太炎先生提出的「政俗」與「材性」二因素，及丹納和湯恩比先生所謂「自然環境」（地理位置、地方風氣、氣候）的挑戰，就將是考察重點。而對「種族」一因素的說明，則有利於加強本節之論述。總之，這些無非都是釐清老子何以會提出「嗇」之方向。底下便先對老子之前「陳」的歷史，有一簡單交待後，再由「陳」的地理位置談起。

　　今依楊家駱先生考證，老子的生卒年約當西元前 561～467 年，而此大致進入「陳」歷史上的衰亡時期，也即是陳靈公至陳湣公在位之時（西元前 613～479 年）。其實，春秋中期以前，「陳」還是「周」王室在中原地區的重要封地之一，〔註 122〕張松輝先生就說：

〔註 119〕在第一章第三節曾說湯恩比（Arnold Toynbee）先生提出「人文」方面的挑戰，其實就等同丹納（Hippolyte-Adolphe Taine）所謂「社會環境」的因素，又社會環境的好壞本離不開時代之趨向。

〔註 120〕詳見章太炎：《訄書（重訂本）》（上海：上海人民出版社，1984 年），頁 133。

〔註 121〕詳見王博：《老子思想的史官特色》，頁 5。

〔註 122〕「陳」是屬於對先聖王之後的封建，試看《史記·周本紀》說：「武王追思先聖王，乃褒封……帝舜之後於陳」（見〔漢〕司馬遷撰，〔宋〕裴駰集解，〔唐〕司馬貞索隱，〔唐〕張守節正義：《史記》，卷 4，頁 10 上）。又，據《春秋史》一書作者指出，「陳」受封的爵位在「公、侯、伯、子、男」五等

　　　　陳國是周文化氣氛最爲濃厚的國家之一，它的始封祖是舜的後代胡
　　　公，〔註123〕其妻是周武王的長女大姬，大姬「好祭祀，用史巫」(《漢
　　　書‧地理志》)。因出身高貴，大姬是陳國的實際統治者，這就從血
　　　緣關係方面拉近了陳與周文化的距離，她的愛好使陳成爲一個有著
　　　重視史巫、重視文化傳統的國家。〔註124〕
　　也正由於「陳」與「周」文化的關係較爲濃厚，因此在早期才能有較高
的政治、經濟與文化基礎，並且在王室和列邦之間具有一定影響力。
　　而「陳」之所在地，相當於今日河南省東部（豫東周口一帶），位於黃河、
淮河流域之間，在遼闊的黃淮平原之上，地處中原文化地帶。據張松輝先生
的考察，「陳」北邊是「燕」與後來的「趙」，東邊是發達的「齊、魯」文化，
西邊及西北邊是「周」文化與「晉、秦」文化，南邊則是「楚」文化：〔註125〕

〔註126〕

之中是屬於「侯」。詳見顧德融、朱順龍：《春秋史》(上海：上海人民出版社，
2001 年)，頁 266。

〔註123〕《史記‧陳杞世家》說：「陳胡公滿者，虞帝舜之後也。昔舜爲庶人時，堯妻
　　　　之二女，居於媯汭，其後因爲氏姓，姓媯氏。舜已崩，傳禹天下，而舜子商
　　　　均爲封國。後之時，或失或續，至於周武王克殷紂，乃復求舜後，得媯滿，
　　　　封之於陳，以奉帝舜祀，是爲胡公。」(見〔漢〕司馬遷撰，〔宋〕裴駰集解，
　　　　〔唐〕司馬貞索隱，〔唐〕張守節正義：《史記》，卷 36，頁 1 上。)

〔註124〕見張松輝：〈老莊文化應屬中原文化〉，《道家與道教——第二屆國際學術研討
　　　　會論文集》，頁 204。

〔註125〕詳見張松輝：〈老莊文化應屬中原文化〉，《道家與道教——第二屆國際學術研
　　　　討會論文集》，頁 207。

〔註126〕此乃「春秋列國圖」。引自李天鳴：《中國疆域的變遷（上冊）》(臺北：國立
　　　　故宮博物院，1997 年)，頁 26。詳圖見該書。

　　所以，春秋時期，「陳」的地理位置等於是位在「天下」之中，〔註127〕是「東、西、南、北文化的交匯點」，〔註128〕無疑有各方文化交匯之中心地帶的態勢。〔註129〕

　　又，「陳」之所在地由於其地理位置的重要與優越，因此自然具備極佳的軍事利用價值，故此處正可說是控制中原地帶的通道門戶，〔註130〕只要一旦能佔領之，「既可以保障本國的軍隊自由進出中原，又能阻止敵方兵力攻入自己的腹地」。〔註131〕是以，「陳」地在很早便已成為各方急欲爭奪的地盤，無非兵家必爭之地。馬義龍先生說：「東周初年，陳與蔡、鄭、宋同為中原大國，後因楚、齊、晉的興起，交爭於中原，陳國居於四戰地域，兵戈不休。」〔註132〕順帶一提，「陳」所在的河南省，因為有「中原的心臟」之稱，〔註133〕故直至明清時代，戰爭皆不斷。〔註134〕

　　而「楚」即是當時對「陳」用兵次數最為頻繁的國家，依蔡明田先生統計，「楚」曾對「陳」用兵前後至少多達十餘次。〔註135〕今據《左傳》記載，

〔註127〕　張松輝先生曾說：「洪邁《容齋隨筆》卷五曾考察春秋戰國時期的疆土情況說，當時所謂的『中國』者：『獨晉、衛、齊、魯、宋、鄭、陳、許而已，通不過數十州，蓋於天下特分之一耳。』而這個三角地區正屬於這個範圍狹窄的『中國』的一部份。這個地區屬於天下之中。」（見張松輝：〈老莊文化應屬中原文化〉，《道家與道教──第二屆國際學術研討會論文集》，頁206。）
〔註128〕　見張松輝：〈老莊文化應屬中原文化〉，《道家與道教──第二屆國際學術研討會論文集》，頁206。
〔註129〕　詳見王劍：〈老子思想的陳楚地域文化淵源〉，《周口師範高等專科學校學報》第18卷第1期（2001年1月），頁96。
〔註130〕　《中國文化地理概述》一書作者說：「中原既是東南西北各路諸侯的接觸帶，又是自北到南，自東到西交通幹線的交叉點。逐鹿中原成為兼併和統一戰爭的代名詞。」（見胡兆量、阿爾斯朗、瓊達等：《中國文化地理概述》，北京：北京大學出版社，2001年，頁61～62。）
〔註131〕　見宋傑：〈春秋戰爭之地域分析與列國的爭霸方略（上）〉，《首都師範大學學報（社會科學版）》1999年第2期，頁3。
〔註132〕　見馬義龍：〈陳國國都與墓地考〉，《周口師專學報》第2期（1996年6月），頁52。
〔註133〕　見郭震唐總編輯：《放眼中國（三）──神州中原》（臺北：錦繡出版社有限公司，1988年），頁80。
〔註134〕　《中國文化地理概述》一書作者曾據《中國歷代戰爭史》中所作統計，而指出中國歷代戰事分佈的總趨勢是北方較多而南方較少，若以各省作區分，則「陳」所在的河南省位居榜首，一省就佔了全部戰事的六分之一。詳見胡兆量、阿爾斯朗、瓊達等：《中國文化地理概述》，頁59～60。
〔註135〕　詳見蔡明田：《老子的政治思想》（臺北：藝文印書館，1976年），頁19～20。

「陳」曾經三次爲「楚」所滅：第一次是在西元前 598 年，楚莊王乘「陳」發生內亂，而滅「陳」爲縣，〔註 136〕不過隨後即在申叔的告誡下，恢復了「陳」，但此時「陳」已納入「楚」的勢力範圍，實力大爲削弱；第二次是在西元前 534 年，楚公子棄疾（後爲楚平王）滅「陳」，而「使穿封戌爲陳公」，杜預注曰：「戌，楚之大夫。滅陳爲縣，使戌爲縣公」。〔註 137〕然而，在西元前 529 年，楚平王奪得王位，「欲得和諸侯，乃求故陳悼太子師之子吳，立爲陳侯，是爲惠公」，〔註 138〕「楚」又再次恢復了「陳」，但此陳侯實已無足輕重，也無自主地位，「陳」可說已名存實亡；最後一次是在西元前 479 年，「陳」爲楚靈王所滅，從此便未再恢復。〔註 139〕

當然，「楚」之所以會頻繁對「陳」用兵，用意本在於欲將「陳」地當成其勢力擴張至中原的重要基地，以利在與「晉」爭霸之時取得最佳條件。又，「楚」、「晉」二方對控制「陳」的重視程度，宋傑先生有一番考察：

> 楚、晉兩國在作戰中很重視對陳國的控制，如《左傳・襄公五年》載魏絳向晉悼公說明，應與宿仇戎狄和好，集中兵力與楚爭奪陳國，因爲陳之歸屬影響到中原諸侯對晉的叛從：「戎狄失華，無乃不可乎！」悼公因而接受了魏絳的「和戎」建議。楚國爲了爭取陳國的服從，曾不惜殺掉施政大臣。亦見《左傳・襄公五年》：「楚人討陳

〔註 136〕張正明先生曾指出「楚」對於被滅之地，其慣例是「遷其公室，存其宗廟，縣其疆土，撫其臣民，用其賢能」（見張正明：《楚文化史》，臺北：南天書局有限公司，1990 年，頁 37）。

〔註 137〕語出《左傳・昭公八年》。見〔晉〕杜預注，〔唐〕孔穎達等正義：《春秋左傳正義》（臺北：臺灣中華書局，1965 年《四部備要・經部》據阮刻本校刊），卷 44，頁 13 下。其實，「楚」置縣後所立「公」之名，其用意乃在於：「楚國縣的長官稱爲公，這是就其官爵而言，……楚縣官之所以稱公，據《左傳》莊公三十年杜注：『楚僭號，縣尹僭稱公。』《淮南子・覽冥訓》高誘注也說：『楚僭號稱王，其守縣大夫皆稱公。』公原爲西周分封諸侯的稱號，楚爲抬高自己的地位，自稱爲王，故把所滅之國改置縣，縣的長官稱爲公，以此相比原來周天子所分封的公侯」（見顧德融、朱順龍：《春秋史》，頁 279）。

〔註 138〕語出《史記・陳杞世家》。見〔漢〕司馬遷撰，〔宋〕裴駰集解，〔唐〕司馬貞索隱，〔唐〕張守節正義：《史記》，卷 36，頁 5 上。而「楚」第二次恢復「陳」一事，也可見於《左傳・昭公十三年》：「平王即位，既封陳蔡，而皆復之禮也。……悼大子之子吳歸於陳禮也」（見〔晉〕杜預注，〔唐〕孔穎達等正義：《春秋左傳正義》，卷 46，頁 11 下）。

〔註 139〕「楚」三次併吞「陳」的始末，分別詳見《左傳》〈宣公十一年〉、〈昭公八年〉、〈哀公十七年〉的記載。

　　叛故，曰『由令尹子辛實侵欲焉！』乃殺之。」〔註140〕

　　準此，春秋中期以後，「陳」的政治情勢（社會環境），一方面由於「陳」位於「晉」、「楚」二強之中間地帶，它同時又是出兵中原的通道門戶，因此「晉」、「楚」爭霸之時，「陳」勢必成爲爭奪焦點。又，由於「陳」當時只是小邦，力量本不強，故爲了生存便叛屬不定，然而「陳」也不過是「欲入事人」，〔註141〕是欲依靠大邦以求自保，故才會時而親「晉」，時又附「楚」，但如此一來，就不免會受到「晉」、「楚」二方的交互攻伐，因此才會戰爭不斷，而使得「陳」多次歷經復又滅的窘境。另方面，幾位邦君的荒淫無度、〔註142〕不理朝政而使得「朝甚除」，〔註143〕「陳」之國勢也只有走上日漸衰敗一途。再方面，「陳」除了外亂，尚且經歷過二次大內亂與相互殘殺之事，〔註144〕故積弱不振，最後終於滅於「楚」之手。

　　然而，「楚」多次舉兵進「陳」之因，除了上述提到想佔據重要且優越的地理位置以爲軍事據點，及由於外交上的親屬與叛屬，而發動的援救與報復

〔註140〕見宋傑：〈春秋戰爭之地域分析與列國的爭霸方略（下）〉，《首都師範大學學報（社會科學版）》1999 年第 3 期，頁 15。

〔註141〕語出《老子・六十一章》。

〔註142〕最荒淫的邦君莫過於陳靈公。試看《左傳・宣公九年》記載說：「陳靈公與孔寧、儀行父通於夏姬，皆衷其衵服，以戲於朝。」（見〔晉〕杜預注，〔唐〕孔穎達等正義：《春秋左傳正義》，卷 22，頁 6 上。）此說陳靈公及大臣孔寧和儀行父竟一起與鄭穆公之女、陳大夫禦叔之妻夏姬通姦，他們三人尚且穿著夏姬的衵衣在廟堂上嬉樂。此事也可見於《史記・陳杞世家》：「靈公與其大夫孔寧、儀行父皆通於夏姬，衷其衣，以戲於朝。」（見〔漢〕司馬遷撰，〔宋〕裴駰集解，〔唐〕司馬貞索隱，〔唐〕張守節正義：《史記》，卷 36，頁 3 上～3 下。）而《毛詩・國風・陳・株林》：「胡爲乎株林？從夏南。匪適株林，從夏南。駕我乘馬，說於株野。乘我乘駒，朝食於株」（見〔漢〕毛亨傳，〔漢〕鄭玄箋，〔唐〕孔穎達等正義：《毛詩正義》，臺北：臺灣中華書局，1965 年《四部備要・經部》據阮刻本校刊，卷 7 之 1，頁 9 上）的說法，馬持盈先生依《毛傳》而以爲此乃「刺陳靈公與夏姬通姦之詩」（見馬持盈：《詩經今註今譯》，臺北：臺灣商務印書館，1998 年，頁 219）。

〔註143〕語出《老子・五十三章》。嚴靈峰先生解釋「朝甚除」說：「除，形容詞。……《淮南子・天文訓》：『是故春夏則群獸除。』高誘注：『毛微墮也。』墮亦作隳；毀壞也。《呂氏春秋・順說篇》：『隳人之城郭。』高誘注：『壞也。』……此謂朝政不修而廢弛也。」（見嚴靈峰：《老子達解》，臺北：華正書局，1987 年，頁 283。）

〔註144〕此即所謂「陳佗之亂」、「陳靈之弒」與「陳二慶之亂」。詳見韓席籌：《左傳分國集注（下冊）》（香港：龍門書店，1966 年），卷 10，頁 592～598。

戰爭之外，〔註145〕還有奪取「陳」之土地與豐富農業收成物的目的。今據《周禮‧職方氏》可知，豫州之地（今河南省），有最適宜農業之沃土，〔註146〕而「陳」所在的豫東周口一帶，又是黃淮海大平原的一部份，屬於沖積平原，同時又有人工運河可幫助農田灌溉，〔註147〕因此土壤肥沃、旱潦無虞，自古便是河南省農業的精華地帶。〔註148〕現依李欣玲先生指出，豫州地區適宜種植的穀物乃是黍、稷、菽（豆）、麥、稻。〔註149〕

今再由《史記‧貨殖列傳》、《河南通志‧風俗》可知，「陳」在具備最適宜發展農業的條件之下，也確實「好稼穡」、「好農」與「勤耕耘」，〔註150〕故「陳」堪稱具有「華夏」——「居於中原，以農業爲主的民族」之典型特性，〔註151〕而不同於先前處於中原周邊以游牧漁獵爲主之蠻、夷、戎、狄等民族。並且，再據《左傳‧哀公十七年》記載說：「陳人恃其聚」、《呂氏春秋‧似順論》說：「夫陳小國也，而蓄積多」，〔註152〕由此皆可推知，「陳」當時的

〔註145〕例如《左傳‧哀公元年》曾記載「陳」由於參與「楚」師圍「蔡」，而遭到「吳」的攻伐。〈哀公六年〉記載「吳」軍又再次伐「陳」，然此時由於楚昭王死於城父而無力援「陳」，「陳」爲了生存又轉而親「吳」。後〈哀公九年〉、〈哀公十三年〉記載「楚」軍二次伐「陳」，即是屬於外交上的報復行動。

〔註146〕「陳」位於今天河南省東部。李欣玲先生說：「今河南省，古豫州之地，《周禮‧職方氏》述此地『其畜宜六擾，其穀宜五種』；在周代可算是最爲宜農宜牧之沃土。」（見李欣玲：《從〈詩經〉探析周代農業社會》，嘉義：中正大學中國文學研究所碩士論文，莊雅州教授指導，2003年6月，頁18。）

〔註147〕《春秋史》一書作者說：「春秋時在興修水渠的基礎上開始修建我國最早的人工運河。據記載當時修築的運河有陳國和蔡國之間溝通沙、汝水的運河，『（徐）偃王治國，仁義著聞，欲舟行上國，乃導（通）溝陳、蔡間』（《水經注‧濟水》引《徐州地理志》）。……這些運河的開鑿，……對陳、蔡……等國的農田灌溉也起了相當重要的作用。」（見顧德融、朱順龍：《春秋史》，頁209。）

〔註148〕詳見光復書局編輯部編：《中國地理大百科（五）——山東‧河南》（臺北：光復書局企業股份有限公司，1997年），頁95。

〔註149〕詳見李欣玲：《從〈詩經〉探析周代農業社會》，頁110。

〔註150〕前二語出自《史記‧貨殖列傳》，後一語出自《河南通志‧風俗》。分見〔漢〕司馬遷撰，〔宋〕裴駰集解，〔唐〕司馬貞索隱，〔唐〕張守節正義：《史記》，卷129，頁8上、10上、〔清〕田文鏡、王士俊等監修，〔清〕孫灝、顧棟高等編纂：《河南通志》（臺北：臺灣商務印書館，1983年《景印文淵閣四庫全書‧史部（第五三六冊）》據國立故宮博物院藏本影印），卷28，頁88。

〔註151〕見付永聚：〈華夏族形成發展新論〉，《齊魯學刊》1995年第3期，頁43。

〔註152〕分見〔晉〕杜預注，〔唐〕孔穎達等正義：《春秋左傳正義》，卷60，頁5上～5下、〔秦〕呂不韋輯，〔漢〕高誘訓解：《呂氏春秋》（臺北：臺灣中華書局，1965年《四部備要‧子部》據畢氏靈巖山館校本校刊），卷25，頁1上。

農業收成物還頗為豐碩。

其實，古代邦與邦之間每每發動戰爭的必要動機，即如翦伯贊先生所說：「這些戰爭，都是為了土地佔有或物質掠奪而發動的」。〔註153〕而所謂土地佔有，像「楚」欲佔有「陳」之土地，當然就是看重「陳」具備最適宜農業之沃土，以能迅速發展經濟之用。而所謂物質掠奪，尤其指的是將農業收成較富庶之地的蓄積物奪為己有，如《左傳‧哀公十七年》記載：「陳人恃其聚而侵楚，楚既寧，將取陳麥」。〔註154〕當然，「楚」奪取「陳」之麥及其土地（田地）只不過是其中明顯一例。〔註155〕附帶一提，由上引〈哀公十七年〉的記載還可知，「陳」在被周圍列強侵凌的同時，也曾趁「楚」內亂企圖還擊。

以上，筆者已大致對「陳」之地理位置、政治情勢及其衍生的相關問題有一說明，底下就轉而談對老子能形成內在制約的地方風氣，及可不斷加深此制約強度的日後經歷。

同樣照楊家駱先生考證，老子在至「周」之前，〔註156〕有將近三十年的時間都待在「陳」，〔註157〕老子既然從年幼便生活於此並且還長達三十年的光陰，不難想像「陳」的地方風氣勢必已對老子產生一定程度之影響，甚至更有決定性的影響。因為依照心理學家指出，人一生的思維判準或是其性格，早在幼年時期的環境中之所見所感便起了主要作用。〔註158〕而這本在於是與

〔註153〕見翦伯贊：《先秦史》（北京：北京大學出版社，1990年），頁325～326。

〔註154〕見〔晉〕杜預注，〔唐〕孔穎達等正義：《春秋左傳正義》，卷60，頁5上～5下。

〔註155〕其它還有《左傳‧隱公三年》記載說：「鄭祭足帥師取溫之麥。秋，又取成周之禾」、〈隱公四年〉記載說：「諸侯之師，敗鄭徒兵，取其禾而還」等等。分見〔晉〕杜預注，〔唐〕孔穎達等正義：《春秋左傳正義》，卷3，頁4上；卷3，頁10上。又，除了掠奪農業收成物之外，《左傳》中記載更多的是「取其田地」，由於例子頗多，翦伯贊先生又多已舉出，今不贅引。詳見翦伯贊：《先秦史》，頁325～326。

〔註156〕朱騰先生曾以為老子所以不願仕於鄰近「陳」的「楚」，而卻選擇至「周」任史官，乃是由於「楚」滅「陳」之故。詳見朱騰：〈道家的治國之道〉，《思想家的治國之道》（北京：中國政法大學出版社，2007年），頁72。

〔註157〕詳見楊家駱：〈老子新傳〉，《老子新考述略》，頁3～4。

〔註158〕例如說出生並成長於農家的徐復觀先生，總是自稱「農村的兒子」（見徐復觀：〈舊夢‧明天〉，《徐復觀文錄選粹》，臺北：臺灣學生書局，1980年，頁292），雖然後來他離開故鄉過著四處為家的生活，但他仍然說：「我的生命，不知怎樣地，永遠是和我那破落的灣子連在一起」（見徐復觀：〈舊夢‧明天〉，《徐復觀文錄選粹》，頁291）。而李維武先生就認為：「這種對於農村之根的終身眷戀，成為徐復觀學術思想最深刻的根源。」（見李維武：《徐復觀學術思想

環境有關的信息已進入吾人潛意識當中，〔註 159〕成爲最深層、最直接，也是最原始的記憶，它會在吾人判斷事物的當下突然顯現，進而左右其思考。筆者以爲，「陳」的地方風氣對老子來說，應該是在他能自覺之前，就早已佔據其潛意識，況且又經過三十年的不斷薰染，自然會對老子日後思想所欲解決問題之解答方向，形成一種內在制約。

那麼，對老子能形成內在制約的地方風氣究竟爲何呢？試看，《漢書‧地理志》曾說：「剛柔緩急，……繫水土之風氣，故謂之風」，《山西通志‧風土記上》也說：「夫風氣剛柔，繫乎水土」。〔註 160〕故地方風氣之或剛或柔，或緩或急，首先便繫乎水土之情況。今由上可知，「陳」在水足土沃的條件下，有出現「好稼穡」、「好農」與「勤耕耘」的作爲，而據嚴耕望先生考察《史記‧貨殖列傳》與《漢書‧地理志》中的記載後指出，「陳」在此種「以稼穡桑麻爲業」的作爲下，逐漸有形成「節儉好蓄藏」的地方風氣。〔註 161〕

而此種風氣除了形成於「好稼穡」、「好農」與「勤耕耘」之作爲下，同時也形成於「陳」人在面對氣候侵襲農作物之挑戰時，所做的回應方式裡。《中國文化地理概述》一書作者就曾說：「東亞季風區的降水量變率較大，水旱澇等災害較多。小農經濟抗禦自然災害的能力不強。……只有克勤克儉，頑強求生，才能抗過災害，繁衍生息，長盛不衰。」〔註 162〕雖然說「陳」位於黃淮海大沖積平原之上，同時又有人工運河可幫助農田灌溉，因此旱澇無虞，

評傳》，北京：北京圖書館出版社，2001 年，頁 5。)
〔註 159〕詳見羅雙平：〈環境與人的心態〉，《中國人才》2001 年第 9 期，頁 56。
〔註 160〕分見〔漢〕班固撰，〔唐〕顏師古注：《前漢書》，卷 28 下，頁 15 下、〔清〕王軒等纂修：《山西通志》（北京：中華書局，1990 年），卷 99，頁 7029。
〔註 161〕詳見嚴耕望：〈戰國時代列國民風與生計——兼論秦統一天下之背景〉，《嚴耕望史學論文選集》（臺北：聯經出版事業公司，1991 年），頁 108。其實，《史記‧貨殖列傳》在描述「陳」「民好畜藏」、「好農」之外，也曾說：「夫自淮北沛、陳、汝南、南郡，此西楚也。其俗剽輕，易發怒，……寡於積聚」（見〔漢〕司馬遷撰，〔宋〕裴駰集解，〔唐〕司馬貞索隱，〔唐〕張守節正義：《史記》，卷 129，頁 8 上～8 下）。然而，司馬遷所說「陳」「其俗剽輕，易發怒，……寡於積聚」，已是戰國末年之事，而非春秋「陳」的實情。試看嚴耕望先生說：「戰國末葉，楚人避秦之逼，由江、漢間徙都於陳，郢、鄀之楚民必大批同徙，宜淮北地區皆被楚俗。……故史公前後述事似若矛盾，實則有先後之別耳」，又說：「淮北沛、陳、汝南之民剽輕易怒，與南郡之郢楚故地同風，此由楚民多遷寓淮北之故。然此已戰國末期矣」（分見嚴耕望：〈戰國時代列國民風與生計——兼論秦統一天下之背景〉，《嚴耕望史學論文選集》，頁 98、107）。
〔註 162〕見胡兆量、阿爾斯朗、瓊達等：《中國文化地理概述》，頁 25。

但這並不意味「陳」人對於旱澇此種自然災害就從未防備，他們反倒是不敢懈怠。《毛詩‧國風‧陳‧防有鵲巢》中就曾經提到「防」字，〔註163〕馬持盈先生說此處「防」即指「堤防」，〔註164〕故由此可知「陳」人依然有築起堤防以備雨澇可能導致人工運河氾濫，或其它河流氾濫所造成的水災。當然，不用顧慮旱澇，絕不代表「陳」人就沒有其它自然災害要應付，至少他們還需面對風害。

　　《中國地理大百科》一書編者說：「由於河南地處中緯度地帶，冷暖氣團交替頻繁，季風環流不穩定，所以乾旱、雨澇、大風、沙暴、冰雹、霜凍等氣候災害較多，特別是乾旱、雨澇和乾熱風，對農作物的影響比較大。」〔註165〕因此，「陳」就算旱澇無虞，但乾熱風對農作物造成的破壞依然不容小看。所以，「陳」人也唯有克勤克儉並且多蓄積，才能應付此種由氣候所帶來的挑戰。而以上即是「陳」為何在當時只是小邦，但卻還能以「蓄積多」聞名之因。

　　總之，「陳」出現「節儉好蓄藏」、「克勤克儉」的地方風氣，看來都與「農」脫離不了關係。而老子既然從年幼便耳濡目染以至於還長達三十年的時間，都受此種地方風氣影響，故想必這種地方風氣在潛移默化裡自然已對老子形成一種內在制約。又，關於此種制約，今不妨借用馮友蘭先生的用語：「農的反應」、「農的看法」與「農的眼界」來規範。〔註166〕換言之，「陳」的地方風氣已使老子自幼即具備一套由「農」而來的世界觀之制約。而這一套「農的世界觀」也正是老子日後判斷事物的直接標準，與最終決定其思想之中心觀念的根源所在。並且，這一套「農的世界觀」在老子日後的經歷當中，仍然不斷地被加深與思索。

　　今從《史記‧老子列傳》的記載可知，老子後來離「陳」去「周」、「居周久之」，又曾在那裡擔任過「守藏室之史」（太史）一職。〔註167〕而老子曾當過「周」王室史官的個人經歷，王博先生以為此正可歸入本節一開始提及的「材性」一因素。試看他說：「材性問題也可更普遍化而為個性問題。材性

〔註163〕見〔漢〕毛亨傳，〔漢〕鄭玄箋，〔唐〕孔穎達等正義：《毛詩正義》，卷 7之 1，頁 7下。

〔註164〕見馬持盈：《詩經今註今譯》，頁 217。

〔註165〕見光復書局編輯部編：《中國地理大百科（五）——山東‧河南》，頁 99。

〔註166〕分見馮友蘭著，涂又光譯：《中國哲學簡史》（北京：北京大學出版社，1996年），頁 16、21。

〔註167〕據王博先生指出，「守藏室之史」其實就是「太史」。詳見本章註27。

僅為個性之一端，除此而外，個性尚包括許多具體內容，譬如個人經歷即其中一重要方面。……曾做過周王室的史官無疑是其個性中的一個非常重要的內容。」〔註168〕也正是由於老子日後「居周久之」又曾擔任過史官，才能不斷加深與激盪自幼即已深植於老子潛意識當中之「農的世界觀」。

然而，為何「居周久之」與在「周」王室任史官，可以持續加深此一「農的世界觀」之思維呢？這一方面乃在於是「周」本甚重農業，〔註169〕故農業稼穡等景象自是歷歷在目，另方面，因為「太史」在古代是明「天道」的官，〔註170〕並且其主要職責之一即在於「通過觀測天文，來指導人事」，〔註171〕而其中對農業生產的指導即是「太史」職責裡相當重要之一環，因為農業生產最重天時也。〔註172〕

何炳棣先生曾說：「糧食作物的播種、耕耘和收穫都需一定的時節，……因此，糧食的耕作，使原始時代的耕作者不得不遵守一定程度的生活紀律，不得不觀察四季、氣候、日月、星辰等自然現象。」〔註173〕既然指導農業生產是老子的重要職責之一，那麼如何將農事運作中之播種及收穫等時節，搭配好已觀測出的天時，就絕對需要相當專業的判斷，而這都得先對農業農事有非常熟悉的認識，始能真正準確搭配天時。

或許，《老子》〈二十五章〉、〈四十章〉所說：「道法自然」、「反者道之動」，即是「太史」老子在受到自然界之日月運行、四時相繼等運動變化，都非人為

〔註168〕見王博：《老子思想的史官特色》，頁5～6。

〔註169〕此由《毛詩・周頌・臣工之什・噫嘻》中即可見「周」甚重農業的傳統：「噫嘻成王，既昭假爾。率時農夫，播厥百穀。」（見〔漢〕毛亨傳，〔漢〕鄭玄箋，〔唐〕孔穎達等正義：《毛詩正義》，卷19之2，頁11上。）又，「周」自始即以農耕為主。詳見李永熾：《歷史中國（錦繡系列・中國全集二）》（臺北：錦繡出版社，1982年），頁17～32。並且，據許倬雲先生指出，「周」人還「以農自豪」。見許倬雲：〈中國古代民族的溶合〉，《求古篇》（臺北：聯經出版事業股份有限公司，2003年），頁12。

〔註170〕葛兆光先生曾說：「《漢書・藝文志》裡說，『道家者流，蓋出於史官』，傳說老子是周之史官，而史官正是古代星曆占卜之學的執掌者，他們對於『天』之本質、『天』之運行、『天』之原初，也就是宇宙之學有極深的體驗和想像。」（見葛兆光：《中國思想史（第一卷）》，上海：復旦大學出版社，2000年，頁123。）

〔註171〕見王博：《老子思想的史官特色》，頁44。

〔註172〕詳見王博：《老子思想的史官特色》，頁40。

〔註173〕見何炳棣：《黃土與中國農業之起源》（香港：香港中文大學，1969年），頁122。

而乃順其自身決定的啓發下，〔註174〕關於「農為了進行他們的工作對這些變化必須特別注意」，〔註175〕又在「春耕」、「夏耘」、「秋收」、「冬藏」皆需一定時節的等待中，由對自然界之運動變化，也即是對「我們周圍的自然界的規律性和恒定性」此種「天道」消息的異常敏銳觀察裡，〔註176〕才得以提出的理論。

而這也即是為何吾人今日在老子所謂「道」的實存、行為準則等意義外，〔註177〕還能看到「道」也有規律方面的意義。是以，葛兆光、丁原植、程水金先生所說：「古代道家是從對天道的體驗中得出『道』的思想」、「《老子》的『道』觀念來自於『天道』或『天之道』」、「老子之『道』與『天道』學說即古代天文曆法之學有著十分密切的淵承關係」，〔註178〕此判斷確可成立。若然，老子就是在領悟出「天道員員」，〔註179〕與「周行而不殆，……大曰逝，

〔註174〕趙又春先生曾說：「『自然』在《老子》中凡5見，一般認為不是指『自然界』，而是『自然而然』，『非因外力干預而自己如此』的意思。這是對的，但老子當然是基於自然界運動變化都非人為，自然物的存在和發展都是其自身本性決定的這個思想，才形成這種『自然』觀念的。」（見趙又春：《我讀〈老子〉》，長沙：岳麓書社，2006年，頁382。）

〔註175〕見馮友蘭著，涂又光譯：《中國哲學發展史》，頁17。而《中國哲學發展史（先秦）》一書作者也有類似看法。詳見任繼愈主編：《中國哲學發展史（先秦）》（北京：人民出版社，1983年），頁122。

〔註176〕見〔美〕郝大維（David L. Hall）、安樂哲（Roger T. Ames）著，施忠連譯：《漢哲學思維的文化探源》（南京：江蘇人民出版社，1999年），頁176。

〔註177〕實存意義的「道」，分別詳見《老子》〈一章〉、〈四章〉、〈十四章〉、〈二十一章〉、〈二十五章〉、〈三十二章〉、〈三十四章〉（〈六十七章〉說：「天下皆謂我：『道大，似不肖。』夫唯大，故似不肖。若肖，久矣其細也夫！」此段文字嚴靈峰先生以為是〈三十四章〉錯簡，而移入〈三十四章〉「故能成其大」句下。詳見嚴靈峰編著：〈老子章句新編〉，《道家四子新編》，頁53）、〈四十章〉、〈四十一章〉、〈四十二章〉、〈五十一章〉。而行為準則意義的「道」，詳見本文第六至七章對「嗇道」（「嗇道」一詞將在本文第五章第一節提出）的說法。

〔註178〕分見葛兆光：〈眾妙之門──北極與太一、道、太極〉，《中國文化》第3期（1990年2月），頁58、丁原植：《郭店竹簡老子釋析與研究（增修版）》，頁61、程水金：〈郭店簡書《老子》的性質及其學術定位〉，《郭店楚簡國際學術研討會論文集》，頁505。而此說法也可詳見王博：《老子思想的史官特色》，頁52～53。

〔註179〕此句集唐本《老子·十六章》中原作「夫物芸芸」，帛書本《老子》甲本作「天物雲雲」、乙本作「天物沄沄」，《莊子·在宥》引作「萬物云云」（見〔晉〕郭象注，〔唐〕陸德明音義：《莊子》，卷4，頁20下），而至今發現最早之《老子》版本的竹簡本《老子》甲組則作「天道員員」。首先，試看陳錫勇先生說：「《詩·鄭風·出其東門》：『聊樂我員。』釋文作『員本作雲。』《尚書·泰誓》：『雖則雲然。』《漢書·韋賢傳》顏注引作『員然』」，李零先生也說：「簡文『員』

逝曰遠，遠曰反」此種「天道」必「反」的客觀循環規律後，〔註180〕才認為
就算從此「不闚牖」也自能「見天道」矣。〔註181〕

其實，在《國語‧周語上》還有記述「古者太史順時覛土」，韋昭注曰：
「覛，視也」，〔註182〕由此看出老子甚至還需親自下田地視察土壤在季節中的
變化，以便報告掌管農事的官──「稷」，何時才是耕耘翻土的適當時機。而
此種對土地的直接碰觸，吾人不妨將之看作是引發老子說出「法地」的起點：
〔註183〕「法地，安靜柔和。地種之得五穀，掘之得甘泉，勞而不怨也，有功

通『雲』，如《緇衣》《詩》雲的『雲』，簡本作『員』（分見陳錫勇：《老
子校正》，頁211、李零：〈郭店楚簡校讀記〉，《道家文化研究（第十七輯──
「郭店楚簡」專號）》，頁466）。因此，由上可知，「雲雲」（「芸芸」、「祈祈」、
「云云」）與「員員」同、「雲雲」通「員員」。又，「員員」有「圓轉」、「運轉」
義，丁原植先生就曾說：「『員』字，疑與『運』字相通。《墨子‧非命中》：『若
言而無義，譬猶立朝夕於員鈞之上也。』孫詒讓《墨子閒詁》：『員，上篇作『運』，
聲義相近。』因此，『員員』或可解為『循環的周轉』，即『環周』，趙建偉先
生也說：『『員』同『運』（《墨子‧非命上》『譬猶運鈞之上而立朝夕者也』，《非
命中》『運』作『員』），『員員』蓋即運而不已之義」（分見丁原植：《郭店竹簡
老子釋析與研究（修訂版）》，頁164、趙建偉：〈郭店竹簡《老子》校釋〉，《道
家文化研究（第十七輯──「郭店楚簡」專號）》，頁267）。若然，由於「員
員」即「運運」（分見陳錫勇：《郭店楚簡老子論證》，頁151、152），而直指
「天道」的運行規律，故可知「天道員員」四字正確。並且，古書中也有以「員」
字說明「天道」運行的例子，魏啟鵬先生就曾考察說：「《淮南子‧天文訓》：『天
道曰員，地道曰方。』同書〈原道訓〉：『員者常轉，……自然之勢也。』員員：
言其圓轉不已，周而復始，此天道環周之旨」（見魏啟鵬：〈楚簡《老子》柬釋〉，
《道家文化研究（第十七輯──「郭店楚簡」專號）》，頁224～225）。準此，
基於以上理由，如今就不依集唐本《老子》作「夫物芸芸」，而採用竹簡本《老
子》甲組作「天道員員」。另外，關於其中版本變動的過程，可參考陳錫勇先
生所說：「甲本、乙本則訛『道』為『物』，而王本（筆者案：即指王弼本）則
改『天』為『夫』，而各本並訛作『夫物云云』矣」，劉信芳先生則說：「『員員』
疊韻，作為『天道』之謂語，只能讀如『圓圓』，『圓圓』近於俗語，既不雅馴，
此所以諸本改作『雲雲』、『祈祈』、『芸芸』。然『天道雲雲』之類不成其辭，
帛書本之作者只好改『天道』為『天物』。『天物』仍不通暢，漢儒乾脆改作『夫
物』」（分見陳錫勇：《老子校正》，頁212、劉信芳：《荊門郭店竹簡老子解詁》，
臺北：藝文印書館，1999年，頁30）。

〔註180〕語出《老子‧二十五章》。其中，上引「周行而不殆」，在帛書本《老子》甲、
乙本與竹簡本《老子》甲組中，皆未有之，疑為衍文。
〔註181〕語出《老子‧四十七章》。
〔註182〕見〔春秋〕左丘明撰，〔吳〕韋昭注：《國語》（臺北：臺灣中華書局，1965
年《四部備要‧史部》據士禮居黃氏重雕本校刊），卷1，頁6下。
〔註183〕語出《老子‧二十五章》。

而不制也」。〔註184〕又,所謂「勞而不怨」、「有功而不制」無非正是農業社會自古即有的傳統。

另外,《老子》中曾出現數章論及戰爭的篇幅,雖然必定脫離不了老子對「陳」戰爭不斷發生的不滿,或對於春秋時代戰爭頻繁、〔註185〕殘酷的指責,〔註186〕不過,似乎也不該排除老子對戰爭會破壞農業生產所有的憂慮。王博先生就認為老子何以要那麼痛斥戰爭而說:「兵者,不祥之器」,〔註187〕便在於是因為戰爭會妨礙農業生產而使土地荒蕪的關係。王博先生說:「三十章所說『師之所處,荊棘生焉;大軍之後,必有凶年』,〔註188〕荊棘生則五穀不殖,五穀不殖則必有荒年,老子認為,這是用兵要遭的報應,或者說結果。」〔註189〕易言之,即

〔註184〕見舊題〔漢〕河上公章句:《纂圖互註老子道德經》(臺北:中國子學名著集成編印基金會,1978年《道德經名注選輯(一)》據明初建刊六子本影印),象元第25,頁38〜39。

〔註185〕翦伯贊先生曾在其《先秦史》一書中詳細統計《春秋》所記戰爭之言說:「言『侵』者六十次,言『伐』者二百一十二次,言『圍』者四十次,言『師滅』者三次,言『戰』者二十三次,言『入』者二十七次,言『進』者二次,言『襲』者一次,言『取』言『滅』者,更不可勝計。」(見翦伯贊:《先秦史》,頁325。)今由此統計,實已足見春秋時代戰爭之頻繁。

〔註186〕吾人從《老子·六十七章》說:「夫慈以戰則勝」可知,老子以「慈」論述戰爭。而〈三十一章〉、〈六十七章〉又說:「夫樂殺人者,則不可以得志於天下矣」、「舍慈且勇;……死矣」,由此還可知老子認為只有無慈愛之心的統帥,才會在戰勝之後繼續坑殺戰敗之俘虜以為勇、視為樂,老子告誡此等殘酷手法終將走向受到「天下」人唾棄的死路,故老子所謂「慈」無非是對當時戰爭之殘酷所發的呼聲。

〔註187〕語出《老子·三十一章》。

〔註188〕關於王博先生所引此段文獻,集唐本《老子·三十章》前半段全文是:「以道佐人主者,不以兵強天下。其事好還。師之所處,荊棘生焉。大軍之後,必有凶年」。其中,「大軍之後,必有凶年」八字乃是衍文,此據勞健先生的考察說:「《漢書·嚴助傳》淮南王安上書云:『臣聞軍旅之後,必有凶年。』又云:『此《老子》所謂師之所處,荊棘生之者也。』按其詞意,軍旅凶年當別屬古語,非同出《老子》。又王弼注止云:『賊害人民,殘荒田畝,故曰荊棘生焉。』亦似本無其語」(見勞健:《老子古本考》,臺北:藝文印書館,1966年《無求備齋老子集成續編(第十七函)》據民國三十年手稿景印本影印,考上,30章,頁38上)。今再檢之帛書本《老子》甲、乙本與竹簡本《老子》甲組,也皆未有「大軍之後,必有凶年」八字,由此看來,此八字確有可能是衍文也。又,竹簡本《老子》甲組甚至連「師之所處,荊棘生焉」八字都無,而陳錫勇先生曾認為此八字乃是釋文衍入正文者,試看他說:「甲本『師之所處,楚棘生之』八字,乙本『楚』作『荊』,此為釋『兵強於天下』之文字,而衍入正文」(見陳錫勇:《老子校正》,頁258)。

〔註189〕見王博:《老子思想的史官特色》,頁40〜41。

是「戰爭危害農事之故」。〔註 190〕陶建國先生則以此處老子重農事的思想，與諸子百家中以許行為首的「農家」，其重農事之看法本相若。〔註 191〕傅允生先生更直接將重視農業抑制工商業之「重本抑末」的思想淵源，上溯到老子那裡。〔註 192〕

　　《老子‧四十六章》還有「天下有道，卻走馬以糞。天下無道，戎馬生於郊」的說法，王博先生指出蔣錫昌先生對此句的說解最精，今引蔣錫昌先生說法如下：

> 此言人主有道，則兵革不興，故卻還走馬於農夫，使服耕載之役；人主無道，戎馬悉被徵發入陣，故駒犢生於戰地之郊也。《鹽鐵論‧未通篇》：「聞往者未伐胡越之時，繇賦省而民富足；溫衣飽食，藏新食陳；布帛充用，牛馬成群；農夫以馬耕載，而民莫不騎乘。當此之時，卻走馬以糞。其後師旅數發，戎馬不足，牸牝入陣，故駒犢生於戰地，六畜不育於家，五穀不殖於野，民不足於糟糠。」正為此文舉一實例也。〔註 193〕

　　是以，一邦若是由於積弱等因素而出現無法上軌道（「無道」）之情況，〔註 194〕以致於連年戰爭不斷，那麼人們除了要服力役外，〔註 195〕他們用來服耕載之役的馬匹與其農業生產工具——「什伯之器」——也必將一併被徵用。〔註 196〕如此一來，農事勢將荒廢與受到破壞，農業也只有蕭條以致

〔註 190〕見張揚明：《老子學術思想》（臺北：黎明文化事業股份有限公司，1991 年），頁 202。

〔註 191〕詳見陶建國：《兩漢魏晉之道家思想》（臺北：文津出版社，1990 年），頁 92～93。

〔註 192〕詳見傅允生：〈春秋末期道家的重本抑末思想〉，《中共浙江省委黨校學報》2000 年第 5 期，頁 59～61。

〔註 193〕見蔣錫昌：《老子校詁》（臺北：東昇出版事業有限公司，1980 年），頁 295。

〔註 194〕《老子‧四十六章》所謂「無道」，依陳鼓應先生翻譯為「不上軌道」。見陳鼓應：《老子今註今譯及評介（三次修訂本）》，頁 222。

〔註 195〕古代力役有兵役、徭役之分，試看陳明光先生指出：「春秋戰國時期，由於大國爭霸和兼併戰爭規模的擴大，加上步兵在戰爭中的作用日趨重要，兵役的徵發更加廣泛和頻繁。服兵役的對象也從男子擴大到女子」，又說：「至於徭役，則種類繁多，……尤其在戰爭頻繁的春秋戰國時期，運輸軍需品的『轉輸』是一項沉重的徭役負擔」（分見陳明光：《中國古代納稅與應役》，臺北：臺灣商務印書館，1999 年，頁 12、13）。

〔註 196〕《老子‧八十章》曾說：「使有什伯之器而不用」，詹劍峰先生說：「『什伯之器』，奚侗解作『人家常用之器』，蓋農業生產工具也；『而不用』者，言農業

於「田甚蕪，倉甚虛」，〔註197〕而人民自然是無法度日。今再據《國語‧周語上》曾說：「夫民之大事在農」、「王事唯農是務，……三時務農而一時講武」，〔註198〕由此看出為了能不奪民之大事，一年中唯有冬天才能用武。要之，在老子看來，「天下有道，則不違農時，不誤農事；天下無道，則戎馬郊生，以武害農」。〔註199〕

再者，由《老子》一書吾人還可看到老子在關心農業農事之餘，也時常設想要「維護農民的利益」，陳鼓應先生即說：「老子就很替農民著想，比如他說：『無德司徹』，『徹』是抽取十分之一的稅利，老子認為對農民負擔過重，因而視之為『無德』」。〔註200〕

準上所述，老子不論在「陳」或後來在「周」，甚至於在擔任「太史」期間，皆無時無刻不在碰觸農業農事，不在思索與激盪一套「農的世界觀」之思維。所以，若相較於同時其他思想家來說，老子將會有更多更直接由「農」而來的影響，甚至根本就是決定性的影響。

也許，這也是老子何以能深刻描述出「甘其食，美其服，安其居，樂其俗。鄰邦相望，雞犬之聲相聞，民至老死，不相往來」，那種「小邦寡民」與「大上，下知有之」社會的情景。〔註201〕在那裡人民只知有在上位者的存在然而卻「沒有壓迫，沒有剝削，農民們『日出而作，日入而息，鑿井而飲，耕田而食，帝力何有於我哉』？〔註202〕」〔註203〕而此正可謂是生活在一種『小而美』之自主、自律的生存境域」。〔註204〕又，陳鼓應先生曾以為「小邦寡民」

　　　　生產工具不被徵用，故不奪農時也」（見詹劍峰：《老子其人其書及其道論》，頁310～311）。
〔註197〕語出《老子‧五十三章》。
〔註198〕分見〔春秋〕左丘明撰，〔吳〕韋昭注：《國語》，卷1，頁7上、8上。
〔註199〕見王博：《老子思想的史官特色》，頁41。
〔註200〕見陳鼓應：《老莊新論》，頁73。
〔註201〕語分出《老子》〈十七章〉、〈八十章〉。而其中所謂「鄰邦相望」、「小邦寡民」，集唐本《老子》中「邦」字皆作「國」，如今何以將「國」改正作「邦」，詳見本文第五章註20。
〔註202〕語出《帝王世紀》。《帝王世紀》中曾提到八十老人擊壤於道曰：「吾日出而作，日入而息，鑿井而飲，耕田而食，帝何力於我哉？」（見〔晉〕皇甫謐撰，〔清〕宋翔鳳集校：《帝王世紀》，上海：上海古籍出版社，1995年《續修四庫全書‧史部（第三〇一冊）》據上海圖書館藏清光緒貴筑楊氏刻訓纂堂叢書本影印，卷2，頁7。）
〔註203〕見詹劍峰：《老子其人其書及其道論》，頁284。
〔註204〕見薛明生：《先秦兩漢道家思維與實踐》（臺北：文津出版社，2007年），頁

即是「老子在古代農村社會基礎上所理想化的民間生活情景」，鄔昆如先生也說：「老子的理想國是古代農村社會自給自足的描寫」，美國學者韓祿伯（Robert G. Henricks）先生則認為此乃「老子與其同時代的農家所共有的理想」，楊釗先生同樣視其為「村社農民的理想」。〔註205〕故此章無非清楚表達了老子「主張農村之概念」。〔註206〕

　　若然，據上吾人在老子觀察自然界之日月運行、四時相繼等運動變化，對農業農事的影響而得出「道法自然」、「反者道之動」等理論，及對土地（田地）的直接碰觸而認為該「法地」——「種之得五穀，掘之得甘泉」卻「勞而不怨」、「有功而不制」的形象，與其反對戰爭在於關心農業生產，又時常維護農民利益及對農村社會的深刻描寫之下，如果再加上本文所欲研究《老子》中之「嗇」字，更是個蘊含豐富「農的世界觀」之字眼，〔註207〕由此可知《老子》一書中的確處處透露「農」的消息，於此實已足見「農的世界觀」對老子無疑有形成一種內在制約。

　　其實，根據《老子的文化解讀——性與神話學之研究》一書作者指出，有學者讀《老子・六章》所說：「谷神不死，是謂玄牝」中的「谷神」為「穀稷之神」，〔註208〕還有學者認為「道」可釋為「稻」，如涂又光先生說：「『道』又是『稻』。《春秋》襄公五年『會於善道』，《公羊傳》、《穀梁傳》皆作『會於善稻』，是『道』字與『稻』字通用。……以稻為道，……都是農業社會意識形態」。〔註209〕如果說「谷神」真可讀為「穀神」，《老子》書中大量出現的

340。

〔註205〕分見陳鼓應：《老子今註今譯及評介（三次修訂本）》，頁 322、鄔昆如：《中國政治思想史（全）》（臺北：華視文化事業股份有限公司，1992 年），頁 42、〔美〕韓祿伯（Robert G. Henricks）著，邢文改編，余瑾翻譯：《簡帛老子研究》，頁 37、楊釗：〈從先秦諸子看春秋戰國時期社會變革性質〉，《先秦諸子與古史散論》（北京：北京師範大學出版社，2003 年），頁 282。而徐中舒、王小盾先生則不同於上述看法，他們認為老子描述的「小邦寡民」本非理想情景，而是反映實際存在的社會現實。分別詳見徐中舒：〈論堯舜禹禪讓與父系家族私有制的發生和發展〉，《四川大學學報（社會科學）》1958 年第 3、4 期合刊，頁 9、王小盾：〈從生殖崇拜到祖先崇拜——漢文化發生過程中的一個重要環節〉，《中國文化源》（上海：百家出版社，1991 年），頁 171。

〔註206〕見孫思昉：《老子政治思想概論》（上海：上海商務印書館，1933 年），頁 73。

〔註207〕詳見本文第五章第二、三節。

〔註208〕詳見蕭兵、葉舒憲：《老子的文化解讀——性與神話學之研究》（武漢：湖北人民出版社，1996 年），頁 714～727。

〔註209〕見涂又光：《楚國哲學史》（武漢：湖北教育出版社，1995 年），頁 58。

「道」字，也有部份可釋爲「稻」，那就更加可證明老子確實深受「農的世界觀」之制約，以致於像「穀神」這種由農業社會中發展出來的原始信仰，或者像是「稻」的意象，都被老子保留在其《老子》一書中。

　　底下簡單作一小結式的判斷：在一個「周文疲弊」的混亂時代中，「陳」所在的地理位置造就之連年戰爭，與其社會環境動盪下的時刻不安，當是老子由「周」返回「陳」後首當其衝要面對的挑戰，〔註210〕而此乃是促使老子急欲安頓混亂不安局勢下之人「心」的外在背景所在。另外，老子從年幼以至於三十年的時間，都在「陳」──堪稱具有「華夏」此一「居於中原，以農業爲主之民族」的典型特性──之地方風氣影響下，自然已形成一套由「農」而來的世界觀之內在制約，此制約在日後「居周久之」，甚至於在擔任史官期間，都不斷地被加深、激盪與思索著。總之，一套「農的世界觀」從此決定了老子解決問題時的走向，這個走向也限制了老子日後由「周」返回「陳」後何以會說出「莫若嗇」一語，〔註211〕他是選擇且認定唯有「嗇」才能安頓人「心」，並進而能達致他所欲看到「天下將自定」的最終目標。〔註212〕故如今吾人可以說，「嗇」字被老子提出絕非偶然，它已是必然且可被預測的了。

第三節　結　語

　　今據本章說明可知，老子（老聃）乃春秋末年人，而老子所著《老子》五千餘言一書，在此時也可能已逐漸流傳開來。並且，司馬遷視老子爲「楚」人需被修正爲「陳」人。又，吾人尚且得出「陳」之地方風氣與老子的日後經歷，已使老子有受到一套「農的世界觀」之內在制約，以致於他由「周」返回「陳」後，在目睹「陳」戰爭不斷、社會環境又動盪不安的情勢下，一套長久存在於其潛意識當中之由「農」而來的世界觀，在與一己豐富的人生經驗結合及反覆求索之下，最後終於有《老子》五千餘言中收攝大部份思想篇幅理論的歸結語──「嗇」字──之提出。〔註213〕「嗇」字即代表老子

〔註210〕王博、張松輝先生曾對老子離「周」之後的活動情況有一番推測與交待，他們都認爲老子後來確實返回「陳」。分別詳見王博：《老子思想的史官特色》，頁98～99、張松輝：《老子研究》（北京：人民出版社，2006年），頁61～74。
〔註211〕語出《老子・五十九章》。
〔註212〕老子思想的目標，詳見本文第七章第五節。
〔註213〕《老子》五千餘言應是老子回到故邦（「陳」）後所作，並且應形成於其晚年，詳見本章註88。又，老子所謂「嗇」何以能收攝《老子》中大部份思想篇幅

已由「農的世界觀」回應當時人「心」失落於外的挑戰,或許吾人視老子乃
「重農的思想家」,〔註214〕甚至逕以老子乃是由「農」看世界的思想家,也未
嘗不可,畢竟老子確實有「重農」思想。〔註215〕

　　而既然本文焦點都離不開此一「嗇」字,那麼對「嗇」字就該有細部說
明。如今本文即打算以三章的篇幅來對「嗇」字作一仔細、嚴密而全面之考
察與分析。首先,在第三章中將先對「嗇」字本身意義進行探究,也即是考
察「嗇」字本義及其諸多引申義為何,同時也觀察和老子同是先秦時代的思
想家,他們是如何使用「嗇」字意義。其次,在第四章中乃轉由老學史的角
度,挑選幾家詮解《老子》具代表性的人物與其著作,以一窺不同時代對《老
子》中「嗇」字有何體會。再其次,在第五章中則將由深入說明「嗇」字所
在的《老子·五十九章》之重要性開始,並且順勢帶出「嗇」字在《老子》
全書裡的關鍵地位,及點出由此而來欲以「嗇」為老子思想之中心觀念的考
慮,最後即由「以老解老」的方法直接歸納出老子所說「嗇」具備哪些意義,
也即是究竟蘊含哪些「農的世界觀」。

　　底下隨即進入第三章。

理論,詳見本文第五章第一節。
〔註214〕見尹振環:〈老子的重農與權謀〉,《中國文化月刊》第 174 期（1994 年 4 月）,
頁 35。
〔註215〕見嚴敏:《〈老子〉辨析及啟示》（成都:巴蜀書社,2003 年）,頁 407。

第三章 「嗇」字意義淵源探討

第一節 前言——「嗇」字版本辨正：「嗇」不作「式」

　　在考察「嗇」字意義前，吾人對「嗇」字有出現不同版本的問題，應有所辨正。筆者發現若干版本在《老子·五十九章》中有些許文字出入，而將「嗇」作「式」。若以朝代作區分，則唐以前絕無作「式」字的本子，如《老子》最流行的二種本子，河上公、王弼的本子皆作「嗇」字。而唐及唐以後則陸續有幾種本子「嗇」字皆作「式」，如敦煌寫本《老子》即作「式」字。〔註1〕

　　朱謙之先生也嘗言：「『嗇』，敦、遂二本及趙志堅本（筆者案：『敦本』指唐人寫本殘卷，尤指敦煌庚本；『遂本』指遂州龍興觀碑本；『趙志堅本』指宋趙至堅《道德眞經疏義》本）作『式』，作『式』是也」，馬敘倫先生同樣以爲：「嗇作式」。〔註2〕不過，將「嗇」作「式」，現今看來有明顯錯誤。鄭良樹先生就曾經考證說：

　　　　《韓非子》〈解老〉曰：「聰明審智，天也；動靜思慮，人也。聖人
　　　　之用神也靜，靜則少費，少費之謂嗇。」是韓非所見者作「嗇」矣。
　　　　帛書乙本「嗇」字同，與韓非所見者合。……唐本及唐以後若干本
　　　　「嗇」字率改爲「式」，下句「夫唯嗇」亦改之：學者但見改本眾多，
　　　　不知「嗇」字古舊，頗從唐本立說，有棄古從新之嫌。〔註3〕

〔註1〕　見程南洲：〈校證〉，《倫敦所藏敦煌老子寫本殘卷研究》（臺北：文津出版社，1985年），頁163。

〔註2〕　分見朱謙之：《老子校釋》（臺北：華正書局，1986年），頁239、馬敘倫：《老子校詁》（香港：太平書局，1973年），卷4，頁163。

〔註3〕　見鄭良樹：《老子新校》（臺北：臺灣學生書局，1997年），頁258。

《老子通》一書作者則從語法之角度，說明此處「嗇」作「式」的不當：

> 作「莫若式」，於語法亦不通。……「治人事天，莫若式」，那樣句子不完整，語義不明。作為法式之式是承前的一個概括之詞，孤立起來，它本身便沒有內容，與「嗇」字本身即具有特定的具體內容不同。從語法上說，「治人事天」，莫過於法式、莫過於規律，也不成話。〔註4〕老子多方面說明他的治國之道，二十八章從「知其白，守其黑」方面來說；六十五章從「非以明民，將以愚之」方面來說；此章是以「嗇」來說，有其特定含義。如說這裡也是講法式，那麼就是以「嗇」作為法式，而不能把「嗇」字換成「式」字。〔註5〕

其實，日本學者武內義雄先生曾由於見到後來有的本子作「式」字，便逕以「式」乃「嗇」之借字，〔註6〕而張素貞先生以為如此便可解決後來有本子「嗇」作「式」之疑慮，〔註7〕但如今看來只不過是「傳抄者寫了別字，不是《老子》故書用了借字」。〔註8〕況且，今日發現最早《老子》版本的郭店楚簡本《老子》也作「嗇」字。〔註9〕故從以上說明可知，作「嗇」字為是。

上述既已確認「嗇」字無誤，底下就從考察「嗇」字本義及其諸多引申義談起。

第二節 「嗇」字探義

首先，看「嗇」字本義。《說文解字》「嗇」部說：「嗇，愛濇也。從來從㐭。來者，㐭而藏之」，「來」部說：「來，周所受瑞麥來麰。一來二縫，象芒束之形」，「㐭」部說：「㐭，穀所振入。宗廟粢盛倉黃，㐭而取之，故

〔註4〕程南洲先生曾說：「『莫若』下當接動詞，始合句法。」（見程南洲：〈校證〉，《倫敦所藏敦煌老子寫本殘卷研究》，頁163。）
〔註5〕見古棣、周英：《老子通（上）》（高雄：麗文文化事業股份有限公司，1995年），頁436～437。
〔註6〕詳見〔日〕武內義雄：〈老子·老子德經下〉，《武內義雄全集（第六卷——諸子篇一）》（東京：角川書店，1978年），頁203。而沙少海先生也以「式」乃「嗇」的借字。詳見沙少海、徐子宏譯注：《老子》（臺北：臺灣古籍出版有限公司，2005年），頁148。
〔註7〕詳見張素貞：〈韓非子解老篇的嗇惜之道〉，《中華文化復興月刊》1976年第3期，頁84。
〔註8〕見古棣、周英：《老子通（上）》，頁436。
〔註9〕詳見竹簡本《老子》乙組。

謂之㐭，从入回，象屋形，中有戶牖」。〔註10〕據此可知，「來」即「麥」之本字，陳夢家先生就說：「『來』是《說文》『齊謂麥秣也』之秣，是小麥」，〔註11〕今可象徵稻穀禾麥等農業收成物。「㐭」則像「儲藏穀物之倉廩形」，〔註12〕即「廩」之本字，試看陳夢家先生說：「『㐭』是積穀所在之處，即後世倉廩之廩」，〔註13〕乃所謂穀倉也。

今再檢之甲骨文中有「嗇」字作「𠷎」、「𡐄」等形，〔註14〕金文中有「嗇」字作「𡨘」形。〔註15〕孫詒讓先生說「𠷎」：「上從『ㄓ』即『來』之省；下從『�』即『㐭』之省」，〔註16〕故「嗇」字古文字形有從稻穀禾麥（「ㄓ」、「𣏟」、「來」）與穀倉（「�」、「內」）或田地（「田」）結合之造型。商承祚先生說：「從『㐭』者，藏之倉㐭，從『田』者，禾在田可斂也。」〔註17〕

又，據段玉裁《說文解字注》說：「古嗇穡互相假借」，朱駿聲《說文通訓定聲》「頤」部說「嗇」字「即穡之古文也」，《字彙補》「口」部說：「嗇又與穡同」，陳夢家先生也指出「嗇」、「穡」互通，唐蘭先生則說：「嗇是穡的本字」，羅振玉先生更認為「嗇穡乃一字，……初非有二字」，徐富昌先生以為：「羅氏謂嗇穡為一字，雖未必正確，但嗇穡互通，卻無疑義」。〔註18〕

〔註10〕分見〔漢〕許慎撰：《說文解字真本》（臺北：臺灣中華書局，1965年《四部備要‧經部》據大興朱氏依宋重刻本景印），第5下，頁12上、12上～12下、11下。

〔註11〕見陳夢家：《殷虛卜辭綜述》（臺北：大通書局，1971年），頁530。

〔註12〕見許進雄：《簡明中國文字學》（臺北：學海出版社，2000年），頁230。

〔註13〕見陳夢家：《殷虛卜辭綜述》，頁536。

〔註14〕其實，有學者以為「嗇」、「䆾」並非一字，對此，徐富昌先生已作辨正。詳見徐富昌：《睡虎地秦簡研究》（臺北：文史哲出版社，1993年），頁385～386。

〔註15〕俱引自文史哲出版社編輯部編：《漢語古文字字形表》（臺北：文史哲出版社，1988年），卷5‧21，頁206～207。

〔註16〕見孫詒讓：《契文舉例》（北京：北京圖書館出版社，2000年），頁31下。

〔註17〕見商承祚：《說文中之古文考》（臺北：學海出版社，1979年），頁53～54。

〔註18〕分見〔清〕段玉裁注：《說文解字段注》（臺北：臺灣中華書局，1965年《四部備要‧經部》據經韻樓原刻本校刊），第5篇下，頁22上、〔清〕朱駿聲撰：《說文通訓定聲》（臺北：藝文印書館，1975年），第5，頁262、〔清〕吳任臣撰：《字彙補》（上海：上海古籍出版社，1995年《續修四庫全書‧經部（第二三三冊）》據清康熙五年彙賢齋刻本影印），丑集，頁488、陳夢家：《殷虛卜辭綜述》，頁536～537、唐蘭：〈略論西周微史家族窖藏銅器群的重要意義——陝西扶風新出土墻盤銘文解釋〉，《文物》1978年第3期，頁42註74、羅振玉：《殷虛書契考釋三種（下）》（北京：中華書局，2006年），卷中，頁453、徐富昌：《睡虎地秦簡研究》，頁385。

　　由上得出,「嗇」字和農業有密切關係,乃「穡」之古文或本字,爲一會意字。「嗇」指將「田」(田)上成熟之「來」(稻穀禾麥)收入「向」(穀倉)中積藏之,故「嗇」字即如清人徐灝以爲本乃「斂而藏之」的意思。〔註 19〕如今若再將「嗇」字本義以細分,即有包含「收斂」與「積藏」二義。

　　其中,徐富昌先生就曾專注考察「嗇」字的「收斂」義:

　　　「嗇」字與農事有關,從甲骨文來看,嗇字若从向,則作藏禾麥於倉廩,若从田,則作田禾成熟可收於倉廩。是嗇有收斂之意。從文獻上看,也是如此。《禮記‧郊特牲》曰:「主先嗇而祭司嗇也。」
　　　《疏》曰:「種曰農,斂曰穡」。《詩經‧伐檀》曰:「不稼不穡」,《傳》曰:「斂之曰穡。」可見「嗇」字,的確有收斂之意。〔註20〕

　　唐蘭先生則於考釋「沈子也簋」銅器銘文「沈子肇𢿫𥝩貯嗇,乍絲𣪘」一句時,曾經帶出「嗇」字本義的另外一義——「積藏」義:

　　　《說文》:「𢿫,盡也。」𥝩字未詳。實就是貯字,《說文》:「積也。」嗇和向廩字相類,是收藏穀物的地方。這是說沈子盡其蓄積(包括穀物)來作這些簋。〔註21〕

　　《方言》、《廣雅‧釋詁》也同謂:「嗇,積也」。〔註22〕所以,綜言之,「嗇」字本義簡單來說即是:「將田上成熟之稻穀禾麥由外收於穀倉中以積藏之」,此一看似平凡但卻深具啓發的意義——「收斂」與「積藏」。

　　其次,看「嗇」字引申義。今依《漢語大字典》歸納,「嗇」字除了「收斂」與「積藏」之本義外,還引申出諸多意義,略述如下:「愛惜」義,如《說苑‧修文》:「嗇於時,惠於財」;「儉」義,如《史記‧貨殖列傳》:「地小人眾,儉嗇,畏罪遠邪」;「吝嗇」義,如《戰國策‧韓策一》:「仲嗇於財,率曰散施」;「缺少」義,如明人朱國禎《湧幢小品》:「竹有節而嗇華,梅有花而嗇葉」;「貪」義,如《左傳‧襄公二十六年》:「夫小人之性,釁於勇,嗇於禍,以足其性,

〔註19〕見〔清〕段玉裁注,〔清〕徐灝箋:《說文解字注箋(三)》(臺北:廣文書局,1972年),第5下,頁1729。
〔註20〕見徐富昌:《睡虎地秦簡研究》,頁392。
〔註21〕見唐蘭:〈論周昭王時代的青銅銘刻(上編)——昭王時代青銅器銘五十三篇的考釋〉,《古文字研究(第二輯)》(北京,中華書局,1981年),頁53。
〔註22〕分見〔漢〕揚雄撰,〔清〕戴震疏證:《方言疏證》(臺北:臺灣中華書局,1965年《四部備要‧經部》據戴氏遺書本校刊),卷12,頁10下、〔魏〕張揖撰,〔清〕王念孫疏:《廣雅疏證》(臺北:臺灣中華書局,1965年《四部備要‧經部》據家刻本校刊),卷1上,頁17下。

而求名焉者，非國家之利也」，杜預注曰：「嗇，貪也」。〔註23〕

　　以上，乃是「嗇」字幾種較常見的引申義，《漢語大字典》另外還有指出一些意義，如指「中醫脈象的一種」或「彌合」等義，由於較爲冷僻，故其出處不引出。〔註24〕其實，「嗇」字尚有「稅收、稅賦」義，〔註25〕「耕種播種」義，〔註26〕與用來指稱官吏名、人名，〔註27〕則是《漢語大字典》未能引出的。

　　準上所述，「嗇」字本義乃「斂而藏之」（收斂、積藏），而「嗇」字正面的引申義有「愛惜」、「儉」等義，負面的引申義則是「吝嗇」、「缺少」、「貪」等義。

第三節　先秦諸子對「嗇」字意義的使用

　　先秦諸子中，有談到「嗇」字者並不算多，只有管子、晏子、老子、文子、荀子、韓非與呂不韋主編《呂氏春秋》，其他如孔子、墨子、孟子、莊子、列子等皆未談到。而除了老子以外，其餘先秦諸子似乎都只使用「嗇」字引申義，「嗇」字本義反倒不見。以下除了老子將留待第五章第二、三節才進行說明之外，其餘諸子就分別按照上述所安排順序，依次作一番考察。

　　又，由於筆者對老子、文子以外的先秦諸子，多只具一般性之認識，故底下簡介各諸子生平及其著作等相關問題，皆以嵇哲先生《先秦諸子學》一書所述爲主。〔註28〕首先就由管子談起。

一、管　子

　　管子，名夷吾，字仲，諡曰敬，「齊」之潁上人。「齊」所以能一匡天下，

〔註23〕俱見漢語大字典編輯委員會編：《漢語大字典》（臺北：建宏出版社，1998 年），
　　　　頁 280。
〔註24〕詳見漢語大字典編輯委員會編：《漢語大字典》，頁 280。
〔註25〕詳見下文「管子」處。
〔註26〕此據邱德修先生指出：「簡文（筆者案：即指《上博楚簡》）『畓於童土之田』
　　　　（筆者案：語出〈子羔〉），即『嗇於童土之田』：謂在荒蕪的田地上耕種播植
　　　　作物。」（見邱德修：《上博楚簡（一）（二）字詞解詁》，臺北：臺灣古籍出
　　　　版有限公司，2005 年，頁 1837。）而關於其中簡文「畓」字，即《說文解字》
　　　　「嗇」部之「嗇」的眞古文，詳見邱德修：《上博楚簡（一）（二）字詞解詁》，
　　　　頁 1835～1836。
〔註27〕詳見下文「管子」、「韓非」處。
〔註28〕詳見嵇哲：《先秦諸子學》（臺北：洪氏出版社，1982 年）。

稱霸諸侯，而爲諸侯盟主，皆管仲之謀也。而《管子》一書，《漢書‧藝文志》著錄八十六篇，後遺失十篇，今存七十六篇。全書非出自一人之手，亦不出於同時，《管子》一書曾被判爲僞書。

　　嵇哲先生說：「管子一書，爲祖述管子學說所編述，各篇完成之時代，早在戰國，晚在秦漢之際，故非管子所自著者也。」〔註29〕然而，《管子》雖非管子自著，但誠如馮友蘭先生說：「其中也有可以作爲講管仲本人思想和活動的材料」，李勉先生也說：「其書雖非管仲自爲，然多處根據有關管仲之傳說而作，其傳說或由管仲之賓客，或由其左右，或由其子孫，或由其遺民，或直接根據管仲當時自己之言論思想而爲之追述，所傳說者雖未必全眞，但亦未必全假」。〔註30〕是以，今若要研究管仲思想，《管子》一書依然是最重要的資料，並且「在研究管仲的思想中，似乎仍只有管子一書可以有研究的入門」。〔註31〕

　　而「嗇」字在《管子》中，有出現十五次，除了《管子‧君臣上》提到「吏嗇夫、人嗇夫」，〔註32〕爲職司不同的官吏名外，〔註33〕其它論到「嗇」字之處，計有：

　　　　用財不可以嗇，……用財嗇則費。（〈版法〉）

〔註29〕見嵇哲：《先秦諸子學》，頁340。
〔註30〕分見馮友蘭：《中國哲學史新編（第一冊）》（臺北：藍燈文化事業股份有限公司，1991年），頁113、李勉：〈管仲學術思想及其才智評估〉，《管子今註今譯（上冊）》（臺北：臺灣商務印書館，1988年），頁1。
〔註31〕見黎建球：《中國百位哲學家》（臺北：東大圖書股份有限公司，1984年），頁57。
〔註32〕見〔唐〕房玄齡注：《管子》（臺北：臺灣中華書局，1965年《四部備要‧子部》據明吳郡趙氏本校刊），卷10，頁11下。其實，雖然《四部備要》校刊的《管子》是題唐人房玄齡注，但今依郭麗先生之考察已可知，實乃唐人尹知章所注爲是。詳見郭麗：〈房玄齡還是尹知章注釋了《管子》〉，《西南交通大學學報（社會科學版）》第7卷第3期（2006年6月），頁32～34。
〔註33〕唐人尹知章注曰：「吏嗇夫謂檢束群吏之官，人嗇夫亦謂檢束百姓之官。」（見〔唐〕房玄齡【實乃尹知章】注：《管子》，卷10，頁11下。）又，據高敏先生說：「『嗇夫』這一官名，起源甚早，《左傳》昭公十七年引《夏書》說：『辰不集於房，瞽奏鼓，嗇夫馳，庶人走』。按照郭沫若的解釋，這裡的『庶人』是從事農耕的奴隸，而『嗇夫』則是管理奴隸耕作的官吏。」（見高敏：《睡虎地秦簡初探》，臺北：萬卷樓圖書有限公司，2000年，頁144。）徐富昌先生則曾詳細考察「嗇夫」的身份，他指出在春秋戰國時代，「嗇夫」從文獻上看大約有：「管理庶民的嗇夫」、「職司司空的嗇夫」、「職司謁見的嗇夫」等身份。詳見徐富昌：《睡虎地秦簡研究》，頁393～395。

纖嗇省用以備饑饉。（〈五輔〉）

歲凶穀貴，糴石二十錢，則大男有八十之籍，大女有六十之籍，吾子有四十之籍，是人君非發號令收嗇而戶籍也。（〈國蓄〉）

桓公問管子曰：「特命我曰：『天子三百領，泰嗇，而散大夫』，准此而行，如何？管子曰：『非法家也，大夫高其壟，美其室，此奪農事及市庸，此非便國之道也。民不得以織為縿綃，而狸之於地。彼善為國者，乘時徐疾而已矣，謂之國會。』」（〈山至數〉）〔註34〕

　　先看〈版法〉，其將「嗇」與「財」合而言之，則此「嗇」當作「吝嗇」解。同樣的話也出現於〈版法解〉，李勉先生說〈版法解〉此一篇「是後世解文，非管子原書」。〔註35〕而〈版法解〉說：「用財嗇則不當人心，不當人心則怨起，用財而生怨，故曰費。」〔註36〕唐人尹知章注曰：「嗇於用財，不以賞賜，則立功之士懈怠。」〔註37〕「費」字據李勉先生說：「費為拂之假借字，二字古相通，可讀拂。拂，違逆也。……又費亦通廢。」〔註38〕是以，〈版法〉認為用財不可吝嗇，否則百事將廢而不成，因為用財吝嗇意味不多優惠，而如此必拂逆人心期待，最終導致民不願盡力，百事自然難以完成。

　　〈五輔〉則是「纖嗇省用以備饑饉」的說法，其中「纖」，小也、少也，「嗇」在此處則借指為「愛惜」。〔註39〕這裡說只要對財物能少用又愛惜，如此一來，財用能省便有防備，也就無懼饑饉。

　　而〈國蓄〉乃對當時的國家貸款有一說明：國家藉著貸款予人民，而要人民本息歸還，國家再於之中取其利益。其中「籍與藉通，借也」，〔註40〕而「嗇」據唐人尹知章注曰：「斂也」，〔註41〕若再由此處「收嗇」一詞來看，「嗇」即應是名詞，如同《孟子‧梁惠王章句上》所謂：「省刑罰，薄稅斂」之「稅斂」，〔註42〕意指「稅收、稅賦」。此段文獻是說，年歲凶荒之時，穀價昂貴，

〔註34〕分見〔唐〕房玄齡（實乃尹知章，詳見本章註32）注：《管子》，卷2，頁8上；卷3，頁17上；卷22，頁7上；卷22，頁20上～20下。

〔註35〕見李勉：《管子今註今譯（下冊）》，頁972。

〔註36〕見〔唐〕房玄齡（實乃尹知章）注：《管子》，卷21，頁5下。

〔註37〕見〔唐〕房玄齡（實乃尹知章）注：《管子》，卷2，頁8上。

〔註38〕見李勉：《管子今註今譯（下冊）》，頁970。

〔註39〕見李勉：《管子今註今譯（上冊）》，頁186。

〔註40〕見李勉：《管子今註今譯（下冊）》，頁1024。

〔註41〕見〔唐〕房玄齡（實乃尹知章）注：《管子》，卷22，頁7上。

〔註42〕見〔漢〕趙歧注，〔宋〕孫奭疏：《孟子注疏》（臺北：臺灣中華書局，1965

糴入一石之穀需二十錢,此時國家對於成年男子每個月有八十錢的借貸,對成年女子有六十錢的借貸,對年少之人則有四十錢的借貸。〈國蓄〉以爲國君只要能行如此德政,那便不需再發號令以強行設籍來收取稅賦了。

　　〈山至數〉則是出現「泰嗇」一詞,而「泰與太通,太嗇,太節儉也」,〔註43〕故此處「嗇」乃作「儉」義。〈山至數〉說桓公曾對管子講到,有一個名叫「特」的人告訴他說:「天子崩逝時,只製衣三百套以爲陪葬,太過節儉。大夫也應仿效天子,增加陪葬之衣」,若照此而行,可以嗎?管子回答說:「這不是法家該行之事,大夫築高其墓,美化其屋,此將奪取農事與市庸之時間,這究竟不是有利於國家之道呀!讓人民連日不休息地織成繒綺,以供天子及大夫製成許多衣服後,卻是當成陪葬物埋在地下,這實在是不合理。眞的善於治國者,不過是乘時機而調度徐疾,此謂之國會。」

　　由上可知,《管子》一書對「嗇」字意義的使用,除了「吏嗇夫、人嗇夫」爲官吏名外,分別有「吝嗇」、「愛惜」、「稅收、稅賦」、「儉」義,皆是使用「嗇」字引申義。

二、晏　子

　　晏子,名嬰,字平仲,「萊」之夷維人也。曾事齊靈公、莊公、景公。晏子既歿,戰國時人傳其學者,采綴、追記晏子之言行,爲書八篇,是爲《晏子春秋》,其書非出自一人之手,也曾被判爲僞書。

　　而今依駢宇騫先生整理《晏子春秋》地下文獻的出土情況,可知現有四種《晏子春秋》漢代(西漢)簡本出土,分別是:西元 1972 年,山東臨沂銀雀山一號漢墓有出土《晏子春秋》十六章,此乃漢武帝時期的墓葬;西元 1973 年,河北定縣西漢中山懷王劉修的墓葬中有發掘出《晏子春秋》殘文,此乃漢宣帝時期的墓葬;西元 1977 年,安徽阜陽雙古堆發掘的西漢汝陰侯夏侯灶墓中有出土《晏子春秋》殘文,此乃漢文帝時期的墓葬;西元 1972～1974 年間,居延考古隊在甘肅甲渠候官(破城子)探方五十一中發現一枚僅存四十八字的《晏子春秋》竹簡,此乃漢武帝至宣帝時期的墓葬。〔註44〕以上又以安徽阜陽雙古堆

年《四部備要・經部》據阮刻本校刊),卷 1 上,頁 7 上。
〔註43〕見李勉:《管子今註今譯(下冊)》,頁 1075。
〔註44〕詳見駢宇騫:《銀雀山竹簡〈晏子春秋〉校釋》(臺北:萬卷樓圖書有限公司,2000 年),頁 10。

發掘的《晏子春秋》簡本，時代為最早。據此，駢宇騫先生說：

> 過去管同等認為該書為「六朝人偽作」，四種漢代簡本出土，六朝之
> 說不攻自破。又如過去也有人認為該書成書於「漢初」或「秦統一
> 六國之後」，安徽阜陽雙古堆墓葬為漢初之墓，該墓出土《晏子春秋》
> 殘文，足證該書成書要早於漢初。該墓葬上距秦統一六國也僅三十
> 餘年，古書的形成都要經過一個漫長的歲月，在當時的條件下，三
> 十餘年即成書流傳，並書於竹帛是不可能的。〔註45〕

王更生先生則認為：「竊覽晏子春秋，覺其文章可觀，義理可法，於古拙
質樸中蘊藉微旨，乃先秦之舊典，非後人可得而依托也。」〔註46〕是以，如
今由《晏子春秋》一書探求先秦晏子之言行，當是直接材料。

而《晏子春秋》中，有出現「嗇」字四次，皆集中在《晏子春秋・內篇
問下・叔向問嗇吝愛之于行何如晏子對以嗇者君子之道第二十三》中：

> 叔向問晏子曰：「嗇、吝、愛之于行何如？」晏子對曰：「嗇者，君
> 子之道；吝、愛者，小人之行也。」叔向曰：「何謂也？」晏子曰：
> 「稱財多寡而節用之，富無金藏，貧不假貨，謂之嗇；積多不能分
> 人，而厚自養，謂之吝；不能分人，又不能自養，謂之愛。故夫嗇
> 者，君子之道；吝愛者，小人之行也。」〔註47〕

由上引文中「嗇」、「吝」同時出現，可知「嗇」絕非「吝嗇」義，後又
提到「稱財多寡而節用之，……謂之嗇」，隨即已點出晏子乃使用「嗇」字引
申義中的「儉」義。

順帶一提，晏子雖早於老子其人，但其書年代卻應不能早於《老子》所
在的春秋末年，而頂多只能上推到是戰國時代舊典。因為吾人若試著比較《老
子》與《晏子春秋》對「嗇」字意義的使用情形，當可發現唯有《老子》使
用「嗇」字本義。〔註48〕一般說來，會使用本義往往屬於較素樸時代情況，
換言之，離本義時代愈近本義愈常見，〔註49〕離本義時代愈遠本義則反倒少

〔註45〕見駢宇騫：《銀雀山竹簡〈晏子春秋〉校釋》，頁12。

〔註46〕見王更生：〈晏子春秋真偽考〉，《晏子春秋今註今譯》（臺北：臺灣商務印書
館，1987年），頁23。

〔註47〕見〔清〕孫星衍注：《晏子春秋》（臺北：臺灣中華書局，1965年《四部備要・
史部》據平津館本校刊），卷4，頁8上。

〔註48〕詳見本文第五章第二、三節。

〔註49〕比《老子》更接近「嗇」字本義時代的幾部經書，也幾乎都使用「嗇」（「穡」）
字本義，尤其是使用「嗇」字本義中的「收斂」義。試看《尚書》與《毛詩》

見，而轉以引申義為大宗。今依此規律來看，吾人便能在眾多《晏子春秋》地下文獻被發現下，再進而判斷《晏子春秋》雖屬先秦舊典，但時代確實如嵇哲先生所言當在戰國，〔註50〕而應不能早於成書在春秋末年的《老子》，故《晏子春秋》自然是後人采綴、追記晏子言行的一部書。

三、文　子

　　文子，姓文，其名與國籍已難考。據班固《漢書·藝文志》說，文子乃老子弟子而與孔子並時。〔註51〕劉向《七略》及《漢書·藝文志》均著錄《文子》九篇，《隋書·經籍志》、新舊《唐書》則以為有十二卷，同於今本。《文子》一書，當為文子弟子或其門人所作，是「道家由老學向黃老學過渡的中間環節」，〔註52〕其中多在解釋和發揮老子之言，故《文子》猶如《老子》之義疏、古注。〔註53〕然而，自唐宋以來，人們多懷疑此書乃後世依托，尤其是《文子》和《淮南子》中又有許多詞句相同，這就更讓學者認定《文子》是抄襲《淮南子》的一本偽書。

　　不過，所幸西元 1973 年在河北定縣四十號漢墓中出土了多種古籍，其中就有發現《文子》殘篇，現已整理出與今本《文子》相同的文字有六章，之中也有不見於今本《文子》的文字，可能是《文子》佚文。〔註54〕李定生先生據此說：

中就數次出現「稼穡」一詞，如《尚書·周書·洪範》所說：「土爰稼穡」，《傳》曰：「斂曰穡」（見〔漢〕孔安國傳，〔唐〕孔穎達等正義：《尚書正義》，臺北：臺灣中華書局，1965 年《四部備要·經部》據阮刻本校刊，卷 12，頁 3 下）。又，《毛詩·小雅·谷風之什·信南山》還曾出現「曾孫之穡」（見〔漢〕毛亨傳，〔漢〕鄭玄箋，〔唐〕孔穎達等正義：《毛詩正義》，臺北：臺灣中華書局，1965 年《四部備要·經部》據阮刻本校刊，卷 13 之 2，頁 11 下）的說法，今據馬持盈先生指出此處「穡」乃謂「收割」，翻成白話即是：「曾孫們把黍稷收割」的意思。見馬持盈：《詩經今註今譯》（臺北：臺灣商務印書館，1998 年），頁 385。

〔註50〕詳見嵇哲：《先秦諸子學》，頁 163。

〔註51〕詳見〔漢〕班固撰，〔唐〕顏師古注：《前漢書》（臺北：臺灣中華書局，1965 年《四部備要·史部》據武英殿本校刊），卷 30，頁 16 下。

〔註52〕見趙雅麗：《〈文子〉思想及竹簡〈文子〉復原研究》（北京：北京燕山出版社，2005 年），頁 461。

〔註53〕詳見王三峽：〈竹簡《文子》新探〉，《孔子研究》2003 年第 2 期，頁 16。

〔註54〕詳見定縣漢墓竹簡整理組：〈定縣 40 號漢墓出土竹簡簡介〉，《文物》1981 年第 8 期，頁 12。

　　一般說來，隨葬的古籍是死者生前所喜愛和尊貴的東西。《文子》和《論語》、《儒家者言》等同時隨葬，不大可能《論語》、《儒家者言》是先秦古籍，而《文子》是抄襲《淮南子》的偽作。……作爲皇子爲王的中山王，把謀反皇上而罪死的淮南王的書抄下來陪葬，這在當時是不可能的。……既然中山王用《文子》作爲隨葬品，想必西漢時已有先秦古籍《文子》在流傳，那麼，淮南王也可能見《文子》，《淮南子》抄襲《文子》是完全可能的。〔註55〕

《中國老學史》一書作者則說：

　　如果說在《淮南子》同時或者稍後一些，有一個大部份抄襲《淮南子》的贗品在流行，何以不但沒有任何人提出異議（像今古文之爭那樣），而且還深信不疑呢？西漢人把它珍貴地藏於墓葬中，就是相信它的明證。〔註56〕

　　唐蘭先生乃謂：「《文子》中有很多內容爲《淮南子》所無，也應當是先秦古籍之一」，陳鼓應先生更直接判斷說：「1973年河北定縣四十號漢墓出土《文子》殘篇，可證其爲先秦舊籍」。〔註57〕後來，孫以楷先生還曾進一步推測竹簡本《文子》成書時間當在戰國早期。〔註58〕由此可知，從前視《文子》爲偽書，並以它爲剽竊《淮南子》的說法，如今伴隨《文子》地下文獻的被發掘，實已不攻自破。而且，竹簡本《文子》的出土，也讓上述提到《漢書‧藝文志》著錄文子乃老子弟子之說有了依據。丁原植先生就說：「定州竹簡《文子》出土，不但證實了今本《文子》保留文子的原始資料，同時也顯示出文子與《老子》思想間密切關連。漢人認爲文子爲老子弟子，其說當有所據。」〔註59〕

〔註55〕見李定生、徐慧君校釋：〈論文子〉，《文子校釋》（上海：上海古籍出版社，2004年），代前言，頁4～5。

〔註56〕見熊鐵基、馬良懷、劉韶軍：《中國老學史》（福州：福建人民出版社，1997年），頁129。

〔註57〕分見唐蘭：〈馬王堆出土《老子》乙本卷前古佚書的研究——兼論其與漢初儒法鬥爭的關係　附錄一：《老子》乙本卷前古佚書引文表〉，《考古學報》1975年第1期，頁27、陳鼓應：《老莊新論》（臺北：五南圖書出版有限公司，1995年），頁115。

〔註58〕詳見孫以楷：《老子通論》（合肥：安徽大學出版社，2004年），頁122～123。

〔註59〕見丁原植：《郭店竹簡老子釋析與研究（增修版）》（臺北：萬卷樓圖書有限公司，1999年），頁27。

而《文子》一書，在《文子‧十守‧守弱》中，有出現「嗇」字一次，丁原植先生說此章：「部份文字也與竹簡《文子》相類，……全章應爲文子學派的思想資料，或可能爲《文子》古本資料的殘文」。〔註60〕今節錄此章如下：

> 夫道，大以小而成，多以少爲主。故聖人以道蒞天下，柔弱微妙者
> 見小也，儉嗇損缺者見少也，見小故能成其大，見少故能成其美。
> 〔註61〕

此章是將「儉」與「嗇」合爲一詞，《文子校釋》一書作者解釋「儉嗇」說：「節約不費」，〔註62〕故可知這裡所謂「嗇」乃「儉」義。此處文子視「聖人」以「道」臨「天下」，「柔弱微妙」足見「道」以小而成其大之能，「儉嗇損缺」足見「道」以少而成其多之美，無非皆狀「道」的「守弱」之用也。唐人徐靈府曰：「道以小而成大，物緣眾而宗之，一也。」〔註63〕宋人杜道堅纘義曰：「弱者道之用，非怯也，守其沖和而已。天子以天下爲家，公侯以國爲家，視民猶己，不以勢位自強，不以兵甲暴眾，遠人不服，則修文德以來之，大資小而成，眾戴寡爲主，往而不害安平泰，是謂守弱。」〔註64〕

由此可知，文子視「儉嗇」之「儉」不費，故能由小而積多，是文子同樣使用「嗇」字引申義。

四、荀　子

荀子，名況，字卿，「趙」人也，亦稱孫卿子，每以仲尼、子弓並稱。在「齊」曾三爲祭酒，後適「楚」又曾做蘭陵令。《荀子》一書，非荀子自著，乃由後人編纂而成。今所傳《荀子》，共二十卷，三十二篇。陳大齊先生說：「荀子以主張性惡著稱，其它學說遂爲所掩，於是後世之評論荀子者亦唯注

〔註60〕見丁原植：《〈文子〉資料探索》（臺北：萬卷樓圖書有限公司，1999年），頁153。
〔註61〕見〔宋〕杜道堅撰：《文子纘義》（臺北：臺灣中華書局，1965年《四部備要‧子部》據聚珍本校刊），卷3，頁6上。
〔註62〕見李定生、徐慧君校釋：《文子校釋》，頁131。
〔註63〕見〔唐〕徐靈府注：《通玄眞經注》（臺北：世界書局，1980年），卷3，頁54。
〔註64〕《四部備要》所收《文子纘義》中，〈十守‧守弱〉一篇之杜道堅纘義已闕，此處乃引自《正統道藏》所收《通玄眞經纘義》。見〔宋〕杜道堅纂：《通玄眞經纘義》（臺北：新文豐出版股份有限公司，1995年《正統道藏‧洞神部（第二十八冊）》據中央研究院存民初縮印孤本翻印），卷3，頁383。

重此點，且復多所誤解。」〔註65〕勞思光先生則曾有以遠離心性主體此一標準，斷定荀子為「儒學之歧途」。〔註66〕

而《荀子》中，「嗇」字有出現二次，分別如下：

以亝嗇而不行施。（〈仲尼〉）

材人：愿愨拘錄，計數纖嗇，而無敢遺喪，是官人使吏之材也。（〈君道〉）〔註67〕

先看〈仲尼〉，所謂「亝嗇」，「亝」乃「齊」的俗字，此句說非常吝嗇又不施捨，故這裡的「嗇」當指「吝嗇」義。〈君道〉則說「材人」，清人盧文弨曰：「謂王者因人之材而器使之之道也」，〔註68〕也即是在談論量材用人的標準。而今據熊公哲先生說：「愿愨，謹也；拘錄，劬勞之異文，……愿愨以行言，謂誠謹也；拘錄以事言，謂勞碌也。」〔註69〕又，關於「纖嗇」一詞，其實上述提到《管子·五輔》中也曾出現之，但由於前後文意有別，故這裡所謂「纖嗇」之意義自不同於《管子》，此處「纖嗇」乃指「儉嗇也，此借言些小費用」。〔註70〕此段即說任用人才的標準在於：忠誠謹慎、勤勉，就算是些小費用也計算得相當仔細，而不敢有所遺漏，這樣才是可任用為官吏的人。

由上可知，《荀子》中使用了「嗇」字的「吝嗇」、「儉」（借言「少」）義，仍舊還是「嗇」字引申義。

五、韓　非

韓非，「韓」之諸公子之一。喜刑名法術之學，其學歸本於黃老，與李斯同俱事荀卿，後集法家「法」、「術」、「勢」三派之大成。王邦雄先生說：「韓非之哲學，一直受到秦皇李斯的牽累，以致兩千年來，一直被擠在正統道學的門外」，又說：「韓非之哲學，少有玄談妙理，……其哲學思想雖僅在實際政治上著力，然亦自有其特殊之哲學問題的挖掘，與哲學特質的呈顯。……

〔註65〕見陳大齊：《荀子學說》（臺北：中國文化大學出版部，1988年），頁3。
〔註66〕見勞思光：《新編中國哲學史（一）》（臺北：三民書局，2001年），頁316。
〔註67〕分見〔唐〕楊倞注：《荀子》（臺北：臺灣中華書局，1965年《四部備要·子部》據嘉善謝氏本校刊），卷3，頁16下；卷8，頁8上。
〔註68〕見〔清〕王先謙撰：《荀子集解》（臺北：藝文印書館，1988年），卷8，頁12上。
〔註69〕見熊公哲：《荀子今註今譯》（臺北：臺灣商務印書館，1988年），頁259。
〔註70〕見熊公哲：《荀子今註今譯》，頁259。

－81－

吾人甚至可以說，在政治哲學上，韓非立論之精闢透徹，不僅自成一家之言，且足以獨步千古」。〔註71〕

而《韓非子》一書，《漢書·藝文志》著錄五十五篇，與今本同，其中有韓非自著，也有後世輯述，如〈存韓〉一篇。亦有他人偽托之作，如〈初見秦〉一篇。其它還有〈解老〉、〈喻老〉二篇，有人以為此二篇與老子思想宗旨不合，故逕自判定為漢儒解《老》之作及述《老》之語。

不過，今據《韓非思想的歷史研究》一書作者說：「韓非的解釋是否全都是老子本意則不得而知，唯韓非肯定他所解釋的老子思想，所以這些解釋只能當成韓非自己的哲學思想」。〔註72〕因此，確切地說，韓非是從法家權謀的考慮以轉化老子思想，乃「援法入老」。又，「韓非假借《老子》所引申出來的幾種法術，都是講求駕馭陰謀的詐術，完全曲解老子的原意」。〔註73〕若然，既然〈解老〉、〈喻老〉只是韓非借《老子》以述其思想，那麼會與老子思想宗旨不合，本不足為奇，此二篇當出自韓非之手無可疑。

而《韓非子》中，「嗇」字有出現十一次，其中又以《韓非子·解老》八次最多。〈解老〉曾說：「嗇之者，愛其精神」，〔註74〕故可知韓非以「嗇」為「愛惜」義，尤其特指對精神的愛惜。他又說：「多費之謂侈。……少費之謂嗇。」〔註75〕「侈」與「嗇」既然對比而言，那麼「嗇」當指相反於奢侈浪費的「儉」。其實，這八次所提到的「嗇」字，其意義始終環繞在韓非所說「愛其精神」與「少費」之上，故〈解老〉釋「嗇」乃有「愛惜」與「儉」二義。

另外，其它韓非所論「嗇」字之處，就皆無深刻意義，如上述提到《管子·君臣上》出現的「嗇夫」（當時官名）一詞，《韓非子》〈說林下〉、〈外儲說右下〉便各有出現一次。〔註76〕又，〈顯學〉則是有用作指稱人名的「毛嗇」一詞。〔註77〕「毛嗇」，《莊子·齊物論》中寫作「毛嬙」並謂「人之所

〔註71〕見王邦雄：《韓非子的哲學》（臺北：東大圖書股份有限公司，1993年），頁2。
〔註72〕見張純、王曉波：《韓非思想的歷史研究》（北京：中華書局，1986年），頁39。
〔註73〕見陳鼓應：《老子今註今譯及評介（三次修訂本）》（臺北：臺灣商務印書館，2000年），頁331。
〔註74〕見〔戰國〕韓非撰：《韓非子》（臺北：臺灣中華書局，1965年《四部備要·子部》據吳氏影宋乾道本校刊），卷6，頁4下。
〔註75〕見〔戰國〕韓非撰：《韓非子》，卷6，頁5上。
〔註76〕分別詳見〔戰國〕韓非撰：《韓非子》，卷8，頁3下；卷14，頁2上。
〔註77〕見〔戰國〕韓非撰：《韓非子》，卷19，頁12上。

美也」，〔註78〕唐人陸德明曰：「司馬云：『毛嬙，古美人，一云越王美姬也。』」〔註79〕實指古代某美女名。

由上可知，韓非使用「嗇」字，除了用作官吏名與提到古代美女名外，用的也只有「嗇」字引申義中的「愛惜」與「儉」義。

六、呂不韋（主編）

呂不韋，陽翟大賈人也。往來販賤賣貴，以致家累千金。秦莊襄王時，以不韋爲丞相，封文信侯，後更尊爲相國，號稱仲父，權傾一國。其後得罪秦王，終飲酖而亡。嵇哲先生說：「不韋以大賈乘勢，市奇貨，致富貴，而行不謹，其功業故無足道；然使其賓客著書，合九流而爲一，諸子學說，有賴以存，此其有功於先秦者也。」〔註80〕

而呂不韋主編《呂氏春秋》一書，乃雜家之始，兼儒、道、墨、名、法、兵、農諸家之言，其書不成於一人。其中由「覽」八篇、「論」六篇、「紀」十二篇組成，每篇下還有若干子篇，全書子篇共一百六十。王邦雄等先生所著《中國哲學史》一書說：「這是一部結構非常嚴謹，內容試圖融合先秦各家的思想的集體創作。」〔註81〕然而正由於出自眾手，故其中有不一致甚至相互衝突的情形，就在所難免。

陳奇猷先生則說：「呂氏春秋成於各家各派之手，記述先秦學術資料，極其豐富，且有不少早已湮沒之家派，賴此得以保存，誠爲研究先秦史哲十分重要之著作。」〔註82〕雖然，呂不韋有藉此書以沽名釣譽之意，但此絕不足以掩蓋《呂氏春秋》在總結先秦學術上的價值，本節也恰好以此爲最後討論對象。

《呂氏春秋》中，「嗇」字則有出現四次，分別如下：

> 古人得道者生以壽長，聲色滋味能久樂之，奚故？論早定也。論早定則知早嗇，知早嗇則精不竭。（〈仲春紀・情欲〉）
>
> 湯問於伊尹曰：「欲取天下，若何？」伊尹對曰：「欲取天下，天下

〔註78〕見〔晉〕郭象注，〔唐〕陸德明音義：《莊子》（臺北：臺灣中華書局，1965年《四部備要・子部》據明世德堂本校刊），卷1，頁21上。
〔註79〕見〔晉〕郭象注，〔唐〕陸德明音義：《莊子》，卷1，頁21上。
〔註80〕見嵇哲：《先秦諸子學》，頁452。
〔註81〕見王邦雄、岑溢成、楊祖漢、高柏園：《中國哲學史》（臺北：國立空中大學，2002年），頁260。
〔註82〕見陳奇猷：《呂氏春秋校釋》（臺北：華正書局，1988年），編纂說明，頁2。

不可取。可取,身將先取。」凡事之本,必先治身,嗇其大寶。用
其新,棄其陳,腠理遂通,精氣日新,邪氣盡去,及其天年,此之
謂真人。(〈季春紀‧先己〉)

白公勝得荊國,不能以其府庫分人。……十有九日而白公死。國非
其有也,而欲有之,可謂至貪矣;不能為人,又不能自為,可謂至
愚矣。譬白公之嗇,若梟之愛其子也。(〈似順論‧分職〉)〔註83〕

先看〈仲春紀‧情欲〉,所謂「早嗇則精不竭」,漢人高誘注曰:「嗇,愛」,
又曰:「愛精神故不竭」,〔註84〕故可知此處「嗇」乃「愛惜」義。此段說古
代得養生之道者,所以能生而長壽、聲色滋味也能長久享受的原因,在於他
早就認識到節欲能貴生之道理。早知節欲貴生,則早知愛惜精神,早知愛惜
精神則精神將無不充沛、用之不竭。

〈季春紀‧先己〉所謂「嗇」之意義則同於上述「早嗇」的「嗇」,同是
「愛惜」義。漢人高誘注曰:「嗇,愛也。大寶,身也。」〔註85〕又,清人陶
鴻慶曰:「《廣雅‧釋詁》:『取,為也。』為亦訓治,取身猶言治身。」〔註86〕
此段說商湯問於伊尹若要治天下該如何做呢?伊尹回答說:「要治天下,天下
是不可治的,如果說可治,那是說要先治身。」而萬事成功的根本,必從治
身做起。治身說的是要愛惜身體,也就是得經常吐故納新,使血氣通暢,如
此一來,則精氣日新,邪氣盡去,自然達其天年,這就是得道的真人。

〈似順論‧分職〉則提到「白公之嗇」,白公實乃白公勝,指稱人。這裡
的「嗇」字用的其實是「吝嗇」義。試看此段說白公勝已得到楚國,但卻不
能把府庫所藏分給人民。國家本來不是他所有,而又希望得到國家,可以說
是最貪的了;有了府庫的貨藏,不願分給人民,自己也不能用,可以說是最
愚的了。白公的吝嗇而惹禍上身,就好比梟鳥的愛惜其子,子長卻反食其母,
〔註87〕皆適足以自害。

〔註83〕分見〔秦〕呂不韋輯,〔漢〕高誘訓解:《呂氏春秋》(臺北:臺灣中華書局,
　　　　1965 年《四部備要‧子部》據畢氏靈巖山館校本校刊),卷 2,頁 6 下;卷 3,
　　　　頁 5 上～5 下:卷 25,頁 6 下。
〔註84〕見〔秦〕呂不韋輯,〔漢〕高誘訓解:《呂氏春秋》,卷 2,頁 6 下。
〔註85〕見〔秦〕呂不韋輯,〔漢〕高誘訓解:《呂氏春秋》,卷 3,頁 5 下。
〔註86〕見許維遹:《呂氏春秋集釋》(收入楊家駱主編:《呂氏春秋集釋等五書(上
　　　　冊)》,臺北:鼎文書局,1984 年),卷 3,頁 9 下。
〔註87〕漢人高誘注曰:「梟,愛養其子,子長而食其母也。」(見〔秦〕呂不韋輯,
　　　　〔漢〕高誘訓解:《呂氏春秋》,卷 25,頁 6 下。)

由上可知，《呂氏春秋》有使用「嗇」字之「愛惜」、「吝嗇」義，也同樣還是「嗇」字引申義。

第四節　結　語

簡單歸納本章說法，首先，唐以後諸本《老子》「嗇」作「式」，乃因傳抄者所改，《老子》故書本作「嗇」。其次，「嗇」字本義包含「收斂」、「積藏」二義，而「嗇」字較常見的引申義有「愛惜」、「儉」等義。再來，先秦諸子使用「嗇」字，在用作官吏名與指稱人名外，還有「吝嗇」、「愛惜」、「儉」、「稅收、稅賦」義，故除了第五章第二、三節將提及老子對「嗇」字本義及引申義都使用外，其餘先秦諸子提到「嗇」字之處，一律皆只使用「嗇」字引申義。

以上，乃是從「嗇」字本身意義，與由和老子同處先秦時代的思想家對「嗇」字意義使用之面向，來考察「嗇」字意義。下文第四章吾人將把視野拉向漫長的老學歷史，以觀古今諸多曾為《老子》作詮解的老學家，又是如何體會老子所說「嗇」字呢？

底下就以對老學史之簡述開啟第四章的說法。

第四章 「嗇」字意義源流演變探賾

第一節 老學簡史——歷代老學家之選取說明

　　《老子》自成書後，歷代詮解《老子》的著作蜂起，據宋人杜道堅《道德玄經原旨》中元道士張與材所作〈序〉說：「道德八十一章，註者三千餘家」。〔註1〕若當時已有三千餘家，那麼由元代至於今，又經過七百多年，其中累積的注《老》之作想必更爲可觀。高明先生就曾統計說：

> 1927 年王重民著《老子考》，收錄敦煌寫本、道觀碑本和歷代木刻
> 與排印本，共存目四百五十餘種；1965 年嚴靈峰輯《無求備齋老子
> 集成》，初編影印一百四十種，續編影印一百九十八種，補編影印十
> 八種，總計三百五十六種。〔註2〕

　　嚴靈峰先生於《老列莊三子知見書目》中又搜羅遺佚，如果加上前面所提便已將近六百餘種，若將亡失者與《正統道藏》裡存有五十餘種一併計算，即達一千八百餘種左右，〔註3〕當然這還不算現當代老學研究的著作。〔註4〕而據李娜先生說，丁巍先生主持整理的《老學典籍考——二千五百年來世界老學文獻總目》裡，就匯編了二千多年來中外幾乎所有關於老學的文獻，其

〔註1〕 見〔宋〕杜道堅註：《道德玄經原旨》（臺北：新文豐出版股份有限公司，1995年《正統道藏·洞神部（第二十一冊）》據中央研究院存民初縮印孤本翻印），序，頁396。
〔註2〕 見高明：《帛書老子校注》（北京：中華書局，2004年），序，頁1。
〔註3〕 詳見嚴靈峰：《老列莊三子知見書目（上編）》（臺北：中華叢書編審委員會，1965年），自序，頁4。
〔註4〕 關於本節對「老學」的定義，詳見下文。

《總目》共五編,一百零二萬字,乃是迄今為止老學研究領域規模最宏大、收羅最完備、體系最嚴謹、檢索最方便的一部大型工具書。〔註5〕

　　既然由上已知,從古至今的老學研究數量乃如此龐大,故本節對其中詮解《老子》著作的考察,實在也只能於歷代中各挑選幾家較具代表性者,以藉此一窺他們對《老子》中「嗇」字的體會。又,之所以說是體會,本在於是古今老學家乃多隨時代風氣與自我理解來詮釋《老子》,試看《中國老學史》一書作者就曾說:「在歷代注釋《老子》的過程中,人們根據時代需要和各自的思想,大多以『得意忘言』之法去闡釋《老子》」。〔註6〕而歷代注《老》的不同,大致即如宋人杜道堅於《玄經原旨發揮》中所說:

> 道與世降,時有不同,注者多隨代所尚,各自其成心而師之。故漢
> 人注者為「漢老子」,晉人注者為「晉老子」,唐人、宋人注者為「唐
> 老子」、「宋老子」。〔註7〕

　　與宋同時還有「金老子」,宋之後自然還有「元老子」、「明老子」、「清老子」、「現當代老子」。底下筆者打算再花不小篇幅來簡述老學史重點,以便在古今眾多詮解家當中,能較客觀指出大多數人皆可同意是代表某時期風氣的老學著作。又,如此一來,在全面考察歷代老學家對「嗇」字的體會之時,自然便有較客觀標準,而倒不是為了迎合筆者預先設定之某個結論才刻意有的安排。當然,是否有對「嗇」字作解釋必定是被選入的前提。

　　而在說明之前,筆者仍需先對「老學」與「老學史」作一簡單定義。「老學」,顧名思義乃是關於「老子」的一切學問,而此當是廣義的「老學」。韓國學者吳相武先生曾有將「老學」限定在歷代對《老子》一書的理解上,則可謂是狹義的「老學」,試看他說:「《老子》解釋史已有兩千多年的歷史。自從《解老》、《喻老》的作者選取《老子》的一些內容做了注解以來,不同時代、不同學派都從不同的角度理解《老子》。我們可以將圍繞對《老子》的理解而發展的學術稱之為『老學』」。〔註8〕而本節即是專注於考察狹義的「老

〔註5〕 詳見李娜:〈《老學典籍考──二千五百年來世界老學文獻總目》受到好評〉,《中州學刊》2005 年第 1 期,頁 191。
〔註6〕 見熊鐵基、馬良懷、劉韶軍:《中國老學史》(福州:福建人民出版社,1997年),頁 285。
〔註7〕 見〔宋〕杜道堅註:《玄經原旨發揮》(臺北:新文豐出版股份有限公司,1995年《正統道藏‧洞神部(第二十一冊)》據中央研究院存民初縮印孤本翻印),卷下,頁 469。
〔註8〕 見〔韓〕吳相武:〈從早期《老子》注對「一」的解釋看漢魏老學的分歧〉,《詮

學」，故這裡所謂「老學史」當是帶出對《老子》之理解在歷代的發展與變化，包含各家派對《老子》進行研究的人與書。

順帶一提，如果說只對老子所言「嗇」有解釋，但卻不曾為《老子》作注或有說法者，若為某時代學術的代表性人物，雖無法列入老學史，但其看法也可以是本節討論的對象。〔註9〕

其實，王淮先生早就已對歷代老學的情形進行過考察，試看他說：

> 老子一書之研究，遠自韓非解老、喻老以來，幾乎每一個時代都有某種特殊之因緣，使各種不同之人物對它發生興趣，並從事研究。兩漢由於推崇黃老與道教之興起，老子成了聖人與教主，老子一書也由古典變成了經典。魏晉南北朝之名士風流，盛行清談，再加上佛教之興起，於是老子變成了名士清談之課題與佛教輸入之橋樑。隋唐佛教盛行，但是因為皇帝碰巧姓李，老子又成了皇帝之祖宗，一般文士既多有研究者，道教徒亦乘機抬出老子與佛徒爭勝。此後宋明人好義理，講義理老子是好題目；清朝人好考據，弄考據老子又是好材料。民國以來學風承清人考據之餘，於是由老子「書」之考據，更進而為老子「人」之考證。〔註10〕

以上，王淮先生已較簡單勾勒出老學史的發展概況，不過由於其中所言太過粗略，又交待不清，故在很大程度上實需補充說明。底下就以較詳細方式來敘述老學史之重點。

一、先秦老學

眾所皆知，先秦是「子學」的時代，從「老子奠定了道家學說理論基礎之日起，道家就和幾乎同時形成的儒家、法家、陰陽學說以及稍後的墨家、名家、兵家處於相互影響、滲透、融合之中」。〔註11〕而在前面第三章第三節已提到的文子，他既然身為老子弟子，其《文子》一書又是由文子弟子或其門人所作之先秦舊籍，其中還多在解釋和發揮老子之言，故《文子》在猶如

釋與建構——湯一介先生75週年華誕暨從教50週年紀念文集》（北京：北京大學出版社，2001年），頁326。

〔註9〕 如底下在清代老學中將會提到的段玉裁。

〔註10〕 見王淮：《老子探義》（臺北：臺灣商務印書館，2001年），自序，頁1～2。

〔註11〕 見孫以楷、陸建華、劉慕方：《道家與中國哲學（先秦卷）》（北京：人民出版社，2004年），頁27。

是《老子》之義疏或古注的情況下，〔註12〕其看法自然也該列入老學史當中。

又，先秦時代同樣也是「黃老之學」形成與興盛的時期，〔註13〕《中國哲學發展史（秦漢）》一書作者說：「1973 年 12 月長沙馬王堆三號漢墓出土的帛書《老子》乙本卷前有《經法》、《十六經》、《稱》、《道原》四篇古佚書。書中避邦字諱，不避惠帝劉盈諱，抄寫年代當在惠帝至文帝初年。從它的思想體系和一些用語可以看出，這四篇合起來是一部比較完整的書」。〔註14〕唐蘭先生則以爲此四篇文字即是《漢書‧藝文志》所著錄的《黃帝四經》，其成書於戰國前期之末至中期之初，〔註15〕屬於戰國「黃老學派」的作品。

而當時身處戰國末年且集法家之大成的韓非，據《史記‧老莊申韓列傳》的記載指出，其學就與「黃老」有密切關係。〔註16〕李澤厚先生說：「戰國秦漢之際，以『黃老之學』著名的『道法家』在相當長的時期內逐步取得了統治地位，〔註17〕韓非正是這個過程中的大人物。」〔註18〕並且，在現存解釋老子思想的著作中，韓非所作〈解老〉、〈喻老〉二篇文字還是繼《文子》之

〔註12〕 雖然古今學者多認同《文子》即是《老子》古注，不過誠如葛剛岩先生所說：「如果《文子》確是《老子》古注的話，那麼該書的全部或絕大部份內容都應該用以注解《老子》的文句、思想，但縱觀全書，很多內容卻是對其它古書文字的注釋」（見葛剛岩：《〈文子〉成書及其思想》，成都：巴蜀書社，2005 年，頁 61）。因此，嚴格來說，《文子》實不能說即是《老子》古注。不過，文子既然身爲老子弟子，他對老師的思想又多有解釋與發揮，故在一定意義上，或許說「猶如」《老子》古注，較能反映實際情況。

〔註13〕 熊鐵基先生指出所謂「黃老」，其「中心還是老子，『黃帝言』是按照『老子言』編造出來的」，又說：「黃帝書是依托的，是人們按照流傳的《老子》的思想加以時人己意之作」（分見熊鐵基：《秦漢新道家》，上海：上海人民出版社，2001 年，頁 8、9）。

〔註14〕 見任繼愈主編：《中國哲學發展史（秦漢）》（北京：人民出版社，1985 年），頁 101。

〔註15〕 詳見唐蘭：〈馬王堆出土《老子》乙本卷前古佚書的研究 —— 兼論其與漢初儒法鬥爭的關係〉，《考古學報》1975 年第 1 期，頁 10。

〔註16〕 《史記‧老莊申韓列傳》說韓非：「喜刑名法術之學，而其歸本於黃老。」（見〔漢〕司馬遷撰，〔宋〕裴駰集解，〔唐〕司馬貞索隱，〔唐〕張守節正義：《史記》，臺北：臺灣中華書局，1965 年《四部備要‧史部》據武英殿本校刊，卷 63，頁 5 上。）

〔註17〕 「道法家」一詞首先由裘錫圭先生提出。詳見裘錫圭：〈馬王堆《老子》甲乙本卷前後佚書與「道法家」 —— 兼論《心術上》《白心》爲慎到田駢學派作品〉，《古代文史研究新探》（江蘇：江蘇古籍出版社，1992 年），頁 555～572。

〔註18〕 見李澤厚：《中國古代思想史論》（臺北：三民書局，2000 年），頁 98。

後第二個解《老》之作品，〔註19〕故以韓非爲先秦時期另一個注《老》，又是「以法解老」的代表性人物，〔註20〕殆無疑義。

二、兩漢老學

　　兩漢則是「黃老之學」盛行的時期，蕭公權先生說：「秦以任刑黷武得天下，……漢初人士引爲前車之鑑，每欲矯正其失，鍼對煩苛之弊，故行黃老之無爲」。〔註21〕而據《史記・外戚世家》的記載說：「竇太后好黃帝、老子言，帝及太子諸竇，不得不讀黃帝、老子，尊其術。」〔註22〕由此可知，「黃老」確實曾在當時政治圈中佔有主導地位。又，西漢初年所謂「文景之治」無非正是一個將「黃老之學」實踐於政治上的明顯實例。

　　而對「黃老」有長期研究的陳麗桂先生，就曾經歸納「黃老之學」的特點說：「以道法思想爲主的政論，都反智，主靜因，重時變，尚刑名，以詮釋或轉化《老子》雌柔的無爲哲學或道論，爲一種柔韌的君術；他們或『因道全法』，強調尊君，或由養生之道以論治國之理，都用『精氣』去詮釋『道』，而大談形神修養問題」，王卡先生也說：「大抵黃老之學重在治國養生，法道自然，清虛自守」。〔註23〕

〔註19〕西元 1973 年，在河北定縣四十號漢墓中有出土《文子》殘篇，孫以楷先生曾進一步推測此竹簡本《文子》成書時間當在戰國早期（詳見孫以楷：《老子通論》，合肥：安徽大學出版社，2004 年，頁 122～123）。那麼，《文子》自然是早於韓非的〈解老〉、〈喻老〉，而爲現存解釋老子思想作品中最古老的文字，故文子其人其書當可謂是「老子後學和訓釋《老子》第一家」（見全國哲學社會科學規劃辦公室：〈博通古今融貫中西的老學書目文獻——《老學典籍考：二千五百年來世界老學文獻總目》成果簡介〉，發表於 2005 年 7 月 12 日，2007 年 6 月 7 日，取自 http://www.npopss-cn.gov.cn/chgxj/zx/zxw16.htm【「全國哲學社會科學規劃辦公室」網站】）。

〔註20〕夏春梅先生曾指出韓非是以「法」字爲其解《老》的絕對義。詳見夏春梅：〈論儒佛注老的老子哲學詮釋史觀〉，《第一次儒佛會通學術研討會論文集》（臺北：華梵大學哲學系，1997 年），頁 29。

〔註21〕見蕭公權：《中國政治思想史（上）》（臺北：聯經出版事業股份有限公司，1982 年），頁 309。

〔註22〕見〔漢〕司馬遷撰，〔宋〕裴駰集解，〔唐〕司馬貞索隱，〔唐〕張守節正義：《史記》，卷 49，頁 5 下。

〔註23〕分見陳麗桂：《秦漢時期的黃老思想》（臺北：文津出版社，1997 年），頁 2～3、王卡：〈兩漢之際的儒學與老莊學〉，《道家文化研究（第八輯）》（上海：上海古籍出版社，1995 年），頁 267。

　　若然，由上引說法可知，「黃老之學」的重心就當是擺在「理國」與「養生」之上。其實，唐人杜光庭於《道德眞經廣聖義·敘經大意解疏序引》中曾指出：「詮註解疏，六十餘家，言理國則嚴氏、河公，揚鑣自得」。〔註24〕而杜光庭所謂嚴氏當指西漢後期之嚴遵，其著有《老子注》、《道德眞經指歸》。河公則指河上丈人，著有《老子河上公章句》，不過此書應是東漢時黃老學者僞託戰國河上丈人所作。〔註25〕

　　今依上引杜光庭所言，吾人已得知嚴氏、河公皆有論述「理國」之主題，若再經過對比，吾人當可發現其中《老子河上公章句》還進一步將「理國、養生」統而言之。王中江先生說：「《河上公章句》以形上元氣自然論爲基礎，把天道與人道、自然與人事、修身養生與治國統一起來，嚮往『太平』盛世理想，堅持自然無爲、主逸臣勞的黃老學主旨。」〔註26〕總之，此三書當是最能反映兩漢時期「黃老之學」風氣的老學著作。

　　後來，時至漢末，因爲道教的成立與興盛，「黃老之學」才開始衰退。而成於張魯之手，托始於張陵的《老子想爾注》，〔註27〕乃是道教重要經典，又對「《老子》充滿著養生甚至是房中術的注解，同治國和『太平之道』不協調地混雜在一起」，〔註28〕可謂是代表當時社會風氣的老學著作。然而，此書卻已佚，現只存殘本，即是清末在敦煌莫高窟所出之古寫本。但未料此殘本於「嗇」字所在的〈德經〉竟全佚，故暫已無從得知《老子想爾注》對「嗇」字的理解。

三、魏晉南北朝老學

　　時間繼續進入魏晉，此時期是歷史上繼「原始道家」之後，道家思想的第二期發展，而被稱爲「新道家」的時代，〔註29〕其學術典範乃是「玄學」，

〔註24〕見〔唐〕杜光庭述：《道德眞經廣聖義》（臺北：新文豐出版股份有限公司，1995年《正統道藏·洞神部（第二十四冊）》據中央研究院存民初縮印孤本翻印），卷1，頁132。
〔註25〕詳見王明：〈《老子河上公章句》考〉，《道家和道教思想研究》（北京：中國社會科學出版社，1990年），下編，頁302。
〔註26〕見王中江：《視欲變化中的中國人文與思想世界》（鄭州：中州古籍出版社，2005年），頁158。
〔註27〕詳見饒宗頤：《老子想爾注校證》（上海：上海古籍出版社，1991年），頁131。
〔註28〕見王中江：《視欲變化中的中國人文與思想世界》，頁159。
〔註29〕也有學者稱秦漢或兩漢的「黃老之學」爲「新道家」，如熊鐵基先生說：「秦

《老子》並被列為「三玄」之一。而玄學理論體系依學術界主流觀點,乃建立於王弼之手,其《老子注》中「以無為本」的玄學理論,已創造出嚴密完整的一家之言。林尹先生曾說:「王弼《老子注》,明體用之功;得柱下之妙旨,為談論之中心」,唐君毅先生則嘗言:「魏之王弼注老,則為老子注之大宗」。〔註30〕故此時期老學代表性著作,當然非王弼《老子注》不可。

又,王弼《老子注》的特點在於:「在他以前的注解,都是章句訓詁;而他,卻是以思想來注老子」。〔註31〕錢鍾書、嚴靈峰先生更說:「王弼注本《老子》詞氣闓舒,文理最勝,行世亦最廣」、「竊以為魏王弼所註『老子』,為書最古,於義最勝;可謂冠絕古今,妙得虛無之旨〔註32〕」。〔註33〕是以,無怪乎王弼注本《老子》至今仍是《老子》最流行的二種本子之一,〔註34〕而被視為「後世的《老子》標準版本」。〔註35〕

魏、西晉之後,則是佛教開始得到普遍崇信的時期。佛教起初為了泯除人們在理解佛教教義上可能會有的隔閡以使人們易於接受,因此使用了所謂「格義」的方式。而此乃一種以中國傳統思想,尤其是老莊學說,來會通佛教教義的辦法。於是,「格義佛教」頓時風行,東晉時還由於受到「玄學」思

漢以『黃老』為特色的道家,我們稱之為新道家」(見熊鐵基:《秦漢新道家》,頁 194)。但今依許抗生先生說:「黃老之學並不是漢代的產物,它產生於戰國……漢代的黃老之學是戰國時期黃老之學的直接繼承和發揮,它並不帶有根本性的變化,不具有劃時代的意義。」(見許抗生:〈簡論魏晉玄學是新道家〉,《道家文化研究(第一輯)》,上海:上海古籍出版社,1992 年,頁 297。)筆者認同許抗生先生的說法,也以「魏晉玄學」才是開新一代學術風氣的「新道家」。

〔註30〕 分見林尹:《中國學術思想大綱》(臺北:臺灣商務印書館,1995 年),頁 123 ～124、唐君毅:《中國哲學原論(原道篇卷一)》(臺北:臺灣學生書局,1986 年),頁 290。

〔註31〕 見張起鈞、吳怡:《中國哲學史話》(臺北:東大圖書股份有限公司,2003 年),頁 183。

〔註32〕 唐人陸德明當時在《經典釋文・老子道經音義》中即有判斷《王弼注》為「妙得虛無之旨」。見〔唐〕陸德明撰:《經典釋文》(臺北:藝文印書館,1969 年《百部叢書集成・抱經堂叢書第二函》據國立臺灣大學圖書館藏清乾隆中餘姚盧氏刊本影印),卷 25,頁 1 上。

〔註33〕 分見錢鍾書:《管錐編(中)》(香港:太平圖書公司,1980 年),頁 401、嚴靈峰:〈老子王弼注刊誤補正序〉,《老莊研究》(臺北:臺灣中華書局,1966 年),丙編傳記,頁 634。

〔註34〕 另一種為河上本。

〔註35〕 見李若暉:《郭店竹書〈老子〉論考》(濟南:齊魯書社,2004 年),頁 102。

潮的影響，而有「六家七宗」的般若學說出現。雖然，佛教早在西漢末、東漢初即已傳入中國，但佛教的盛大流行，卻是在中國陷入長時間的南北分裂時期，並且其影響力更直至隋唐。〔註36〕

　　而據魏元珪先生說，東晉、南北朝時期有幾本依乎佛旨以會通老氏的著作，如學者中有僧肇的《老子注》，沙門中有釋慧觀、惠琳、慧嚴分別撰《老子義疏》、《道德經注》、《老子注》，不過這些著作皆已佚，現無從一探究竟。〔註37〕

四、唐代老學

　　時至西元 581 年，北周外戚楊堅以武力作為憑藉奪取北周皇位，並順勢建立隋朝。然而，隋朝國祚短促，老學尚來不及發展便進入唐代。誠如《中國老學史》一書作者所說：「隋朝的歷史畢竟太短，統治者還沒有來得及進行思想文化方面的建設，《老子》的學說於此期間也未能獲得大的發展。」〔註38〕

　　其實，從陳、隋年間以至唐代，佛教雖然在中國達到極盛，而分別有代表中國佛教思想最高峰之「天台宗」、「華嚴宗」與「禪宗」的出現，但此時期仍有以道家思想為主體，並且繼續延續中國傳統思維的「重玄學」產生，〔註39〕而此可謂是道家思想在歷史上的第三期發展。〔註40〕蒙文通先生就曾將初唐成

〔註36〕詳見王邦雄、岑溢成、楊祖漢、高柏園：《中國哲學史》（臺北：國立空中大學，2002 年），頁 398～402。

〔註37〕詳見魏元珪：《老子思想體系探索（上）》（臺北：新文豐出版公司，1997 年），頁 209～210。

〔註38〕見熊鐵基、馬良懷、劉韶軍：《中國老學史》，頁 250。

〔註39〕「重玄學」一詞由蒙文通先生首先提出。而關於何謂「重玄學」及其在歷史上的發展情況等相關問題，分別詳見蒙文通：〈校理《老子成玄英疏》敘錄（節錄）——兼論晉－唐道家之重玄學派〉，《古學甄微》（成都：巴蜀書社，1987 年），頁 343～360、盧國龍：《中國重玄學》（北京：人民中國出版社，1993 年）、陳鼓應主編：《道家文化研究（第十九輯——「玄學與重玄學」專號）》（北京：三聯書店，2002 年）。

〔註40〕湯一介先生曾說：「如果說先秦道家（老子、莊子等）是道家思想的第一期發展，魏晉玄學為道家思想的第二期發展，意欲在道家思想的基礎上調和儒道兩家思想，那麼唐初重玄學或可以被視為道家思想的第三期，它是在魏晉玄學的基礎上吸收當時在中國有影響的佛教般若學和涅槃佛性學以及南北朝道教理論，所建立的新的道家（道教）學說。」（見湯一介：〈論魏晉玄學到初唐重玄學〉，《道家文化研究（第十九輯——「玄學與重玄學」專號）》，頁 21。）

玄英與李榮並稱爲「重玄宗」，〔註41〕認爲他們乃是當時的「重玄」大師。

　　成玄英著有《道德經開題序訣義疏》，〔註42〕其中有出現「三業」、「六根」一類的佛教用語，很明顯能看出「援佛解老」的痕跡，鄭燦山先生就說：「綜觀成氏疏文，充斥著佛教大乘中觀思想色彩與諸多佛學慣用名相」。〔註43〕故此書頗可代表當時受佛教影響下的老學著作。但成玄英的《道德經開題序訣義疏》即是本文第三章第一節曾指出，唐及唐以後陸續有幾種本子將「嗇」字作「式」，成玄英的此一本子便是其中之一，因此他當然就未能對「嗇」有所解釋。

　　並且，「由成玄英開始的與佛教哲學交涉的注老方法，在成《疏》中所顯現的義理乖格、名相未消化的現象，在李榮之注老作品中可謂廓清其弊。他已經以自己的語言及理論思維脈絡來消化得自佛教哲學中的觀念」。〔註44〕所以，最能代表此時期受佛教影響的老學（「重玄學」）人物當是李榮，其著有《老子注》一書。不過，李榮同樣也改老子所說「嗇」爲「式」，故依舊無法得知他對「嗇」字的看法。

　　除了上述所說「重玄學」的產生，唐代老學還有一待觀察重點。此即是由於唐代皇帝與老子同姓李氏，故老子、《老子》在這時候乃獲得政治上的崇高地位。據王中江先生在其書中敘述當時禮遇老子、《老子》的情形說：

　　　唐高祖追老子爲遠祖，武德八年（625）還頒布《先老後釋詔》，「令先老，次孔，末後釋」，……貞觀十一年（637），太宗在詔書中明確把老子看成是李氏祖先（「朕之本系出自柱下史」）：上元元年（674），高宗命令王公皆習《老子》（「請令王公皆習《老子》」）：上元二年（675），高宗下詔把《老子》定爲「上經」（「自今以後，《道德經》併爲上經，貢舉人皆須兼通」），高宗還奉老子爲「太上玄元皇帝」（此後被不斷加封）。……開元十一年（733），玄宗令全國上下家家備藏《老子》一冊：……要求天下士人學習「四子」（《老子》、《莊

〔註41〕　詳見蒙文通：〈校理《老子成玄英疏》敍錄（節錄）── 兼論晉－唐道家之重玄學派〉，頁 346～347。

〔註42〕　《道德經開題序訣義疏》本爲《老子開題序訣》、《老子義疏》二書，嚴靈峰先生將之合編再定名爲《道德經開題序訣義疏》。

〔註43〕　見鄭燦山：〈唐道士成玄英的重玄思想與道佛融通── 以其老子疏爲討論核心〉，《臺北大學中文學報》創刊號（2006 年 7 月），頁 154。

〔註44〕　見〔馬來西亞〕胡興榮：〈李榮《老子注》的重玄思想〉，《道家文化研究（第十九輯── 「玄學與重玄學」專號）》，頁 288。

子》、《文子》和《列子》），列為科舉（「曰道舉」）；……玄宗還親注
《道德經》（《道德真經注》），到了晚唐，仍有李氏實行自唐開始的
既定的「崇道」政策。〔註45〕

今從唐玄宗曾御注《老子》的事實來看，〔註46〕其《御注》必能於國家、
政治或社會各階層有一定之影響。劉韶軍先生就曾說：「作為一個歷史時期的
最高統治者，對當時社會產生不可忽視的重要影響，他們的思想既有時代的、
階級的烙印，也對時代思潮的發展變化產生著一定的影響」，高專誠先生也
說：「從這類注疏中，不僅可以看出這些皇帝的政治傾向和治國之道，還可以
看到《老子》思想在傳統中國政治中的巨大作用」，蔡僑宗先生同樣說：「帝
王乃一國之最高統治者，於國家各層面實有深遠之影響，是以帝王之注《老》，
定有主張於其間」。〔註47〕

據說，玄宗還有《道德真經疏》，而《御疏》「實際上是《御注》著寫的
延長」，〔註48〕不過此《疏》可能是經由集賢院的學士和若干名道士之手所進
行。然而，《御疏》雖非玄宗親著，但其內容中依然有相當程度是反映了玄宗
自身的意見。〔註49〕

準上所述，玄宗之時《老子》是科舉必考科目，玄宗以在上位者之姿又
御注《老子》，故欲求功名利祿的世人，必習《御注》可知也。或許，此即是
當時文人著作為何多稱引、依從《御注》之說的一個原因。〔註50〕

〔註45〕 見王中江：《視欲變化中的中國人文與思想世界》，頁 162～163。

〔註46〕 其實在玄宗之前，早已有多位帝王御注過《老子》，只是皆已亡佚，日後也多
有之。試看蔡僑宗先生的考察說：「帝王御注《道德經》，最初始於梁武帝蕭
衍，梁簡文帝蕭綱繼之，周文帝、梁元帝、唐睿宗、唐玄宗、宋徽宗、明太
祖、清世祖等均曾作過注。現今可見御注之原貌，僅《道藏》所收之三聖御
注（唐玄、宋徽、明祖）及《四庫全書》所收之清世祖御注，其餘則全部亡
佚矣。」（見蔡僑宗：《明太祖〈御製道德真經〉之研究》，嘉義：中正大學中
國文學研究所碩士論文，劉文起教授指導，2001 年 6 月，頁 3。）

〔註47〕 分見劉韶軍：《唐玄宗・宋徽宗・明太祖・清世祖〈老子〉御批點評》（長沙：
湖南人民出版社，1997 年），前言，頁 1、高專誠：《御注老子》（太原：山西
古籍出版社，2003 年），自序，頁 5、蔡僑宗：《明太祖〈御製道德真經〉之
研究》，頁 5。

〔註48〕 見〔日〕麥谷邦夫：〈唐玄宗《道德真經》注疏之撰述與其思想特徵〉，《道家
文化研究（第十五輯）》（北京：三聯書店，1999 年），頁 362。

〔註49〕 詳見〔日〕麥谷邦夫：〈唐玄宗《道德真經》注疏之撰述與其思想特徵〉，《道
家文化研究（第十五輯）》，頁 362～363。

〔註50〕 華裔澳大利亞學者柳存仁先生曾說：「唐賢著述中，如陸希聲《道德真經傳》、

　　再來，自從玄宗《御注》頒行天下後，「由於專制帝王的權威性，致使此前產生的唐代其它注疏如成玄英的《道德經義疏》和李榮的《道德經注》等逐漸湮沒，而唐代此後產生的《道德經》注疏則多以衍釋玄宗注疏為主要形式」。〔註51〕故玄宗《御注》在當時的廣泛影響力，於此已足見一斑。其實，唐玄宗還不只為《老子》作注，他也注儒家的《孝經》與佛教之《金剛經》，〔註52〕誠是力行當時「三教會通」要求的重要人物。〔註53〕總之，唐玄宗《道德真經注》在唐代老學中自有不可忽視之地位。蕭天石先生更以之為「御注派之翹楚」，而「不可以等閒視之也」看待。〔註54〕

　　另一本於唐代老學也頗為重要的著作，乃是杜光庭的《道德真經廣聖義》，此書五十卷，是唐人注《老》中規模最大的一部。而此書既名曰「廣聖義」，自然是對當時在上位者（玄宗）老學思想的推廣，不過，實際上應說是

王真《道德經論兵要義述》、杜光庭《道德經廣聖義》、李約《道德真經新注》、強思齊《道德真經玄德纂疏》等，或引玄宗《御注》，或從《御注》說，《廣聖義》之作，義更明顯。」（見〔澳〕柳存仁：〈道藏三聖註道德經之得失〉，《和風堂文集》，上海：上海古籍出版社，1991年，頁472。）

〔註51〕見董恩林：《唐代〈老子〉詮釋文獻研究》（濟南：齊魯書社，2003年），頁151。

〔註52〕《唐會要》「修撰」條下記載開元「十年六月二日，上注《孝經》，頒於天下及國子學」，《新唐書‧藝文志》則記載說：「玄宗注《金剛般若經》一卷」。分見〔宋〕王溥撰：《唐會要》（北京：中華書局，1985年《叢書集成初編》據聚珍版叢書本排印），卷36，頁658、〔宋〕歐陽修、宋祁同脩：《新唐書》（臺北：臺灣中華書局，1965年《四部備要‧史部》據武英殿本校刊），卷59，頁7下。

〔註53〕從唐代以後，歷代皆有人提倡「三教會通」的主張。董恩林先生則認為：「有些學者往往用『三教合一』或『三教合流』來形容唐代特別是中唐以後的儒、釋、道三家思想總的發展趨勢，這是值得商榷的。所謂『三教合一』或『三教合流』，很容易使人理解為三教在思想理論上融合為一，或在組織上合併為一。而事實上，中國歷史上，儒、釋、道三教從來沒有合一、合流過，三者之間只是既相互鬥爭、又相互融攝對方的思想理論，以豐富自己的理論體系。準確的表述應該是『三教互攝』、或『三教會通』。」（見董恩林：《唐代〈老子〉詮釋文獻研究》，頁225。）而對「三教」的內涵問題，《中國老學史》一書作者說：「三教是一個傳統的說法，指的是儒、道、佛三家學說。其實，這個說法並不準確。佛教屬於宗教是沒有問題的，儒家學說不能歸入宗教，道教自然是宗教，但所謂儒、道、佛三教中的『道』，實際上不光是指道教，其中還包含著傳統學說中的道家。……所謂『三教』，只不過是對傳統說法的一種借用而已」（見熊鐵基、馬良懷、劉韶軍：《中國老學史》，頁253）。

〔註54〕見蕭天石：〈提要〉，《道德經名注選輯（二）》（臺北：中國子學名著集成編印基金會，1978年），頁2。

一種修正或發展。〔註55〕又，其書特色據《中國老學史》一書作者說：「在《道德真經廣聖義》中，儒、釋、道三教的思想都有充份的反映，幾乎在每一個重大問題上，杜光庭都是採取三教思想並用的手段去進行解答的」。〔註56〕是以，杜光庭的重要性就在於：他是在唐代「三教會通」的氛圍下，以三教思想解釋《老子》的代表，同時他還是唐代老學的殿軍與集大成人物。〔註57〕

唐代尚有一本值得關注的老學著作，此也即是唐末陸希聲的《道德真經傳》。此書在當時「三教會通」的氛圍與佛教於唐代達至極盛之情況下，卻罕見釋教色彩，而只集中心力於「儒道會通」之上。它在當時已鮮為人知，不過它是「站在道家立場進行『以道攝儒』的一種理論嘗試」，並且此一嘗試「促進了道家思想與儒學的融合進程」。〔註58〕金林先生說：「就其思想性質或學術範型而言，與北宋時的一些學派頗類似，都可以視之為一種新型的儒道互補。從陸希聲到北宋時的這些學派，間隔一個半世紀，未必有學術上的源流關係，北宋諸儒也不稱引其說，但就新型的儒道互補的學術範型而言，陸希聲確實可以作為北宋學術的一個先例。」〔註59〕

關於上引金林先生的觀點，張仕帆先生的研究正可與之呼應：陸希聲於《道德真經傳》中以《易》作為接通儒道之間的關鍵，而就「天道觀」、「性情論」與「復歸」思想等方面，進而綰合儒道之間的差異，其理論之成熟已勝過中唐大儒韓愈，故《道德真經傳》實有對「宋明理學」啟發的意義。〔註60〕尤其是陸希聲所初步探討的「復性」問題，更是宋代及宋代之後學者普遍以「心、性（性命）」注《老》的一個先聲，〔註61〕是以《道德真經傳》自可謂是由唐代老

〔註55〕詳見金兌勇：《杜光庭〈道德真經廣聖義〉的道教哲學研究》（成都：巴蜀書社，2005年），頁64。
〔註56〕見熊鐵基、馬良懷、劉韶軍：《中國老學史》，頁289。
〔註57〕詳見董恩林：《唐代〈老子〉詮釋文獻研究》，頁208。
〔註58〕見張成權：《道家與中國哲學（隋唐五代）》（北京：人民出版社，2004年），頁393。
〔註59〕見金林：〈陸希聲的《道德真經傳》（一）〉，《中國道教》1999年第1期，頁28。
〔註60〕詳見張仕帆：《陸希聲〈道德真經傳〉研究》（臺北：東吳大學中國文學研究所碩士論文，劉文起教授指導，2005年7月），頁113～114。
〔註61〕尹志華先生曾說：「唐代雖有成玄英和陸希聲在《老子注》中探討了復性問題，但總的說來，從心性之學解說《老子》仍非普遍現象。北宋儒學復興，心性問題成為儒家學者所探討的核心問題之一。而北宋注釋《老子》者大多為儒家學者，因此，重視心性之學的時代思潮，在北宋人的《老子》注中，也得到了充份的反映。北宋學者普遍認為，《老子》一書講的便是盡性、復性之學。」

學到宋代老學的一個過渡，其地位當不容小看。

唐代以後，眾所周知，中國乃進入了歷史上天下大亂的五代十國時期。此時由於社會動盪、人心不安等因素，自然無暇談及《老子》，更遑論替《老子》進行詮解。而只有等到社會相對穩定的宋代，《老子》才再次成為被討論的對象。

五、宋金代老學

宋代，則是歷史上繼「原始儒家」之後，儒家思想再次發光發熱，而與明代俱稱為「新儒家」的時代，其學術典範乃是「理學」。不過，「理學」雖然是當時學術主流，但初唐的「重玄學」風氣，依舊有延續到宋代。李遠國先生就說：「有宋一代，道家重玄之學直承隋唐重玄學之遺風，而由華山陳摶肇其源，碧虛子陳景元揚其波，其後有薛致玄、白玉蟾、……等道門中人，皆依陳摶心法，廣徵博採儒、釋之說，入道解《老》，使得宋代重玄學面貌煥然一新。」〔註62〕

由於陳摶未有解《老》之作，而陳景元有《道德經藏室纂微論》一書，故如今即以陳景元為討論對象。據道門中人薛致玄記述，陳景元在被推薦至汴京以為眾人講解《道德》、《南華》二經後，便聞名於世，以致於當時公卿士大夫無不欲爭識者。日後神宗知其名，更賜號「真靖大師」，並且對陳景元進其所注《道德經》讚曰：「陳景元所進經，剖玄析微，貫穿百氏，厥旨詳備，誠可取也。其在輩流，宜為獎論」。〔註63〕由此可見，吾人以陳景元為此時期老學（「重玄學」）之代表人物，自有一定份量。

再來，前面曾說唐代有所謂「三教會通」的要求，其實「三教會通」在宋代更是被廣泛提出，一個最明顯的例子乃是當時吳越國王俶替《宗鏡錄》製〈序〉時所說：「儒，吾之師也。……道，儒之師也。……釋，道之宗也。

（見尹志華：《北宋〈老子〉注研究》，成都：巴蜀書社，2004年，頁28。）
劉固盛先生也說：「唐代的老學研究者借《老子》而談性命尚處於一種初始階段，理論建樹還比較簡單，所以，把性命與《老子》聯繫起來並成為一種十分普遍的現象，主要還是出現在宋代以後。」（見劉固盛：《宋元老學研究》，成都：巴蜀書社，2001年，頁137。）

〔註62〕見李遠國：〈論宋代重玄學的三大特徵──以陳摶、陳景元為中心〉，《道家文化研究（第十九輯──「玄學與重玄學」專號）》，頁331。

〔註63〕見〔宋〕薛致玄述：《道德真經藏室纂微開題科文疏》（臺北：新文豐出版股份有限公司，1995年《正統道藏・洞神部（第二十三冊）》據中央研究院存民初縮印孤本翻印），卷1，頁121。

〔註 64〕而北宋著名文學家兼思想家的蘇轍，在其所著《老子解》中即主要以會通儒、佛於道家思想的方式來解《老子》。錢基博先生就曾考察蘇轍的《老子解》說：「大旨主於佛、老同源，而又引《中庸》之說以相比附。」〔註 65〕

其實，雖說是會通儒、佛於道家思想，但蘇轍的儒林派身份，往往使其注解仍多偏向儒家本色。例如他為《老子・四十八章》所說「為道日損」作注說：「苟一日知道，顧視萬物，無一非妄，去妄以求復性，是之為損。孔子謂子貢曰：『賜也，女以予為多學而識之者與？』曰：『然。非與？』曰：『非也。予一以貫之。』」〔註 66〕由此可知，此誠是「以儒解老」的一種典型。〔註 67〕

總之，由於蘇轍本人在士大夫階層頗有聲望，因此他的這部《老子解》在當時就已得到廣泛重視與流傳。並且，據《中國老學史》一書作者說，此書還不只在中國有影響，它早在明清時期就已傳至日本，而出現了日本刊本，故蘇轍注《老》的影響力不可謂不大、不廣。〔註 68〕

又，宋代也有國君替《老子》作注，宋徽宗即是繼唐玄宗之後為《老子》作注的在上位者。他的《御注》雖不如唐玄宗影響大，但也有一定地位，柳存仁先生就說：「徽宗生當晦世，影響實不若唐玄之廣，然《道藏》收江澂《道德真經疏義》、收章安《徽宗御注解義》、以及邵若愚《道德真經直解》之類，亦多以徽宗御注為宗」。〔註 69〕所以，宋徽宗《御注》依然是宋代老學有待觀察的重點。

另外，宋代老學中還該被一提之人物乃是南宋時集「理學」大成的朱熹，他對《老子》一書也頗有見解。他認為前人多曲解老子思想，而他卻可以探求出老子思想本義，試看他說：「《莊》、《老》二書解注者甚多，竟無一人說得他本義出，只據他臆說。某若拈出，便別，只是不欲得」。〔註 70〕吾人僅從

〔註 64〕見〔宋〕釋延壽撰：《宗鏡錄》（上海：上海古籍出版社，2002 年《緒修四庫全書・子部（第一二八三冊）》據高麗藏本影印），王侁製序，頁 359。

〔註 65〕見錢基博：《老子道德經解題及其讀法》（臺北：成文出版社，1982 年《無求備齋老列莊三子集成補編（七）》據民國二十三年排印本景印），頁 42。

〔註 66〕見〔宋〕蘇轍註，〔明〕凌以棟批點：《道德經註》（臺北：中國子學名著集成編印基金會，1978 年《道德經名注選輯（二）》據明吳興凌氏刊朱墨套印本影印），下經卷 1，忘知第 11，頁 519～520。

〔註 67〕詳見嚴靈峰：《老子研讀須知》（臺北：正中書局，1992 年），頁 31。

〔註 68〕詳見熊鐵基、馬良懷、劉韶軍：《中國老學史》，頁 350。

〔註 69〕見〔澳〕柳存仁：〈道藏三聖註道德經之得失〉，《和風堂文集》，頁 472。

〔註 70〕見〔宋〕黎靖德編：《朱子語類》（臺北：文津出版社，1986 年），卷 125，頁 3001。

他不依前人作注又以自己能探求本義來看，他的想法就很出眾，並且他對《老子》中「嗇」字所在的〈五十九章〉也有一定關注，故朱熹的看法自是筆者也是宋代老學所該探討之對象。底下接著談金代老學。

　　在宋代老學之後往往直接談元代老學，不過如此一來勢將漠視金代所存在的幾本老學著作。金，是在十二世紀初相繼滅遼與北宋後，與南宋中原漢族政權形成長期對峙的少數民族。而此種對峙局面一直要持續到北方的蒙古族興起，以武力滅金與南宋並建立元朝後才停止，這時候中國也才真正結束從唐末以來便分裂的態勢。

　　今據《中國老學史》一書作者說，元代是道教獨步的時代，其中以全真教最為風行，又全真教興起於金代，直至元代乃傳遍南北，空前盛行。〔註71〕而金代的老學著作現依《中國老學史》表列唯有二家，〔註72〕其中較值得注意的是寇才質《道德真經四子古道集解》一書。由於寇才質本是道士，故多少能反映當時道教人士對《老子》的理解，並且此書還是以莊子、列子、文子、庚桑子四家之說以釋老子之意，故更可謂是「以道解老」的代表性著作。

六、元代老學

　　元代，中國正式陷入被少數民族統治的時期。不過，蒙古人雖以少數民族身份入主中國，然而在宋代形成的「理學」卻未就此中斷，葛兆光先生就說：「他們（蒙古人）也不能不在漢人佔絕大多數的地方，接受傳統與歷史，……隨著時間的推移，隨著蒙古、色目族人也形成了認同儒學的士人集團，其文化策略就有了相當深刻的轉變」。〔註73〕吾人從元代同樣舉行科舉考試，並以朱熹《四書章句集注》為應試必備參考書，即可得知「理學」在少數民族統治的元代仍未消失。

　　而元代吳澄的《道德真經注》，由於將歷來分《老子》為八十一章的分法更改為六十八章，並由此發揮新的解釋，故逐漸奠定其在老學史中是影響力頗大的一部著作。元代另一部重要的老學著作乃是何道全《太上老子道德經》，道士何道全以「養生煉氣理論附會老子思想」，〔註74〕正可代表當時道

〔註71〕詳見熊鐵基、馬良懷、劉韶軍：《中國老學史》，頁308。
〔註72〕詳見熊鐵基、馬良懷、劉韶軍：《中國老學史》，頁322。
〔註73〕見葛兆光：《中國思想史（第二卷）》（上海：復旦大學出版社，2003年），頁282～283。
〔註74〕見熊鐵基、馬良懷、劉韶軍：《中國老學史》，頁331。

教風行時道教人士的觀點。

七、明代老學

　　時至明代，此乃中國古代封建制度達至極端的時期，而專制的基本特點，在學術上即是要求思想統一。元代蒙古族雖然認同儒學，但也認同其它文化在中國社會傳播。可是，此種情況到了明代便不被允許。明代既由漢族建立，勢必在民族主義的催化下，有復古的走向，《中國老學史》一書作者就說：「明王朝對元代容許其它民族文化傳播流行的做法採取否定態度，而只讓漢族文化的儒家思想文化佔據思想領域」。〔註75〕如當時由朝廷頒行天下的《四書大全》、《五經大全》與《性理大書》等，吾人只由其書名便可得知，這些是以儒家思想爲正統而編纂的書籍。

　　而明代也仍有在上位者替《老子》作注，即是明太祖。可是，明太祖《御注》似乎並不爲學者採納，試看柳存仁先生說：「明代不論儒、道著述釋《老子》者，如焦竑《老子翼》、薛蕙《老子集解》、王道《老子億》、陶望齡《老子解》、陸西星《老子玄覽》，亦不以《御注》爲重。……惟朱得之《讀老評》引《御序》」。〔註76〕然而，筆者認爲這應與當時以王陽明「心學」爲主流的明代，較重視內聖修養有關。當時學者是多談「心」、「性」（性命）等問題，而明太祖《御注》則是「留意現實層面、少玄理、虛幻」，〔註77〕故自然不爲當時學術主流看重。不過，明太祖《御注》仍有其重要性，誠如蔡僑宗先生指出，明太祖於整個老學研究史上，在《老子》詮釋方面，他開闢了另一條以「實際」爲主的道路，故自有其勝場。〔註78〕

　　再者，明太祖《御注》的獨特處還在他不同於之前二位君主純只替《老子》作注，明太祖「沒有停留在對它的解釋上，他曾嘗試把它運用在政治實踐上」。〔註79〕因此，準確來說，太祖《御注》並非爲《老子》作注解，而是如同蕭天石先生所說：「似非帝注道德經也，乃以道德經印證其治道與治法耳」，余英時先生也說：「明太祖不是在注『道德經』，而是在發揮他的『六諭』」，高專誠先生同謂：「明太祖似乎並不在意《老子》本義，而是更喜歡不失時機

〔註75〕見熊鐵基、馬良懷、劉韶軍：《中國老學史》，頁415。
〔註76〕見〔澳〕柳存仁：〈道藏三聖註道德經之得失〉，《和風堂文集》，頁479～480。
〔註77〕見蔡僑宗：《明太祖〈御製道德眞經〉之研究》，頁8。
〔註78〕詳見蔡僑宗：《明太祖〈御製道德眞經〉之研究》，頁8。
〔註79〕見王中江：《視欲變化中的中國人文與思想世界》，頁171。

地把《老子》之學與現實的治國之道直接掛起鉤來，甚至不惜以己意斷之，隨意比附」。〔註80〕若然，看來太祖實際上乃是在替自己尋找統治時的理論基礎也。

太祖之後，「心學」仍大爲盛行的明代中晚期，薛蕙則以《老子集解》一書，認爲老子思想的主旨本在「性命」之說，其後張位的《老子註解》也以《老子》爲性命之書，而要人各正性命。〔註81〕其實，薛蕙此書在明代就多已爲學者重視，依李慶先生指出，如焦竑《老子翼》在收錄歷代注《老》著作的六十四家中，其中明代只收四家，而此書在其列。又，萬曆間權臣與曾據相位的沈一貫，在其《老子通・自序》中批評宋代以來諸儒的《老子》研究時，將此書與王道《老子億》、宋代蘇轍、元代吳澄並舉。此書更於范氏（范欽）《天一閣見存書目》、錢氏（錢曾）《述古堂書目》、項氏（項篤壽）《萬卷堂書目》中都有著錄。〔註82〕

明代還有一部「以佛解老」的代表性著作。夏春梅先生說：「佛教自漢末入中土，乘著老莊津梁而廣被朝野，高僧大德註老不絕如縷，丁福保言憨山大師二篇最爲精核，唐君毅先生也說憨山德清經解斯爲巨擘。」〔註83〕由於歷史上僧人註解《老子》的著作多已亡佚，眞正流傳至今而可供研究者，實在屈指可數，因此明代憨山大師的《道德經解》就愈顯重要，可說是現存「以佛解老」的珍貴性著作。

八、清代老學

進入清代，滿族繼蒙古族之後，再次以少數民族身份入主中國。當時多數人皆將明代亡國之因，歸咎於晚明王陽明「心學」走向「狂禪」的極端道路，其空談「心性」，致使神州翻覆。梁啓超先生就說：「晚明『狂禪』一派，至於『滿街皆是聖人』，『酒色財氣不礙菩提路』，道德且墮落極矣。重以制科

〔註80〕分見蕭天石：〈明太祖御注道德眞經提要〉，《道德經名注選輯（四）》（臺北：中國子學名著集成編印基金會，1978 年），頁 2、余英時：〈唐、宋、明三帝老子注中之治術發微〉，《歷史與思想》（臺北：聯經出版事業股份有限公司，1990 年），頁 85、高專誠：《御注老子》，自序，頁 6。

〔註81〕分別詳見熊鐵基、馬良懷、劉韶軍：《中國老學史》，頁 427、443。

〔註82〕詳見〔日〕李慶：〈明代的《老子》研究〉，《道家文化研究（第十五輯）》，頁 334。

〔註83〕見夏春梅：〈論儒佛注老的老子哲學詮釋史觀〉，《第一次儒佛會通學術研討會論文集》，頁 31。

帖括，籠罩天下；學者但習此種影響因襲之談，便足以取富貴弋名譽；舉國靡然化之，則相率於不學，且無所用心」，顧炎武則嘗言：「以明心見性之空言，代修己治人之實學。股肱惰而萬事荒，爪牙亡而四國亂，神州蕩覆，宗社丘墟」。〔註84〕因此，就是在對「理學」走上空疏的不滿之餘，才有後來提出的「經學即理學也，自有捨經學以言理學者，而邪說以起」之主張與看法，〔註85〕此乃要將治學之方向轉爲踏實又具體的「經學」上，從此學術風氣也一變爲「博引實證」及「經世致用」。

而清初張爾岐所著《老子說略》，即在當時「經世致用」要求下，「向現實政治的回歸是對此前幾百年老學傳統的反動，具有開一代新風的劃時代意義」。〔註86〕吾人試觀此書中多有強調限制君權之意識，認爲君主的地位和權力不是滿足個人私欲之東西，君主權力該以造福百姓爲重。而這種十分進步的君主權力觀念，與黃宗羲等啓蒙思想家的看法已一致。王繼學先生說：「可以說《老子說略》是明末清初這個特殊的歷史時期政治社會變化的產物。這代表了明末清初儒家學者對待這一道家經典所具有的一種新態度。」〔註87〕

清代學術還素有「考據學」之稱。而在清代考據學家中，又以段玉裁、王念孫等人成就較大，也最有影響力。然而，誠如梁啓超先生指出，清儒對於《老子》這部書，卻「沒有大用過工夫」。〔註88〕王念孫雖著有〈老子雜志〉一卷（在《讀書雜志》之中），但對《老子》中「嗇」字卻未曾談及，故不論。而段玉裁的代表作，眾所皆知乃爲《說文解字注》，雖然段玉裁無法被歸爲老學家，不過段玉裁於其《說文解字注》「嗇」字條下曾有引老子所說「嗇」字，

〔註84〕分見〔清〕梁啓超著：《中國近三百年學術史——「清代學術概論」合刊》（臺北：里仁書局，2005年），頁13、〔清〕顧炎武著，〔清〕黃汝成集釋：《日知錄集釋》（臺北：臺灣中華書局，1965年《四部備要·子部》據原刻本校刊），卷7，頁6上。

〔註85〕見〔清〕全祖望：〈亭林先生神道表〉，《鮚埼亭集》（上海：上海書店，1989年《四部叢刊初編·集部》據姚江借樹山房刊本景印），卷12，頁2下。

〔註86〕見王繼學：〈論張爾岐的《老子說略》在老學史上的地位〉，《商丘師範學院學報》第1期（2006年2月），頁22。而所謂「此前幾百年老學傳統」乃是指從宋代以來由「心、性（性命）」理論解釋《老子》的一股風潮，如在王雱、蘇轍、薛蕙、張位、釋德清、陸長庚等人所作的注解中都有此種傾向。其實，此種風氣唐代已現端倪，只是仍屬少數，詳見本章註61。故以「心、性（性命）」理論解釋《老子》並形成風潮，實要自北宋開始。

〔註87〕見王繼學：〈論張爾岐的《老子說略》在老學史上的地位〉，頁22。

〔註88〕見〔清〕梁啓超著：《中國近三百年學術史——「清代學術概論」合刊》，頁327。

於此倒是頗可一窺段玉裁對老子所言「嗇」的理解。

其實，「考據學」的方法在清代一些學者眼中，往往只是他們進求義理的門徑。胡適先生就曾區別清代儒學有「經學家」（主考據）與「哲學家」（求義理）之分，他說：「經學家只要尋出古經典的原來意義；哲學家卻不應該限於這種歷史的考據，應該獨立地發揮自己的見解，建立自己的系統」，並說戴震、焦循與阮元等人即是由經學走向哲學的「新理學家」，考據不過是他們進求義理的門徑。﹝註 89﹞張師麗珠則稱這些人物乃是所謂的「清代新義理學家」。﹝註 90﹞不過，清代這些新義理學家似乎都對《老子》不感興趣，因此已無法窺知他們對《老子》一書思想的看法。

又，今天有一些學者也曾提到清代同樣有帝王爲《老子》作注，乃爲清世祖。然而，此《御注》卻非世祖親著，蔡僑宗先生據柳存仁先生的考察說：「世祖之御序頒佈之時，年尙幼小，寫序的時間是順治十三年，世祖當時年僅十九歲，十四歲親政時還不熟悉漢文，且無法辨讀漢人大臣之奏章，據說許多東西都要靠翻譯。故其御注實爲大學士成克鞏等奉命編校，題名也是『清世祖　成克鞏撰』，確知其非親手所爲」。﹝註 91﹞不過，《御注》雖非出自世祖之手，但它卻依然可代表清代在上階層對《老子》的看法，故仍舊有討論價值。

另外，宋常星的《道德經講義》一書，由於被清帝康熙所推重，他又以此書能折衷群言，故爲之製〈序〉，並還下令宗室、群臣皆須誦讀之。因此，《道德經講義》在清代也是應該被注意的一家。

時至清代末年，近代時期，中國乃外患不斷，西方國家此時挾著船堅炮利打開封閉已久的中國大門，魏源則是這時候著名的思想家。他在不滿當時中國傳統社會無力抵抗外來強大衝擊之下，而主張「師夷長技以制夷」，﹝註

﹝註 89﹞ 分見胡適：《戴東原的哲學》（臺北：遠流出版事業股份有限公司，1988 年），頁 103、123。

﹝註 90﹞ 所謂「清代新義理學家」乃指以考據爲後盾，擺脫了理學「道德形上學」框架的新義理架構，這一群清代考據家是透過「傳統經典再詮釋」的「訓詁解經」方式，提出既能反映清人價值觀，又能在儒學義理中和宋明理學相抗庭的「經驗道德學」，換言之，他們是欲藉考據門徑以遂義理目的，這些人是以戴震爲首，包括焦循、凌廷堪、阮元等人。分別詳見張師麗珠：《清代義理學新貌》（臺北：里仁書局，2002 年），頁 134、張師麗珠：《清代新義理學——傳統與現代的交會》（臺北：里仁書局，2003 年），頁 48、131、張師麗珠：《清代的義理學轉型》（臺北：里仁書局，2006 年），頁 3。

﹝註 91﹞ 見蔡僑宗：《明太祖〈御製道德眞經〉之研究》，頁 10。

﹝註 92﹞ 見〔清〕魏源撰：《海國圖志》（上海：上海古籍出版社，1995 年《續修四庫

92） 具有強烈關切現實的精神。他曾以《老子本義》一書，「發揮了以子經世的
主張，對《老子》的社會政治價值進行了前所未有的開掘」。〔註93〕魏源在書
中還多次提到《老子》乃「救世、救時」之書。〔註94〕這和他本身提倡「通
經致用」，反對理學家侈談「心性」的治學態度相一貫，也呼應了清代學術「經
世致用」的要求。

　　後來，西學東漸，從此西方文化不斷傳入中國。嚴復乃是結合中學與西
學第一位劃時代之思想家，他在西方民主、科學等思潮的影響下，以爲《老
子》中也有民主與科學的思想。《老子評傳》一書作者說：「由於嚴復在揭櫫
道家思想的自由、民主、平等內涵方面的開創性工作和突出地位，他被一些
現時學者視爲現代『新道家』的先驅。」〔註95〕他的《道德經評點》一書即
是在西方思潮的帶動之下，對中國傳統思想進行新解釋，但嚴復對《老子‧
五十九章》卻只點未評，故不論。

九、現當代老學

　　時間到了現代，胡適先生在其《中國哲學史大綱》中運用西方哲學的知
識系統，而視老子乃早於孔子之中國哲學史上第一位哲學家，從此便展開了
十多年（西元 1919～1936 年）圍繞於老子其人其書問題的激烈論戰，這些討
論主要俱收入《古史辨》第四、六冊下編之中，洋洋灑灑共三十五、六萬言。
此也即是本節一開始曾引述王淮先生所說：「民國以來學風承清人考據之餘，
於是由老子『書』之考據，更進而爲老子『人』之考證。」

　　而今據《中國老學史》一書作者指出，吾人還可知二、三十年代至六、
七十年代老學著作的出版情況：「二三十年代出版的有關著作較多（當與辛
亥革命結束封建制度有關），三四十年代就大爲減少（當與抗日戰爭有關）。
中國大陸在五十年代後期就更爲稀少，六七十年代僅有一兩本正式出版物。

　　　全書‧史部（第七四三冊）》據北京大學圖書館藏清光緒二年魏光燾平慶涇固
　　　道署刻本影印），敘，頁 216。
〔註93〕見羅檢秋：〈近代道家思想的新開展〉，《道家文化研究（第二十輯——「道
　　　家思想在當代」專號）》（北京：三聯書店，2003 年），頁 13。
〔註94〕分見〔清〕魏源撰：《老子本義》（臺北：藝文印書館，1966 年《無求備齋老
　　　子集成續編（第七函）》據光緒二十八年避舍蓋公堂刊本景印），卷上，第 3
　　　章，頁 5 上；卷下，第 58 章，頁 55 下；卷下，第 61 章，頁 64 下。
〔註95〕見陳鼓應、白奚：《老子評傳》（南京：南京大學出版社，2001 年），頁 311。

臺灣地區則從五十年代後期開始有較大的發展，七十年代出書一二十種」。
〔註 96〕

　　最後，則是持續在發展中的當代。如今學術的走向又轉爲義理，並且「考據學」的方法多只成爲學者探索思想之工具，《中國老學史》一書作者就曾說：「類似清人的考證學不再受人推崇，成了史料學的代名詞，被置於工具性的學科層次」。〔註 97〕其實，當代大儒牟宗三先生的見解就很能反映這種情況，他說：「清朝乾嘉年間講考據，這表示你最有學問。假定你不懂這些考據，你就是沒有學問。我們現在的觀念正相反，這些考據沒甚麼學問，這些都是廢話，滿天打雷，一點雨點都沒有。民國以來學術界就成了這個樣子，一無所成。關於老子的那些考據，他知道得多得很，版本知道得很多，事實上老子的話一句也不懂」。〔註 98〕

　　總之，大致上來說，當代從八、九十年代以至於今，「隨著傳統文化熱、道家文化熱出現了老子研究熱，學術研究多，參加的人多，研究成果多」。〔註 99〕由於吾人今日所受西方影響更深，對《老子》也普遍進入多元解讀，與回顧總結的階段，〔註 100〕再加上地下《老子》文獻還多有出土，研究資料又豐富、資訊且便利，故當代學者對老子其人其書與其思想的探討，都達到了不同以往的高度。《二十世紀中國老學》一書作者就曾歸結說：

> 20 世紀的老學，氣象更新，林林總總，完全應該用「多元化」來概括形容。老學研究的領域不斷擴展，涉及到眾多的學科，除了 20 世紀以來傳統的哲學、政治、教育、倫理等方面研究之外，原來不很突出的，文學、美學、史學、宗教的研究也加強了，一些比較新的領域也發展起來，如文化學、管理學，乃至自然科學、醫學、環保、建築等等。〔註 101〕

　　但是，關於當代老學研究的成果，袁保新先生卻指出：「著作雖然數目驚

〔註 96〕見熊鐵基、馬良懷、劉韶軍：《中國老學史》，頁 519。
〔註 97〕見熊鐵基、馬良懷、劉韶軍：《中國老學史》，頁 425～426。
〔註 98〕見牟宗三主講，盧雪崑記錄，楊祖漢校訂：〈老子《道德經》講演錄（一）〉，《鵝湖月刊》第 28 卷第 10 期（2003 年 4 月），頁 2。
〔註 99〕見熊鐵基、劉韶軍、劉筱紅、吳琦、劉固盛：《二十世紀中國老學》（福州：福建人民出版社，2003 年），頁 15。
〔註 100〕如熊鐵基先生等人共同撰寫的《中國老學史》、《二十世紀中國老學》二書，即是回顧總結的一個代表。
〔註 101〕見熊鐵基、劉韶軍、劉筱紅、吳琦、劉固盛：《二十世紀中國老學》，頁 18。

人，但儼然自成詮釋系統的著作，卻為數不多」。〔註102〕上述曾提到的牟宗三先生即是少數能自成一家之言的學者，他乃是現今公認的儒學大師，而與徐復觀、唐君毅先生等人並稱「當代新儒家」的代表學者，牟宗三、唐君毅先生更「共為當代新儒家中最具義理原創性之領袖級人物」。〔註103〕

以上三人與張君勱先生還曾於西元1958年聯名發表〈為中國文化敬告世界人士宣言〉，〔註104〕此文「學界並將它定義成當代新儒學的基本主張，且往往以此宣言的出現，做為當代新儒學派正式產生的里程碑」，〔註105〕今日「新儒家」在學術界的影響力吾人已毋庸贅言。不過，可惜的是以上三人唯有唐君毅先生曾論到《老子》中「嗇」字，又牟宗三先生雖未對「嗇」字有說法，但其門人王邦雄先生已在牟先生的基礎上延續其說，故「新儒家」以唐君毅、王邦雄先生以為代表，應不差也。

當然，在當代老學界也深有影響力的還有嚴靈峰、陳鼓應等先生，他們曾編輯或主編多套叢書，其中最著名的當是嚴靈峰先生編輯的《無求備齋老子集成》（有初、續、補三編），〔註106〕此套叢書由於資料相對集中，故對開展老學研究有極大貢獻。陳鼓應先生則是大力標舉「道家哲學主幹說」的人物，〔註107〕又由他主編的《道家文化研究》至今已出自第二十三輯，他更曾被視為是「老子」研究中一個「新生代的代表人物」，〔註108〕而被收入《十家論老》一書當中。並且，他們二人也都還著有研究「老子」的多篇論文與數本書籍，故其學術成就自不待言。

另外，還該一提的是海外研究老學的情況：「二十世紀海外的老學研究是

〔註102〕見袁保新：《老子哲學之詮釋與重建》（臺北：文津出版社，1997 年），頁37。

〔註103〕見陳德和：〈論唐君毅的老子學〉，《道家思想的哲學詮釋》（臺北：里仁書局，2005 年），頁 63。

〔註104〕此文已收入劉雪飛先生主編：《二十世紀儒學研究大系 —— 現代新儒學研究》（北京：中華書局，2003 年），頁 327～379。

〔註105〕見陳德和：〈論唐君毅的老子學〉，《道家思想的哲學詮釋》，頁 43。

〔註106〕其實，《補編》不只收歷代老學著述，還有收「列子」與「莊子」的著述與一些附錄，甚至是國外（日、韓二國）的老、列、莊三子著述，故名之曰《無求備齋老列莊三子集成補編》。

〔註107〕詳見陳鼓應：〈論道家在中國哲學史上的主幹地位〉，《老莊新論》（臺北：五南圖書出版有限公司，1995 年），頁 369～384。

〔註108〕見胡道靜主編：《十家論老》（上海：上海人民出版社，2006 年），《十家論老》編輯說明，頁 2。

很發達的，世界各國《老子》的譯本數以百計，〔註109〕嚴靈峰《老子集成續編》所收日本著作及目錄即有二百六十多種，〔註110〕英文三十多種，韓國、越南數種，有關研究論文當然是更多」。〔註111〕今日，在交通、資訊便利等帶動之下，對「老子」之研究更已成爲國際討論的熱門話題。

　　以上，僅是一很粗淺的老學簡史，很多地方尚且不足，然而其中看法雖不免挂一漏萬，但相信已能勾勒由先秦以至於今之老學史的大致重點，下文就依時代前後分別說明上述所指出各家對老子所言「嗇」的看法。

第二節　歷代老學家對「嗇」字的體會

　　在正式說明之前，先引「嗇」字所在的《老子・五十九章》原典全文如下：

　　　治人、事天，莫若嗇。夫唯嗇，是謂早服；早服謂之重積德；重積德則無不克；無不克則莫知其極；〔註112〕莫知其極，可以有國；有國之母，可以長久。是謂深根固柢，長生久視之道。

　　而在本文第一章第二節曾提到，古今對「嗇」字的詮解主要是將「嗇」擺在〈五十九章〉此固定一章的文字脈絡中，然後多以自我體會而不說明的方式解之。底下所指出各家解「嗇」，即能反映此種情況。

一、先秦：文子、韓非

　　文子、韓非二人對「嗇」字意義的使用情形，在前面第三章第三節已有說明，此處只簡單重述。文子認爲「儉嗇」之「儉」不費，即能由小積多。韓非則以「愛其精神」解「嗇」，又以「多費之謂侈」、「少費之謂嗇」對比而言，故韓非釋「嗇」當指對精神的「愛惜」，與相反於奢侈浪費的「侈」。

二、兩漢：嚴遵、河上丈人（僞托）〔註113〕

〔註109〕據楊汝舟先生指出：「『老子』的第一部譯文，是在唐太宗時由玄奘譯成的印度文而傳到印度去的。」（見楊汝舟：《道學化成》，臺北：老莊學會基金會，2000年，頁12。）
〔註110〕關於日本學者對「老子」的研究，劉韶軍先生已有專書說明。詳見劉韶軍：《日本現代老子研究》（福州：福建人民出版社，2006年）。
〔註111〕見熊鐵基、劉韶軍、劉筱紅、吳琦、劉固盛：《二十世紀中國老學》，頁25。
〔註112〕「極」，竹簡本《老子》乙組中作「恒」。詳見本文第五章註1。
〔註113〕河上丈人乃是僞托，此已依王明先生考證，同本章註25。

嚴遵云：

以儉爲理天下，玄同豈知其極也。

爲嗇之道，不施不予，儉愛微妙，盈若無有，誠通其意，可以長久。

〔註114〕

《老子河上公章句》云：

嗇者，有餘不盡用之意。……治身者，當愛精氣不放逸。〔註115〕

首先看嚴遵，他以老子所言「嗇」爲「不施不予」而能理天下的「儉」道，故嚴遵即以「嗇」爲「儉」義。《老子河上公章句》則以「有餘不盡用」、「愛精氣不放逸」釋「嗇」，故「嗇」特指對精氣的「愛惜」。

三、魏晉南北朝：王弼

王弼云：

嗇，農夫。農人之治田，務去其殊類，歸於齊一也。全其自然，不
急其荒病，除其所以荒病。上承天命，下綏百姓，莫過於此。〔註116〕

其實，王弼在歷代解「嗇」中是最特殊的一家。吾人由第三章第二節已能認識到，「嗇」字本義和農業農事有相當密切之關係，而王弼在這裡又以「農夫」釋「嗇」，乍看之下，王弼似從「嗇」字本義入手，但由「農人之治田」以下注解觀之，又和「嗇」字本義不相類。若然，可知王弼依然不脫多以主觀解《老》之本色，而由自我體會釋「嗇」也。張成秋先生嘗言，如果想從王弼注中「找出直接、淺明、無主觀色彩的解說，恐怕就有一些困難了」。〔註117〕此論極是。

〔註114〕分見嚴靈峰輯校：《輯嚴遵老子注》（臺北：藝文印書館，1965 年《無求備齋老子集成初編（第一函）》據寫真活字本景印），卷下，第 59 章，頁 25 上、〔漢〕嚴遵撰，〔唐〕谷神子註：《道德真經指歸》（臺北：中國子學名著集成編印基金會，1978 年《道德經名注選輯（一）》據明萬曆間胡震亨刊祕冊彙函本影印），卷 4，方而不割篇，頁 244。

〔註115〕見舊題〔漢〕河上公章句：《纂圖互註老子道德經》（臺北：中國子學名著集成編印基金會，1978 年《道德經名注選輯（一）》據明初建刊六子本影印），守道第 59，頁 67。

〔註116〕見〔晉〕王弼注：《集唐字老子道德經注》（臺北：藝文印書館，2001 年），頁 122。

〔註117〕見張成秋：〈古書註釋發凡〉，《國立新竹教育大學語文學報》第 12 期（2005年 12 月），頁 16。

四、唐代：唐玄宗、杜光庭、陸希聲

唐玄宗云：

> 嗇，愛也。人君將欲理人事天之道，莫若愛費，使倉廩實。
>
> 夫唯儉嗇，以是有德。
>
> 嗇，愛也。言人君將欲理化下人，敬事上帝爲德之先，無如愛費，即儉德也。儉即足用，可以聚人，粢盛豐備，天享明德，故云莫若嗇也。〔註118〕

杜光庭云：

> 夫儉者，理務之先；財者，聚人之本。故《易》曰：「何以聚人？曰財。」財者非儉約則易散；民者非豐財則難聚。所以節財則省費，省費則人豐，人豐則國安而力足矣。
>
> 儉嗇爲政，國必豐財，上無甚貴之奢，下無箕斂之怨。以此理人則人順，事天則天明。〔註119〕

陸希聲云：

> 嗇也者，儉約之至也。〔註120〕

首先看唐玄宗，他認爲若要使倉廩充實，沒有任何做法比得上君主懂得愛惜花費、不濫用國庫來得好，故唐玄宗以「嗇」爲「愛惜」義。另外，唐玄宗解老子所言「早服謂之重積德」一句時又說：「夫唯儉嗇，以是有德」，由此可知玄宗同時也以「嗇」爲「儉」義，而這在《御疏》中表達得更爲明顯。杜光庭則視「儉嗇」乃爲政之道，尤其他還特指財方面的儉，故他是以「儉」義釋「嗇」。陸希聲更直接以「儉約」解之，使用的當然也是「嗇」字之「儉」義。

五、宋金代：陳景元、蘇轍、宋徽宗、朱熹、寇才質

陳景元云：

〔註118〕分見〔唐〕玄宗注：《御註道德眞經》（臺北：中國子學名著集成編印基金會，1978年《道德經名注選輯（二）》據舊鈔本影印），卷之3，治人事天章第59，頁137、138、舊題〔唐〕玄宗撰：《唐玄宗御製道德眞經疏》（臺北：新文豐出版股份有限公司，1995年《正統道藏・洞神部（第十九冊）》據中央研究院存民初縮印孤本翻印），卷8，頁708。
〔註119〕分見〔唐〕杜光庭述：《道德眞經廣聖義》，卷41，頁460、461。
〔註120〕見〔唐〕陸希聲撰：《道德眞經傳》（臺北：藝文印書館，1965年《無求備齋老子集成初編（第四函）》據清道光間錢熙祚刊指海本景印），卷之4，頁1上。

嗇，愛也。世俗則耗神，多求奢侈而不足；聖人則愛神，省費儉嗇而有餘。〔註121〕

蘇轍云：

凡物，方則割，廉則劌，直則肆，光則耀。唯聖人方而不割，廉而不劌，直而不肆，光而不耀，此謂嗇也。嗇者，有而不用者也。……斂藏其用。〔註122〕

宋徽宗云：

聰明智識，天也；動靜思慮，人也。適動靜之節，省思慮之累，所以治人；不極聰明之力，不盡智識之任，所以事天。此之謂嗇。天一在臟，以腎為事，立于不貸之圃。豐智原而嗇出，則人事治，而天理得。

迷而後復，其復也晚矣。比復好先嗇，則不侈於性，是以早復。

〔註123〕

朱熹云：

老子言：「治人事天，莫若嗇。夫唯嗇，是謂早服；早服，謂之重積德。重積德，則無不克。」他底意思，只要收斂，不要放出。

儉德極好。凡事儉則鮮失。老子言：「治人事天，莫若嗇。夫唯嗇，是謂早服；早服，是謂重積德。」被它說得曲盡。早服者，言能嗇則不遠而復，便在此也。重積德者，言先已有所積，復養以嗇，是又加積之也。

《老子》：「治人事天，莫如嗇。」……先生曰：「嗇，只是吝嗇之『嗇』。它說話只要少用些子。」〔註124〕

寇才質云：

此章《南華經》言，古者貴為天子而不以貴驕人，富有天下而不以

〔註121〕見〔宋〕陳景元纂：《道德真經藏室纂微篇》（臺北：新文豐出版股份有限公司，1995 年《正統道藏‧洞神部（第二十三冊）》據中央研究院存民初縮印孤本翻印），卷8，頁87。

〔註122〕見〔宋〕蘇轍註，〔明〕凌以棟批點：《道德經註》，下經卷1，守道第22，頁557～558。

〔註123〕俱見〔宋〕徽宗注：《御解道德真經》（臺北：中國子學名著集成編印基金會，1978 年《道德經名注選輯（三）》據覆刊明正統道藏本影印），卷4，治人事天章第59，頁50。

〔註124〕俱見〔宋〕黎靖德編：《朱子語類》，卷125，頁2999。

富戲人，富貴而嗇儉，可謂有德者也，民儉國久也。

《通玄經》曰：「古之聖人，以道蒞天下。嗇儉損缺者見少也。見少故能成其廣，可以長久。」〔註125〕

　　首先看陳景元，他由對精神的「愛惜」與「儉」釋「嗇」，故「聖人」愛惜、節儉精神而精神有餘，世俗濫用、奢侈精神而精神不足。蘇轍則以「嗇」為「有而不用者也」，後又以「斂藏其用」加以解釋，故可知他所體會的「嗇」，即指「嗇」字本義之「收斂」與「積藏」。宋徽宗乃分從「適」、「省」、「不極」、「不盡」釋「嗇」，故徽宗所指應較接近「儉」義，再由他說：「豐智原而嗇出」，更可看出他認為智力該多入少出以使其「豐」之意，而多入少出即有「儉」義。徽宗又說：「比復好先嗇，則不侈於性，是以早復」，於此可見他還認為迷途之後才想要復歸，未免晚矣，不如先從「愛惜」開始而不使本性放縱，這才是及早復歸之道。〔註126〕簡言之，徽宗也同時以「愛惜」與「儉」義釋「嗇」。

　　再來，朱熹則是少數能以多種意涵解「嗇」的老學家，朱熹說：「只要收斂，不要放出」、「儉德極好」、「復養以嗇，是又加積之也」、「嗇，只是吝嗇之『嗇』」，由此可知，朱熹分別提到了「嗇」字的「收斂」、「儉」、「積藏」、「吝嗇」義。〔註127〕然而，由於朱熹還是侷限在《老子·五十九章》中解「嗇」，又他除了對「積藏」、「吝嗇」義稍有說明之外，其它仍舊是以自我體會提出對「嗇」字的看法，而未詳細說出「嗇」字何以有他認為的這幾種意義。最後，寇才質只是在認同《莊子》、《文子》以「儉」釋「嗇」之下，直接援引《文子》以為解。

六、元代：吳澄、何道全

　　吳澄云：

〔註125〕俱見〔金〕寇才質撰：《道德真經四子古道集解》（臺北：藝文印書館，1965年《無求備齋老子集成初編（第五函）》據清蔣元庭刊道藏輯要本景印），治人事天章第59，頁49下。
〔註126〕詳見高專誠：《御注老子》，頁340。
〔註127〕上正文中曾引朱熹說：「嗇，只是吝嗇之『嗇』。它說話只要少用些子。」看來，朱熹所謂「吝嗇」應指正面意義的「精簡」。而吾人由《老子》一書雖只有五千餘言但正以精簡的語言，向吾人示範了其是一部充實而言之有物的經典可知，《老子》一書即如伍至學先生所說乃是一種「有意義的言說」、「本真的言說」（俱見伍至學：《老子反名言論》，臺北：唐山出版社，2002年，頁97）。

嗇，所入不輕出，所用不多耗也。留形惜氣要術也。〔註128〕

何道全云：

嗇者，不妄用之意也。雖有餘而不肯盡用。河上丈人云：「……治身
當惜精則不敢放逸。」〔註129〕

首先看吳澄，他以「嗇」乃惜氣之要術，與何道全同樣以對氣的「愛惜」
解「嗇」，而何道全更是直接引《老子河上公章句》以為解。

七、明代：明太祖、薛蕙、釋德清

明太祖云：

治人苛以法，事天祈乃福。苛則人變，祈疊禍生。若能治人省苛，
事天祀以理，廣德以安民，則其德厚矣。雖不祈於天，福乃天福也。

〔註130〕

薛蕙云：

嗇，儉也。節以制度，不傷財，不害民，治人之嗇也；郊用特牲，
掃地而祭，器用陶匏，席用藁秸，事天之嗇也。〔註131〕

釋德清云：

嗇，有而不用之意。〔註132〕

首先看明太祖。其實，太祖並未清楚解「嗇」，但從他所說「治人」要省
減嚴苛的法令，仍可得知他以「減少」釋「嗇」，而這種解法卻不屬於第三章
第二節中所提「嗇」字意義的任何一種，故明太祖當與王弼一樣是不依「嗇」
字意義作解的老學家。薛蕙則明白以「儉」釋「嗇」，用的當然是「儉」義。

〔註128〕見〔元〕吳澄撰：《道德真經註》（臺北：藝文印書館，1965年《無求備齋
老子集成初編（第八函）》據明刊正統道藏本景印），卷3，第50章，頁31。

〔註129〕見〔元〕何道全註：《太上老子道德經》（臺北：中國子學名著集成編印基金
會，1978年《道德經名注選輯（三）》據明初刊黑口本影印），卷4，守道章
第59，頁602。

〔註130〕見〔明〕太祖註：《大明太祖高皇帝御解道德真經》（臺北：中國子學名著集
成編印基金會，1978年《道德經名注選輯（四）》據明刊正統道藏本影印），
卷下，第50章，頁31～32。

〔註131〕見〔明〕薛蕙撰：《老子集解》（臺北：中國子學名著集成編印基金會，1978
年《道德經名注選輯（四）》據明嘉靖間刊本影印），下，第59章，頁223。

〔註132〕見〔明〕釋德清撰：《憨山道德經解》（臺北：中國子學名著集成編印基金會，
1978年《道德經名注選輯（五）》據清光緒十二年金陵刻經處重鐫本影印），
下篇，頁546。

憨山大師乃以「有而不用」解「嗇」，他所指應較接近《老子河上公章句》說：「有餘不盡用」，與何道全說：「雖有餘而不肯盡用」之意，俱指「愛惜」義。

八、清代：張爾岐、清世祖（掛名）、〔註133〕宋常星、段玉裁、〔註134〕魏源

張爾岐云：

嗇者，斂退虛靜之意。〔註135〕

《御註道德經》云：

外以治人，內以事天，皆莫如嗇。嗇者，謹于內，閑于外。內心不馳，外心不起之謂。

重積德：言先以有所積，復養以嗇，是又加積之也。

夫唯嗇，其精神而不侈費，……苟爲不嗇而費之，至於神散精勞。

精神者，生之根。嗇而藏之，則根深而生長矣。〔註136〕

宋常星云：

嗇者，儉也。心神收斂，一切逐物喪眞之爲，不敢妄動，便是嗇字之義。〔註137〕

段玉裁云：

老子曰：「治人事天，莫若嗇。」《詩序》云：「其君儉嗇褊急。」

〔註138〕

〔註133〕上一節正文中已指出，清世祖只是掛名，《御註道德經》實乃大學士成克鞏等奉命編校。

〔註134〕在本章第一節已指出，段玉裁並非老學家，只是剛好他對《老子》中「嗇」字有解釋，故這裡也列入討論。

〔註135〕見〔清〕張爾岐撰：《老子說略》（臺北：藝文印書館，1966 年《無求備齋老子集成續編（第二函）》據嘉慶十三年小蓬萊館刊本景印），卷 2，下篇，頁 21 下。

〔註136〕分見〔清〕世祖註：《御註道德經》（臺北：中國子學名著集成編印基金會，1978 年《道德經名注選輯（七）》據清順治十三年內府刊本影印），下篇，第 59 章，頁 129～130、130、131、132。

〔註137〕見〔清〕宋常星撰：《道德經講義》（臺北：中國子學名著集成編印基金會，1978 年《道德經名注選輯（七）》據道藏精華覆清康熙間原刻本影印），卷下，長生章第 59，頁 386。

〔註138〕見〔清〕段玉裁注：《說文解字段注》（臺北：臺灣中華書局，1965 年《四部備要‧經部》據經韻樓原刻本校刊），第 5 篇下，頁 22 上。

魏源云：

> 此章首以治人事天莫若嗇爲主，下文即承嗇而反復引申之。自早服
> 重積德至莫知其極，皆發明嗇義，兼治人事天而言也。隨舉有國以
> 明治人之用，並及深根固柢以言事天之要。蓋道之嗇，而至於早服
> 無間，德之積而至於莫知其極，則斂舒咸宜，體用兼妙，以之有國
> 則可以長久，以之固己則可以長生。惟其治人事天，無所不可，故
> 曰莫若嗇也。〔註139〕

首先看張爾岐，他以「斂退」解「嗇」，故他視「嗇」爲「收斂」義，他又
認爲韓非以「少費」釋「嗇」是「語皆可味」。〔註140〕《御註道德經》則引前
人注解說：「內心不馳，外心不起」，而據劉瑞符先生指出：「所謂『內心不馳，
外心不起』，心不爲物欲所惑也。……不爲物欲所惑，收斂私欲之念」。〔註141〕
由此可知，這裡有以「嗇」爲「收斂」義。另外，《御註道德經》又直接援引朱
熹所言以爲解，而說：「復養以嗇，是又加積之也」，後又說：「嗇而藏之」，看
來其又以「嗇」爲「積藏」義。《御註道德經》還說：「苟爲不嗇而費之，至於
神敝精勞」，則同於韓非以對精神的「儉」解「嗇」爲「少費」。

再來，宋常星乃以「儉也」、「心神收斂」釋「嗇」，故他認爲「嗇」字即
有「儉」與「收斂」義。段玉裁則在《老子·五十九章》所說：「治人事天莫
若嗇」之下，隨即引《詩序》：「其君儉嗇褊急」一句，故段玉裁當以「嗇」
爲「儉」義。

最後，魏源只指出《老子·五十九章》重點在於「嗇」字，認爲「以之有
國則可以長久，以之固己則可以長生」，而對「嗇」字卻未有明白定義。不過，
從魏源認爲蘇轍解此章是「於義較愜」來看，〔註142〕或許其中正隱含魏源認同
蘇轍解「嗇」的方向，而由上述可知，蘇轍乃以「收斂」與「積藏」釋「嗇」。

九、現當代：唐君毅、嚴靈峰、陳鼓應、王邦雄〔註143〕

唐君毅先生說：

〔註139〕見〔清〕魏源撰：《老子本義》，卷下，第51章，頁40上～40下。
〔註140〕見〔清〕張爾岐撰：《老子說略》，卷2，下篇，頁21下。
〔註141〕見劉瑞符：《老子章句淺釋》（臺北：華欣文化事業中心，1986年），頁342。
〔註142〕見〔清〕魏源撰：《老子本義》，卷下，第51章，頁40上。
〔註143〕現當代還有頗多外國學者的《老子》注解，由於在多半未有翻譯本的情況之
　　　　下，筆者難以掌握，故暫時擱置。

治人事天莫若嗇，……即精神之收斂也。〔註144〕

嚴靈峰先生解「嗇」為：

愛惜精力。〔註145〕

陳鼓應先生解「嗇」為：

愛惜，保養。

又說：

韓非對於五十九章「嗇」字的解釋也至為恰當。他說：「嗇之者，
愛其精神。……聖人之用神也靜。靜則少費，少費之謂嗇。」……
乃意指寶愛精神而不耗費精力。韓非的解釋遠勝於後人的註解。

〔註146〕

王邦雄先生說：

嗇即生命內斂不外露，凝聚不耗散之意。〔註147〕

　　由上可知，唐君毅、王邦雄先生俱以「收斂」釋「嗇」，而唐君毅先生更
特指對精神的收斂。又，王邦雄先生還以「凝聚不耗散」解之，故他認為「嗇」
在以收斂對治生命失落於外時，同時也有「積藏」的工夫待發。嚴靈峰、陳
鼓應先生則同樣引韓非作解，〔註148〕而分別由「愛惜」、「愛惜、儉」義釋「嗇」。

第三節　結　語

　　今雖難以探究古今老學家對老子所說「嗇」的整體情況，但由本章第一
節之說明可知，以上指出各家都是歷代老學的代表性人物或引領當時學術風
潮之大家，相信他們的看法不只有重要性，更對研究老子思想的研究者而言
具備典範之意義。底下就簡單歸納上述說法。

　　從先秦以至明代，只有王弼與明太祖不依「嗇」字意義解「嗇」、蘇轍與
朱熹有不同說法之外，其餘各家釋「嗇」多不出「嗇」字引申義的「愛惜」
與「儉」義。而「嗇」字本義的出現，則從清代到現當代才多有之，「嗇」字

〔註144〕見唐君毅：《中國哲學原論（導論篇）》（臺北：臺灣學生書局，1986 年），頁
　　　　411。
〔註145〕見嚴靈峰：《老子達解》（臺北：華正書局，1987 年），頁 317。
〔註146〕分見陳鼓應：《老子今註今譯及評介（三次修訂本）》（臺北：臺灣商務印書館，
　　　　2000 年），頁 265、329。
〔註147〕見王邦雄：《老子的哲學》（臺北：東大圖書股份有限公司，1999 年），頁 141。
〔註148〕詳見嚴靈峰：《老子達解》，頁 315。

引申義的「愛惜」與「儉」義此時反倒居於劣勢。由此可知，古今老學家對「嗇」字的詮解，有純以「嗇」字本義釋之，有純以引申義釋之，也有本義與引申義同時使用者，更有不屬於以上各種意義而方便名之曰特殊義者。若然，「嗇」字本義、引申義或特殊義，在古今老學家對「嗇」字作詮解之時皆曾出現。

又，在上述所指出二十七家當中，有十六家僅以一種意義解「嗇」，而不外乎各以「收斂」、「愛惜」或「儉」等義釋之，唯有王弼與明太祖以「農夫」、「減少」義解「嗇」較為特殊。而以二種意義釋「嗇」者有八家（不含魏源），皆環繞在「收斂」、「積藏」、「愛惜」、「儉」四義之上，並且其中同時以「愛惜」與「儉」二義解之者佔了五家。而以二義以上作解者，則有成克鞏等奉命編校的《御註道德經》和朱熹，其各以三義、四義解「嗇」。另外，除了上述各種意義外，朱熹又較他人多了「吝嗇」（精簡）一義。要之，以一至二義解「嗇」者，在二十七家中有二十四家，已佔絕大多數。

再來，筆者還觀察到，這些老學家從來只以《老子・五十九章》看《老子・五十九章》，故自然無法在此一章之文字脈絡中得出「嗇」字可具有的豐富意涵，因此才會狹窄地多僅以一至二義指出他們認為老子所說「嗇」為何義。並且，其中有的還是直接援引他人說法以為解，例如上面提到的何道全、《御註道德經》之作者等人即是。同時，吾人更應當發現，他們在解老子所說「嗇」時，或是引用他人說法解「嗇」時，總是不曾說明為何「嗇」是此種意義、為何引用某人之解為佳，所以不免皆走上以自我主觀體會解「嗇」的道路。

準此，古今對此「嗇」字的看法，大致上即有在本文第一章第二節已提點出的二種態度：第一，以自我體會的方式作解，不然則是引用他人說法以為解。不過，無論是提出一己對「嗇」字的看法，還是引用他人對「嗇」字之理解，總是不加以說明老子所謂「嗇」何以有其認定的意義、何以贊同他人解法而引用，因此無非皆以主觀解《老子》中之「嗇」也。而這當是以「我」解「嗇」，而非以《老》解「嗇」矣。第二，未能「以老解老」，僅以《老子・五十九章》看《老子・五十九章》，故「嗇」字意義長久以來皆被侷限在固定一章的文字脈絡中，其意義始終被窄化，此也即是說未能將「嗇」字放到《老子》書中作一全面性的探討。

質言之，古今老學家在一開始就只純解「嗇」字而未說明《老》之「嗇」矣。試想：若不加以說明，那麼《老子》中「嗇」字意義在每人都有不同體

會之下，將何其多呢？這已不是老子所說「嗇」，而是各人心中所想「嗇」了。看來，古今老學家似乎都把《老子》當成發揮一己見解之媒介也。

其實，自己不說明或不曾指出一己何以認為他人解老子所說「嗇」為佳，再引用的此種現象，直至現當代都依然如此。由於只解釋而不說明的例子頗多，今只舉其最明顯者，例如朱康有先生嘗言：「『嗇』的內涵是愛惜、積蓄、節約」，〔註149〕但其說法竟也僅止於此，而未曾見到有任何說明的文字。

當然，除此之外，還是有極少數學者像《老子通》一書作者，能在解「嗇」之前先有一番說明。可是，這些說明由於大多還是不脫主觀色彩，故仍舊失之偏頗。底下就簡單敘述《老子通》一書作者的說法以為例。首先，《老子通》一書作者在認為老子對「莫若嗇」沒有具體說法之下，曾以為可將「嗇」字放入《老子》全書中來思考，不過他們在未引《老子》任何其它原典說明之前，就泛泛指出「嗇」是老子針對當時邦君互相爭奪、鋒芒畢露、揮霍無度、腐化墮落的有為政治而發，蓋「嗇」就治邦為政而言當有「收斂」、「收藏」與「愛惜」義，再來他們更直接將「愛惜」與《老子·六十七章》所說「儉」視為同義。由此可見，《老子通》一書作者在嘗試將「嗇」字放入《老子》全書後，他們得出「嗇」字具有以上指出的三種意義。然而，可怪的是，他們最後卻又說：「『嗇』字的具體內容，《老子》本文沒有闡釋」。〔註150〕

試想：若其沒有闡釋，那麼之前他們是如何指出「嗇」字有三種意義呢？難道說這只不過是他們在結合一己對於老子當時可能有的政治環境背景後，才從「嗇」字諸多意義中挑選出《老子》中「嗇」字應該會有此三種意義嗎？

筆者以為，《老子通》一書作者對「嗇」字的說法，實在過於輕率且前後不一致，只徒然令人無所適從。不過，他們有意將「嗇」字放入《老子》全書來思考的做法卻應肯定，因為至少研究的方向已正確，只不過他們對於「嗇」字的處理卻不免粗陋又未能引原典說明，以致於終究只是主觀泛論。而此種不以原典為主、不引原典做詮釋又喜歡進行自我推測的研究態度，甚至有的還是引用他人自我推測之說或已是多手資料的做法，已不禁讓筆者懷疑：到底有多少學者在研究老子思想之前，能先逐字逐句對《老子》原典作地毯式地仔細爬梳呢？又有多少學者在引用他人說法以為解的當下，能先回查原典

〔註149〕見朱康有：《老子》（香港：中華書局，2000年），頁106。
〔註150〕分別詳見古棣、周英：《老子通（上）》（高雄：麗文文化事業股份有限公司，1995年），頁435～436、442。

以判斷其詮釋是可靠，且有說服力而也加以說明後才引用呢？

　　或許，正是在這種忽視原典又不熟悉原典且人云亦云的態度之下，才使古今老學家至今仍未重視《老子‧五十九章》中，有非常明顯能替《老子》全書大部份思想篇幅理論下結論的話語。其實，吾人本不該由於學術界所流行之權威性見解，沒有對某些文獻提出重視的看法，便也不加思考地認定這些文獻必然無足觀，因為誠如王博先生指出，有時候「流行的並不一定就是合乎事實的」，〔註151〕此論極是矣。總之，如果沒有〈五十九章〉中那些文獻，本文絕不會也不能認定「嗇」字具有關鍵地位，與判斷「嗇」字不該僅侷限在固定一章的文字脈絡中，而必須要將之拉向全書廣闊的視野，始能準確掌握其意義。

　　不論如何，在筆者看來，古今老學家是皆忽略《老子‧五十九章》對《老子》全書有結論性質的地位，故才始終未能「以老解老」，更遑論得出「嗇」字關鍵地位，與對老子所言「嗇」之意義有準確掌握。

　　底下第五章筆者便是要說明老子所謂「嗇」的關鍵地位及其豐富意義，而論述的邏輯是：先說明何以《老子‧五十九章》在《老子》中是具備結論性質的一章，進而則順勢帶出「嗇」字所具備的關鍵地位，再來才從「以老解老」而非自我體會的方法，由《老子》原典中直接歸納出「嗇」字有蘊含的意義。

　　德國哲學家阿斯特（Friedrich Ast）曾說：「個別只有通過整體才能被理解，反之，整體只有通過個別才能被理解。」〔註152〕而筆者認為這也是唯一能正確解讀老子所謂「嗇」的最快方法。易言之，此乃客觀以《老》解「嗇」，而非主觀以「我」解「嗇」矣。畢竟，《老子》中有多少原典，「嗇」字自然就不該超出這些原典所要表達的意義。換句話說，「嗇」字「只要置入《老子》的脈絡，就應以《老子》的脈絡意義讀之」。〔註153〕

　　底下進入第五章。

〔註151〕見王博：〈老子與夏族文化〉，《哲學研究》1989年第1期，頁44。
〔註152〕見〔德〕阿斯特（Friedrich Ast）作，洪漢鼎譯：〈詮釋學〉，《詮釋學經典文選（上）》（臺北：桂冠圖書股份有限公司，2002年），頁9。
〔註153〕見汪治平：〈「天道無親，常與善人」解〉，《佔畢居論文集》（臺北：四章堂文化事業有限公司，2006年），頁72。

第五章　「嗇」字意義考察與分析

第一節　由《老子・五十九章》的結論性質論「嗇」字關鍵地位

　　由本文第四章可知，古今老學家對「嗇」字的體會，大致皆環繞在「收斂」、「積藏」、「愛惜」、「儉」四義之上。其實，《老子》中「嗇」字也不出這四種意義。然而，老子對「嗇」字意義的使用卻與古今老學家有一不同處，此乃這四種意義都同時包含在老子所謂「嗇」裡。而在詳細論述「嗇」字意義之前，吾人必須先說明「嗇」字所在的《老子・五十九章》，何以是《老子》全書中具備結論性質之一章，與「嗇」字爲何具有關鍵地位。因爲如此一來，才可使本文底下由「以老解老」之方法所帶出「嗇」字的四種意義，能夠具有說服力。

　　而筆者所以認爲《老子・五十九章》在老子思想中，具備結論性質之一章的原因，乃在於〈五十九章〉：「治人、事天，莫若嗇。夫唯嗇，是謂早服；早服謂之重積德；重積德則無不克；無不克則莫知其極；莫知其極，可以有國；有國之母，可以長久。是謂深根固柢，長生久視之道」，其中「嗇」字與「治人」及「可以長久」、「長生久視之道」等文獻的出現。

　　由於今日發現最早《老子》版本的郭店楚簡《老子》，其中〈五十九章〉也大致完整出現在乙組文字裡，[註1] 於此便已足見〈五十九章〉確實應爲《老

〔註 1〕　出現在竹簡本《老子》乙組的〈五十九章〉文字是：「紿（治）人事天，莫若嗇。夫唯嗇，是以杲（早）是以杲（早）備（服）是胃（謂）……不克則莫

子》原書之舊。不過，對於竹簡本《老子》乙組中「紿人」究竟該讀爲「治人」還是「給人」，今卻有不同意見。據筆者所知，主張讀爲「給人」者，唯有尹振環先生。他因「紿」、「給」二字形近，而說：「查楚簡《老子》圖版，並非『治人事天』，而是『紿人事天』。但這『紿』字卻很像『給』字，……顯然是『給』字，但抄寫成有點像『紿』字了」、「『紿』乃是寫得不清楚的『給』字罷了」、「『給人』非『治人』，給予人民也」。〔註2〕然而，「紿」字，帛書本《老子》乙本及河上公、王弼、傅奕、范應元本《老子》版本皆作「治」，《郭店楚墓竹簡》釋文「紿」也讀爲「治」。〔註3〕今再引三位學者的說法如下：

　　紿，通治。二字古韻同在之部。

　　《説文・系部》：「絲勞即紿。從糸，台聲。」《逸周書・器服》：「喪勤焚纓一紿。」朱右曾《集訓校釋》：「《説文》云，絲勞曰紿，以紿飾纓，示不任用也。」《説文・水部》：「治，水。出東萊曲城陽丘山，南入海。從水，台聲。」《玉篇・水部》：「治，修治也。」《廣韻・至韻》：「治，理也。」「紿」與「治」皆以「台」爲聲，故能通用。尹說非，〔註4〕當以「治」爲本字，訓爲治理。

　　《説文・系部》：「紿，絲勞即紿。從糸，台聲。」《説文・水部》：「治，水。……從水，台聲。」「紿」、「治」從「台」聲，皆爲定母之部字，雙聲疊韻，「紿」借作「治」。〔註5〕

　　由此可見，「紿」與「治」既然互可通借，那麼「紿人」讀爲「治人」就

智（知）其**恆**：莫智（知）其**恆**，可以又（有）邦（國）；又（有）邦（國）之母，可以長……長生舊（舊＝久）視之道也。」其中，「**恆**」乃爲「恒」字，詳見本文第六章註 30。而今據彭浩先生說：「亙，帛書本殘損，傳世諸本作『極』。簡本『亙』寫作『亙』，字形與『亙』相近，易訛。《韓非子・解老》引作『無不克則莫知其極』，同各傳世本，也合上下文之用韻。可知簡本『亙』字係『亙』之誤寫。『亙』與『極』同音相通。下句同。」（見彭浩：《郭店楚簡〈老子〉校讀》，武漢：湖北人民出版社，2000 年，頁 77。）

〔註2〕分見尹振環：《楚簡老子辨析——楚簡與帛書〈老子〉的比較研究》（北京：中華書局，2001 年），頁 34、272、尹振環：〈論《郭店竹簡老子》——簡帛《老子》比較研究〉，《文獻》1999 年第 3 期，頁 17。
〔註3〕見荊門市博物館編：《郭店楚墓竹簡》（北京：文物出版社，1998 年），頁 118。
〔註4〕此處廖名春先生主要即在反駁尹振環先生的看法。
〔註5〕分見崔仁義：《荊門郭店楚簡〈老子〉研究》（北京：科學出版社，1998 年），頁 53、廖名春：《郭店楚簡老子校釋》（北京：清華大學出版社，2003 年），頁 369、聶中慶：《郭店楚簡〈老子〉研究》（北京：中華書局，2004 年），頁 121。

本無疑義，故如今仍讀作「治人」，而不採納猜測成份過多的尹振環先生之說法。

　　而何謂「治人」呢？顧名思義乃為治理人也。又，由誰「治人」呢？侯王也。要如何「治人」呢？必有一套治理方法也。吾人今試觀《老子》書中理想侯王，當可發現老子同樣以「聖人」一詞名之。王博先生就說：「《老子》以『聖人』與『民』、『百姓』相對使用，且一再講『聖人之治』，則聖人指君主而言無疑」，蔣錫昌先生則說：「《老子》全書所謂『聖人』，皆指理想之人君而言」。〔註6〕其實，老子所謂「聖人」必然是「有位之聖人，而非無位之聖人」的「實際政治的權力人物」，〔註7〕不然老子便不能說「聖人之『治』」。〔註8〕是以，《老子·二十八章》說：「樸散則爲器，聖人用則爲官長」的用意便在於是：〔註9〕此謂「『樸』本來不是器，〔註10〕散了便成器，『聖人』本來不爲官長，但爲人所用，便成爲官長」。〔註11〕而老子所謂「聖人」自然是這樣一種要爲人所用，以治理人的官長也。既然如此，如今不妨照劉韶軍先生

〔註6〕　分見王博：《老子思想的史官特色》（臺北：文津出版社，1993年），頁95、蔣錫昌：《老子校詁》（臺北：東昇出版事業有限公司，1980年），頁14。而持此種看法者已屬多數，以上只是隨舉此二家說法耳。

〔註7〕　分見高亨：《老子正詁》（臺北：臺灣開明書店，1996年），卷上，頁62、蔡明田：《老子的政治思想》（臺北：藝文印書館，1976年），頁5。

〔註8〕　語出《老子·三章》。

〔註9〕　上引「聖人用則爲官長」，集唐本《老子》在「用」字下原有一「之」字。而據高明先生的考察，景龍碑本（筆者案：即指唐中宗景龍二年「易州龍興觀道德經碑」，又稱易州本）、敦煌丁本（筆者案：此乃唐人寫本殘卷）、遂州本均無「之」字（詳見高明：《帛書老子校注》，北京：中華書局，2004年，頁377～378）。今再檢之帛書本《老子》甲、乙本也同無「之」字，故「之」字似爲衍文。又，若無「之」字，則「樸散則爲器，聖人用則爲官長」，其上下句語法自然相對，此據劉殿爵先生說：「按語法『聖人用』是被動句，意思是『聖人爲人所用』，因而成爲官長，這樣便與上句相對。『樸』本來不是器，散了便成器，『聖人』本來不爲官長，但爲人所用，便成爲官長」（見劉殿爵：〈馬王堆漢墓帛書《老子》初探（下）〉，《明報月刊》第17卷第9期，1982年9月，頁35）。

〔註10〕　何謂「樸」，據《說文解字》「木」部說：「樸，木素也」，《論衡·量知》說：「無刀斧之斷者謂之樸」（分見〔漢〕許慎撰：《說文解字眞本》，臺北：臺灣中華書局，1965年《四部備要·經部》據大興朱氏依宋重刻本景印，第6上，頁8上、〔漢〕王充撰，〔明〕程榮校：《論衡》，臺北：臺灣中華書局，1965年《四部備要·子部》據明刻本校刊，卷12，頁8上），故知「樸」乃指尚未被雕琢成器的原木。

〔註11〕　見劉殿爵：〈馬王堆漢墓帛書《老子》初探（下）〉，頁35。

曾使用「聖人式侯王」一語，〔註12〕來統稱老子心目中爲人所用的理想侯王。

可是，此種侯王的出現對老子來說似乎始終只能期待，吾人可試看《老子》一書曾於〈三十二章〉、〈三十七章〉二次說出「侯王若能守之」的話，而其中一個「若」字，實已充分表達老子對當時侯王的期待。又，這份期待對老子而言，似乎是相當著急，試再看〈二十六章〉說：「重爲輕根，靜爲躁君。是以君子終日行不離輜重。……奈何萬乘之王，而以身輕天下？輕則失本，躁則失君」，〔註13〕此處老子以「奈何」一詞訴說著對當時萬乘之王（侯王）「以身輕天下」此種行爲的感受，看來老子自知當時侯王和他心目中的「聖人式侯王」之間，確實還有一段不小差距，而這段差距也使得老子將更加迫切地期待當時侯王，能成爲他心目中的「聖人式侯王」。

不過，現實情況卻是老子之時的侯王在治理時，總是在眾人面前做出一些讓老子要以「奈何」一詞訴說就像是贅疣那般的「贅行」，〔註14〕例如說《老子·五十三章》曾指出當時侯王乃「服文綵，帶利劍，厭飲食，財貨有餘」，〔註15〕老子在這裡深刻批判了當時侯王是「挾持權威武力，搜括榨取，侵公

〔註12〕 見劉韶軍：〈郭店竹簡《老子》文本分析〉，《出土文獻探賾》（武漢：崇文書局，2005 年），頁 151。

〔註13〕 上引「君子」，乃出自帛書本《老子》甲、乙本，集唐本《老子》則作「聖人」。高明先生說：「景龍、易玄（筆者案：即指唐開元二十六年『易州龍興觀御注道德經幢』）諸碑本，敦煌寫本，傅、范古本，司馬（筆者案：司馬本即指司馬光《道德眞經論》本）、蘇轍等宋本皆作『君子』，《韓非子·喻老篇》引此文亦作『君子』。今由帛書《甲》、《乙》本證之，作『君子』者是，『聖人』乃是由後人妄改。」（見高明：《帛書老子校注》，頁 355。）而作「萬乘之王」也同出自帛書本《老子》甲、乙本，集唐本《老子》乃作「萬乘之主」。陳錫勇先生說：「王本（筆者案：即指王弼本）『王』訛作『主』。大夫稱『主』，本句所言者乃位在『君子』（筆者案：陳錫勇先生曾說『君子』謂卿、大夫、士，奚侗先生則指出此說可見於《禮記·鄉飲酒義》註。分見陳錫勇：《老子校正》，臺北：里仁書局，2003 年，頁 242、258、奚侗：《老子集解》，臺北：藝文印書館，1966 年《無求備齋老子集成續編（第十二函）》據民國十四年排印本景印，上卷，26 章，頁 21 下。又，其中『大夫』，《老子·三十章》中有以『人主』名之。詳見陳錫勇：《郭店楚簡老子論證》，臺北：里仁書局，2005 年，頁 50～51）之上者，當是指『侯王』，簡稱『王』。」（見陳錫勇：《老子校正》，頁 242。）準此，集唐本《老子·二十六章》作「聖人」、「萬乘之主」者，今皆據上改正作「君子」、「萬乘之王」。

〔註14〕 「贅行」，語出《老子·二十四章》。

〔註15〕 《老子·二十章》也曾說：「眾人皆有餘」，而此處所謂「眾人」之「人」，依蔣錫昌先生解釋當指「人君」（見蔣錫昌：《老子校詁》，頁 132），故這句乃說當時各邦眾多人君（侯王）是「皆有餘」。

肥私，過著奢侈糜爛的生活」，〔註16〕卻無視於此時的「民之飢」，〔註17〕故老子說這根本就是「盜竽」——強盜頭子的作風。〔註18〕

　　而也正是因爲老子認爲當時侯王從事於「失者」此種「贅行」，已使得在他之下所有人必然效法也「同於失」，〔註19〕以致於才形成此時「邦家昏亂」的局面。〔註20〕又，若要究其所以形成「邦家昏亂」的源頭，自然皆在侯王

〔註16〕見陳鼓應：《老子今註今譯及評介（三次修訂本）》（臺北：臺灣商務印書館，2000年），頁246。

〔註17〕語出《老子・七十五章》。其中，上引「飢」字，集唐本《老子》作「饑」。清人畢沅說：「古饑饉字作饑，飢餓字作飢，此應作飢。」（見〔清〕畢沅撰：《老子道德經考異》，臺北：藝文印書館，1966年《無求備齋老子集成續編（第四函）》據乾隆四十八年「經訓堂叢書」刊本景印，卷下，75章，頁14上。）由於此處明顯意指人民之飢餓，故當作「飢」是也。

〔註18〕「盜竽」，語出《韓非子・解老》（見〔戰國〕韓非撰：《韓非子》，臺北：臺灣中華書局，1965年《四部備要・子部》據吳氏影宋乾道本校刊，卷6，頁12上），集唐本《老子・五十三章》乃作「夸盜」。高亨先生說：「夸、竽同聲系，古通用。」（見高亨：《老子正詁》，卷下，頁13。）若既可通用，如今便採時代較早的《韓非子》引《老子》文作「盜竽」。又，何謂「盜竽」，高亨先生說：「盜竽猶今之盜魁也」，樓宇烈先生也說：「『盜竽』猶盜首」（分見高亨：《老子正詁》，卷下，頁13、樓宇烈：《王弼集校釋》，臺北：華正書局，1992年，頁143）。

〔註19〕《老子・二十三章》說：「從事於……失者，同於失。」而關於在侯王之下所有人會必然效法侯王行爲的說法，詳見本文第六章第一節。

〔註20〕語出《老子・十八章》。其中，上引「邦」字，集唐本《老子》作「國」字。今據陳錫勇先生的考察：「朱駿聲《說文通訓定聲》：『國者，郊內之都也。』《孟子》趙岐注：『在國謂都邑也。』是也，孟子所謂『在國』，猶言『在朝』也。《莊子・秋水》『夫壽陵餘子之學行於邯鄲』，『未得國能』，『國』乃指『邯鄲』，而成玄英誤注，是不悟壽陵在趙，不知『國』乃『都城之誼』，……《孟子》、《莊子》所載『國』之二例，並指『國都』。」（見陳錫勇：《郭店楚簡老子論證》，頁217。）由此可知，春秋戰國時代「國」乃指「城鎮」、「都城」（分別詳見趙世超：《周代國野關係研究》，臺北：文津出版社，1993年，頁252～253、南懷瑾：《禪與道概論》，臺北：考古文化事業有限公司，2003年，頁235。分見劉笑敢：《老子古今——五種對勘與析評引論（上卷）》，北京：中國社會科學出版社，2006年，頁227、任繼愈：《老子繹讀》，北京：北京圖書館出版社，2006年，頁118註2）。又，「邦」則指「侯王所封地」（見陳錫勇：《郭店楚簡老子論證》，頁50），故可知「國」在「邦」中。而『家』則是受封的主體」（見劉笑敢：《老子古今——五種對勘與析評引論（上卷）》，頁227）。是以，上引〈十八章〉應作「邦家」才順理成章，作「國家」則是後人所改。其實，集唐本《老子》中在多處都有上述「國」該改正作「邦」之情況，劉笑敢先生就曾以表格詳細統計幾個《老子》早期版本，如竹簡本、帛書本甲乙本、傅奕本等《老子》版本對「邦」與「國」字的使用情形，而

治理時從事於「失者」的「贅行」上。所以，如今要讓邦家昏亂或安定，無非便左右於侯王行為之好壞上矣。

　　若然，為了不讓周文罷弊下之「天下」各邦家持續昏亂，老子才會設想出一套「聖人式侯王」的行為模式，以期能讓當時侯王實踐所謂好的行為，而此由《老子》一書中不時可發現常提到「聖人」在治理時，會「為」、「居」（「處」）、〔註21〕「行」或做某某事，不「為」、「居」（「處」）與不做某某事

得出古本《老子》以用「邦」字為主，用「國」字乃因諱改。試看他的考察說：「竹簡本和帛書甲本都是『邦』字和『國』字並用，都以『邦』字為主，而且在可以比較的章節內，竹簡本和帛書本用『邦』或用『國』的情況完全一致。竹簡本和帛書甲本代表了目前所知最早的《老子》版本，說明最早的《老子》用『邦』字為主。傅奕本也是『邦』字和『國』字並用，但以『國』字為多。最明顯的是竹簡本和帛書乙本都只用『邦家』一詞，而不用『國家』的概念。傅奕本的底本是項羽妾塚本，應該不避『邦』字諱的。今天的傅奕本在兩章中保留了『邦』字，這兩章的竹簡本和帛書甲本恰好也用『邦』字，說明傅奕本在一定程度上保留了《老子》古本的原貌」，最後說：「大體看來，竹簡本和帛書甲本代表了《老子》古本以用『邦』字為主的情況，帛書乙本和通行的河上、王弼本則代表了避劉邦諱以後一律用『國』字的情況。傅奕本則恰好反映了處在這兩種情況之間的特點。按年代，傅奕本加工於唐代，不受避諱字的影響，由於它的底本早於帛書乙本，所以仍然反映了一些較早版本的情況」（分見劉笑敢：《老子古今——五種對勘與析評引論（上卷）》，頁 222、223）。若然，「帛書本、竹簡本『邦』、『國』並用，或許透露一些『邦』、『國』不同義之線索。古代『國』、『邦』並用，漢代以後諱『邦』為『國』，陳錫勇先生則是明白指出：『《老子》作『邦』與作『國』，其義不同。……諱改，使『邦』、『國』混同矣」（分見劉笑敢：《老子古今——五種對勘與析評引論（上卷）》，頁 574、陳錫勇：《郭店楚簡老子論證》，頁 217）。準此，本文即依作「邦」、作「國」意義不同的原則，而將集唐本《老子》中所有本指「侯王所封地」，但因諱改而作「國」字之處，俱改正回作「邦」字，原來應作「城鎮」或「都城」之意使用的「國」字則不更動，以使「邦」、「國」意義不混也。

〔註21〕集唐本《老子》中所有「處」字，例如〈二章〉中「處無為之事，行不言之教。萬物作焉而不辭」之「處」字，在帛書本《老子》甲、乙本與竹簡本《老子》三組裡俱作「居」字。今據馬敘倫先生說：「十七章王弼注曰：『太上大人在上，居無為之事，行不言之教，萬物作焉而不為始。』『居無為之事』三句，即引此文（筆者案：即指《老子·二章》文），則王『處』作『居』。」（見馬敘倫：《老子校詁》，香港：太平書局，1973 年，卷 1，頁 33。）疑當時王弼引《老子》原作「居」，但由於『處』與『居』音近義同，故後人以『處』代『居』」（見廖名春：《郭店楚簡老子校釋》，頁 171）。可是，雖然「居」、處通，然《老子》原文作『居』不作『處』」（見陳錫勇：《老子校正》，頁 154～155）。

的說法來看，〔註22〕便可得知這其實都是老子要讓當時侯王成為「聖人式侯王」，以在治理時行「聖人式侯王」會有的行為，所自鋪陳之理論。由此見得，老子的確相當看重在上位者於治理時所表現出的行為。簡言之，老子就是要當時侯王成為「聖人式侯王」，以在治理時行「聖人式侯王」會有他所設定之行為也。

準上所述，《老子・五十九章》既然說：「治人……莫若……」，〈八章〉又說要「正善治」，並且由上可知，老子看重的乃是在上位者於治理時所表現出之行為，故老子所謂「治人」，準確來說不外乎在提出侯王於治理時該表現出哪些「尊行」（可貴的行為）而非「贅行」，〔註23〕才是老子認為治理人的最佳方法，〔註24〕所謂「善治」是也。而此當屬政治領域、是政治思想要探討的問題，殆無疑義。

今考《老子》書中有涉及「政治」的章節，其中較明白是有出現「治」、「取」一類字眼，〔註25〕不然便是在談論「聖人」治理人或「取（治）天下」

〔註22〕 這些說法大致上可見於「聖人」一詞有出現的章節。「聖人」一詞出現的章節分別是《老子》〈二章〉、〈三章〉、〈五章〉、〈七章〉、〈十二章〉、〈二十二章〉、〈二十七章〉、〈二十八章〉、〈二十九章〉、〈四十七章〉、〈四十九章〉、〈五十七章〉、〈五十八章〉、〈六十章〉、〈六十三章〉、〈六十四章〉、〈六十六章〉、〈七十章〉、〈七十一章〉、〈七十二章〉、〈七十三章〉、〈七十七章〉、〈七十八章〉、〈七十九章〉、〈八十一章〉。而集唐本《老子・二十六章》所出現「聖人」一詞，由本章註13已改正作「君子」，故不列入。另外，〈七十三章〉所出現之「聖人」，據奚侗、馬敘倫先生指出此句包含「聖人」一詞的文獻，乃〈六十三章〉文錯簡複出於此，而帛書本《老子》乙本已可證之。分別詳見奚侗：《老子集解》，下卷，73章，頁26下、馬敘倫：《老子校詁》，卷4，頁187。
〔註23〕 「尊行」，語出《老子・六十二章》。而陳鼓應先生註釋「尊行」乃指「可貴的行為」。見陳鼓應：《老子今註今譯及評介（三次修訂本）》，頁272。
〔註24〕 何謂老子認為治理人的最佳方法，詳見本文第七章第五節。
〔註25〕 出現「治」的章節分別是《老子》〈三章〉、〈八章〉、〈十章〉、〈五十七章〉（筆者案：此章「治」字，帛書本《老子》甲、乙本與竹簡本《老子》甲組俱作「之」字。高明先生說：『之』字假為『治』」，徐富昌先生則進一步解釋說：「『之』，『上而切』，上古音屬『之』部『章』紐；『治』，『直之切』，上古音屬『之』部『澄』紐。疊韻，故可通假」。分見高明：《帛書老子校注》，頁102、徐富昌：〈典籍異文之鑑別與運用——以簡帛本與今本《老子》為例〉，《出土文獻研究方法論文集初集》，臺北：國立臺灣大學出版中心，2005年，頁162）、〈五十九章〉、〈六十章〉、〈六十四章〉、〈六十五章〉、〈七十五章〉。而「取」字只以出現「取天下」的章節為考量，這些章節分別是《老子》〈二十九章〉、〈四十八章〉、〈五十七章〉。又，「取天下」之「取」本可通「治」，試看蔣錫昌先生說：「《廣雅・釋詁》：『取，為也。』《國語》十四：『疾不可為

時會有的行為、〔註 26〕批判與告誡甚至期望當時侯王治理人或「取（治）天下」時應有的行為，〔註 27〕其它則是觀其文意也確有在談論為政時的行為之章節，〔註 28〕又除了以上筆者考察的章節之外，袁保新先生也曾指出某些尚不為筆者提及，但袁先生認為有在談論「如何建立理想的政治」者，〔註 29〕今也一併計算。若將這些章節去除重複，則在《老子》八十一章中便有四十章明顯有涉及政治領域。〔註 30〕

袁保新先生曾說：「老子對政治的關懷是非常殷切的，有幾近一半的篇幅都是在談為政之道，……可以確定：『如何建立理想的政治？』正是老子道德經的主要關懷之一。」〔註 31〕而由上考察可知，《老子》一書確實有以半數左

也。』章解『為，治也』，是『取』與『為』通，『為』與『治』通，故河上云：『取，治也。』」（見蔣錫昌：《老子校詁》，頁 304）。其實，劉笑敢先生曾以為老子所謂「取天下」之「取」，應訓為「容易、輕易」之意，此說筆者雖不從，但仍有參考價值，特錄於此。詳見劉笑敢：《老子古今——五種對勘與析評引論（上卷）》，頁 484～485。

〔註 26〕 由《老子·八十一章》說：「聖人之道，為而不爭」可知，「不爭」是老子心目中之理想治者——「聖人式侯王」——會有的行為，而《老子》一書中幾個提到「不爭」的章節，或是一些「聖人」、「侯王」、「有道者」（等同「聖人」）有出現的章節，皆已談論到「聖人」在治理人或「取（治）天下」時會有的行為。這些章節分別是《老子》〈二章〉、〈三章〉、〈五章〉、〈二十二章〉、〈二十四章〉、〈二十八章〉、〈二十九章〉、〈三十一章〉、〈三十九章〉、〈四十九章〉、〈五十七章〉、〈五十八章〉、〈六十章〉、〈六十三章〉、〈六十四章〉、〈六十六章〉、〈六十八章〉、〈七十二章〉、〈七十七章〉、〈七十八章〉。

〔註 27〕 這些章節分別是《老子》〈二十三章〉、〈二十六章〉、〈三十六章〉、〈三十七章〉、〈五十三章〉、〈七十四章〉。

〔註 28〕 這些章節分別是《老子》〈十三章〉、〈十七章〉、〈四十三章〉、〈四十八章〉、〈六十一章〉、〈六十七章〉。

〔註 29〕 不曾為筆者提及，而為袁保新先生所提及的章節分別是《老子》〈十八章〉、〈三十章〉、〈八十章〉。詳見袁保新：《老子哲學之詮釋與重建》（臺北：文津出版社，1997 年），頁 88～89。

〔註 30〕 這些章節分別是《老子》〈二章〉、〈三章〉、〈五章〉、〈八章〉、〈十章〉、〈十三章〉、〈十七章〉、〈十八章〉、〈二十二章〉、〈二十三章〉、〈二十四章〉、〈二十六章〉、〈二十八章〉、〈二十九章〉、〈三十章〉、〈三十一章〉、〈三十六章〉、〈三十七章〉、〈三十九章〉、〈四十三章〉、〈四十八章〉、〈四十九章〉、〈五十三章〉、〈五十七章〉、〈五十八章〉、〈五十九章〉、〈六十章〉、〈六十一章〉、〈六十三章〉、〈六十四章〉、〈六十五章〉、〈六十六章〉、〈六十七章〉、〈六十八章〉、〈七十二章〉、〈七十四章〉、〈七十五章〉、〈七十七章〉、〈七十八章〉、〈八十章〉。以上共計四十章。

〔註 31〕 見袁保新：《老子哲學之詮釋與重建》，頁 88～89。

右的章節在談論政治。因此，如今判斷老子思想是以對「政治」的討論爲大宗，乃是一本「務爲治」的「言治之書」、〔註32〕「老子一書可以說是以政治思想爲主體的」，〔註33〕則大抵有了依據。

下面所引一些學者之說法，也可以支持筆者上述的考察結果。葛連祥先生曾說：「一部老子，……絕大部份爲論政治」，蔡明田先生嘗言《老子》一書「蓋全書中談論政治之處特多」，傅武光先生也曾敏銳指出「《老子》書中，談論政治的部份，佔著相當大的比例」，《老子通》一書作者同樣看出「《老子》書中有很大的篇幅講政治問題」，沈善增先生更認爲「《老子》八十一章，每一章的中心話題都未曾脫離政治」、「《老子》全書……只是一門心思地關注政治」。〔註34〕雖然，沈先生的判斷不免誇大，但不論如何「《老子》直論政治」、「《老子》一書，主要之關懷爲政治」、「老子主要針對政治問題」、「老子原本就關注政治問題」、「老子思想主要關心的是治道」，〔註35〕則無疑問。

袁保新先生還說：「除了現實政治之外，老子談論最多的就是如何成爲聖人。」〔註36〕今再考「聖人」一詞在《老子》書中共出現二十九次，散見二

〔註32〕語分出《史記・太史公自序》、《道德經評點》。分見〔漢〕司馬遷撰，〔宋〕裴駰集解，〔唐〕司馬貞索隱，〔唐〕張守節正義：《史記》（臺北：臺灣中華書局，1965 年《四部備要・史部》據武英殿本校刊），卷 130，頁 3 上、〔清〕嚴復撰：《道德經評點》（臺北：藝文印書館，1966 年《無求備齋老子集成續編（第九函）》據光緒三十一年日本東京榎木邦信朱墨套印本景印），上篇，第 37 章，頁 36。

〔註33〕見余英時：〈反智論與中國政治傳統〉，《中國思想傳統的現代詮釋》（南京：江蘇人民出版社，1995 年），頁 71。

〔註34〕分見葛連祥：《老子會通》（臺北：著者自發行，1968 年），頁 108、蔡明田：〈論老子的善道〉，《第一次世界道學會議第四屆國際易學大會會後論文集》（臺北：中華民國老莊學會，1988 年），頁 108、傅武光：《孔孟老莊思想的平等精神》（臺北：文津出版社，1990 年），頁 197、古棣、周英：《老子通（中）》（高雄：麗文文化事業股份有限公司，1995 年），頁 513、沈善增：〈道論〉，《還吾老子》（上海：上海人民出版社，2004 年），頁 9、沈善增：〈綜論〉，《老子走近青年》（上海：上海人民出版社，2007 年），頁 7。

〔註35〕分見沈善增：〈《老子走進青年》道言〉，《老子還眞注釋》（上海：上海人民出版社，2005 年），附錄，頁 307、郭鶴鳴：〈讀老疑義析論——第四章，附論四十章〉，《老子思想發微》（臺北：文史哲出版社，1999 年），下編，頁 211、劉榮賢：《莊子外雜篇研究》（臺北：聯經出版事業股份有限公司，2004 年），頁 9、商原李剛、梁燕成：〈古代道治思想的現代啓示——關於道家文化與西方文化比較的對話〉，《文化中國》2006 年第 1 期，頁 4、陳鼓應：《老莊新論（修訂版）》（臺北：五南圖書出版股份有限公司，2006 年），頁 328。

〔註36〕見袁保新：《老子哲學之詮釋與重建》，頁 89。

十四章，〔註37〕而出現「聖人」之處，也大致就是在談論治理人時該表現出哪些行爲之章節，故「聖人治理時該表現哪些行爲」確實是《老子》一書頗常見的議題。因此，僅由此角度觀之，《老子》一書或暫可稱之爲侯王的「政治經」、「侯王之寶典」、「人君爲治的手冊」，其思想可視作「侯王之哲學」、「帝王之學」也。〔註38〕

再來，《老子》書中除了有上述圍繞於現實政治或「聖人治理時該表現哪些行爲」等討論外，王博先生尚考察出「追求長久」也是老子相當關注的思考點。他以爲《老子》八十一章中，有至少二十五章（約占三分之一）都直接涉及或討論了「長久」問題。〔註39〕看來，老子欲「追求長久」的用心在其思想中也自有獨特地位。

總而言之，由於「治人」一詞，無可否認地實已涵蓋老子思想中，佔了半數左右的章節所要討論之政治問題，又由上述曾說老子看重的乃是在上位者治理時所表現之行爲，故由此吾人自該得知老子思想中最主要的政治思想，便是擺在提出一套「聖人式侯王」於治理時該表現出哪些行爲之上。而老子既然說：「治人，莫若嗇」，那麼由此即可明顯看出老子以爲所有「治人」時該表現出的行爲，都比不上「嗇」來得好，因爲老子已將這些行爲皆收攝在他所謂「嗇」字裡，是這些行爲皆不出「嗇」字也。

甚至，吾人可以說老子已由「嗇」字，替其思想中最主要的政治思想下了一個定論，是他的政治思想無非此一「嗇」字矣。其實，漢人嚴遵嘗云：「故治國之道，……嗇爲祖宗」，〔註40〕此判斷頗可爲筆者上述所言下一注腳。

〔註37〕詳見本章註22。

〔註38〕分見歷劫餘生：《老子研究與政治》（上海：中國圖書雜誌公司，1939 年），頁15、高亨：《老子正詁》，卷上，頁62、林俊宏：〈《老子》政治思想的開展──從「道」的幾個概念談起〉，《政治科學論叢》第10期（1999 年6月），頁188、牟宗三：《中國哲學十九講──中國哲學之簡述及其所涵蘊之問題》（臺北：臺灣學生書局，1999 年），頁96。而何以說「暫可稱之」乃是由於老子關懷的對象最終仍在「天下」所有人，而非僅爲在上位者著想。詳見本文第七章第五節。

〔註39〕王博先生雖說有二十五章涉及「長久」問題，但實際上他只列出二十四章以爲說明。這些章節分別是《老子》〈二章〉、〈四章〉、〈五章〉、〈六章〉、〈七章〉、〈九章〉、〈十六章〉、〈二十一章〉、〈二十二章〉、〈二十三章〉、〈二十五章〉、〈三十章〉、〈三十二章〉、〈三十三章〉、〈三十五章〉、〈四十四章〉、〈四十五章〉、〈五十章〉、〈五十二章〉、〈五十四章〉、〈五十五章〉、〈五十九章〉、〈七十三章〉、〈七十六章〉。以上共計二十四章。詳見王博：《老子思想的史官特色》，頁192～195。

〔註40〕見〔漢〕嚴遵撰，〔唐〕谷神子註：《道德眞經指歸》（臺北：中國子學名著

　　另外，老子在「治人，莫若嗇」之下還說：「夫唯嗇，是謂早服；早服謂之重積德；重積德則無不克；無不克則莫知其極；莫知其極，可以有國；有國之母，可以長久。是謂深根固柢，長生久視之道」，由此數句文獻，吾人還可推知老子也以「嗇」爲「可以長久」的「長生久視之道」，而此「道」今不妨將之名曰「嗇道」。〔註41〕換句話說，老子是以「嗇」爲能夠達致「長久」的途徑。〔註42〕

　　準此，老子以全書一半左右之章節闡述「治人」的政治議題，所以《老子》一書自然是以政治思想爲論述大宗，其次則爲王博先生所考察的「追求長久」之問題。又，老子要「追求長久」其實也本離不開政治上的考慮。〔註43〕

　　如今由上可知，吾人自該察覺《老子‧五十九章》說：「治人、事天，莫若嗇。夫唯嗇，是謂早服；早服謂之重積德；重積德則無不克；無不克則莫知其極；莫知其極，可以有國；有國之母，可以長久。是謂深根固柢，長生久視之道」，此一篇幅不長的文字，實已由其中的「嗇」字與「治人」及「可以長久」、「長生久視之道」等文獻，精確地涵蓋並總結所有討論關於政治與該如何「追求長久」之問題。並且，涵蓋度還相當廣，試看上述已考察出討論「治人」的政治議題有四十章，「長久」有二十四章，若扣除重複便有五十八章，〔註44〕而這實際上已佔《老子》全書八十一章的七成以上。

　　僅由此統計觀之，《老子‧五十九章》當無可反駁地該被認爲有替《老子》一書所討論的兩大議題，也即是替《老子》全書七成以上的思想篇幅理論，

　　　集成編印基金會，1978 年《道德經名注選輯（一）》據明萬曆間胡震亨刊祕冊彙函本影印），卷 4，方而不割篇，頁 243。

〔註41〕「嗇道」一詞，黃釗先生也曾使用。詳見黃釗：《帛書老子校注析》（臺北：臺灣學生書局，1991 年），頁 324。

〔註42〕詳見本文第七章第五節。

〔註43〕詳見本文第七章第五節。

〔註44〕這些章節分別是《老子》〈二章〉、〈三章〉、〈四章〉、〈五章〉、〈六章〉、〈七章〉、〈八章〉、〈九章〉、〈十章〉、〈十三章〉、〈十六章〉、〈十七章〉、〈十八章〉、〈二十一章〉、〈二十二章〉、〈二十三章〉、〈二十四章〉、〈二十五章〉、〈二十六章〉、〈二十八章〉、〈二十九章〉、〈三十章〉、〈三十一章〉、〈三十二章〉、〈三十三章〉、〈三十五章〉、〈三十六章〉、〈三十七章〉、〈三十九章〉、〈四十三章〉、〈四十四章〉、〈四十五章〉、〈四十八章〉、〈四十九章〉、〈五十章〉、〈五十二章〉、〈五十三章〉、〈五十四章〉、〈五十五章〉、〈五十七章〉、〈五十八章〉、〈五十九章〉、〈六十章〉、〈六十一章〉、〈六十三章〉、〈六十四章〉、〈六十五章〉、〈六十六章〉、〈六十七章〉、〈六十八章〉、〈七十二章〉、〈七十三章〉、〈七十四章〉、〈七十五章〉、〈七十六章〉、〈七十七章〉、〈七十八章〉、〈八十章〉。以上共計五十八章。

以「嗇」字下結論的意味。而此也即是筆者以〈五十九章〉屬於《老子》全書結論性質之一章的依據所在。

既然,《老子·五十九章》乃屬於結論性質的一章,而所謂結論又落在此章中之「嗇」字上,那麼「嗇」字當然具有歸結《老子》全書大部份思想篇幅理論,所欲探討問題之關鍵地位。易言之,該如何「治人」而達致「長久」,老子都以他認為最能涵蓋所有說法的字眼——「嗇」字——下定論了。

也正是因為「嗇」字具有如此關鍵地位,故才使筆者欲有以此為中心觀念來重建老子思想體系的考慮。試看本文在第一章第一節就曾引述王邦雄先生說:「思想有體系,體就是中心思想,系是觀念的牽繫,……思想體系一定要有它的中心觀念,這個中心觀念統貫其它的理念而為一整體,這叫思想體系,或是有系統的思想。」其實,中心觀念無非應該就是一家思想所欲解決之問題,而提出最直接且能涵蓋與統貫其思想中其它觀念,以成為一整體的最終說法。如今據上所言,「嗇」字的關鍵地位無疑已向吾人展示其有具備中心觀念之條件,而本文第六至七章即要證明《老子》中其它觀念,確實可由「嗇」此一「宗」、「君」統貫而逐步開展一套有系統的思想。〔註45〕

接著,對「嗇」字在《老子》全書的關鍵地位有一確立後,老子所謂「嗇」之意涵便有擺在《老子》全書廣闊視野來考察的必要性,此也即是說要由「以老解老」的方法才能得出「嗇」字準確意義。底下就將由《老子》原典中直接帶出「嗇」字的豐富意涵。

第二節　《老子》中「嗇」字蘊含的四種意義——一套「農的世界觀」

今細觀《老子》全書,筆者歸納出「嗇」字至少蘊含四種意義,由於在第六、七章會分別詳談老子如何逐步開展以論述此四種意義,故下文只簡單提點有哪四種意義而不多作額外說明。當然,底下筆者無非是基於上一節的說法而從「老子將侯王(『聖人式侯王』)在『治人』時該表現出的行為俱已收攝在『嗇』字裡」,也即是由「治人,莫若嗇」此一角度,或是由「嗇」為

〔註45〕《老子·七十章》說:「吾言……言有宗,事有君。」陳錫勇先生注釋說:「宗、君,皆為『主』也。」(見陳錫勇:《老子釋義》,臺北:國家出版社,2006年,頁160。)

能夠達致「長久」的途徑此一角度，而自「以老解老」的方法直接帶出筆者所歸納「嗇」字具備之四種意涵。

其實，筆者在歸納之時，已先設定老子所謂「嗇」的意義，未有超出第三章第二節所考察之「嗇」字諸多意義的範圍外。又，在行文之時若有涉及老子思想中其它一些觀念與說法，甚至是需要註明的地方，除非必要，不然暫時就只提出，而將詳細推論與註解，留待第六、七章再進行說明，以避免過多重複。以下就由老子所謂「嗇」有包含「收斂」義談起。

一、收斂義

首先，老子所謂「嗇」有「收斂」義，試看《老子‧四十九章》說：「聖人在天下，歙歙，爲天下渾其心」。其中，「歙歙」即指「收斂」，此處老子實已明顯說出「聖人式侯王」們，在治理「天下」時會有「收斂」的行爲，故《老子》中「嗇」字當有包含「嗇」字本義中的「收斂」義。

再來，吾人若仔細觀察《老子》一書，應可發現《老子》中總是常會出現例如「弱」、「退」、「復」、「歸」、「反」、「不爭」等字詞，〔註46〕或老子所謂「三寶」之一的「不敢爲天下先」，〔註47〕而這些說法其實都具有「收斂」的意思。〔註48〕若然，於此可見，「收斂」此一意涵確實不斷被老子強調。

而「收斂」在老子思想裡本有特定論述主體，乃指對「心」的「收斂」。〔註49〕

二、積藏義

老子所言「嗇」還有「積藏」義，此在《老子‧五十九章》中便已清楚呈現，試看老子說：「夫唯嗇，是謂早服；早服謂之重積德」，〔註50〕由此可

〔註46〕若扣除重複與意義不相類的章節，這些字詞出現之處分見《老子》〈三章〉、〈八章〉、〈九章〉、〈十四章〉、〈十六章〉、〈二十二章〉、〈二十五章〉、〈二十八章〉、〈三十六章〉、〈四十章〉、〈五十二章〉、〈六十五章〉、〈六十六章〉、〈六十八章〉、〈六十九章〉、〈七十三章〉、〈七十六章〉、〈七十八章〉、〈八十一章〉。
〔註47〕語出《老子‧六十七章》。
〔註48〕盧育三先生曾以爲「收」乃《老子》五千言之基調。詳見盧育三：《老子釋義》（天津：天津古籍出版社，1987年），頁227。
〔註49〕詳見本文第六章。
〔註50〕陳鼓應先生註釋「早服」說：「『服』，通『備』，準備。『早服』，早作準備（筆者案：此乃陳鼓應先生引用任繼愈先生之說）。郭店簡本『早服』正作『早備』

知，「嗇」也即是早作準備以「重積德」，而其中一個「積」字，實已道出老子所謂「嗇」還有使用「嗇」字本義的「積藏」義。〔註51〕

順帶一提，《老子·八十一章》嘗言：「聖人不積，既以為人己愈有，既以與人己愈多」，乍看之下，此處所謂「不積」似乎和上述〈五十九章〉提出要「積」的說法相衝突。然而，此「不積」尚需與後面文句一同參看，陳鼓應先生就認為此句話述說著「一種最偉大的愛的表現」。〔註52〕故「聖人式侯王」的偉大，本在於他不私自累積、佔有，反而不斷幫助、給予他人，如此一來自然能成就其「愈有」、「愈多」而為「天下」人奉獻的風範。這同樣是〈七章〉所說「聖人」因為無私，「故能成其私」之意，明人薛蕙云：「夫聖人之無私，初非有欲成其私之心也。然而私以之成，此自然之道耳」。〔註53〕

另外，《老子·四十四章》還有提到「多藏必厚亡」一語，此「藏」乃謂「驕藏」。吾人先試看〈三章〉曾說：「不貴難得之貨，使民不為盜；不見可欲，使民心不亂」、〈九章〉說：「金玉盈室，莫之能守；富貴而驕，自遺其咎」，〔註54〕故可知所謂「多藏必厚亡」乃是由於富貴者在多藏「金玉」等「難得之貨」後，又以炫耀「金玉盈室」此種舉動，已漸次引起一般人民生起「可欲」之「心」，隨即在受「難得之貨」的迷亂之下終究成為盜賊而奪取之。是以，多藏「難得之貨」以至於「盈室」者，因為好炫耀的作風，將只為自己留下「莫之能守」又損失慘重的禍患。若然，無怪乎《老子》一書要三次說出「不貴難得之貨」與「難得之貨，令人行妨」的話，看來告誡的語氣相當濃厚。

總之，所謂「不積」、「多藏」純指無私的表現與多驕藏「難得之貨」，和〈五十九章〉中「嗇」字的「積藏」意義全然不同，絕不可混為一談也。

而由「重積德」一語吾人還可知，「積藏」在老子思想中也有特定論述主

（筆者案：詳見竹簡本《老子》乙組）。」（見陳鼓應：《老子今註今譯及評介（三次修訂本）》，頁 265。）

〔註51〕此處老子只說「積」而未說「藏」，其實將「重積德」一語說為「重積藏德」才會更為準確。詳見本文第六章第四節。

〔註52〕見陳鼓應：《老子今註今譯及評介（三次修訂本）》，頁 327。

〔註53〕見〔明〕薛蕙撰：《老子集解》（臺北：中國子學名著集成編印基金會，1978年《道德經名注選輯（四）》據明嘉靖間刊本影印），上，第7章，頁67。

〔註54〕其中，上引「金玉盈室」，集唐本《老子》乃作「金玉滿堂」，而帛書本《老子》甲本、竹簡本《老子》甲組，皆作「金玉盈室」。由於作「室」才能與下「守」字為韻（見馬敘倫：《老子校詁》，卷1，頁45），故今據改正。

體，乃指對「德」的「積藏」。〔註55〕

三、愛惜義

　　《老子》中「嗇」字也有蘊含「愛惜」義，試看《老子・十三章》說：「貴以身爲天下，若可託天下；愛以身爲天下，若可寄天下」，〔註56〕老子在此處告訴侯王說只要你能在治理時表現出「愛惜」其「身」的行爲予「天下」周知，〔註57〕自然就可成爲被「天下」寄託的對象。由此可知，老子所謂「嗇」也有包含「嗇」字引申義中的「愛惜」義。並且，由上引文獻還可明顯看出，「愛惜」在老子思想中特定論述主體乃落在「身」之上。〔註58〕

　　附帶一提，《老子・四十四章》更曾質問說：「名與身孰親？……是故，甚愛必大費」，在這裡老子以內、外對比而言，其中「名」當屬於外在追逐下所形成的產物，而「身」乃指充實的內在自我，「愛」則非指「愛惜」義，反倒比較偏向貪得無厭的意思。此句是說老子認爲過份「愛名」，在欲望無窮之下將一直無法得到滿足，而只有掉進要不斷耗費更多心力去打造名聲的無底洞裡。

　　其實，《老子》中還有二處談到「愛」字，分別是〈十章〉、〈二十七章〉的「愛民」、「不愛其資」，然而這些都和老子論述「身」的觀念無關，故不論。

四、儉　義

　　「嗇」字最後尚有蘊含「儉」義，先見下引原典：

　　貴言。（《老子・十七章》）

　　希言。（《老子・二十三章》）

　　是以聖人……去奢。（《老子・二十九章》）

　　知足不辱，知止不殆，可以長久。（《老子・四十四章》）

　　服文綵，帶利劍，厭飲食，財貨有餘，是謂盜夸。〔註59〕非道也哉！

〔註55〕詳見本文第六章。
〔註56〕集唐本《老子》經文，在「託天下」、「寄天下」之先後順序上似有誤，而作「貴以身爲天下，若可寄天下；愛以身爲天下，若可託天下」，今何以改正，詳見本文第七章註4。
〔註57〕「貴」之「珍貴」義，自可包含在「愛惜」義當中。
〔註58〕詳見本文第七章第二節。
〔註59〕「盜夸」，集唐本《老子・五十三章》乃作「夸盜」，今何以改正，詳見本章

　　（《老子・五十三章》）

　　事天，莫若嗇。（《老子・五十九章》）

　　我有三寶，持而保之。……二曰儉，……儉故能廣。（《老子・六十
七章》）

　　由上引原典可知，老子認爲「聖人式侯王」們在治理時持守保全「儉」，
也即是有表現出「去奢」以儉省「財貨」的行爲，便能使「天下不匱，故能
廣也」。〔註60〕而此種由於儉省所表現出的「知足、知止」行爲，在老子看來
更是能達到「可以長久」的途徑。〔註61〕於此，皆已可見老子所說「嗇」尚
有使用「嗇」字引申義中之「儉」義。又，此由老子要在上位者儉約「言」─
─「貴言」、「希言」，與提出「事天，莫若嗇」的說法，同樣可證明之。

　　而「儉」在老子思想中有二個特定論述主體，乃指對「財貨」與對「言」
的「儉」。〔註62〕

第三節　結　語

　　簡單重述本章說法如下：本文先由《老子・五十九章》說：「治人、事天，
莫若嗇。夫唯嗇，是謂早服；早服謂之重積德；重積德則無不克；無不克則莫
知其極；莫知其極，可以有國；有國之母，可以長久。是謂深根固柢，長生久
視之道」，此一篇幅不長的文字，看出其中「嗇」字與「治人」及「可以長久」、
「長生久視之道」等文獻，實已精確涵蓋並總結《老子》全書七成以上思想篇
幅理論，討論到關於政治與該如何「追求長久」的問題，故〈五十九章〉當可
說是具備《老子》全書結論性質之一章。而既然〈五十九章〉乃屬於結論性質
的一章，所謂結論又落在此章中之「嗇」字上，故「嗇」字自然具有歸結《老
子》全書大部份思想篇幅理論之關鍵地位。又，由於「嗇」字具備如此關鍵地
位，故才使筆者欲有以「嗇」爲老子思想體系之中心觀念的嘗試。

　　接著，對「嗇」字在《老子》全書中的關鍵地位有一確立後，老子所謂
「嗇」之意涵便有擺在《老子》全書廣闊視野來考察的必要性，此也即是說

　　註18。

〔註60〕此乃王弼在《老子・六十七章》中所作注語。見〔晉〕王弼注：《集唐字老子
　　　　道德經注》（臺北：藝文印書館，2001 年），頁 139。

〔註61〕詳見本文第七章第五節。

〔註62〕詳見本文第七章第三、四節。

要由「以老解老」的方法才能得出「嗇」字準確意義，而筆者最後便是由《老子》原典中直接歸納出老子所謂「嗇」的四種意義：「收斂」、「積藏」、「愛惜」、「儉」義。

今由本章說明可知，老子的確不同於其他先秦諸子只使用「嗇」字引申義，因為他還用到了「嗇」字本義的「收斂」與「積藏」義。另外，在第二章第二節筆者曾說「嗇」字的提出，源自老子年幼即存在於其潛意識當中之「農的世界觀」，而所謂「收斂」、「積藏」、「愛惜」、「儉」的想法，就無非是在「農的世界觀」當中才特別容易且同時會出現的觀念。例如說「收斂」一義便可由農事裡的「秋收」行為體會而來，「積藏」義則可領悟自農事裡的「冬藏」規律，而「愛惜」與「儉」無疑早就是農業社會中長久以來即被強調該具備的美德。

當然，或許老子所言「嗇」還有其它尚不為筆者提及之意義，不過本文在底下逐步開展老子思想體系的過程中，發現老子思想在此四種意義的邏輯貫通之下，已能自成首尾嚴密之整體，故此四種意義在老子思想中不但必要，且有邏輯先後，更缺一不可，並還各有特定論述主體，因此筆者也只談此四種意義。又，本文為了論述方便而已將此四種意義區分為二組：一組主「斂嗇」，也即是「嗇」字意義中的「收斂」與「積藏」；一組主「儉嗇」，也即是「嗇」字意義中的「愛惜」與「儉」。〔註63〕

而其中「積藏」與「愛惜」何以分別被歸入「斂嗇」與「儉嗇」尚需說明。首先，眾所皆知，若要有所「積」、所「藏」勢必要先「收」之、「斂」之，始可說「積藏」，故本文將之歸入「斂嗇」本是為了突顯先有「收斂」後才有「積藏」的行為。況且，「收斂」與「積藏」既同屬「嗇」字本義，那麼正好可歸為一類。而「愛惜」與「儉」則由於常被視為同義且被混用，〔註64〕又同屬「嗇」字引申義，故自當列為同類。

其實，「愛惜」與「儉」雖常被混用，但意義還是有別，因為若做不到「愛惜」自然便無法說「儉」。吾人總是先要「愛」才會「惜」，知「惜」後便不會奢侈浪費，不會奢侈浪費也才可說「儉」。所以，只有先「愛惜」，後始能說「儉」。有句俗話不是說：「由儉入奢易」，此即是由於不是真正「愛惜」的

〔註63〕「斂嗇」與「儉嗇」一詞，古已有之，並非筆者所創。

〔註64〕例如說本文第四章第二節引出古今老學家解「嗇」時，同時以「愛惜」與「儉」二義釋之者，便有此種混用現象。

關係。

　　底下就正式以「嗇」為中心觀念重建老子思想體系。簡單言之，在下文第六章中筆者將先由「嗇」字本義——「斂嗇」（「收斂」、「積藏」）——的角度，以觀老子如何由「嗇」字的「收斂」、「積藏」義，來統貫其思想中「心」、「德」等觀念。第七章則是由「嗇」字引申義——「儉嗇」（「愛惜」、「儉」）——的角度，繼續看老子如何以「嗇」字的「愛惜」與「儉」義，再聯繫「身」、「財貨」、「言」等說法。

　　下文進入第六章。

第六章 老子的「斂嗇」思想

第一節 引 論

　　《老子》一書於〈十二章〉曾說：「五色令人目盲；五音令人耳聾；五味令人口爽；馳騁畋獵，令人心發狂。」由此可見，老子本視「心」為主動而有自由意識，並且可不被以「五色」、「五音」、「五味」為象徵的外物所限，因為吾人能不去「被誘」。可是，主宰吾人之「心」固然可主動，但常人往往不如此而選擇為物所牽引，以致於其「心」在對外追逐物欲的過程中，多半走向「發狂」之狀態。於是，在當時那個充滿「惡」與「苦難」的失序時代中，﹝註1﹞如何使「心」不再失落於外而得到安頓，也即是其「心」能否由外收斂回自我當中以為主宰，便是老子在思考問題的起點。

　　而在第一章第三節筆者已指出，老子最後是決定以「嗇」為主而帶出一套由安頓侯王之「心」為首出關懷的智慧。然而，為何要以安頓侯王之「心」為首出關懷，本在於是老子乃視侯王一舉一動的行為，都必然會使在他之下所有人（尤其是一般人民百姓）效法，此也即是《老子‧二十三章》所說：「從事於道者，同於道；德者，同於德；失者，同於失」的意思。﹝註2﹞因為若是侯王

﹝註1﹞ 詳見本文第一章註55。
﹝註2﹞ 關於此段文獻，集唐本《老子》在「同於道」之上原有疊「道者」二字。今據清人俞樾說：「『道者』二字，衍文也。本作『從事於道者，同於道』，其下『德者』、『失者』蒙上『從事』之文而省，猶云『從事於道者，同於道；從事於德者，同於德；從事於失者，同於失』也。《淮南子‧道應篇》引《老子》曰：『從事於道者，同於道』，可證古本不疊『道者』二字。」（見﹝清

−139−

從事於「道者」、「德者」的話，〔註3〕那麼在老子看來，在他之下所有人必然也會受其「廣泛的影響力」，〔註4〕而「同於道」、「同於德」。反之，若侯王從事於「失者」，那麼這些人自然只有「同於失」矣。而此大致如同楊儒賓先生所說：「國君有道，則世界跟著有道，國君無道，世界也跟著無道。」〔註5〕

簡言之，老子已斷言在侯王之下所有人必然會效法侯王的行為，他認為「這有其必然性，就像風行草偃一樣，沒有變項，沒有選擇」，〔註6〕而這或許在於是：「根據社會學理論，人們一般皆有崇尚與服從權威的心理傾向，而處在封建專制統治下的中國民眾，更是有著對君主頂禮膜拜和盲目服從的心理」，〔註7〕故在侯王之下所有人就是在這樣不論好壞，一律盲目地樂於接受以取法底下，〔註8〕「完全處於一種被引導的地位」。〔註9〕（詳見下頁）

俞樾：〈老子平議〉，《諸子平議》，臺北：世界書局，1991年，卷8，頁87。）如今再檢之帛書本《老子》甲、乙本，也確實未疊「道者」二字，故今據刪之。

〔註3〕 何謂「道者」、「德者」，詳見本文第七章第五節。

〔註4〕 見〔美〕安樂哲（Roger T. Ames）、郝大維（David L. Hall）著，何金俐譯：《道不遠人——比較哲學視域中的〈老子〉》（北京：學苑出版社，2004年），頁25。

〔註5〕 見楊儒賓：《先秦道家「道」的觀念的發展》（臺北：國立臺灣大學出版委員會，1987年），頁104。

〔註6〕 見蔡明田：《老子的政治思想》（臺北：藝文印書館，1976年），頁149。

〔註7〕 見呂錫琛：《道家、道教與中國古代政治》（長沙：湖南人民出版社，2002年），頁71。

〔註8〕 《老子‧二十三章》在「失者，同於失」一句底下接著說：「同於道者，道亦樂得之；同於德者，德亦樂得之；同於失者，失亦樂得之。」其中，「樂得」一詞，已反諷地道出在侯王之下所有人，無法判斷好壞而在一味盲目信從下，樂於接受其所必然效法的一切。所以，帛書本《老子》乙本、竹簡本《老子》丙組對應集唐本《老子‧十七章》也才說：「信不足，安有不信」。其實，集唐本《老子‧十七章》此句本作「信不足焉，有不信焉」（筆者案：此句話同樣也出現於集唐本《老子‧二十三章》。然而，檢之帛書本《老子》甲、乙本，此句皆未有之，疑為錯簡重出），清人王念孫云：「王弼本第十七章『信不足焉，有不信焉』，河上公本無下『焉』字，……無下『焉』字者是也」，又說：「後人不曉『焉』字之義，而讀『信不足焉』為一句，故又加『焉』字於下句之末，以與上句相對，而不知其謬也」（分見〔清〕王念孫撰：《老子雜志》，臺北：藝文印書館，1966年《無求備齋老子集成續編（第七函）》據道光十二年「讀案雜志餘編」刊本景印，志餘上，頁12下～13上、14上）。今從河上本《老子》，及帛書本《老子》甲、乙本與竹簡本《老子》丙組來看，「有不信」下都未有「焉」字，而作「信不足焉有不信」、「信不足案有不信」或「信不足安有不信」。故由此看來，「焉」字確實應為衍文。而此句話該如何斷句，

　　換句話說，「就老子看來，國家社會的治亂興衰，其根本動因完全繫於統治者，百姓只是被動的，如實的反映統治者的行為」。〔註 10〕那麼這樣說來，老子無疑「不相信群眾能夠自己拯救自己」，〔註 11〕因為他們的幸福乃為侯王之幸福所左右，而二者間已密不可分。〔註 12〕易言之，「人的幸福，終究要依賴統治者的素質」。〔註 13〕是以，如今若想安頓所有人勢必只有先安頓侯王一途。而吾人由本文第五章第一節正可知，邦君只要一旦能成為老子心目中的「聖人式侯王」，以在治理時行「聖人式侯王」會有的行為，自然便可達到他要安頓侯王之目的，再來就只是讓此一己成為「聖人式侯王」的邦君們，〔註 14〕以一種「上層人士的魅力」，〔註 15〕為「天下」人之模範而已，此即《老子‧二十二章》所謂：「聖人……為天下式」矣。〔註 16〕

　　總之，侯王於老子思想中無非扮演著相當重要的角色，因為老子已然認定侯王一舉一動行為之好壞，將是左右老子思想的目標，也即是「天下」能

實已很明顯當照清人王念孫所說斷成：「信不足，焉有不信」、「信不足，案有不信」或「信不足，安有不信」。又，由於「焉」、「案」、「安」意義可同之，今便採納至今發現最早《老子》版本的郭店楚簡《老子》，而作「安」是也。再來，對其中「安」字的解釋，據丁原植先生指出：「可能表示一種疑問的語氣，意謂：『哪裡』」（見丁原植：《郭店竹簡老子釋析與研究（增修版）》，臺北：萬卷樓圖書有限公司，1999 年，頁 336）。若然，此句便可看作是老子又再次道出人們的盲目信從，而指出就算侯王誠信不足，在侯王之下所有人哪裡有不信呢？他們還是一味信從啊！

〔註 9〕　見田雲剛、張元潔：《老子人本思想研究》（北京：中國社會科學出版社，2005年），頁 44。

〔註 10〕　見蔡明田：《老子的政治思想》，頁 107。

〔註 11〕　見〔美〕本傑明‧史華茲（Benjamin I. Schwartz）著，程鋼譯，劉東校：《古代中國的思想世界》（南京：江蘇人民出版社，2004 年），頁 219。

〔註 12〕　參考〔德〕鮑吾剛（Wolfgang Bauer）著，嚴蓓雯、韓雪臨、吳德祖譯：《中國人的幸福觀》（南京：江蘇人民出版社，2004 年），頁 31。

〔註 13〕　見〔德〕馬克斯‧韋伯（Max Weber）著，洪天富譯：《儒教與道教》（南京：江蘇人民出版社，2005 年），頁 150。

〔註 14〕　為何說是邦君們，詳見下文。

〔註 15〕　見〔德〕卡爾‧雅斯貝爾斯（Karl Jaspers）作，陳愛政譯：〈老子〉，《德國思想家論中國》（南京：江蘇人民出版社，1995 年），頁 241。

〔註 16〕　上引「為天下式」，《老子‧二十八章》中又二見，然而〈二十八章〉出現二次「為天下式」，今據高亨先生詳細考證已知乃為後人所加衍文也。由於高亨先生考證文字過長，今不引出。詳見高亨：《老子正詁》（臺北：臺灣開明書店，1996 年），卷上，頁 65～66。又，關於「聖人……為天下式」的詳細說法，見本文第七章第四節。

否「自定」的關鍵。〔註17〕當然，那時「天下」（全中國）也不是只有一位侯王，〔註18〕因此所謂能左右「天下」是否「自定」的關鍵自然要包含各邦侯王們，不然只要不是全部，就終究只能說「部份自定」而無法說「天下自定」。若然，《老子》書中所謂「侯王」或是指稱在上位者的字眼，〔註19〕就無非有

〔註17〕 《老子‧三十七章》說：「天下將自定」。而對老子思想之目標的說明，詳見本文第七章第五節。

〔註18〕 張默生先生說：「老子時代，……天下指全中國言。」（見張默生：《老子新釋》，臺南：大夏出版社，1990 年，頁 116。）陳榮波先生也有相同看法。詳見陳榮波：〈老子的社會哲學〉，《哲學、語言與管理》（桃園：繼福堂出版社，2001年），頁 54。任繼愈先生也說：「古代『天下』，相當於今天的『國家』。春秋時代人不可能知道華夏中國本土以外的世界。」（見任繼愈：《老子繹讀》，北京：北京圖書館出版社，2006 年，頁 119 註 2。）

〔註19〕 「侯王」，語出《老子》〈三十二章〉、〈三十七章〉、〈三十九章〉，共五見。而其它類似字眼則有〈二十六章〉中「萬乘之王」（筆者案：集唐本《老子》原作「萬乘之主」，本文第五章註 13 已作改正）、〈四十二章〉中「王公」等稱法。其實，曾有不少學者以《老子》書中出現「侯王」或「王公」一詞，據此論證《老子》書晚出於戰國時期，而梁啟超先生即是首倡此說的人物，不過隨即遭到反駁。當時張煦先生就已說：「說某諸侯在春秋後若干年始稱王，才能『王侯』（《老子》或本作侯王）『王公』聯用，那話從何見得？考吳子壽夢在《春秋》絕筆前一百零四年已稱王，稍後越亦稱王，楚更在春秋前稱王。老子原籍與楚接壤，或後竟為楚人，豈有不知稱王？在周做官，豈有不知周王（夏商周皆稱王）？何以孔子同時的老子，不會用它？《易‧蠱之上九》『不事王侯，高尚其事』，不是早已『王侯』聯用嗎？《易‧坎‧象》『王公設險以守其國』、〈離‧象〉『六五之吉離王公也』，不是『王公』聯用嗎？」（見張煦：〈梁任公提訴《老子》時代一案判決書〉，《古史辨（四）》，上海：上海古籍出版社，1982年，下編，頁 317。）今人劉笑敢先生還說：「諸侯稱王的歷史比張文（筆者案：即指張煦所作〈梁任公提訴《老子》時代一案判決書〉一文）所說的例證更早。王國維曾寫過《古諸侯稱王說》，他的結論是：『蓋古時天澤之分未嚴，諸侯在其國，自有稱王之俗。』他舉了兩個例證，一是彔伯簋『用作朕皇考釐王寶尊簋』，一是乖伯簋『用作朕皇考武乖幾王尊簋』，他指出兩件簋中的『釐王』和『幾王』是諸侯國內自稱。劉雨又補充一例：仲爯父簋『作其皇祖考遲王、監伯尊簋』，這個遲王不是姬姓，也屬諸侯國內稱王之例，肯定也不是西周十二王之一。」（見劉笑敢：《老子古今——五種對勘與析評引論（上卷）》，北京：中國社會科學出版社，2006 年，頁 445。）又，除了「王侯」、「王公」之外，梁啟超先生更曾指出《老子》書中「萬乘之君」、「取天下」等字樣，以及用「仁義」對舉的地方，藉此再論證《老子》書晚出，然而這些說法陸續也俱已遭到反駁。分別詳見詹劍峰：《老子其人其書及其道論》（武漢：華中師範大學出版社，2006 年），頁 42～44、陳鼓應：《老子今註今譯及評介（三次修訂本）》（臺北：臺灣商務印書館，2000 年），修訂版序，頁 5～6。另外，當時張壽林先生也曾試圖據特殊助字——「于」、「於」——的用法，斷言《老子》時代不得早於戰國（詳見張壽林：〈老子《道德經》出於儒後考〉，《古史辨（四）》，下

向各邦君王立論的廣大視野。

　　其實，如果照當時周天子之地位早在「平王東遷」後的春秋中期，便已有名無實，〔註20〕也即是說照他已不再具有號令「天下」之能力來看，〔註21〕那麼所謂在老子思想中扮演相當重要角色的在上位者們，就可能已排除周天子。試看意大利籍華人賀榮一先生曾說老子：「雖也寄望於周天子及士人階級，但當時，天子只不過徒擁虛位，並無實力，而士人階級最多只能爲佐貳之官，一切唯人君馬首是瞻，無權變更人君所從之政治路線。只有侯王們，因是當時大國之君王，大權在握，爲所欲爲。」〔註22〕

　　正是因爲各邦侯王於周天子王權衰弱之後，乃是最有權力、也是最能影響「天下」所有人的人物，〔註23〕也就是說他們「可以普遍而綜合的影響到世間的各方面」，〔註24〕所以老子爲了避免此時各邦侯王由於皆已「從事於失者」，而導致「天下」所有人「同於失」，所形成「天下」一起淪落之情況不斷上演，故老子才會念茲在茲地希望各邦侯王趕緊成爲他心目中的「聖人式侯王」，以在治理時行「聖人式侯王」會有的行爲也。

編，頁 325～330），但是此舉仍舊遭到強力反駁。分別詳見張揚明：《老子考證》（臺北：黎明文化事業股份有限公司，1985 年），頁 226～230、古棣、周英：《老子通（中）》（高雄：麗文文化事業股份有限公司，1995 年），頁 38～44。

〔註20〕《春秋史》一書作者指出：「東周初期……周天子尚有一定的號召力，各諸侯也還朝覲天子，並以朝天子來鞏固自己的地位，甚至天子有時還擺架子不讓某些諸侯朝見。」（見顧德融、朱順龍：《春秋史》，上海：上海人民出版社，2001 年，頁 43。）然而，此種勉強猶存的號召力，到了春秋中期便蕩然無存。又，如何蕩然無存，詳見本章註21。

〔註21〕有一事件可充份說明周天子號令「天下」能力的地位喪失。《左傳‧僖公二十八年》曾記載說：「是會也，晉侯召王以諸侯見，……仲尼曰：『以臣召君，不可以訓。』」（見〔晉〕杜預注，〔唐〕孔穎達等正義：《春秋左傳正義》，臺北：臺灣中華書局，1965 年《四部備要‧經部》據阮刻本校刊，卷 16，頁 16 上～16 下。）而此事當在西元前 632 年（春秋中期），晉文公大會諸侯於河陽，並召周襄王來接受諸侯朝見。由於按照禮制，原只有上召下、君召臣，故晉文公本該主動朝見周天子，不過如今他卻大會諸侯於河陽，並以幾近命令的口吻叫周天子到他指定地點，然後方率諸侯以朝見。這在當時無非是一件不得了的事情，難怪孔子也看不過去而責其不可以訓，因爲以下來召上，當然不能以爲榜樣。

〔註22〕見〔意〕賀榮一：《老子之道治主義》（臺北：五南圖書出版有限公司，1988 年），頁 83。

〔註23〕分別詳見王樹人：《回歸原創之思——「象思維」視野下的中國智慧》（南京：江蘇人民出版社，2005 年），頁 95、鄧立光：《老子新詮——無爲之治及其形上理則》（上海：上海古籍出版社，2007 年），頁 5。

〔註24〕見張起鈞：《老子研究》（臺北：中華叢書委員會，1958 年），頁 56。

　　準此,吾人乾脆這麼說,老子已將「天下」之秩序消融於各邦侯王的人格當中。〔註25〕是以,本章及底下第七章對老子「斂嗇」與「儉嗇」思想的說明,就主要是針對各邦侯王立論,以便帶出老子要各邦侯王於治理時,能做到他所謂由「斂嗇」到「儉嗇」的要求,而皆具「聖人」之人格,然後行「聖人」會有的行為矣。楊儒賓先生曾說:「由於道家將所有政治責任完全繫縛在人君一個人的身上,所負者重,則所要具備的條件也不輕。」〔註26〕而此已點出老子對侯王要求的高標準——成為他心目中的「聖人」之標準。〔註27〕

　　又,本文為何要將「斂嗇」思想先於「儉嗇」思想以為筆者說明,本在於是今若以吾人爬梳之老子思想本身邏輯來看,「斂嗇」思想就自有先被說明之必要。因為據本文第五章第二、三節已可知,所謂「斂嗇」思想無非指「收斂『心』」與「積藏『德』」的說法,而此當然很符合老子一開始為了要安頓當時周文罷弊大變動時代的侯王外放之「心」,與隨之而來的無「德」危機,才有的想法。總之,即如上已言,老子思想是由收斂侯王外放之「心」為思考起點,既而再由「心」來重新積藏「德」。因此,如今對老子以「嗇」為主而再聯繫其它觀念所帶出的「斂嗇」——「收斂」與「積藏」——思想,就自當主要圍繞老子論「心」、〔註28〕「德」二觀念展開。

　　底下就分三點說明:首先,老子論侯王之「心」需「重積德」的初衷為何。其次,侯王之「心」為何會外放與其將付出什麼代價。第三,該如何根治侯王外放之「心」與其無「德」危機。個人以為唯有依次釐清此三個問題,方能對老子「斂嗇」思想有全盤掌握。以下就分別言之。

第二節　老子思考的起點——侯王之「心」需「重積德」

　　眾所皆知,《老子》書中一再談及赤子嬰兒,試看有如以「古老的孩子」

〔註25〕參考楊儒賓:《先秦道家「道」的觀念的發展》,頁104。

〔註26〕見楊儒賓:《先秦道家「道」的觀念的發展》,頁105～106。

〔註27〕詳見鄭志明:《中國意識與宗教》(臺北:臺灣學生書局,1993年),頁8。

〔註28〕「心」字於第一章第三節已指出在《老子》中有出現十次,此十次分別為《老子》〈三章〉:「使民心不亂」、〈三章〉:「虛其心」、〈八章〉:「心善淵」、〈十二章〉:「心發狂」、〈二十章〉:「我愚人之心也哉」、〈四十九章〉:「聖人無常心,以百姓心為心」(對此句文獻的版本校正,分別詳見本章註30、63)、〈四十九章〉:「為天下渾其心」、〈五十五章〉:「心使氣曰強」。而這十次所出現之「心」,在下文各節中都會說明。

或「老孩子」之口吻敘述的老子說：〔註29〕「摶（搏）氣致柔，能嬰兒乎」、「我獨泊兮，其未兆，如嬰兒之未孩」、「恒德不離，〔註30〕復歸於嬰兒」、「含

〔註29〕　錫蘭學者貝克（Beck L. Adams）先生與美國學者史密士（Huston Smith）先生曾有將老子直接翻譯爲「古老的孩子」或「老孩子」（the old boy）。分別詳見〔錫蘭〕L・A・貝克（Beck L. Adams）著，趙增越譯：《東方哲學簡史》（北京：中國友誼出版公司，2006 年），頁 233、〔美〕休斯頓・史密士（Huston Smith）著，劉安雲譯，劉述先校訂：《人的宗教》（臺北：立緒文化事業有限公司，2006 年），頁 266。

〔註30〕　「恒」，集唐本《老子》原作「常」。試看劉笑敢先生曾考察說：「王弼本中第十九章（筆者案：『第』字誤植，當爲十九章）中有二十八個『常』。……但是，帛書本多用『恆』字，在第十九章（筆者案：『第』字誤植，當爲十九章）中用到二十九處『恆』，而『常』就僅在兩章中用到三處。竹簡本中則『常』字一見，『恆』字四見（筆者案：似有誤，應爲六見）。今本用『常』是避漢文帝劉恆之諱，其結果是我們看不到『常』與『恆』的區別」，沈善增先生也說：「從帛書甲本可知，《老子》古本原是既有『恆』又有『常』的，儘管『恆』較多而『常』較少，但『恆』『常』不同義。漢初爲避漢文帝劉恆之諱，把《老子》中的『恆』都改成了『常』，這樣，『恆』『常』就混淆了」（分見劉笑敢：《老子古今──五種對勘與析評引論(上卷)》，頁 514、沈善增：《還吾老子》，上海：上海人民出版社，2004 年，頁 51）。又，劉殿爵先生則曾指出作「恆」、「常」字的重要不同處，他說：「今本《老子》無『恆』字，只有『常』字，帛書本雖多作『恆』字，但『常』字也並非完全沒有。例如十六章：是胃復"命"常也。知常、明也。不知常，吂；（乙本作『芒』）"作，兇；（乙本『兇』字殘缺）知常，容；"乃公。五十二章：是胃襲（乙本『襲』字殘缺）常。從文例看，似乎『恆』字只作修飾語用，如『恆道』、『恆德』、『恆名』、『恆善救人』，而『常』字則作名詞性詞用，如『知常』、『襲常』。只有在一種句式中，『恆』、『常』互見。上引十六章：復命，常也。又二章：先後之相隨，恆也。『常』、『恆』都是單字謂語，至於語法功能上有無差異，便很難判斷了」（見劉殿爵：〈馬王堆漢墓帛書《老子》初探（上）〉，《明報月刊》第 17 卷第 8 期，1982 年 8 月，頁 15）。而劉笑敢先生又再將劉殿爵先生的重要發現證之竹簡本《老子》，他也得出相同結果說：「總起來看，竹簡本和帛書本對『常』與『恆』字的使用是一致的。如此說來，『常』在《老子》中主要是名詞性功能，因此可以看作是老子的名詞或概念，而『恆』主要是作修飾語，不是名詞，不能作爲老子的思想概念」（見劉笑敢：《老子古今──五種對勘與析評引論（上卷）》，頁 515）。準此，既然帛書本與竹簡本《老子》，皆同樣展示老子對「恆」、「常」字使用的不同，那麼本文引集唐本《老子》中本作修飾語用，而因避諱改成「常」字之處，便需改正回作「恆」字爲是，不然其間的區別勢將持續被隱沒。其實，帛書本《老子》中「恆」字也作「恒」字，如甲本對應集唐本《老子・二十八章》中「恆德」一詞，乙本就作「恒德」，甚至同在甲本中也有「恆德」、「恒德」同時出現於一章（如〈二十八章〉）的例子。而今據《字彙》「心」部、《正字通》「心」部有指出「恆」與「恒」同（分見〔明〕梅膺祚撰：《字彙》，上海：上海古籍出版社，1995 年《續修四庫全

德之厚者，比於赤子」。〔註31〕據此，陳鼓應先生說：「《老子》書上一再提到『嬰兒』，要人歸眞返樸」。〔註32〕

　　而陳鼓應先生提到老子要吾人「返樸」的說法，乃出自《老子‧二十八章》說：「恒德乃足，復歸於樸」。其中所謂「樸」，據《說文解字》「木」部說：「樸，木素也」，《論衡‧量知》說：「無刀斧之斷者謂之樸」，陳鼓應先生似綜合二者而說本指「未經雕琢的素材」。〔註33〕由此可知，老子以此「樸」字說明每個人的原來面目，而那是未經世俗汙染並且「恒德乃足」的完滿本眞。又，吾人若對照「恒德不離，復歸於嬰兒」、「恒德乃足，復歸於樸」來看，當可發現老子根本就以赤子嬰兒象徵人的原來面目或完滿之本眞狀態。

書‧經部（第二三二冊）》據華東師範大學圖書館藏明萬曆四十三年刻本影印，卯集，頁 557、〔明〕張自烈撰，〔清〕廖文英續：《正字通》，上海：上海古籍出版社，1995 年《續修四庫全書‧經部（第二三四冊）》據湖北省圖書館藏清康熙二十四年清畏堂刻本影印，卯集上，頁 387），又《字彙》「心」部還指出「恒」乃「俗恒字」（見〔明〕梅膺祚撰：《字彙》，卯集，頁 558），故「恆」本與「恒」同也。「恒」（「恒」），《說文解字》「二」部有列出其古文字形作「亙」（見〔漢〕許慎撰：《說文解字眞本》，臺北：臺灣中華書局，1965 年《四部備要‧經部》據大興朱氏依宋重刻本景印，第 13 下，頁 6 上），而此「亙」字形，正是竹簡本《老子》所出現的字形。既然「恆」同「恒」（「恒」），如今爲求一致，故即以今日發現在時代上最接近《老子》原始本的竹簡本《老子》作「恒」（「恒」）是也。

〔註31〕語分出《老子》〈十章〉、〈二十章〉、〈二十八章〉、〈五十五章〉。其實，上引「摶氣」乃出自帛書本《老子》乙本，而集唐本《老子》則作「專氣」。首先，作「摶氣」應較近於原始本《老子》，然而「摶氣」之「摶」似有誤，羅義俊先生就說：「『摶』爲屋棟，是名詞而非動詞，顯是『摶』之誤」（見羅義俊：《〈老子〉入門》，上海：上海古籍出版社，2006 年，頁 138～139）。故應從《管子‧内業》作「摶氣」（見〔唐〕房玄齡【實乃尹知章，詳見本文第三章註32】注：《管子》，臺北：臺灣中華書局，1965 年《四部備要‧子部》據明吳郡趙氏本校刊，卷 16，頁 5 上）爲是。又，由《管子‧内業》曾出現「摶氣」一詞，也可證明作「摶氣」確乃先秦時期用法。是以，如今即將「摶氣」代「專氣」。其次，集唐本《老子‧五十五章》在「含德之厚」下疑脫一「者」字，陳錫勇先生說：「王弼注：『含德之厚者，不犯於物，故無物以損其全也。』據注，王弼本正文當作『含德之厚者』」（見陳錫勇：《郭店楚簡老子論證》，臺北：里仁書局，2005 年，頁 186）。今再檢之帛書本《老子》乙本、竹簡本《老子》甲組，在「含德之厚」下皆有「者」字，故今據補之。

〔註32〕見陳鼓應：《老子今註今譯及評介（三次修訂本）》，初版序，頁 15。

〔註33〕分見〔漢〕許慎撰：《說文解字眞本》，第 6 上，頁 8 上、〔漢〕王充撰，〔明〕程榮校：《論衡》（臺北：臺灣中華書局，1965 年《四部備要‧子部》據明刻本校刊），卷 12，頁 8 上、陳鼓應：《老子今註今譯及評介（三次修訂本）》，頁 106、121。

　　再來，既然「恒德乃足」始能「復歸於樸」，「含德之厚」始能「於（如）赤子」，〔註34〕那麼所謂「德」無非意指一種能加充到本真中之崇高又剛健的能量，〔註35〕並且老子以爲還要使其加充至含「德」「足」或「厚」的狀態，方可「復歸於樸」或「於（如）赤子」。當然，此種赤子嬰兒時期本真中含「德」厚足之完滿的「廣德」美好狀態，〔註36〕吾人由老子說：「治人……重積德」一句正可推知，〔註37〕當時侯王早在不知何時俱已遺忘此等美好，而皆處於無「德」之危機中，以致於才有老子要侯王——當然是指主宰侯王一舉一動之「心」——在治理時，〔註38〕重新「積德」於本真中之思想出現。

　　其實，老子要侯王「復歸於嬰兒」、「復歸於樸」、「於（如）赤子」的想法，就好比徐志摩曾描述的那般，他說：

　　　飛。人們原來都是會飛的。天使們有翅膀，會飛；我們初來時也有
　　　翅膀，會飛。我們最初來就是飛了來的，有的做完了事還是飛了去，
　　　他們是可羨慕的。但大多數人是忘了飛的，有的翅膀上掉了毛不長
　　　再也飛不起來，有的翅膀叫膠水給膠住再也拉不開，有的羽毛叫人

〔註34〕《老子・五十五章》：「含德之厚者，比於赤子」，其中「比」乃「皆」的意思，「於」則釋爲「如」。試看陳錫勇先生的考察說：「『比』，皆也。《說文》：『皆，俱詞也，从比从白。』徐鍇曰：『比，皆也。』《經傳釋詞》：『卷子引《孟子・告子》：「比天之與我者。」』王引之曰：『家大人曰：「比」，猶「皆」也。言耳目與心，皆天之所與我也。』卷七：『如，猶「於」也。』引《呂氏春秋・愛士篇》：『人之困窮，甚如饑寒。』曰：『言甚於饑寒也。』是知『含德之厚……於赤子』，是言：『含德之厚……如赤子。』」（見陳錫勇：《郭店楚簡老子論證》，頁187。）

〔註35〕筆者所謂崇高、剛健乃同出自《老子・四十一章》中「上德」、「建德」一詞。而此章所謂「上德」依陳鼓應先生翻譯乃指「崇高的德」（見陳鼓應：《老子今註今譯及評介（三次修訂本）》，頁206）。又，此章所謂「上德」與〈三十八章〉所謂「上德」意義明顯不同，〈三十八章〉所謂「上德」詳見本文第七章第二節。「建德」，今依清人俞樾說：「『建』當讀爲『健』。《釋名・釋言語》曰：『健，建也。能有所建爲也。』是『建』『健』音同，而義亦得通。健德……言剛健之德」（見〔清〕俞樾：〈老子平議〉，《諸子平議》，卷8，頁89）。

〔註36〕「廣德」，語出《老子・四十一章》。

〔註37〕語出《老子・五十九章》。

〔註38〕吾人今若參照郭店楚簡《老子》甲組中的「憍」（竹簡本《老子》文字原作上「爲」下「心」）字來看，即可看出老子確實有意強調「心」對吾人的主宰地位，因爲此「憍」字正好有帶出是指「心爲」（見龐樸：〈古墓新知——漫讀郭店楚簡〉，《郭店楚簡研究（中國哲學第二十輯）》，瀋陽：遼寧教育出版社，1999年，頁11）的一種暗示。

給修短了像鴿子似的只會在地上跳，有的拿背上一對翅膀上當鋪去
典錢使過了期再也贖不回。……眞的，我們一過了做孩子的日子就
掉了飛的本領。但沒了翅膀或是翅膀壞了不能用是一件可怕的事。
因爲你再也飛不回去，你蹲在地上呆望著飛不上去的天，看旁人有
福氣的一程一程的在青雲裏逍遙，那多可憐。〔註39〕

　　正如上引徐志摩所說的一樣：「我們一過了做孩子的日子就掉了飛的本
領」，若將此句話放入老子思想中的脈絡來看，此也即是說我們一過了做孩子
的日子，就迅速消散了「德」，所以老子才要說：「恆德不離，復歸於嬰兒」、
「恆德乃足，復歸於樸」、「含德之厚……於（如）赤子」這些話，以期侯王
能再回到原初赤子般本眞中含「德」厚足的完滿狀態裡。

　　簡言之，由於此時侯王之本眞中無「德」，所以老子才要侯王之「心」「重
積德」於本眞中矣。下面筆者將接著談老子認爲「德」爲何會從侯王之本眞
中迅速消散離去呢？

第三節　侯王之「心」何以外放與其無「德」的代價

　　從上一節所引《老子》中出現赤子嬰兒的幾處文獻，以及《老子・十八
章》說：「智慧出，有大僞」來看，吾人自可輕易推論出老子認爲在尙未學習
「知識」前的赤子嬰兒時期，乃是人一生中本眞完滿且毫無虛僞造作，又除
了口腹等「自然欲望」外，沒有「人爲之欲」或「刻意之欲」的時期，〔註40〕
故赤子嬰兒的表現在老子所謂「無欲」「乃是指無人爲之欲，非是指無自然之
欲」之下，〔註41〕自然是「無知無欲」。〔註42〕

　　可是，隨著人不斷成長而接受各方面知識上之學習，所有在知識中所確

〔註39〕見徐志摩：〈想飛〉，《名家談人生》（臺北：牧村圖書有限公司，2003 年），頁
　　　　83。
〔註40〕「刻意之欲」一語的提出，見周與沉：《身體：思想與修行──以中國經典
　　　　爲中心的跨文化觀照》（北京：中國社會科學出版社，2005 年），頁 252。
〔註41〕見〔意〕賀榮一：《老子之道治主義》，頁 20。而陳鼓應、劉殿爵、商原李剛
　　　　等先生也以爲老子所謂「無欲」，本不包含食求溫飽、衣求禦寒等「自然欲望」。
　　　　分別詳見陳鼓應：〈老子哲學系統的形成和開展〉，《老子今註今譯及評介（三
　　　　次修訂本）》，頁 33、劉殿爵著，張雙慶譯：〈英譯《老子》導論〉，《採掇英華
　　　　──劉殿爵教授論著中譯集》（香港：香港中文大學，2004 年），頁 86、商原
　　　　李剛：《道治與自由》（北京：社會科學文獻出版社，2005 年），頁 105。
〔註42〕語出《老子・三章》。

立之世俗價值，例如《老子・二章》曾提到「美」、「善」等價值再化約成的種種欲望，〔註43〕便開始衝擊著人們，而被衝擊的當然是指人之「心」，是以如同本章一開始有提到〈十二章〉才會由「心發狂」一語生動地描述出人「心」——老子尤指侯王之「心」，在對以「五色」、「五音」、「五味」爲象徵的各種欲望之「馳騁畋獵」中，走向「發狂」的狀態。

　　而一邦之中若多有人民在獲得知識此種老子認爲是「民之利器」後，也產生追逐種種欲望之「心」，那麼在老子看來人民將「難治」，〔註44〕並且這個「邦家」在邦君與人民俱發狂追逐欲望底下，無疑只有走上「滋昏」一途。〔註45〕

　　當然，上述提到老子對侯王去追逐欲望，以致於走向「發狂」狀態之嚴厲批判，絕不意味老子從此將拒絕吾人對一切欲望之追求，因爲若由《老子・十九章》說：「少私寡欲」來看，即該得知老子並非反對所有欲望而要「苦心絕欲」、「絕對地滅盡所有的欲望」，〔註46〕至少人有生存上之口腹等「自然欲望」不能

〔註43〕《老子・二章》說：「天下皆知美之爲美，斯惡巳；皆知善之爲善，斯不善巳。」依此，在老子看來，「美」與「惡」、「善」與「不善」，無非只是「相對而存在，不是本質」（見陳錫勇：《老子釋義》，臺北：國家出版社，2006 年，頁51）。然而，誠如〈五十八章〉所說：「其無正。……人之迷，其日固久」，是「它們並沒有定準」（見陳鼓應：《老子今註今譯及評介（三次修訂本）》，頁260），不過人卻不知其乃「循環之無端，互轉相生」（見嚴靈峰：《老子達解》，臺北：華正書局，1987 年，頁 308），更不知其爲「相互依存」、可「相互爲用」之理，而總是只執一邊，故〈十一章〉提醒吾人說：「三十輻共一轂，當其無，有車之用。埏埴以爲器，當其無，有器之用。鑿戶牖（筆者案：集唐本《老子》於『鑿戶牖』下有『以爲室』三字，今依陳錫勇先生說：『「鑿戶牖」，王本「牖」下有「以爲室」三字，非，此云「室鑿戶牖，其戶牖鑿空，乃爲室用」，非言「鑿空戶牖來作室」，室本中空，不鑿戶牖不能用也，故當戶牖空，方有室之用也。王本非。』【見陳錫勇：《老子校正》，臺北：里仁書局，2003 年，頁 196。】況且，檢之帛書本《老子》乙本也無『以爲室』三字，故今據刪之），當其無，有室之用。故有之以爲利，無之以爲用」。此無非告訴吾人不要「只注意實有的作用，而忽略空虛的作用」（見陳鼓應：《老子今註今譯及評介（三次修訂本）》，頁91）。可是，無奈的是，常人卻無法正視此，以致於迷惑於二者之間竟也爲時已久矣。又，美國學者蒙羅（Donald J. Munro）先生曾說：「價值判斷是欲望的根本，所以沒有一種外部刺激物能夠在停止作出價值判斷的個體中激起欲望」（見〔美〕唐納德・J・蒙羅【Donald J. Munro】著，莊國雄、陶黎銘譯：《早期中國「人」的觀念》，上海：上海古籍出版社，1994 年，頁 136～137）。

〔註44〕《老子・六十五章》說：「民之難治，以其智多。」

〔註45〕《老子・五十七章》說：「民多利器，邦家滋昏。」其中，「邦」字原作「國」，今何以改正作「邦」，詳見本文第五章註20。

〔註46〕分見王煜：〈專氣致柔似母親哺育的嬰孩〉，《老莊思想論集》（臺北：聯經出

捨棄，而這也正是老子只說「寡欲」所用以保留「自然之欲」對維持生存上之需要的用意，故老子所謂「無欲」「不是禁欲，而是寡欲、少欲，對於維持人的生存發展所需之最低物質條件，他認為還是應予以滿足的」。〔註47〕

總之，「老子沒有否定人的基本欲望的滿足」，〔註48〕是以此乃「相對的無欲論」而非「絕對的無欲論」。〔註49〕其實，所謂「寡欲」也仍不能排除老子對「人為之欲」同樣允許其有限度的追求，因為若以他所說「發狂」來看，那麼老子究竟只不過是反對過份的追逐而已。

又，若不只針對侯王而言，老子為什麼會反對吾人去過份追逐「人為之欲」呢？試看《老子‧三章》說：「不見可欲，使民心不亂」，如果照上述已言老子並不反對「寡欲」來說，那麼吾人當可認為是由於「寡欲」尚不至於構成「心亂」的條件，唯有「多欲」，也即是過多的「人為之欲」，才是老子認為會使「心」產生擾亂之原因。而之所以說是擾亂，當然是因為「心」在「見」到過多人為的「可欲」之物後，往往把持不住，以致於興起想佔據所有這些「人為之欲」的念頭，最後追逐之甚至到了「心」都「發狂」的地步，並且吾人還更會由於對「人為之欲」的不知足，而終將招致「罪」、「禍」與「咎」之下場，此即〈四十六章〉所說：「罪莫厚乎甚欲；禍莫大於不知足；咎莫大於欲得」也。〔註50〕

或許，上述提到「心」有主宰吾人去追逐過多的「人為之欲」，今不妨可藉由郭店楚簡《老子》甲組中的「憍」（竹簡本《老子》文字原作上「為」下「心」）字來說明，龐樸先生以為此字當指「心為」，〔註51〕也即是「心」生

版事業股份有限公司，1993 年），頁 265、吳怡：《新譯老子解義》（臺北：三民書局，2005 年），頁 304。

〔註47〕見公木（筆者案：即張松如先生）、邵漢明：《道家哲學》（長春：長春出版社，2007 年），頁 18。

〔註48〕見許建良：《先秦道家的道德世界》（北京：中國社會科學出版社，2006 年），頁 77。

〔註49〕分見公木、邵漢明：《道家哲學》，頁 178、179。

〔註50〕「辠（罪）莫厚虖（乎）甚欲」一句乃出自竹簡本《老子》甲組，帛書本《老子》甲本此句是作「罪莫大於可欲」、乙本作「罪莫大可欲」，集唐本《老子》則無此句，看來似有脫漏，故今據補之。又，「可欲」與「甚欲」義雖近，但由上面正文中曾引《老子‧十九章》說：「寡欲」可知，老子並非拒絕所有欲望，而只是說要避免過多「人為之欲」而已。因此，此處作「甚欲」，其義應較勝於「可欲」。

〔註51〕見龐樸：〈古墓新知──漫讀郭店楚簡〉，《郭店楚簡研究（中國哲學第二十

起想佔有並進而追逐「人爲之欲」這種「爲」的衝動，而由此也可看出「心」確實在老子看來有對吾人主宰的地位。

另外，除了對「心」的主宰地位有一確立外，老子還對「心」的最佳去處有一安放。老子乃認爲「心」本該處於本眞中最深處，此即所謂「心善淵」。〔註52〕試看葛玄所造《老子道德經》於此文獻下曰：「淵深清明」，〔註53〕由此可見「淵」當指「心」所處本眞中最深處之清明至善的地方，「心」在此處乃是所謂「明澈如鏡」的「玄覽」之「心」。〔註54〕而此「心」只要一旦經不起過多「人爲之欲」的誘惑，那馬上又將成爲在欲望世界裡打滾的「貪之心」。簡言之，「心」由「玄覽之心」轉變爲「貪之心」的當下，也隨即意味著「心」已從本眞中出走，而流落於外的欲望世界。準此，老子就是以對過多「人爲之欲」的追逐，來說明侯王其「心」之外放。

再者，「心」被「人爲之欲」牽引而從本眞中出走，也即正是上一節提到侯王之本眞中何以會迅速消散「德」的原因。底下先試引《老子》原典再接續上言說明之。〈十章〉、〈四十二章〉、〈五十五章〉曾說：「載營魄抱一，能無離乎」、「搏氣致柔，能嬰兒乎」、「沖氣以爲和」、「心使氣曰強」。

由於侯王之「心」在被過多「人爲之欲」牽引，以離開本眞中而流落於外的當下，原來要靠本眞中在「積德」厚足如嬰兒狀態時，會將在「重積德」同時也逐漸搏聚於本眞中，〔註55〕並且已涌搖激盪的「沖氣」致成「柔和之氣」後，〔註56〕而再承載此「氣」（「營魄」），〔註57〕去環抱「一」（完滿本眞）

輯）》，頁11。
〔註52〕語出《老子・八章》。
〔註53〕見〔吳〕葛玄造：《老子道德經》（臺北：中國子學名著集成編印基金會，1978年《道德經名注選輯（一）》據上海涵芬樓借常熟瞿氏鐵琴銅劍樓藏宋刊本影印），頁543。
〔註54〕「玄覽」，語出《老子・十章》。高亨先生說：「『覽』讀爲『鑒』，『覽』『鑒』古通用。」（見高亨：《老子正詁》，卷上，頁24。）而陳鼓應先生註釋「玄鑒」一詞曾有「明澈如鏡」之說。見陳鼓應：《老子今註今譯及評介（三次修訂本）》，頁84。
〔註55〕「搏氣」之「搏」，據唐人尹知章注曰：「搏謂結聚也」（見〔唐〕房玄齡【筆者案：實乃尹知章所注，本文第三章註32已說明】注：《管子》，卷16，頁5上）。
〔註56〕「沖氣」之「沖」，依《說文解字》「水」部說：「涌搖也」（見〔漢〕許慎撰：《說文解字眞本》，卷11上，頁8下），據此余培林先生再說「沖」：「引申有激盪之意。見余培林：《新譯老子讀本》（臺北：三民書局，2002年），頁89。
〔註57〕老子所說「載營魄」之「載」，今依明人焦竑與陸西星解爲「承」或「承載」

使其形成「無離」本眞之保護力量的「玄覽之心」，如今在被「人爲之欲」牽引而「強」（暴強）將環抱於本眞四周的「氣」給「使」破，〔註58〕以衝離本眞而流落於外成「貪之心」的當下，因爲如上所說「氣」乃要靠在本眞中之「心」（「玄覽之心」）才能「摶」之，然而這時「心」既然已不在本眞中，那麼「心」當然就未能「摶氣」，更遑論還進而將之致成「柔和之氣」後，再「載營魄（氣）」來環抱本眞中的厚足之「德」了。

老子就是認爲本眞中之「德」在「心」的出走，以致於沒有「柔和之氣」的強固環抱下，自然只有迅速消散離去，而侯王當然自此也成爲離開赤子嬰兒那般本眞完滿狀態的無「德」之人矣。

綜言之，「本眞」、「心」、「氣」、「德」、「人爲之欲」，在老子眼中已然構成密不可分之關係。試將此關係舉個例子說明：「本眞」有如一座穀倉，「心」則是這座穀倉的主人，「氣」則是主人維護穀倉之充實的信念，穀倉之中的稻

之意，今人尹國興先生也同作此解。分見〔明〕焦竑撰：《老子翼》（臺北：中國子學名著集成編印基金會，1978 年《道德經名注選輯（六）》據明萬曆間原刻本影印），卷之 1（上篇），頁 48、〔明〕陸西星疏：《老子玄覽》（臺北：中國子學名著集成編印基金會，1978 年《道德經名注選輯（六）》據覆刊道藏精華方壺外史叢編本影印），上篇，第 10 章，頁 403、尹國興：《老子秘語》（濟南：齊魯書社，2006 年），頁 32。而何謂「營魄」，《老子河上公章句》曰：「魂魄也」（見舊題〔漢〕河上公章句：《纂圖互註老子道德經》，臺北：中國子學名著集成編印基金會，1978 年《道德經名注選輯（一）》據明初建刊六子本影印，能爲第 10，頁 24），今人王淮、張揚明、陳鼓應、朱維煥等先生也說「營魄」即「魂魄」（分見王淮：《老子探義》，臺北：臺灣商務印書館，2001 年，頁 41、張揚明：〈老子斠釋補證〉，《老學驗證》，臺北：新文豐出版股份有限公司，1994 年，頁 286、陳鼓應：《老子今註今譯及評介（三次修訂本）》，頁 82、朱維煥：《老子道德經闡釋》，臺北：臺灣學生書局，2001 年，頁 31）。又，「魂魄」在老子時代，其本質都是「氣」，而尚未有後來細分成「魂氣」、「形魄」的說法，此據杜正勝先生的考察說：「大概在春秋末年以前，魂魄是不太分的，它們可能同質而異名，……本質都屬於『氣』」，杜先生還指出「魂氣、形魄二分的說法」乃是「戰國以下的觀念」。分見杜正勝：〈形體、精氣與魂魄——中國傳統對「人」認識的形成〉，《人觀、意義與社會》（臺北：中央研究院民族學研究所，1993 年），頁 64、65。杜正勝先生此文也可見於《新史學》第 2 卷第 3 期（1991 年 9 月），頁 1～66。

〔註58〕劉小龍先生曾指出：「『強』字在《老子》有時爲貶義（如第 36 節【筆者案：劉先生以爲《老子》八十一章只能是自然段落，故不稱『章』改稱『節』】『柔弱勝剛強』；第 78 節『兵強則不勝』）；有時爲褒義（如第 52 節『守柔曰強』；第 33 節『自勝者，強也』），故需對具體場合進行分析，爾後才能準確判斷。」（見劉小龍：《老子原解》，北京：新星出版社，2006 年，頁 236。）

穀禾麥乃是「德」。試想：若今天這座穀倉的主人天天去追逐外物，也就是說他被過多「人爲之欲」牽引出去了，那麼原本一心只想充實穀倉的那份信念，當然也只有隨著主人的出走而不復存在。又如此一來，可想而知，穀倉的下場只有趨於荒廢。

是以，如果穀倉之中沒有稻穀禾麥的充實，它便難以被稱作穀倉，因爲終究只不過是一座空殼矣。要之，是要成爲厚足著「德」的充實穀倉，還是無「德」之空虛穀倉，皆先得端看主人這顆「心」是否能從外在的欲望世界中回歸本眞裡了。

第四節　如何根治侯王外放之「心」與其無「德」危機——「王法自然之天道」的收斂行爲

順上所言，既然侯王之「心」早在不知何時，便已被過多的「人爲之欲」牽引而流落於外，那麼老子如下的思考方向，當然就落在如何才能使主宰侯王一舉一動之「心」，由對外面欲望世界的追逐，收斂回本眞中之議題上。而這也即是《老子‧四十九章》爲何會提出「聖人在天下，歙歙，爲天下渾其心」的要求所在，其中「歙歙」很明顯即是「收斂」之意。〔註59〕

簡言之，正是由於當時侯王於治理時其「心」已外放的不良行爲示範，所以才會有老子提出他心目中的理想治者——「聖人式侯王」，卻會收斂之行爲舉動以矯正之。而此處所謂「收斂」，當然是指「心」收斂回本眞中的意思。又，「心」收斂回本眞中，更準確來說乃是指收斂回本眞中最深處之清明至善的地方（「淵」），〔註60〕而此無非代表「心」已對欲望世界遠離。是以，如此一來，「心」也將由原本在追逐過多「人爲之欲」的「貪之心」，回復成處在本眞中深處而清明至善之地的「玄覽之心」，並且此「心」當也即是「如嬰兒之未孩」那種淳樸的「愚之心」。〔註61〕

〔註59〕 見〔宋〕范應元撰：《老子道德經古本集註》（臺北：藝文印書館，1965 年《無求備齋老子集成初編（第七函）》據上海涵芬樓續古逸叢書景宋本景印），下，第 49 章，頁 22。

〔註60〕 「心」靠著什麼而能自動復歸於本眞中最深處之清明至善的地方，詳見下文。

〔註61〕 「如嬰兒之未孩」，語出《老子‧二十章》。劉笑敢先生說：「《說文》曰：『咳，小兒笑也。孩，古文咳。』……『嬰兒之未孩』即嬰兒還不會笑的淳樸狀態。」（見劉笑敢：《老子古今——五種對勘與析評引論（上卷）》，頁 247。）

　　總之，老子以爲唯有侯王們之「心」能如「聖人式侯王」（「古之善爲道者」）一樣是淳樸的「愚之心」，之後才能在人們的必然效法下「將以愚之」，〔註62〕以達到爲「天下」渾樸一「心」而有如「聖人恒無心，以百姓心爲心」的效果，〔註63〕因爲「聖人式侯王」們與「天下」所有人此時都已是「愚之心」矣。〔註64〕

　　而只要「心」一旦能收斂回本眞中，那麼上一節提到的無「德」危機自會逐漸得到解決。由於老子認爲本眞中無「德」之關鍵都在於是「心」的出走，因此只要「心」能夠由外收斂回本眞中，而且還是收斂回本眞中最深處之清明至善的地方，那麼在老子看來，「心」自然便會開始「重積德」以逐漸充實本眞。又，此也即是老子所設定他心目中之理想治者，在治理時必定要有的行爲。試看老子曾提到「聖人式侯王」會「實其腹」、「爲腹不爲目」，〔註65〕今據林語堂先生英譯註《老子・十二章》說：「『腹』指內在的自我，……『目』指外在的自我或感官的世界」。〔註66〕既然老子說：「聖人之治，……實其腹」、「聖人爲腹不爲目」，還有說：「聖人被褐懷玉」，〔註67〕看來此皆無非道出「聖人」在治理時，必不將重心擺在對外追逐之上，而是會以充實內在自我（本眞）爲依歸。

　　當然，上述所謂充實內在自我，無疑是老子針對當時其「心」已外放的侯王而言。老子希望他們趕快將「心」收斂回本眞中，以使「心」重新開始在本眞中「積德」。並且，老子認爲還要「積」至「恒德乃足，復歸於樸」、「含

〔註62〕《老子・六十五章》說：「古之善爲道者，非以明民，將以愚之。」陳鼓應先生說：「『善爲道者』的『道』，是指愚樸之『道』。」（見陳鼓應：〈老子哲學系統的形成和開展〉，《老子今註今譯及評介（三次修訂本）》，頁23。）

〔註63〕語出《老子・四十九章》。其中，「恒無心」在集唐本《老子》中作「無常心」（「常」何以改正作「恒」，本章註30已有說明）。今據嚴靈峰先生說：「張純一：『當作「常無心」。』張說是也。按：河上公註云：『聖人重改更，貴因循，若自「無心」。』嚴遵曰：『「無心」之心，心之主也。』劉進喜曰：『聖人「無心」，有感斯應。』李榮注曰：『聖人「無心」，與天地合德。』成玄英疏：『體道洞忘，虛懷絕慮，與死灰同其寂泊；故「無心」也。』王安石曰：『聖人「無心」，故無思無爲。』王雱注第二章云：『夫聖人「無心」，以百姓心爲心。』正引此章經文。是臨川王氏父子俱作『無心』矣。……顧歡本、景龍本、羅振玉貞松堂藏敦煌唐人寫本殘卷並作『無心』，當據改正。」（見嚴靈峰：《老子達解》，頁262～263。）如今再檢之帛書本《老子》乙本也作「恒無心」，故今據改正。

〔註64〕《老子・二十章》說：「我愚人之心也哉」。

〔註65〕語分出《老子》〈三章〉、〈十二章〉。

〔註66〕見林語堂：《老子的智慧（上冊）》（臺北：正中書局，2000年），頁224。

〔註67〕語出《老子・七十章》。

德之厚……於（如）赤子」，那種本眞中厚足著「德」之赤子嬰兒般的狀態才可以。因爲在老子眼中，吾人不是無「德」就是只有厚足著「德」此二種情況，他就是要告訴侯王「積德」非得「積」至厚足的狀態不可，不然若無法「愼終如始」必定只有走上「敗」之一途。〔註68〕

　　再來，筆者說無「德」的危機會逐漸得到解決而非能立即得到解決，本在於是本眞中「積德」尚未到「厚」或「足」的狀態之前，「積德」皆需持續而未間斷的進行，而且在「積德」至厚足以後，如上一節所說「心」還會「載」著「柔和之氣」以將所「積」厚足的「德」環抱住，這就好像是用「氣」的環抱去藏住「德」，而這樣也才符合「積藏」的意義，是既要「積德」也要「藏德」矣。是以，《老子・五十九章》所謂「重積德」一語，若說成「重積藏德」將會更爲準確也。

　　準上所述，老子認爲侯王之「心」只要能收斂回本眞當中，此「心」便會自動開始「重積德」與上一節所指出的會「摶氣」，而在「重積德」至厚足的狀態時，「心」便會將所「摶」並且已涌搖激盪之「沖氣」致成「柔和之氣」，再來則是承載此「氣」（「營魄」）去環抱這已厚足著「德」之本眞，以形成使「德」「無離」本眞的保護力量。當然，如果其「心」一旦又拒絕不了過多「人爲之欲」的誘惑，而暴強地「使氣」以衝破環抱在本眞四周的「柔和之氣」，再由本眞中出走，那麼能「摶氣」的主體既然不在，「柔和之氣」也不可能出現，本眞中的「德」在未有「柔和之氣」的保護下，也會迅速消散離去，於是侯王又將成爲無「德」之人，而此無非是一種類似骨牌效應的說法。

　　雖然，上述理論看似順暢，但接下來老子要面對之問題才是棘手的開始，此也即是究竟該如何做才能使侯王願意收斂其「心」回本眞中呢？又，既然說要「收斂」，那麼總該提出一個較具體可達至的方法，不然光只說要侯王收斂「心」回本眞中未免也太過於抽象，而老子到底有沒有提出什麼具體能收斂「心」的方法呢？

　　首先，關於第一個問題，老子是想到或許可藉由對比此時「天道」與「人道」的不同行爲，來提醒侯王「天」、「人」已破裂之處境。試看《老子》〈九章〉、〈七十三章〉曾描述「天道」的行爲說：「功遂身退，天之道」、「天之道，不爭而善勝」，因此「天道」的行爲當是「退」與「不爭」。

　　順帶一提，老子是如何得出「天道」有這些行爲呢？正如本文第二章第

〔註68〕《老子・六十四章》說：「愼終如始，則無敗事。」

二節已提到他是由對自然界之運動變化，也即是對「天道」消息的異常敏銳觀察裡，才領悟出「天道員員」、「周行而不殆，……大曰逝，逝曰遠，遠曰反」，此種「反者，道之動」之「天道」必「反」的客觀循環規律，同時在「天道」的客觀循環規律外，老子還體會出「天道」尚有其作用，此即〈四十章〉所謂「弱者道之用」。其實，在郭店楚簡《老子》丙組之後，還被發現有接著抄一段以「大一生水」爲開頭的文字，楚簡整理小組已將此段文字命名爲《太一生水》，而其中正有出現「天道貴溺（弱）」的句子。〔註69〕

　　易言之，老子乃是由對「天道」的觀察與體會中，所得出的「天道」有「反」之規律與「弱」之作用，來推論「天道」的行爲是「退」（「反」）與「不爭」（「弱」）。又，「退」與「不爭」在第五章第二節已指出無非都具有「收斂」的意思。

　　而此時「人道」的行爲又是如何呢？老子曾說：「聖人之道，爲而不爭」，〔註70〕老子既然指出「聖人之道」是「爲而不爭」，那麼反觀當時的「人之道」便是「爲而爭」，故老子才要「人道」最優秀者，也即是指出他心目中的理想治者，會以「爲而不爭」之行爲讓此時「爲而爭」的人們必然效法也。

　　其實，在老子說出「天道」與「人道」不同行爲的同時，他便已在對比「天道」與「人道」了，只不過這些都遠不及直接在同一章中進行對比來得明顯。試看《老子・七十七章》說：「天之道，損有餘而補不足。人之道，則不然，損不足以奉有餘」，看來老子認爲「天道」不只會功成身退還會「損有餘而補不足」，也正是由於「天道」的「損有餘而補不足」且「無親」，〔註71〕所以才會無偏愛

<hr>

〔註69〕見《簡帛書法選》編輯組編：《郭店楚墓竹簡（太一生水、魯穆公問子思）》（北京：文物出版社，2002 年），頁 9。

〔註70〕語出《老子・八十一章》。而關於此句文獻，陳錫勇先生曾說：「『人之道』，王本（筆者案：即指王弼本）『人』上衍『聖』字，當據乙本（筆者案：即指帛書本《老子》乙本）刪。朱謙之《校釋》曰：『趙本作人之道，無聖字。人與天對，文勝。』朱說是」（見陳錫勇：《老子校正》，頁 128）。然而，今若「以老校老」，則「人之道」上仍應有一「聖」字，因爲既然〈七十七章〉說：「人之道，……損不足以奉有餘」，那麼〈八十一章〉提到「人之道」應該就要說成是「爲而爭」，怎麼現在反倒說成「爲而不爭」呢？若眞「不爭」，那麼根本不可能「損不足以奉有餘」。再來，「不爭」明明是「聖人式侯王」才有的行爲，試看〈六十六章〉不是說：「聖人……以其不爭，故天下莫能與之爭」，是以由此可見，所謂「爲而不爭」確實是指「聖人之道」也。不過，可惜的是，此章於郭店楚簡《老子》中未見，可是，雖然說已出土的古《老子》本子，能校勘本文引用集唐字王弼本《老子》中諸多版本上的錯誤，但吾人本不該認爲較古的本子就全然沒有錯誤，而一味信從矣。

〔註71〕「無親」，語出《老子・七十九章》。

地對「天下」所有人而言總是「利而不害」，〔註72〕「天道」就是這樣「恒與善人」而總是希望使「天下」所有人都完善，〔註73〕此也即是〈四十一章〉所說：「夫唯道（天道），善貸且成」矣。〔註74〕然而，此時的「人道」卻是「損不足以奉有餘」，故相對於「天道」來說，當然是弊害極大。

由上可見，老子確實有意借助對比「天道」與「人道」的行為，以期能給侯王形成一種「天」、「人」已破裂的不安心理。〈「天之道」與「人之道」——道家倫理的二元結構及對中國倫理的影響〉一文作者曾說：

> 道家把「天之道」同「人之道」進行等次區別的思想結構，也是使
> 「天」與「人」相隔離的結構。這種隔離不但不會導致人類的自暴
> 自棄或倫理觀的崩潰，相反它所造成的天人交通危機意識，將喚醒
> 人們（尤其是統治者）對自身行為、社會存在和治亂狀態的強烈關
> 懷。〔註75〕

就如上引所說，老子正是希望侯王於不安心理之下，有形成此種關懷而會開始注意，並進而效法「天道」既「反」（「退」）又「弱」（「不爭」）的「收斂」行為。而其中老子所謂「反」，據王力先生說：「返也」，〔註76〕王邦雄先生也說：

〔註72〕 語出《老子·八十一章》。

〔註73〕 語出《老子·七十九章》。其中，「恒與善人」之「恒」，集唐本《老子》原作「常」，今何以改正作「恒」，本章註 30 已有說明。又，筆者何以將「天道無親，恒與善人」的「恒與善人」一句，解釋成「總是希望『天下』所有人都完善」，本在於將「善」字作動詞解。試看沈善增先生說：「一般的注家，都把『善人』作一個偏正結構的詞來理解，譯如『有德的人』……殊不知，如果這樣理解，則『善人』與『不善人』相對而言，『恒與善人』，就意味著『恒不與不善人』，那麼，怎麼可以說『無親』呢？這樣理解，是與《老子》一貫的『不棄』的思想相矛盾的。『善者吾善之，不善者吾亦善之，德善』（王本四十九章）；『人之不善，何棄之有』（王本六十二章）；『故善人，不善人之師；不善人，善人之資也』（王本二十七章）；可見人道尚且應恒與『善人』與『不善人』，『無親』的『天道』，怎麼反倒僅『恒與善人』呢？因此，這個『善』唯有作動詞解，為『使善』或『完善』、『改善』義，這樣才與『天道無親』義貫通，與《老子》的整體思想一致。」（見沈善增：《還吾老子》，頁 592。）

〔註74〕 「貸」，依陳鼓應先生註釋為「施與」（見陳鼓應：《老子今註今譯及評介（三次修訂本）》，頁 206）之意，故所謂「善貸且成」即是善於施與、幫助，而使其完成、完善的意思。

〔註75〕 見卿希泰、姜生：〈「天之道」與「人之道」——道家倫理的二元結構及對中國倫理的影響〉，《道家文化研究（第十六輯）》（北京：三聯書店，1999 年），頁 84～85。

〔註76〕 詳見王力：《老子研究》（上海：上海書店，1992 年），頁 1～2。

「『反』者所指者何，非相反相生之意，而是指返歸其自身」。〔註77〕簡言之，老子就是要侯王在治理時做到他所謂收斂其「心」回本真中的要求。又，如果做不到，《老子・七十三章》有言：「天之道，……不言而善應」，王弼注曰：「順則吉，逆則凶，不言而善應也」，〔註78〕老子是警告侯王若選擇「逆」「天道」之收斂行爲而非「執大象」——「順天道」——的話，〔註79〕將只有自負「凶」之後果。他是試圖再以此強制侯王走「王法道（天道）」，〔註80〕此種老子認爲

〔註77〕 見王邦雄：《老子的哲學》（臺北：東大圖書股份有限公司，1999 年），頁 96。
〔註78〕 見〔晉〕王弼注：《集唐字老子道德經注》（臺北：藝文印書館，2001 年），頁 148。
〔註79〕 「執大象」，語出《老子・三十五章》。陳錫勇先生說：「『大象』，四十章乙編、乙本作『天象』（筆者案：四十章有誤，當出自四十一章。又，乙編、乙本分別指竹簡本《老子》乙組、帛書本《老子》乙本），大象無形即天象無形，當據乙編作『天象』。『執天象』言『順天道』。」（見陳錫勇：《老子校正》，頁 273。）
〔註80〕 《老子・二十五章》說：「有物混成，先天地生。寂兮寥兮，獨立不改，周行而不殆，……吾不知其名，字之曰道，強爲之名曰大。大曰逝，逝曰遠，遠曰反。故道大，天大，地大，王亦大。域（筆者案：帛書本《老子》甲、乙本與竹簡本《老子》甲組皆作『國』）中有四大，而王居其一焉」，接著又說：「人法地，地法天，天法道，道法自然」。由此可知，此處所謂「人」當特指「王」（分別詳見屈萬里：〈屈萬里先生手批老子〉，《中央研究院歷史語言研究所集刊》第 51 本第 4 分，1980 年 12 月，附載，頁 770、朱心怡：《天之道與人之道——郭店楚簡儒、道思想研究》，臺北：文津出版社，2004 年，頁 52），而「王」進而效法的對象照老子安排，乃在於「道」那「自己如此、自然而然」（筆者案：據劉笑敢先生說：「『自』是自己，『然』是如此。自然的字面意思就是自己如此，這一字面意義和它的思想意義是相通的。」【見劉笑敢：《老子古今——五種對勘與析評引論（上卷）》，頁 210。】日本學者池田知久先生則認爲「自然」一詞的古義就是「自身」，而此當義同「自己如此」，「自然而然」乃是後來在中國思想史發展過程中，才在原來「自身」的意思上增加之意義。詳見〔日〕池田知久作，田人隆譯：〈中國思想史中「自然」的誕生〉，《中國的思維世界》，南京：江蘇人民出版社，2006 年，頁 15～17）之「反」的行爲上。又，「道」具有此種「反」之行爲，據本文第二章第二節可知，乃是史官老子由觀察「天道」而來，故此處所謂「法道」自然也可說是「法天道」。另外，上述所引〈二十五章〉中所謂「王亦大」，古今對此文獻曾有負面判斷，不過今依楊儒賓先生說：「據徐復觀先生的考據，『王亦大，域中有四大，而王居其一焉』是漢初道家爲了迎合人君，故意加進去的。范應元、奚侗則以爲『王』字是後世『尊君者妄改』的結果，原字當作『人』。然而老子對於君王性格有特殊的解釋，與後世三綱五常、君尊臣卑風氣籠罩下所理解者，原本大不相同，這段話未必不符合老子的旨意。馬王堆漢墓出土的帛書老子小篆本，據學者考證，當抄寫於劉邦稱帝前，文中已有『王亦大……而王居一焉』這段話」（見楊儒賓：《先秦道家「道」的觀念的發展》，

「天下往」，〔註81〕「天下」人都該前往「法自然之天道」的收斂（「反」）行為之路。〔註82〕

　　甚至，期待有一天侯王能如「孔德」（大德）者之「容」（「搈，動」）那般「惟道是從」，〔註83〕此也即是林文琪先生所說：「對於『孔德』者而言，所有順天應時而動的生活方式早已內化為一種習慣性的身體動作」。〔註84〕故此時自然不再需要任何強制性的做法了。

　　而上述所說，王博先生以為此乃老子思想中「推天道而明人事得以成立

頁 109 註 15）。蔣錫昌先生則說：「古者，『人』『民』……往往互用，但此『人』字（筆者案：即指『人法地』之『人』），則為人君之代名詞，不能解作普通之人民。……吳、奚二氏（筆者案：即指清人吳承志與奚侗先生）執下文『人法地』之語，以為『王』字應作『人』，不知『王』、『人』一耳。」（見蔣錫昌：《老子校詁》，臺北：東昇出版事業有限公司，1980 年，頁 172。）王博先生也以為該作「王亦大」。詳見王博：《老子思想的史官特色》（臺北：文津出版社，1993 年），頁 96。其實，本章於第一節有提到，在上位者於老子思想中無非扮演著相當重要的角色，因為老子已然認定侯王一舉一動行為之好壞，乃是左右「天下」能否「自定」的關鍵。既然侯王於老子思想中是如此重要，那麼作「王亦大」不是才更能突顯老子對在上位者的看重嗎？故此處仍作「王亦大」，而不認為是什麼妄加或妄改後的結果。當然，若「考慮到傳統解『王』為『人之尊』、『人之主』，所以，無論『王亦大』還是『人亦大』，對於本章整體意義的理解，應當差別不大」（見王慶節：〈老子的自然觀念——自我的自己而然與他者的自己而然〉，《解釋學、海德格爾與儒道今釋》，北京：中國人民大學出版社，2004 年，頁 148 註 1）。

〔註81〕語出《老子·三十五章》。

〔註82〕據本文第二章第二節的說法，老子所謂「道」主要有實存、行為準則、規律方面的意義，而其中規律方面的意義乃是由老子觀察「天道」而來，故老子所謂「道」，有時也可單指「天道」。當然，在老子思想中，「天道」決不等同於「道」。

〔註83〕《老子·二十一章》說：「孔德之容，惟道是從。」而所謂「孔德之容」，其中「孔，大也」（見舊題〔漢〕河上公章句：《纂圖互註老子道德經》，虛心第21，頁 34），「容」則據高亨先生說：「容疑借為搈，動也。《說文》：『搈，動搈也。』動搈，疊韻連語，古多以動容為之。《孟子·盡心篇》：『動容周旋中禮者，盛德之至也。』《楚辭·九章》：『悲秋風之動容兮』，是其例證。單言搈亦為動義，《廣雅·釋詁》：『搈，動也。』古亦以容為之。《禮記·月令》：『有不戒其容止者』，鄭注：『容止，謂動靜也。』《莊子·天下篇》：『語心之容，命之曰心之行。』心之容謂心之動也。是其例。然則容可借作搈，明矣。『孔德之容，惟道是從』，言大德者之動，惟從乎道也。王弼注：『動作從道。』似以動釋容」（見高亨：《老子正詁》，卷上，頁 51～52）。

〔註84〕見林文琪：〈論對於道的認識是一種身體化的認識——以《老子》、《管子》四篇為例的說明〉，《東吳哲學學報》第 12 期（2005 年 8 月），頁 74。

之依據」所在。〔註85〕其實,「推天道而明人事」本是史官一貫的思維特徵,〔註86〕是以正如本文第二章第一節已指出曾經擔任過「太史」的老子,當然也會具備史官的此種思維特點。還有一點也可提及,在第二章第二節中曾指出,老子所謂「道」的觀念有由「天道」來,而這實際上表現著老子「關注的還是它的運動所表現出來的法則——可供人生效法的法則」,卻始終「不關心道化生萬物的具體程序,也不關心萬物在滅亡後是否重新轉化為道」這種本原論的問題,〔註87〕而這當與「老子身為史官,其道的思想來源應為天道,也就是天文曆法的思想傳承,與抽象思辨有所不同」有關。〔註88〕總之,老子思想「形上學的色彩固然濃厚,但他所最關心的仍是人生和政治的問題,這種說法,可以從《老子》整本書中所著重的份量上取得論據的」。〔註89〕

　　重回正題。老子在帶出期望侯王對「天」、「人」已破裂產生不安心理後,能有形成關懷而在治理時會開始注意並進而效法「天道」收斂的行為,接著又指出其不效法「天道」將會有「凶」之後果,此時他又認為似乎在強硬之外也該給侯王一些甜頭。而此也即是老子尚且告訴侯王說只要能效法「天道」使其「心」收斂回本真中,並且還「重積德」於厚足後,自會有許多意想不到之好處。其實,此種軟硬兼施的做法,尤其是給侯王甜頭的態度,無非只是拿某些意想不到的好處之「人為之欲」,來讓侯王願意放棄老子所認為他不該要有的「人為之欲」而已。

　　然而,這些好處到底是什麼呢?由於老子以為在脫離赤子嬰兒狀態之後,也唯有重新「積德」於本真中至「含德之厚」,才能夠「於(如)赤子」,

---

〔註85〕見王博:《老子思想的史官特色》,頁84。

〔註86〕詳見王博:《老子思想的史官特色》,頁79〜85。

〔註87〕分見王博:《老子思想的史官特色》,頁84〜85、245。

〔註88〕見丁原植主講,謝章義紀錄:〈「道家經典研讀會」第一次會議紀錄——老子其人其書〉,主講於2005年12月10日(臺灣大學哲學系201研討室),2007年6月14日,取自:
http://homepage.ntu.edu.tw/~duhbauruei/5rso/congress/05daoread/2005dao.htm
(「杜保瑞的中國哲學教室」網站)。

〔註89〕見陳鼓應:〈老子哲學系統的形成和開展〉,《老子今註今譯及評介(三次修訂本)》,頁25。而今據本文第五章第一節統計,老子有以全書半數左右的章節談論政治問題,談論形上學的章節則依第二章註177指出唯有十一章,故由此可知政治問題確為老子所關注者。又,同樣認為老子思想重心不在形上學方面者,還有徐復觀、王長華等先生。分別詳見徐復觀:《中國人性論史(先秦篇)》(臺北:臺灣商務印書館,1994年),頁325、王長華:《春秋戰國士人與政治》(上海:上海人民出版社,1997年),頁113。

而重回赤子嬰兒時「蜂蠆虺蛇不螫，猛獸不據，攫鳥不搏」與「精之至」、「和之至」的懷抱。〔註90〕換句話說，老子對侯王說只要你在治理時，一旦能做到有以「德」重新加充至本眞中的內在行爲，並且使其愈「積」愈多，而達到「含德之厚……於（如）赤子」的狀態，那麼你便能夠「蜂蠆虺蛇不螫，猛獸不據，攫鳥不搏」，當下還能進入所謂「精之至」、「和之至」的境界。當然，前提都是侯王在治理時，要先能有收斂其「心」回本眞中的內在行爲。

其次，乃是關於具體修行之方法，也即是老子認爲如何做就能使「心」收斂回本眞中呢？試看《老子》〈三章〉、〈十五章〉、〈十六章〉說：「聖人之治，虛其心」、「濁以靜之徐清；……安以動之徐生」、〔註91〕「致虛極，守靜篤。……吾以觀復。……歸根曰靜」，這裡老子說他心目中的理想治者在治理時會以「虛靜」之方式，使其「心」也同處於「虛靜」當中，而只要一旦能「致虛守靜」，也即是能由「濁」（動盪）至「靜」，〔註92〕老子說便自能在這種「靜」之漸漸澄清的「徐清」中「觀復」。〔註93〕老子是以爲吾人必將可在「安」（「靜」）中觀察到「心」已「動之徐生」地慢慢收斂回本眞中，〔註94〕那種與「玄德」之人一般同有「與物反矣」之「復」的感受。〔註95〕

並且，由於此時「心」已成明澈如鏡的「玄覽之心」，「玄覽之心」自動會用其反射之「光」「見小」，〔註96〕是用此「光」照亮以明見其能回本眞中最深處，又隱微至「小」的清明至善之地（「淵」），此之所謂「玄覽之心」「用其光，復歸其明」也。〔註97〕總之，只要處在「虛靜」當中就是所謂「歸根」──「心」「收斂回歸」本眞中也。而唯有「心」能收斂回本眞中，老子「斂嗇」思想接下來所說要「重積德」、「抱一」或「復命」（回復完整本眞的生命）之推論，〔註98〕也才有開展的空間。

〔註90〕語俱出《老子・五十五章》。

〔註91〕「安以動之徐生」，集唐本《老子》於「安以」下原有一「久」字，而作「安以久動之徐生」。今檢之帛書本《老子》甲、乙本和竹簡本《老子》甲組，俱無「久」字，故似爲衍文，今據刪之。

〔註92〕「濁」，依陳鼓應先生註釋乃指「動盪」之意。見陳鼓應：《老子今註今譯及評介（三次修訂本）》，頁105。

〔註93〕「徐」，依陳錫勇先生注釋乃指「漸」之意。見陳錫勇：《老子釋義》，頁43。

〔註94〕「安」，依陳錫勇先生注釋乃指「靜」之意。見陳錫勇：《老子釋義》，頁43。

〔註95〕《老子・六十五章》說：「玄德……與物反矣。」

〔註96〕《老子・五十二章》說：「見小曰明」。

〔註97〕語出《老子・五十二章》。

〔註98〕「復命」，語出《老子・十六章》。

　　綜言之，老子以帶出期望侯王對「天」、「人」已破裂產生不安心理後，能有形成關懷而會開始注意並進而效法「天道」的行為，接著又指出其不效法「天道」將會有「凶」之後果，來強制侯王效法「天道」必收斂的行為，同時也以效法「天道」使其「心」收斂回本真中後，可有的意想不到之好處，來吸引侯王願意在「虛靜」中收斂其「心」回本真中。而只要侯王在治理時能為老子說服並且如此做，那麼侯王之「心」自然將不再外放，而能「歸根」以「重積德」直至本真中厚足著「德」的狀態。又如此一來，無「德」之危機便將暫時解除，再來就是要如何「保樸」——保持住「樸」這種狀態，〔註99〕而讓無「德」之危機從此解除的問題了。

第五節　結　語

　　由本章說明可知，老子的「斂嗇」思想主要是以「嗇」字之「收斂」、「積藏」義，來統貫《老子》中其它觀念，尤其主要是聯繫「心」、「德」二觀念而展開。底下簡述本章得以開展之邏輯作為小結：由於侯王之「心」早在不知何時，已為過多的「人為之欲」牽引以從本真中出走，而成為流落於外瘋狂追逐「人為之欲」的無「德」之人。老子以為唯有使侯王願意將其「心」收斂回本真中以「重積德」，才能解決此時侯王本真中無「德」之危機。而老子是想到可期望侯王對此時「天」、「人」已破裂產生不安心理後，他能形成關懷而在治理時會開始注意，並進而效法「天道」既「反」（「退」）又「弱」（「不爭」）的「收斂」行為。當然，老子也考慮到侯王如果並無產生不安心理且還效法「天道」，故他又警告侯王說若不效法「天道」將會有「凶」之後果，同時也指出「含德之厚」如赤子嬰兒般的狀態後，將有的意想不到之好處，來強制與吸引侯王在治理時，表現出收斂其「心」以「重積德」的內在行為，其是要「積」至本真中厚足著「德」之「藏德」那般「樸」的狀態才可以。

　　其實，老子針對侯王而有的「斂嗇」思考，其推論到最後無非就是要侯王「復歸於樸」的狀態，又老子當然不會希望侯王只能「復歸於樸」之狀態

〔註99〕《老子・十九章》說：「抱樸」。而「抱樸」在今日發現之《老子》最早版本的竹簡本《老子》甲組那裡，則作「保僕（樸）」。看來，作「保僕（樸）」似更能貼近老子原意，因為「保僕（樸）」才能突顯老子要吾人持續「保」住此重新「積藏」著厚足之「德」的完滿本真狀態。

一陣子，而此由老子還提出要「保樸」的想法即可得知。那麼，要如何才能使侯王「保樸」呢？老子是認為尚需侯王有對此「樸」的愛惜，也即是筆者接下來要說明老子「斂嗇」思想中所謂「愛身」的想法。由此可知，老子正是以對如何「保樸」之想法過渡到他的「斂嗇」思想。再來，只要一旦侯王能「愛身」後，也即是已懂得愛惜，那麼老子可認為便會使他自然表現出儉省「財貨」的外在行為。最後，老子更提出各邦侯王只需以儉約「言」，以至於「居無為之事，行不言之教」的方式來治邦即可。以上，大抵是下文第七章老子「斂嗇」思想之「愛惜」與「儉」義所以提出的背景所在。

　　底下進入第七章。

第七章　老子的「儉嗇」思想

第一節　引　論

　　本章將接著上一章「斂嗇」的思路，再繼續談老子之「儉嗇」思想。而何謂「儉嗇」，據本文第五章第二、三節已可知，乃指「愛惜『身』」與「儉省『財貨』」、「儉約『言』」之說法。由於老子針對侯王而有的「斂嗇」思考，其推論到最後無非就是要侯王「復歸於樸」的狀態，[註1]而今若再從老子曾說：「保樸」，[註2]也即是說要就此保持住「樸」這種狀態可知，他並不希望侯王只能回復這種狀態一陣子。

　　那麼，老子認為侯王究竟還該具備何種行為才能「保樸」呢？又，老子是以何種方式讓侯王願意「保樸」呢？再來，邏輯上來說，侯王有具備上面所說的行為後，對侯王個人及侯王所治邦，甚至對「天下」而言能產生什麼影響嗎？最後，在侯王有做到上述老子心目中理想治者之一整套接續至此的行為——此套行為乃是以「收斂『心』」為開端——後，老子以為此時侯王只需再有何種行為便能實現其目標呢？

　　以上，即是筆者認為欲對老子「儉嗇」思想有全盤掌握，必須要釐清之三大問題。底下就分別言之。

〔註1〕　語出《老子・二十八章》。
〔註2〕　筆者已將集唐本《老子・十九章》原作「抱樸」一詞，改作「保樸」，詳見上一章註99。

第二節　得以「保樸」的想法──侯王對「身」之愛惜

　　由本文第六章可知，使侯王「復歸於樸」的狀態，乃是老子「斂嗇」思想最後之推論結果，而老子為了不讓此推論結果終究只流於曇花一現，因此他又以為可利用侯王無非皆想「成器長」──「為天下領導之長」，〔註3〕並且還能一直成為「天下」矚目之唯一焦點的心理，也即是告訴侯王說若想成為被「天下」寄託的對象，唯有在「復歸於樸」的狀態後，再愛惜此「樸」之狀態，也就是能做到底下將說明的「愛身」行為，始能成就之。老子便以此想法再繼續吸引侯王願意「保樸」。

　　而所謂「愛身」始能成為被「天下」寄託之對象的說法，乃出自《老子·十三章》。底下就先試引和本節密切相關的〈十三章〉原典：

　　　　何謂貴大患若身？吾所以有大患者，為吾有身，及吾無身，吾有何患？故貴以身為天下，若可託天下；愛以身為天下，若可寄天下。

　　　　〔註4〕

　　今依《老子通》一書作者解法，所謂「有身」、「無身」的「身」，乃同於主流觀點解為「身體」之意，〔註5〕而此由上引「為吾有身」、「及吾無身」中「吾」與「身」同時出現，已然可看出老子本有意要區別「吾」與「身」的不同。既然「吾」已無可懷疑指「我」，那麼就算「身」在古文中也有「我」的意思，〔註6〕在這裡也不能重複指「我」，而若是解作「身體」即可順乎文

〔註3〕　「成器長」，語出《老子·六十七章》。今依陳錫勇先生將「成器長」解釋作「為天下領導之長」。見陳錫勇：《老子釋義》（臺北：國家出版社，2006年），頁154。

〔註4〕　本文引集唐本《老子》經文，在「託天下」、「寄天下」之先後順序上似有誤，而作「貴以身為天下，若可寄天下；愛以身為天下，若可託天下」。今據陳錫勇先生指出：「王弼注：『無物可以易其身，故曰貴也。如此乃可以託天下也。無物可以損其身，故曰愛也。如此乃可以寄天下也。……』是『託天下』、『寄天下』，……王注、……不誤。」（見陳錫勇：《老子釋義》，頁39。）既然王注如此，今再檢之帛書本《老子》甲、乙本與竹簡本《老子》乙組，確也作「貴以身為天下，若可託天下；愛以身為天下，若可寄天下」，故今據移正。

〔註5〕　主流觀點可以陳鼓應先生為代表。詳見陳鼓應：《老子今註今譯及評介（三次修訂本）》（臺北：臺灣商務印書館，2000年），頁97。

〔註6〕　《爾雅·釋詁下》說：「身，我也。」（見〔晉〕郭璞注，〔宋〕邢昺等疏：《爾雅注疏》，臺北：臺灣中華書局，1965年《四部備要·經部》據阮刻本校刊，卷2，頁1上。）

義。再來，接下來的「貴身」、「愛身」之「身」，《老子通》一書作者則是獨排眾意地將之釋爲「自己」。〔註7〕然而，何以在同一章之中，「貴身」、「愛身」的「身」不像前面是指「身體」，卻是指「自己」呢？其實，《老子通》一書作者也並未仔細說明。

而在筆者看來，這無非是因爲老子一開始即點出「貴大患若身」的關係。其中所謂「貴」，據陸德明《經典釋文・老子道經音義》說：「貴，重也」，〔註8〕也即是陳鼓應先生指出爲「重視」之意，〔註9〕又其中所謂「若」，依古人用法及老子接下來所說：「吾所以有大患者，爲吾有身」，吾人應可得知「若」猶「有」，〔註10〕故「若身」即是「有身」也。準此，「貴大患若身」即如丁原植先生所說：「要重視大患乃在於『有身』之事」。〔註11〕如此，前後一問一答，自然順理成章。

既然由上可知，「吾所以有大患者，爲吾有身」的意思是：老子認爲「大患」的原因是來自於「身體」，那麼吾人對於「身體」應該是如同老子底下所說要「無」（「無身」）才對，如今怎麼反倒出現要「貴」或「愛」這種矛盾說法呢？是以，由此看來，「貴身」、「愛身」的「身」必然不能作「身體」解，而是該同於《老子通》一書作者解爲「自己」，意義才有疏通的可能。

又，上述被解爲「自己」的「身」，在老子思想的脈絡中，當然指原初那個完整的「自己」，或指厚足著「德」之完滿的「自我本眞」，〔註12〕也即是

〔註7〕　分見古棣、周英：《老子通（上）》（高雄：麗文文化事業股份有限公司，1995年），頁453、455。

〔註8〕　見〔唐〕陸德明撰：《經典釋文》（臺北：藝文印書館，1969年《百部叢書集成・抱經堂叢書第二函》據國立臺灣大學圖書館藏清乾隆中餘姚盧氏刊本影印），卷25，頁2下。

〔註9〕　見陳鼓應：《老子今註今譯及評介（三次修訂本）》，頁96。

〔註10〕「若」猶「有」，乃古人行文常見用法。王叔岷先生就曾考察說：「史記孔子世家：『季桓子穿井，得土缶，中若羊。』國語魯語下、家語辨物篇『若』並作『有』。封禪書：『權火舉而祠，若光輝然屬天焉。』漢紀八『若』作『有』，『若』並與『有』同義。又封禪書：『有黃白雲降蓋，若獸爲符。』『有』『若』互文，『若』亦『有』也。漢紀一三：『時去，則若風肅然。』『若』亦與『有』同義。」（見王叔岷：《古籍虛字廣義》，臺北：華正書局，1990年，卷6，頁330。）徐仁甫先生也有類似考察。詳見徐仁甫編著，冉友僑校訂：《廣釋詞》（成都：四川人民出版社，1982年），頁73。

〔註11〕見丁原植：《郭店竹簡老子釋析與研究（增修版）》（臺北：萬卷樓圖書有限公司，1999年），頁278。

〔註12〕伍至學先生也曾以「內在本眞」的角度解老子所謂「身」。詳見伍至學：《老

上一章曾提到的「樸」、「一」或指赤子嬰兒時之狀態，只不過老子在此處又另以「身」名之。因為若照上一章的說法，「人如何從一種不完整──或者說異化狀態──走向完整」，〔註13〕才是老子最先關心的問題，那麼由此看來，老子就絕不可能是要侯王「貴」或「愛」不完整或已然空虛的本真，唯有重新走向「未分化的整全」（「身」）後，〔註14〕自然才會是老子所說要「貴」或「愛」者。

順帶一提，《老子·五十四章》曾有「修之身，其德乃真」的說法，〔註15〕而在此處老子乃道出他所謂「德」，唯有向內積修之（於）「身」的狀態，〔註16〕本真中的「德」才「真」。這裡，老子很明顯地又以此句話再強調他要侯王之本真中，非得將「德」積修至厚足的狀態不可。然而，老子何以會有這種想法，仍同於上一章已提到在他眼中唯有厚足著「德」與無「德」二種人，所以吾人「積德」若半途而廢，〔註17〕那麼在老子看來，其本真中的「德」不論吾人已「積」至於多少，都不會暫時儲存以待其隨時向外追逐「人為之欲」後，還可繼續累積之，一切只有重新來過。

是以，無怪乎那種以為自己能將已「積」之「德」暫時儲存而不失者，老子會認為他終究只是「下德」的「無德」之人，因為真正的「有德」者乃

子反名言論》（臺北：唐山出版社，2002年），頁95。
〔註13〕見楊儒賓：〈支離與踐行──論先秦思想裏的兩種身體觀〉，《中國古代思想中的氣論及身體觀》（臺北：巨流圖書公司，1993年），頁402。
〔註14〕見楊儒賓：《先秦道家「道」的觀念的發展》（臺北：國立臺灣大學出版委員會，1987年），頁100。
〔註15〕上引「修之身，其德乃真」，集唐本《老子》在「之」下原有一「於」字，而作「修之於身，其德乃真」。由於王弼注語未有「於」字（見〔晉〕王弼注：《集唐字老子道德經注》，臺北：藝文印書館，2001年，頁111），疑此是後人為了四字相對而在「之」下衍一「於」字以求整齊。今再檢之帛書本《老子》乙本、竹簡本《老子》乙組，也皆未有「於」字，故今據刪之。又，如此一來，或許才能接近《老子》原始本「對於文句的對偶、相應及整齊，有時並不講究」（見鄭良樹：〈論《老子》原始本與校勘方法〉，《百年漢學論集》，臺北：臺灣學生書局，2007年，頁342）的面貌。
〔註16〕「之」猶「於」，王叔岷先生已舉諸多例子說明，由於例子頗多，今只節引：「國語周語上：『夫王人者，將導利而布之上下者也。』孟子梁惠王篇：『臣聞之胡齕曰。』……『之』，皆猶『於』也。戰國策魏策二：『昔者帝女令儀狄作酒而美，進之禹。』御覽八四三引『之』作『於』。史記殷本紀：『九侯有好女，縣之白旗。』荀子解蔽篇楊注引『之』作『於』。……皆『之』『於』同義之證」（詳見王叔岷：《古籍虛字廣義》，頁435）。
〔註17〕語出《老子·五十九章》。

是「不德」，他總是以為自己不足「德」，故就算其本真中早已厚足著「德」，他還是仍然一直未曾間斷地想「積德」，因此才會被老子稱許為「上德」之人也。〔註18〕

　　底下就據上述對「身」之意義的分判，正式解讀〈十三章〉原典，並且在論述之中也順勢帶出老子所謂「愛身」的想法。

　　首先，老子認為侯王為何會有「大患」呢？老子說乃在於他「有身」，此也即是說老子以為身體無非一套感官知覺器官，故在侯王「生生」、「益生」、「求生之厚」、「貴生」時易受外物牽引，〔註19〕而於「感官知覺器官能導致失序心行」之下，〔註20〕終究會使侯王招致禍患，此即《老子·十二章》所謂：「五色令人目盲；五音令人耳聾；五味令人口爽；馳騁畋獵，令人心發狂；難得之貨，令人行妨」。由於主宰侯王之「心」受到「身體欲望的控制」，〔註21〕以致於經不起由「五色」、「五音」、「五味」、「難得之貨」等象徵之多方面外物的誘惑，而流落於外使得此一「生而匱乏的欲體」終日在追逐這些「身體的多方面享受」，〔註22〕甚至還追逐到「心」都「發狂」的地步，而老子以為此舉終將只會使侯王落得行為敗傷，〔註23〕並且走入死地與招受妖祥之下場，〔註24〕故諸如飢、

〔註18〕《老子·三十八章》說：「上德不德，是以有德；下德不失德，是以無德。」
〔註19〕語分出《老子》〈五十章〉、〈五十五章〉、〈七十五章〉、〈七十五章〉。其中，「生生」一詞，集唐本《老子》乃作「生生之厚」。高明先生說：「《老子》用『生生』一詞，即表達厚自奉養之義，後人不解，故妄增『之厚』二字。實屬畫蛇添足，多此一舉。」（見高明：《帛書老子校注》，北京：中華書局，2004年，頁66。）今再檢之帛書本《老子》甲、乙本，也確實皆未有「之厚」二字，故今據刪之。
〔註20〕見丁亮：〈《老子》文本中的身體觀〉，《思與言——人文與社會科學雜誌》第44卷第1期（2006年3月），頁235。
〔註21〕見尉遲淦：〈從身體觀看老子政治哲學的當代意義〉，《鵝湖月刊》第23卷第9期（1998年3月），頁39。
〔註22〕分見李孺義：《「無」的意義——樸心玄覽中的道體論形而上學》（北京：人民文學出版社，1999年），頁14、王博：《老子思想的史官特色》（臺北：文津出版社，1993年），頁281。
〔註23〕上面正文引《老子·十二章》中所謂「行妨」，陳鼓應先生註釋「妨」字乃指「傷」的意思。見陳鼓應：《老子今註今譯及評介（三次修訂本）》，頁94。
〔註24〕《老子》〈五十章〉、〈五十五章〉分別說：「動之死地，……以其生生」、「益生曰祥」。其中「生生」一詞，集唐本《老子》原作「生生之厚」，今何以改正作「生生」，詳見本章註19。而何謂「祥」，據多數學者指出乃為「妖祥」或「不祥」之意，如蔣錫昌先生說：「按：《素問·六元正紀·大論》：『水迺見祥。』注：『祥，妖祥。』左氏僖十六年《傳》疏：『惡事亦稱為祥。』《道

寒、病、苦、死等「大患」當然無窮也。〔註25〕

　　相反地，若侯王此時能「無身」，以讓「心」對於「大患」來源的身體感官知覺器官，也即是「心」對於「天門」（感官）之運作能「不在焉」、「以爲不然」地無視，〔註26〕而非「注其耳目」地專注之，〔註27〕轉而「自知」要把重心由外在的身體轉向內在之自我（本眞），〔註28〕如此一來，「大患」來源的門兌雖無法眞正被閉塞住，〔註29〕但也有如被閉塞住，或者說「天門」彷彿由「開」變「闔」，那麼「大患」此一結果又怎麼可能會出現呢？而對老子來說，這無疑才眞正可被稱得上是「善攝生者」，因爲他不像「生生」者會走入「死地」，〔註30〕他乃「無身」故「無死地」也。〔註31〕當然，老子這種要侯王「無身」的說法，對一般世俗之人來說卻是摸不著頭緒而以爲是反話，此正是所謂「正言若反」矣。〔註32〕

德眞經取善集》引孫登曰：「生生之厚，動之妖祥。」又引舒王曰：「此「祥」者，非作善之祥，乃災異之祥」；……是「祥」乃妖祥」（見蔣錫昌：《老子校詁》，臺北：東昇出版事業有限公司，1980 年，頁 343）。

〔註25〕詳見鄭志明：《宗教的生命關懷》（臺北：大元書局，2006 年），頁 101。

〔註26〕「天門」，語出《老子·十章》。「天門」一詞，依陳鼓應先生註釋乃喻「感官」。見陳鼓應：《老子今註今譯及評介（三次修訂本）》，頁 85。高亨先生也說：「蓋耳爲聲之門，目爲色之門，口爲飲食言語之門，鼻爲臭之門，而皆天所賦予，故謂之天門也」，又說：「《莊子·天運篇》：『其心以爲不然者，天門弗開矣。』天門亦同此義，言心以爲不然，則耳目口鼻不爲用。《禮記·大學》：『心不在焉，視而不見，聽而不聞，食而不知其味。』即此意也」（俱見高亨：《老子正詁》，臺北：臺灣開明書店，1996 年，卷上，頁 25）。

〔註27〕語出《老子·四十九章》。

〔註28〕「自知」，語出《老子·七十二章》。

〔註29〕《老子·五十二章》說：「塞其兌，閉其門。」奚侗先生說：「《易·說卦》：『兌爲口。』引申凡有孔竅者皆可云『兌』。」（見奚侗：《老子集解》，臺北：藝文印書館，1966 年《無求備齋老子集成續編（第十二函）》據民國十四年排印本景印，下卷，52 章，頁 11 下。）而陳鼓應先生翻譯此句說：「塞住嗜欲的孔竅，閉起嗜欲的門徑。」（見陳鼓應：《老子今註今譯及評介（三次修訂本）》，頁 242。）

〔註30〕「死地」，語出《老子·五十章》。

〔註31〕「無死地」，語出《老子·五十章》。

〔註32〕語出《老子·七十八章》。而關於「正言若反」的解釋，今依《老子河上公章句》曰：「乃正直之言，世人不知，以爲反言」，明人憨山大師也說：「乃合道之正言，但世俗以爲反耳」（分見舊題〔漢〕河上公章句：《纂圖互註老子道德經》，臺北：中國子學名著集成編印基金會，1978 年《道德經名注選輯（一）》據明初建刊六子本影印，任信第 78，頁 82、〔明〕釋德清撰：《憨山道德經解》，臺北：中國子學名著集成編印基金會，1978 年《道德經名注選輯（五）》

　　總之，由於老子對感官知覺器官的使用抱持否定態度，〔註33〕是以自然對涵具著感官知覺器官，而易受牽引成「自見、自貴與自大的外在客體」之身體也會持否定態度，〔註34〕此無非即是祝平次先生所說因為「道家對於器官的否定，事實上已經是對『身』的某種否定（器官為身的部份、分殊）」。〔註35〕若然，也無怪乎老子何以會否定「形軀我」、對「形軀之我」的身體並不重視，〔註36〕而提出要「無身」的說法了。

　　其實，老子要侯王「無身」的想法，在上一章曾提到「聖人式侯王」會「實其腹」、「為腹不為目」即有暗示。當時還有引林語堂先生英譯註《老子·十二章》說：「『腹』指內在的自我，……『目』指外在的自我或感官的世界」，〔註37〕又說既然老子曰：「聖人之治，……實其腹」、「聖人為腹不為目」、「聖

　　　　據清光緒十二年金陵刻經處重鑴本影印，下篇，頁602）。
〔註33〕詳見祝平次：〈從禮的觀點論先秦儒、道身體/主體觀念的差異〉，《中國古代思想中的氣論及身體觀》，頁289。
〔註34〕見丁亮：《《老子》文本中的身體觀》，頁239。其中，丁亮先生所指出「自見、自貴」二詞，語俱出《老子·七十二章》。而「自貴」一詞依陳鼓應先生註釋乃指「自顯高貴」（見陳鼓應：《老子今註今譯及評介（三次修訂本）》，頁301）的「高貴」義，自不同於下文將說明「貴身」之「貴」的「珍貴」義。又，「自大」一詞雖不見於《老子》，但卻有類似字眼，如〈六十三章〉的「為大」一詞。另外，《老子》〈九章〉、〈二十章〉、〈二十二章〉、〈二十四章〉、〈六十九章〉中還有出現與「自見、自貴、自大」類似的說法，即是「持而盈之、揣而梲之」（依陳鼓應先生註釋分別有「自滿自驕、顯露鋒芒」之意。見陳鼓應：《老子今註今譯及評介（三次修訂本）》，頁79）、「昭昭、察察」（依陳錫勇先生注釋分別有「自見、自賢」之意。見陳錫勇：《老子釋義》，頁52）、「自是、自伐、自矜」、「無敵」（依陳錫勇先生注釋有「自矜自大而認為無可匹敵」之意。見陳錫勇：《老子釋義》，頁158）。其實，〈六十九章〉中「無敵」一詞，集唐本《老子》原作「輕敵」，今據陳錫勇先生之說改正。試看陳錫勇先生說：「『禍莫大於無敵，無敵近亡吾寶』，王弼注：『言吾哀慈謙退，非欲以取強無敵於天下，不得已而卒至於無敵，斯乃吾之所以為大禍也。』而今本改『無敵』為『輕敵』，是自宋以來，已改王本（筆者案：即指王弼本）為『輕敵』矣，今據注及甲本、乙本（筆者案：即指帛書本《老子》甲、乙本），當改作『無敵』。」（見陳錫勇：《老子校正》，臺北：里仁書局，2003年，頁137。）
〔註35〕見祝平次：〈從禮的觀點論先秦儒、道身體/主體觀念的差異〉，《中國古代思想中的氣論及身體觀》，頁295。
〔註36〕分別詳見勞思光：《新編中國哲學史（一）》（臺北：三民書局，2001年），頁241、蔡璧名：《身體與自然——以〈黃帝內經素問〉為中心論古代思想傳統中的身體觀》（臺北：國立臺灣大學出版委員會，1997年），頁5。
〔註37〕趙又春先生也說：「『目』在這裡和『腹』相對待了，……是根據目之所見為

人被褐懷玉」，若將這些再結合本節說法，看來就已然道出「聖人式侯王」在治理時所表現出的行為是：他必不將重心擺在對外追逐「名」、「貨」等物之上，而是會「無身」以轉向重視內在自我之充實，〔註38〕也即是會「自知」親近「身」（完滿之本真狀態）以為重，〔註39〕而這正是所謂「遠去彼（『為目』）近取此（『為腹【「實其腹」】』）」也。〔註40〕

又，若將此說法再對照《老子‧十六章》所謂「復命曰常」來看，由於「復命」在本文第六章第四節已指出為「回復完整本真的生命」之意，那麼「常」當即指回復完整本真生命時之「本真完滿的狀態」，〔註41〕故上述「自知」親近「身」以為重，也可以說就是所謂「知常」，〔註42〕「自知」要親近「常」。而如此一來，在「知常」能「久」之下，自然可「終身免於危殆」——「沒身不殆」矣。〔註43〕

然而，無奈當時侯王卻與「聖人式侯王」會「無身」相對，當時侯王在身體陷入「人為之欲」之取捨抉擇當中時乃選擇「有身」，〔註44〕是只知一味追逐「身體的多方面享受」，故老子自然希望當時侯王能趕緊成為他心目中會「無身」的「聖人式侯王」。簡言之，老子就是要侯王能如同他所謂「聖人式侯王」一般，會「自知」使其「心」轉向於對內在自我之充實上，也就是會

外界『花花世界』這一特點，借以泛指『外界』了。所以『不為目』當是我們今天也說的『不為外界所動』這個說法所蘊涵的意思。相應地，『為腹』就是說只求充實自己的內心世界」，他又說：「把『為腹』解釋為只求吃飽肚子，讓『不為目』侷限於『不逐聲色之娛』，是否把老子的『聖人』降低為安分守己的老實人，甚或只求飽腹、胸無大志、無所事事的庸人了？」（分見趙又春：《我讀〈老子〉》，長沙：岳麓書社，2006年，頁62、63）。

〔註38〕 趙又春先生也曾將老子所謂「為腹不為目」解釋作「重視自我」。詳見趙又春：《我讀〈老子〉》，頁67。

〔註39〕 《老子‧七十二章》說：「是以聖人自知」。又〈四十四章〉曾質問說：「名與身孰親？身與貨孰多？」而其中所謂「多」，依陳鼓應先生註釋乃為「重」的意思。見陳鼓應：《老子今註今譯及評介（三次修訂本）》，頁216。

〔註40〕 《老子‧十二章》說：「是以聖人為腹不為目，故去彼取此。」

〔註41〕 在上文有指出，「身」、「樸」、「一」等觀念也同樣指「本真完滿的狀態」，故看似不同觀念，老子卻使用了同義。

〔註42〕 語分出《老子》〈十六章〉、〈五十五章〉。

〔註43〕 《老子‧十六章》最後說：「知常容，容乃公，公乃王，王乃天，天乃道，道乃久，沒身不殆。」陳鼓應先生翻譯「沒身不殆」說：「終身可免於危殆」。見陳鼓應：《老子今註今譯及評介（三次修訂本）》，頁114。

〔註44〕 詳見鄭志明：《老子》的醫療觀‧《老子》的身體觀》，《宗教的醫療觀與生命教育》（臺北：大元書局，2004年），頁5。

把重心擺在對內，而非陷入外在自我的身體感官知覺器官以追逐無窮「人爲之欲」的泥沼中。

　　當然，上述說「大患」來源的門兌有如被閉塞住、「天門」彷彿由「開」變「闔」，與「聖人式侯王」不會陷入外在自我的身體感官知覺器官以追逐無窮「人爲之欲」的泥沼中等說法，並不代表老子要吾人和「人爲之欲」絕緣。因爲據上一章已言，《老子・十九章》既然說：「寡欲」，那麼由此可知老子本無要人全然捨棄「人爲之欲」的用意，就算是老子心目中的理想治者——「聖人式侯王」——也依然如此。試看〈二十九章〉曾說：「聖人去甚、……去泰。」〔註45〕這裡不是已明顯可推知「聖人式侯王」除了維持生存必需的「自然之欲」外，他仍有「人爲之欲」，只是老子以爲「聖人式侯王」會意識到「生活中的過度無節是危險的」，〔註46〕故定會「去甚」與「去泰」。

　　易言之，「聖人式侯王」只是不會過份追逐「人爲之欲」，例如說看到「難得之貨」，「聖人式侯王」總是「欲不欲」，〔註47〕也即是比較「沒有通常人對難得之貨的欲望」，〔註48〕故此正是《老子・十九章》所謂「少私寡欲」，〔註49〕而倒不是說「聖人式侯王」就完全不能有任何欲望。底下不妨以一例子說明「聖人式侯王」由於「自知」其重心所在，因此就算他有追求某些「人爲之欲」，也本不妨礙其對內在自我充實此一重心的修爲。

〔註45〕　何謂「泰」，依陳鼓應先生註釋：「『泰』，即太過」（見陳鼓應：《老子今註今譯及評介（三次修訂本）》，頁166）。

〔註46〕　見〔美〕安樂哲（Roger T. Ames）著，彭國翔編譯：《自我的圓成——中西互鏡下的古典儒學與道家》（石家莊：河北人民出版社，2006年），頁584。

〔註47〕　《老子・六十四章》說：「聖人欲不欲，不貴難得之貨。」其實，〈五十七章〉也有出現「聖人欲不欲」的說法。試看集唐本《老子》該章說：「聖人云：『……我無欲。』」而其中作「無欲」之處，竹簡本《老子》甲組則作「谷（欲）不谷（欲）」，帛書本《老子》甲本雖殘缺，但乙本也同作「欲不欲」。據此，劉笑敢先生說：「帛書本與竹簡本的一致，當不是偶然」（見劉笑敢：《老子古今——五種對勘與析評引論（上卷）》，北京：中國社會科學出版社，2006年，頁556）。帛書整理者則認爲《老子》可能原作「欲不欲」，後人妄刪了前一「欲」字。詳見國家文物局古文獻研究室編：《馬王堆漢墓帛書（一）》（北京：文物出版社，1980年），頁94註21。今從於上所說，而認爲〈五十七章〉此處作「欲不欲」應較接近原始本《老子》。

〔註48〕　見劉笑敢：《老子古今——五種對勘與析評引論（上卷）》，頁621。

〔註49〕　日本學者大濱晧先生曾說：「欲不欲，……是『少私寡欲』（十九章）。」（見〔日〕大濱晧著，李君奭譯：《老子的哲學》，彰化：專心企業有限公司，1974年，頁90。）

　　試看，《老子‧四十八章》曾有指出「爲學」與「爲道」二個面向，其中「爲學」無非「爲」「人爲之欲」中的「知識」，「爲道」若順著此節來談即是「爲」充實內在自我之「道」。而「聖人式侯王」由於會「自知」此二者孰爲重，也即是「自知」其重心所在，故「爲學」此種「人爲之欲」雖同樣也是老子認爲需「日損」的對象，〔註50〕但正如上所說「聖人式侯王」由於「自知」，故「爲學」對他來說並不會「拔」（牽引）或「兌」（「奪」，移易）而使其偏離「爲道」的路途，只由於他「有知」故會善於選擇要「建」（建固）與「1木」（保養）完滿之內在自我，因爲這才是一條「甚夷」的平坦正途——「大道」也。〔註51〕此如牟宗三先生所說：「爲學在多，爲道不在多，合乎道，知識儘可以多。反之，知識愈多愈壞」，故「若不知道爲道的方向而完全陷溺於世俗的知識中就妨礙爲道，知道了就不妨礙，如此就也是圓教」。〔註52〕

　　附帶一提，在「自知」「爲道」以爲重而「爲學」之時，所「爲」之「學」

〔註50〕《老子‧四十八章》說：「爲道日損」。馮友蘭先生曾說「日損」指的是「欲望」之類。詳見馮友蘭：《中國哲學史新編（第二冊）》（臺北：藍燈文化事業股份有限公司，1991年），頁60。

〔註51〕語分出《老子》〈五十三章〉、〈五十四章〉。其中，正文裡的說法依據竹簡本《老子》乙組所謂「善建者不拔，善1木者不兌」來，而「善1木者不兌」此一句，集唐本《老子‧五十四章》則作「善抱者不脫」。首先，裘錫圭先生注釋簡文「1木」字說：「疑是『保』字簡寫。今本此字作『抱』，『保』、『抱』音義皆近」（見荊門市博物館編：《郭店楚墓竹簡》，北京：文物出版社，1998年，頁120）。其實，此種情況同於本文第六章註99曾指出〈十九章〉所謂「抱樸」，竹簡本《老子》甲組則作「保樸」，由於當時已得作出「保」更能貼近《老子》思想，故此處也取之作「保」。再來，集唐本《老子》中「脫」字，也當從竹簡本《老子》乙組作「兌」才更近於《老子》時代用法。試看陳錫勇先生考察說：「『兌』，『挩』也，《說文》：『挩，解挩也。』段注：『今人多用脫，古則用挩，是古今字之異，今脫行而挩廢矣。』」（見陳錫勇：《郭店楚簡老子論證》，臺北：里仁書局，2005年，頁264。）又，何謂「拔」，依陳錫勇先生注釋乃爲「牽引」（見陳錫勇：《老子釋義》，頁119）之意。而何謂「兌」，同樣依陳錫勇先生說：「馬王堆帛書《六十四卦》，『奪卦』，即通行本之兌卦。『兌』、『奪』通，『兌』，『挩』也。『挩』之言『奪』也。『奪』，『移易』也，《論語‧子罕》：『三軍可奪帥也，匹夫不可奪志也。』」（見陳錫勇：《郭店楚簡老子論證》，頁264～265）。又，〈五十三章〉所謂「大道」，依陳鼓應先生解爲「正途」的意思。見陳鼓應：〈老子哲學系統的形成和開展〉，《老子今註今譯及評介（三次修訂本）》，頁22。

〔註52〕分見牟宗三主講，蔡仁厚輯錄：《人文講習錄》（臺北：聯經出版事業股份有限公司，2003年），頁12、牟宗三：《中國哲學十九講——中國哲學之簡述及其所涵蘊之問題》（臺北：臺灣學生書局，1999年），頁124。

必可受「為道」影響，而能「對一般人的學的超越，即經過了學之後的絕學」。〔註53〕如此一來，「為道」之時的「為學」，不但不會妨礙「為道」，更不會滋生一般人「為學」之後而利用所學一切，以相互競爭而產生種種的煩惱，此即所謂「絕學無憂」也。〔註54〕

　　再來，老子說在「自知」、「有知」此「身」乃為重以後，他又說「聖人式侯王」無不「自愛」，〔註55〕老子即以此順勢轉入接下來他要當時侯王「愛身」（或「貴身」）的想法。〔註56〕不過，老子究竟是以何種方式讓當時侯王能「自愛」其「身」呢？試看，此時老子乃想到乾脆可以告訴侯王說：「貴以身為天下，若可託天下；愛以身為天下，若可寄天下」。其實，《老子通》一書作者曾有將此句話轉換成現代語法來說明：「以身貴於天下，若可寄（筆者案：當作託）天下；以身愛於天下，若可託（筆者案：當作寄）天下」。〔註57〕其中「若」猶「則」，〔註58〕故這也即是告訴侯王說此時只要你能在治理時，表現出「愛身」的內在

〔註53〕見劉笑敢：《老子古今——五種對勘與析評引論（上卷）》，頁251。

〔註54〕語出《老子‧二十章》（應屬〈四十八章〉，詳見下文）。其中，「絕學無憂」四字，陳錫勇先生指出應屬〈四十八章〉，而這是由於在竹簡本《老子》乙組中，「絕學無憂」四字處在相當於《老子‧四十八章》上段的「為學日益」一段，與相當於〈二十章〉上段的「唯之與阿」一段之間，故陳錫勇先生據此便以為這是後人「誤作隨下讀，致有此誤」，試看他說：「『絕學無憂』，乙編（筆者案：即指竹簡本《老子》乙組）上接第四十八章。……驗之乙編，『絕學無憂』上接『亡為而亡不為』（筆者案：屬〈四十八章〉）句，應屬上讀，且甲本（筆者案：即指帛書本《老子》甲本）亦無此四字，乙本、王本（筆者案：即指帛書本《老子》乙本、王弼本《老子》）並誤」（分見陳錫勇：《老子校正》，頁61、223）。而在筆者看來，集唐本《老子》將「絕學無憂」四字放在〈二十章〉（集唐本《老子‧二十章》全文是：「絕學無憂。唯之與阿，相去幾何？善之與惡，相去若何？人之所畏，不可不畏。荒兮，其未央哉！眾人熙熙，如享太牢，如春登台。我獨泊兮，其未兆，如嬰兒之未孩。儽儽兮，若無所歸。眾人皆有餘，而我獨若遺。我愚人之心也哉！沌沌兮！俗人昭昭，我獨若昏。俗人察察，我獨悶悶。澹兮其若海，飂兮若無止。眾人皆有以，而我獨頑似鄙。我獨異於人，而貴食母」）確實不相類，若放在〈四十八章〉：「為學日益，為道日損。損之又損，以至於無為。無為而無不為」之後，則在論「為學」之後接著論「絕學」，文意自然可貫通。故筆者也同意陳錫勇先生之說，而將「絕學無憂」歸屬於〈四十八章〉為是。

〔註55〕《老子‧七十二章》說：「是以聖人……自愛。」

〔註56〕本文第五章註57已指出，「貴身」之「貴」的「珍貴」義，自可包含在「愛惜」義當中。

〔註57〕見古棣、周英：《老子通（中）》，頁141。而關於「託天下」、「寄天下」之先後順序上的問題，詳見本章註4。

〔註58〕清人王引之說：「若，猶『則』也。《老子》曰：『故貴以身為天下，若可寄（筆

行爲予「天下」周知,則自然就可成爲被「天下」寄託的對象。

　　至於說那些不愛惜內在自我充實的侯王,也就是老子所說「以身輕天下」之「輕身」的萬乘之王,〔註59〕則在將「心」靠近外在自我以追逐「身體的多方面享受」之快感下,其內在自我中之「德」據上一章已言,在「心」的出走以致於沒有「柔和之氣」之環抱的保護力量下,自然只有迅速消散離去而使本眞中變成空虛的無「德」狀態。而既然此時的侯王無非只是個受到「身體欲望控制」之奴隸,是已成爲「被物欲控制的欲望形體」,〔註60〕故在影響人們方面當然也只會使在他之下所有人,效法能導致災殃的「遺身」而同樣「遺身」,〔註61〕以致於「終身不逮」——「終身迷失而不能來復」。〔註62〕如果這種侯王只會帶壞人們而不能「無遺身殃」、不知「習(襲)常」(返回完滿之本眞狀態),〔註63〕卻只會「凶」的「妄作」(過度追逐「身體的多方

　　者案:據本章註4,當作託)天下;愛以身爲天下,若可託(筆者案:據本章註4,當作寄)天下。』《莊子·在宥篇》『若』並作『則』。」(見〔清〕王引之撰:《經傳釋詞》,臺北:臺灣商務印書館,1967年,卷7,頁25。)

〔註59〕 語出《老子·二十六章》。

〔註60〕 見張豔豔:《先秦儒道身體觀與其美學意義考察》(上海:上海古籍出版社,2007年),頁120。

〔註61〕 《老子·五十二章》有所謂「遺身殃」的說法。

〔註62〕 語出《老子·五十二章》。其實,上引「終身不逮」,乃出自竹簡本《老子》乙組,帛書本《老子》乙本則作「□□(筆者案:此二字殘缺)不棘」,集唐本《老子·五十二章》是作「終身不救」。而作「逮」,當爲《老子》原來用法。試看,陳錫勇先生曾指出「棘」、「救」皆「來」之借,他先考察出:「《爾雅·釋訓》:『不俟不來也。』《經典釋文》:『來,本或作逮。』是簡文『逮』即『來』也,再說:『『來』,上古音屬『來』母『之』部字,『棘』,上古音屬『見』母『職』部字,同屬段玉裁〈六書音韻表〉之第一部,是『棘』乃『來』之借也。而通行本作『救』,『救』從『求』聲,上古音屬『群』母『幽』部字,韻部相近,故得旁轉,段玉裁曰:『(求)此古文『求』字,後加『衣』爲『裘』,而『裘』專爲干請之用。』又曰:『(裘),巨鳩切,古音在一部。』是『求』、『棘』、『來』上古音並在第一部,是『棘』、『救』並『來』之借也」(俱見陳錫勇:《郭店楚簡老子論證》,頁254)。又,何謂「不逮」,趙建偉先生說:「『逮』蓋『來』之或體(《爾雅·釋訓》〈釋文〉『來,本作徠,又作逮』),訓爲《易》『七日來復』之『來』,返歸之義,訓同『復』。《易·雜卦》『《萃》聚而《升》不來也』即此辭例。『不來』即《易·復》卦上六之『迷復』(迷失而不能來復)」(見趙建偉:〈郭店竹簡《老子》校釋〉,《道家文化研究(第十七輯——「郭店楚簡」專號)》,北京:三聯書店,1999年,頁287)。

〔註63〕 《老子·五十二章》說:「無遺身殃,是謂習常。」其中,〈五十二章〉之「習」字,據陳鼓應先生說:「傅奕本、蘇轍本、林希逸本、吳澄本、焦竑本及帛書

面享受」)，〔註64〕老子又怎麼可能會希望將「天下」寄託到這種侯王手上呢？

　　準上所述，老子乃利用侯王無不皆想一直成為「天下」唯一之焦點，也即是想成為被「天下」寄託的心理，所以他告訴侯王說只要你能「愛身」，也就是在治理時能有出現將重心擺在對內在自我充實的「愛惜」上這種內在行為，並且讓「天下」周知，那麼你自然就會成為被「天下」寄託之對象。而如此一來，在侯王想一直成為被「天下」寄託之對象而「愛身」的同時，因為愛惜「身」自然不想失去「身」(「樸」)此一狀態的緣故，老子的確就能達到使侯王願意「保樸」之目的矣。

第三節　侯王「愛身」後而儉省「財貨」又「不欲見賢」的表現

　　在本文第五章第三節曾說，吾人總是先要「愛」才會「惜」，知「惜」後便不會奢侈浪費，不會奢侈浪費也才可說「儉」。因此，唯有先「愛惜」，後始能說「儉」。此也即是說，吾人若不懂得「愛惜」，勢必會奢侈浪費，故又怎麼可能「儉」。相反地，若吾人懂得「愛惜」，便不會奢侈浪費，而自然會懂得「儉」。如今若將此邏輯放入老子思想中來看，那麼老子所謂「嗇」的最後一義——「儉」義，無疑就應在「嗇」的「愛惜」義，也就是上一節所說的「愛身」思想之後出現。簡言之，老子可認為，只要一旦侯王能「愛身」後，也就是已懂得愛惜，那麼從此便會影響他而使其自然表現出「去奢」而非「好奢」之「儉」的外在行為。〔註65〕

　　又，在侯王有表現出「儉」的外在行為時，老子仍同於之前要侯王「保樸」的想法，他也告訴侯王要將這種「儉」的行為視為寶貝一般「持而保之」，

甲本均作『襲』」(見陳鼓應：《老子今註今譯及評介 (三次修訂本)》，頁241)。而今依馬敘倫先生說：「『襲』『習』古通，《周禮·胥師》註曰『故書襲為習。』是其例證。」(見馬敘倫：《老子校詁》，香港：太平書局，1973年，卷3，頁147。) 由此可知，「襲」、「習」本無別。又，何謂「襲常」，若考慮前一句為「無遺身殃」——「沒有遺失完滿本真之狀態的災殃」——的說法，那麼「襲常」之「襲」，自當訓為《漢語大字典》所指出「襲」之諸意義中的「返」或「還」(詳見漢語大字典編輯委員會編：《漢語大字典》，臺北：建宏出版社，1998年，頁1300)，「常」則在上述正文中已指出乃為「完滿之本真狀態」，故「襲常」即指「返回完滿的本真狀態」之意。

〔註64〕《老子·十六章》說：「不知常。妄作，凶。」
〔註65〕「去奢」，語出《老子·二十九章》。

〔註 66〕而如此一來，老子認為一邦就可在侯王有「儉」的行為下「能廣」，
〔註 67〕而不再出現之前因為侯王「好奢」所導致人民百姓普遍窮困飢餓，
與多成盜賊之景況。

　　然而，老子為什麼認為侯王的「好奢」，會導致人民百姓出現普遍窮困飢
餓與多成盜賊的景況呢？吾人試看《老子・五十三章》曾指出當時侯王乃「服
文綵，帶利劍，厭飲食，財貨有餘」，〔註 68〕老子在此處深刻批判了當時侯王
於治理時是「挾持權威武力，搜括榨取，侵公肥私，過著奢侈糜爛的生活」，
〔註 69〕老子說這根本就是「盜竽」——強盜頭子不走正途的「非道」作風。
〔註 70〕而所謂「搜括榨取，侵公肥私」說的正是當時侯王為了個人之奢侈享
樂而不當收稅，故才使人民百姓逐漸陷入窮困飢餓的窘境。此即〈七十五章〉
所說：「民之飢，以其上食稅之多，是以飢」，〔註 71〕老子在這裡強烈指責了
侯王於不當徵收人民已然微薄的「財貨」之後，尚且不知儉省治邦，反而還
一直「損不足以奉有餘」，〔註 72〕是對人民由勞力辛苦換來的「財貨」不斷任
意揮霍，以奉「財貨有餘」的自己，卻不管早已飢餓而苦不堪言的人民。

〔註 66〕《老子・六十七章》說：「我有三寶，持而保之。……二曰儉。」
〔註 67〕《老子・六十七章》說：「儉故能廣」。
〔註 68〕《老子・二十章》也曾有出現當時各邦侯王乃「皆有餘」的說法。詳見本文
　　　　第五章註 15。
〔註 69〕見陳鼓應：《老子今註今譯及評介（三次修訂本）》，頁 246。
〔註 70〕關於集唐本《老子・五十三章》中原作「夸盜」，今何以作「盜竽」，詳見本
　　　　文第五章註 18。又，同章所謂「非道」，依陳鼓應先生解為「不走正途」的意
　　　　思。見陳鼓應：〈老子哲學系統的形成和開展〉，《老子今註今譯及評介（三次
　　　　修訂本）》，頁 22。
〔註 71〕上引「飢」字，集唐本《老子》作「饑」，今何以改正作「飢」，詳見本文第
　　　　五章註 17。又，《呂氏春秋・似順論》曾說「陳」：「賦斂重也，則民怨上矣」
　　　　（見〔秦〕呂不韋輯，〔漢〕高誘訓解：《呂氏春秋》，臺北：臺灣中華書局，
　　　　1965 年《四部備要・子部》據畢氏靈巖山館校本校刊，卷 25，頁 1 上）。筆
　　　　者由此推測上引文獻可能即是老子針對其故邦（「陳」）之侯王的批判語。其
　　　　實，徵「稅」與徵「賦」在春秋時已有不同，試看陳明光先生的考察：「《漢
　　　　書・刑法志》說：『有稅有賦，稅以足食，賦以足兵。』指出徵『稅』是為了
　　　　滿足國家財政在糧食方面的需求，徵『賦』則是為了滿足軍費的需求。對此，
　　　　《漢書・食貨志》說得更明白，指出：『賦共（供）車馬甲兵徒之役，充實府
　　　　庫賜予之用。稅給郊社宗廟百神之祀、天子奉養、百官祿食庶事之費也』，從
　　　　用途方面區分了稅與賦的不同之處。稅、賦的這種區開始於春秋時期」（見
　　　　陳明光：《中國古代納稅與應役》，臺北：臺灣商務印書館，1999 年，頁 11）。
〔註 72〕語出《老子・七十七章》。

其實，侯王徵「稅」除了上述所說在於滿足一己奢侈享樂的無虞生活外，還有另一個重要用途，〔註73〕此即用在「國家大事」之一的「祀」上。〔註74〕而當時侯王「事天」（「祭天」）時祭祀的奢侈禮文排場，〔註75〕便是老子認為乃引發人民百姓何以會多成盜賊的原因。

如今在正式說明此之前，筆者以為對於「事天」為何解作「祭天」仍需有一交待。而據個人所知，今日研究老子思想的專家學者們，多半將《老子‧五十九章》中所謂「事天」，解釋成「養生」或「養性」之意。而他們乃多借用《孟子‧盡心章句上》所說：「存其心，養其性，所以事天也」，〔註76〕以作為「事天」即是「養生」或「養性」之意的有力旁證。〔註77〕不過，對於其中「事天」是否真可作如此解，筆者以為大有商榷空間。

試想：由於《孟子》乃屬於儒家思想的系統，而儒道之間又本有價值判斷上的明顯差異，〔註78〕更何況《孟子》也並非解《老》之作，是以此種借《孟》解《老》的做法，實在談不上有多少可靠性。並且，今據沈善增先生指出孟子所謂「存其心，養其性，所以事天也」的「『所以事天也』，恰是說以『存其心，養其性』來『事天』，證明『事天』與『養性』是兩回事」。〔註79〕由此看來，

〔註73〕「稅」的用途，詳見本章註71。

〔註74〕《左傳‧成公十三年》說：「國之大事，在祀與戎。」（見〔晉〕杜預注，〔唐〕孔穎達等正義：《春秋左傳正義》，臺北：臺灣中華書局，1965 年《四部備要‧經部》據阮刻本校刊，卷27，頁6上。）

〔註75〕「事天」，語出《老子‧五十九章》。

〔註76〕見〔漢〕趙岐注，〔宋〕孫奭疏：《孟子注疏》（臺北：臺灣中華書局，1965 年《四部備要‧經部》據阮刻本校刊），卷13上，頁1下。

〔註77〕例如陳鼓應先生曾說：「《孟子‧盡心章》也曾說：『存其心，養其性，所以事天也。』這是養生之所以為『事天』解的一個有力的旁證」，又例如說黃登山先生也有同樣看法，試看他說：「《孟子‧盡心篇》說：『存其心，養其性，所以事天也。』這段話可做為『事天』的最好解釋」（分見陳鼓應：《老子今註今譯及評介（三次修訂本）》，頁265、黃登山：《老子釋義（三修版）》，臺北：臺灣學生書局，1999 年，頁265）。

〔註78〕如《老子‧二章》說：「天下皆知美之為美，斯惡已；皆知善之為善，斯不善已。」此段文獻實已明顯區別出儒、道兩家思想的根本差異。美國學者韓祿伯（Robert G. Henricks）先生就曾說：「道家認為，建立一套正確的價值體系、實行揚善懲惡（這正是儒家的主張）根本不能培養良民，建立和平穩定的社會環境；反而還會引起紛鬥、不和（爭論何為對，何為錯）、競爭、自我不滿和虛偽。」（見〔美〕韓祿伯【Robert G. Henricks】著，邢文改編，余瑾翻譯：《簡帛老子研究》，北京：學苑出版社，2002 年，頁39。）

〔註79〕見沈善增：《還吾老子》（上海：上海人民出版社，2004 年），頁349。

既然孟子所謂「事天」並非指「養生」或「養性」之意，而學者卻以之解《老子》中的「事天」，不就正如同沈先生所說反倒顯示出其誤讀《孟子》，〔註80〕又輕率解《老子》的做法嗎？質言之，這種研究態度實在有不夠謹慎之嫌。

那麼，老子所謂「事天」究竟該作何解呢？首先看《老子·五十九章》說：「治人、事天，莫若嗇。」傅佩榮先生說：「既能治人又須事天的，只有統治者一人；而統治者事天，在古代有『天子』之稱，乃是常識。」〔註81〕吾人再試看《禮記》〈曲禮下〉、〈王制〉、〈禮運〉曾說：「天子祭天」，《公羊傳·僖公三十一年》也說：「天子祭天」，〔註82〕因此老子所謂「事天」實已很明顯指的是「祭天」。況且，據《玉篇》「史」部指出「事」乃「奉也」，〔註83〕故「事天」當是「侍奉上天」，而「侍奉上天」也正是「祭天」之意。〔註84〕

順帶一提，《史記·封禪書》說：「古者天子夏親郊，祠上帝於郊，故曰郊」。〔註85〕據此，張鶴泉先生說：「周代天子對天的正祭，又稱爲郊。如《禮記·郊特牲》說：『郊之祭也……大報天而主日也。』這是因爲周代通常於郊中，舉行祭天儀式而得名」。〔註86〕總之，老子所謂「事天」即指「祭天」，

〔註80〕 詳見沈善增：《還吾老子》，頁349。

〔註81〕 見傅佩榮：《傅佩榮解讀老子》（臺北：立緒文化事業有限公司，2004年），頁185。

〔註82〕 分見〔漢〕鄭玄注，〔唐〕孔穎達等正義：《禮記正義》（臺北：臺灣中華書局，1965年《四部備要·經部》據阮刻本校刊），卷5，頁10上；卷12，頁9下；卷21，頁11上、〔漢〕何休注，〔唐〕徐彥疏：《春秋公羊傳注疏》（臺北：臺灣中華書局，1965年《四部備要·經部》據阮刻本校刊），卷12，頁11上。

〔註83〕 見〔梁〕顧野王撰，〔唐〕孫強增補：《大廣益會玉篇》（臺北：臺灣中華書局，1965年《四部備要·經部》據小學彙函本校刊），下，卷29，頁55上。

〔註84〕 其實，西周之時「祭天」乃是天子的專權（「魯」是例外，「魯」由於周公的緣故也享有「祭天」特權。詳見張鶴泉：《周代祭祀研究》，臺北：文津出版社，1993年，頁78），不過，春秋時期這種情況卻發生了變化，試看張鶴泉先生的考察說：「春秋時期，郊祀（筆者案：『祭天』又可稱爲『郊』，詳見如上正文）的嚴格規定開始受到破壞。位於西陲的秦國，首先舉行了郊祀活動」、「除秦國之外，楚國在春秋後期，也有祭上帝的活動出現」（分見張鶴泉：《周代祭祀研究》，頁222、224）。由此可知，老子之時「事天」活動已不再僅見於周天子，各地也陸續有「郊祀」行爲出現。當然，「事天」仍是在上位者之權力則是沒有改變的。

〔註85〕 見〔漢〕司馬遷撰，〔宋〕裴駰集解，〔唐〕司馬貞索隱，〔唐〕張守節正義：《史記》（臺北：臺灣中華書局，1965年《四部備要·史部》據武英殿本校刊），卷28，頁15上～15下。

〔註86〕 見張鶴泉：《周代祭祀研究》，頁29。

而「祭天」又可稱爲「郊」。底下正式說明當時侯王「事天」時祭祀的奢侈禮文排場，何以是老子認爲乃引發人民百姓會多成盜賊的原因。

　　試看《老子‧五十七章》曾有謂：「法物滋彰，盜賊多有」，〔註87〕而其中所謂「法物」，依陳錫勇先生說乃爲「禮制儀式之文飾」：

　　　　春秋之時所謂「法」，是言禮制之法度。「法物」乃禮制儀式之文飾。
　　　　《周禮‧天官‧大宰》：「以八法治官府。」孫詒讓正義：「法本爲刑
　　　　法，引申之，凡典禮文治通謂之法。」章太炎《檢論》卷九〈商鞅〉：
　　　　「法者，制度之大名，周之六官，官別其守，而陳其典，以優义天
　　　　下，是之謂法。」典禮之文飾如狩田掌旒，執珪奉璧，……是所謂
　　　　「物」也。〔註88〕

徐志鈞先生也有類似考察：

　　　　法物，《周禮‧天官‧小宰》：「以法掌祭祀，朝覲會同賓客之戒具。」
　　　　注：「法，謂其禮法也。」法物就是儀仗器物。《後漢書‧光武帝紀》
　　　　下：「益州傳送公孫述瞽師，郊廟樂器，葆車，輿輦，於是法物始備。」
　　　　注：「法物，謂大駕鹵簿儀式也。」〔註89〕

　　由上可知，「法物」乃一種祭祀時的禮文飾物。又，據學者考證當時「事天」活動的禮儀制度相當繁複，由開始到完成可能得經過二十多個儀式，〔註90〕而只要禮制一旦繁複那麼該準備的禮文飾物也必然豐富。由於「在禮樂世界中最

〔註87〕上引「法物」，集唐本《老子》乃作「法令」。今依蔣錫昌先生說：「『令』字，
　　　　景龍碑、河上本等皆作『物』，以《老》校《老》，當從之。〈三章〉：『不貴難
　　　　得之貨，使民不爲盜』；〈十九章〉：『絕巧棄利，盜賊無有』；〈五十三章〉：『財
　　　　貨有餘，是謂盜夸』，皆以貨物與盜賊連言，均其例證。」（見蔣錫昌：《老子
　　　　校詁》，頁353。）如今再檢之帛書本《老子》乙本、竹簡本《老子》甲組也
　　　　俱作「法物」，故今據改正。
〔註88〕見陳錫勇：《老子校正》，頁94。
〔註89〕見徐志鈞：《老子帛書校注》（上海：學林出版社，2002年），頁69～70。
〔註90〕張鶴泉先生說：「郊祀，作爲周代的主要宗教活動，已經形成了一套嚴格的規
　　　　範化的禮儀程序。據清代學者秦蕙田考證，周人的郊祀，由準備階段，到最
　　　　後完成，要經過：卜日、誓戒擇士、齊戒、戒具陳設、省眂、呼旦警戒、除
　　　　道警蹕、祭日陳設省眂、聽祭報、出郊、燔柴、作樂降神、迎尸、迎牲殺牲、
　　　　薦血腥、祝號、享牲、薦牲、薦熟、薦黍稷、嘏、送尸、徹、告事畢等二十
　　　　多個儀式。當然，秦蕙田對郊祀禮儀的考證，主要是依據《禮記》和《周禮》
　　　　的記載，由於一些材料具有理想化的成份，其中有些環節不見得完全可信。
　　　　不過，大致來說，秦蕙田的考證，尚能反映周代郊祀儀式基本程序的一般特
　　　　點。」（見張鶴泉：《周代祭祀研究》，頁66。）

直接被感受到的不是抽象的禮意而是具體的禮文」,〔註91〕既然當時侯王「事天」時所擺設之禮文飾物,對人民百姓而言無非一種「難得之貨」,〔註92〕是以老子才會認爲人民在被「法物滋彰」——「滋多、彰顯又難得的禮文飾物」——吸引而導致行爲不軌之下,〔註93〕終將引民爲盜以奪取此「難得之貨」,而只要有愈多百姓被吸引成爲盜賊,那麼此勢將成爲社會動亂之起點:「蓋禮制愈繁而文飾愈盛,珪璧引欲而使民爲盜,是以老子曰:『夫禮者,亂之首也。』」。〔註94〕正是因爲如此,所以無怪乎老子要告誡侯王說「事天,莫若嗇」:〔註95〕「事天祈禱,……可豐可儉,爲了表示敬意,從儉即可,不必舖張」。〔註96〕不然,只將引民成盜而使社會逐漸動亂矣。

準此,由於「事天」之「法物」無非也是一種「財貨」,又人民百姓何以會普遍窮困飢餓與多成盜賊,都是因爲侯王對「財貨」的奢侈使然,是以此時眞正能解決人民百姓普遍窮困飢餓與多成盜賊的辦法,老子認爲唯有使侯王在治理時成爲「聖人式侯王」那般,能自然表現出「去奢」以儉省的外在行爲。〔註97〕當然,這無非都要侯王能先經過「收斂『心』」以「積藏『德』」再到「愛惜『身』」的階段後,以使儉省的行爲——老子主要指對「財貨」的儉省——自然出現,不然此儉省只要不是自然出現都必非眞儉省,而只可能是基於邦家「財貨」已嚴重短缺,也影響到自己奢侈享樂的生活,故才心不甘情不願地不得不暫時稍微儉省,以待日後更多倍的「食稅之多」後,再繼續過著奢侈浪費的生活。

吾人試想:此種不得不的暫時儉省,無非只將使侯王在氣憤下又把情緒再次轉嫁到人民百姓之上,而更「厭其所生」,〔註98〕是爲了能持續「生生」而必然「厭笮人民之生活」,〔註99〕以「食稅」更多也。無疑地,這種侯王絕

〔註91〕見丁亮:〈《老子》文本中的身體觀〉,頁 236~237。
〔註92〕「難得之貨」,語分出《老子》〈三章〉、〈十二章〉、〈六十四章〉。
〔註93〕《老子·十二章》說:「難得之貨,令人行妨」,其中「令人行妨」一句,依陳鼓應先生翻譯乃爲「使人行爲不軌」之意。見陳鼓應:《老子今註今譯及評介(三次修訂本)》,頁 95。
〔註94〕見陳錫勇:《老子校正》,頁 94。其中,「夫禮者,……亂之首」,語出《老子·三十八章》。
〔註95〕語出《老子·五十九章》。
〔註96〕見紀敦詩:《老子正解(修訂本)》(臺北:臺灣商務印書館,1971 年),頁 128。
〔註97〕《老子·二十九章》說:「是以聖人……去奢。」
〔註98〕語出《老子·七十二章》。
〔註99〕「生生」,語出《老子·五十章》。其中「生生」一詞,集唐本《老子》原作

不會在乎「人多知天，哦物滋起」所代表的意義：〔註100〕這透露了當時「天多期章」——「天時變化太多或不正常」——已影響到農作物生長而讓收成欠佳或無收成。〔註101〕例如說《老子・二十三章》曾提到的「飄風」、〔註102〕「驟雨」之類所能形成的風災與雨澇（水災），或者是太久不下雨而造成的乾

「生生之厚」，今何以改正作「生生」，詳見本章註19。而關於「厭笮人民之生活」的說法，乃據奚侗先生解釋「厭其所生」說：「厭，《說文》：『笮也。』……厭笮人民之生活」（見奚侗：《老子集解》，下卷，72章，頁26上）。

〔註100〕「人多智（知）天，&#xFFFD;勿（物）慈（滋）起（起）」，語出竹簡本《老子》甲組對應集唐本《老子・五十七章》處，而在同屬此章之竹簡中有字形上存在些微差異的「&#xFFFD;」、「&#xFFFD;」二字，《簡帛書法選》編輯組所編《郭店楚墓竹簡（老子甲）》俱將此二字隸定爲「戠」字，讀作「戠勿（物）慈（滋）起（起）」。然而，今細觀「&#xFFFD;勿（物）慈（滋）起（起）」中的「&#xFFFD;」字，嚴格來說應如劉信芳、劉國勝先生隸定作「戓」字爲近（分見劉信芳：《荊門郭店竹簡老子解詁》，臺北：藝文印書館，1999年，頁37、劉國勝：〈郭店《老子》札記〉，《郭店楚簡國際學術研討會論文集》，武漢：湖北人民出版社，2000年，頁515），而不當作「戠」。由於此從字形上已可明顯得出判斷，故今從之。又，集唐本《老子》此句則作「人多伎巧，奇物滋起」。今依劉信芳先生說：「帛書甲『天』作『而』字，屬下句讀（筆者案：帛書本《老子》甲本作『人多知，而何（奇）物玆（滋）』），誤。乙本殘。王弼本作『人多伎巧』，失之更遠。高明《校注》謂帛書甲『知』後奪一字，云：『已有充份理由說明「知」下所奪的當爲「巧」字。』又據以補帛書乙之殘文作『人多知巧』。皆非是。『知天』者，知天時之謂。《易・乾》：『先天而天弗違，後天而奉天時。』古掌天文者知天時，冠鷸冠（顏師古《匡謬正俗》四），再說「戓」：「《集韻》『戓』字讀『賈我切』，則『戈』乃聲符。《玉篇》『戓』讀『各何切』，則『可』乃聲符。以『戈』爲聲符爲近是。戈、果古通用，曾侯乙簡『戈』字作『果』」，還說：「『戓』，帛書甲作『何』，尚近古本。王本作『奇』，非是。……『戓物』讀如『課物』，《天問》：『何不課而行之？』王逸注：『課，試也。』古測天用土圭、杙盤之類，占卜用龜策之類，『課物』謂此類測試之物。後世稱占卜爲『課』（參宋惠洪《冷齋夜話》卷九），蓋取測試之意。『知天』與『課物』文相照應，可以互證」（分見劉信芳：《荊門郭店竹簡老子解詁》，頁38、39）。由上看來，竹簡本《老子》文字所自表達的思想似乎更爲近古，而能提供筆者在詮釋老子思想時更爲深刻的思索，故今採之。

〔註101〕對「天多期章」意義之解讀，將與下文提到「爾畔」之處一併說明。詳見本章註104。

〔註102〕「飄風」，乃暴起之旋風也，此據《毛詩・小雅・節南山之什・何人斯》中所謂「其爲飄風」一句底下《傳》曰：「飄風，暴起之風」、《爾雅・釋天》中所謂「迴風爲飄」一句底下注曰：「旋風也」而來。分見〔漢〕毛亨傳，〔漢〕鄭玄箋，〔唐〕孔穎達等正義：《毛詩正義》（臺北：臺灣中華書局，1965年《四部備要・經部》據阮刻本校刊），卷12之3，頁9下、〔晉〕郭璞注，〔宋〕邢昺等疏：《爾雅注疏》，卷6，頁5上～5下。

旱（旱災），這些皆是使農作物無法順利生長的致命傷。〔註103〕

　　所以，人民百姓為了減少由此種「天多期韋」之情況而帶來農作物的大量損失，便也企圖以「哦物」這種測試之物來「知天」，而這無非是一種想預測天時而掌握之的心理，究其初衷只是想避免「天多期韋」導致的收成不佳，或無收成到自己都吃不飽之「爾畔」地步。〔註104〕而如果說人民百姓自己都已無法溫飽，那又怎麼可能還繳得出奉養侯王與供給侯王「事天」等「稅」呢？

　　正是由於此時的侯王根本不管人民是否因為「天多期韋」而繳不出「稅」，他只知人民百姓繳「稅」不能間斷而一味要人民隨時繳「稅」，人民百姓就在最後被壓榨至盡已完全繳不出「稅」，而被逼向走投無路的絕望之時，不用等到侯王以抗令為由而「代司殺者殺」，〔註105〕他們也會因為痛苦的活不下去而「不畏威」、「不畏死」以「輕死」了。〔註106〕又，如此一來，老子說侯王的「大威

〔註103〕在本文第二章第二節曾引《中國地理大百科（五）——山東・河南》說：「乾旱、雨澇和乾熱風，對農作物的影響比較大。」

〔註104〕「天多期韋，而民爾畔」，語出竹簡本《老子》甲組，集唐本《老子・五十七章》乃作「天下多忌諱，而民彌貧」。今依裘錫圭先生的說法而採用竹簡本《老子》甲組文字於語義較通，試看裘先生說：「《郭店》釋文把『期韋』讀為『忌諱』，把『畔』讀為『叛』。從語音上講是完全可以的，但語義似難通。我懷疑『期韋』當讀為『期違』，指約期和違期，『違』字用法與《孟子・梁惠王上》『不違農時』之『違』相似。『天多期違』當指天時變化太多和天時不正常等情況」，又說：「『畔』讀為『叛』，在古書裡有不少實例。但是『叛』這種比較典型的動詞，一般不用『彌』來修飾。『民彌畔』的『畔』……我懷疑它就是『貧』的音近誤字。在農業社會裡，天時不正，人民當然就要貧窮了」，還說：「大概後人把『期韋』誤讀為『忌諱』（帛乙本已作『忌諱』，帛甲本此二字殘去），由於『天多忌諱』語義難通，就在『天』字下加上了『下』字」（俱見裘錫圭：〈郭店《老子》簡初探〉，《道家文化研究（第十七輯——「郭店楚簡」專號）》，頁56）。其實，裘錫圭先生日後又推翻他上述看法，而認為「期韋」仍應讀為「忌諱」，並且傾向把「忌」讀為「誋」，而解釋為有「教誡、警誡」之意，故此句話又解作：「天頻繁地以特殊的天象示警於下民，下民反而更不聽話」。詳見裘錫圭：〈中國古典學重建中應該注意的問題〉，《中國出土古文獻十講》（上海：復旦大學出版社，2004年），頁9。然而，筆者以為如此改正，意義反而難通且不免曲折，故仍從於裘先生最初的判斷。

〔註105〕語出《老子・七十四章》。而所謂「代司殺者殺」，依陳鼓應先生的說法乃為「非自然的死亡」：「人生在世，理應享盡天賦的壽命，然而極權者只為了維護一己的權益，斧鉞威禁，私意殺人，使得許多人本應屬於自然的死亡（『司殺者殺』），卻在年輕力壯時，被統治階層驅向窮途，而置於刑戮」（見陳鼓應：《老子今註今譯及評介（三次修訂本）》，頁305）。

〔註106〕語分出《老子》〈七十二章〉、〈七十四章〉、〈七十五章〉。

至」，〔註107〕是「吾得而殺之」的「天誅將至」矣。〔註108〕因此，老子才以「孰敢」警之，〔註109〕而說：「人之所畏，亦不可以不畏人」，〔註110〕是「爲人所

〔註107〕 語出《老子‧七十二章》。而何謂「大威」，據陳錫勇先生說：「大威即天威，『威』者罰也，怒也，《尚書‧洪範》：『惟辟作威』，孫星衍疏引鄭玄曰：『作威，專刑罰也。』《詩‧小雅‧巧言》：『昊天已威，予慎無罪。』俞樾曰：『威，怒也。』」又：『大象無形』即『天象無形』，『大音希聲』即『天音希聲』，故王注（筆者案：即指《王弼注》）『大威』爲『天誅』者，是謂大威爲『天威』、『天怒』、『天罰』也，怒而罰，罰之極則誅也」（見陳錫勇：《老子校正》，頁143～144）。

〔註108〕 「吾得而殺之」，集唐本《老子‧七十四章》作「吾得執而殺之」。現檢之帛書本《老子》甲、乙本皆未有「執」字，今疑爲衍文故刪之。而何謂「吾得而殺之」，依陳錫勇先生說：「吾得而殺之即謂大威將至」。見陳錫勇：《老子校正》，頁150。又，所謂「天誅將至」，乃王弼在《老子‧七十二章》中所作注語。見〔晉〕王弼注：《集唐字老子道德經注》，頁145。

〔註109〕 語出《老子‧七十二章》。

〔註110〕 「人之所畏，亦不可以不畏人」，語出帛書本《老子》乙本，集唐本《老子‧二十章》乃作「人之所畏，不可不畏」。如今再檢之竹簡本《老子》乙組是作：「人之所畏，亦不可以不畏_人寵辱若驚，……。」據此，有的學者曾指出「_」符號即代表竹簡本《老子》乙組斷句在此，故《老子》本作：「人之所畏，亦不可以不畏」，支持此說者有劉榮賢、侯才、鄒安華、李先耕等先生（分別詳見劉榮賢：〈從郭店楚簡論《老子》書中段落與章節之問題〉，《中山人文學報》第10期，2000年4月，頁18、侯才：《郭店楚墓竹簡〈老子〉校讀》，大連：大連出版社，1999年，頁95～97、鄒安華：《楚簡與帛書老子》，北京：民族出版社，2000年，頁48～49、李先耕：《老子今析》，北京：中國社會科學出版社，2002年，頁95），又如此斷句，便可同於集唐本《老子》。然而，何澤恆先生則以爲竹簡本《老子》乙組原文句讀似有誤，「人」應屬上讀（見何澤恆：〈老子「寵辱若驚」章舊義新解〉，《國立臺灣大學文史哲學報》第49期，1998年12月，頁147。此文後收入其《先秦儒道舊義新知錄》一書。詳見何澤恆：《先秦儒道舊義新知錄》，臺北：大安出版社，2004年，頁349～402），而當作：「人之所畏，亦不可以不畏人」，支持此說者亦不乏其人，如許抗生、李若暉、高明、雷敦龢（Edmund Ryden）等先生（分別詳見許抗生：〈初讀郭店竹簡《老子》〉，《郭店楚簡研究（中國哲學第二十輯）》，瀋陽：遼寧教育出版社，1999年，頁98、李若暉：〈郭店老子偶札〉，《郭店楚簡國際學術研討會論文集》，頁521～522、高明：〈讀郭店《老子》〉，《郭店老子──東西方學者的對話》，北京：學苑出版社，2003年，頁42～43、〔英〕雷敦龢【Edmund Ryden】：〈郭店《老子》甲、乙、丙組校箋〉，《郭店老子──東西方學者的對話》，頁248～249）。今依張舜徽先生說：「各本作『人之所畏，不可不畏。』語意不明，顯有缺奪，今據帛書乙本補正。此言人君爲眾人之所畏，人君亦不可不畏眾人也。」（見張舜徽：《周秦道論發微》，臺北：木鐸出版社，1983年，頁179。）裘錫圭先生則從語法上證明「人」應屬上讀，試看他說：「此句末若無『人』字，按漢語通例，就不應說『不畏』而應說『弗畏』。『弗畏』猶言『不畏

畏懼的——就是人君——亦應該畏懼怕他的人」。〔註111〕

　　總之，老子所謂儉省，當然不會是這種等待式的暫時儉省，而只能是由「收斂『心』」以「積藏『德』」再到「愛惜『身』」之後所自然表現出的儉省，才眞正是老子所謂的儉省，也才能徹底解決此時人民百姓普遍窮困飢餓與多成盜賊的問題。

　　再者，在侯王眞正懂得保有儉省之「道」也自然表現出儉省的那一刻，老子說「聖人式侯王」會在其儉省行爲的同時，還「不欲盈」、「不欲見賢」——「根本不欲見自己之有餘」——的關係下，〔註112〕轉爲「損有餘而補不足」之同於

之』，『之』即指『人之所畏』的事物。簡文既説『不畏』，其後便應該有『人』字。所以簡文此句應同於帛書本，『寵辱若驚』句上的『人』字原應屬於此句，『不畏』與『人』之間的短橫應爲閱讀者所誤加，其正確位置應在『人』字之下」（見裘錫圭：〈郭店《老子》簡初探〉，《道家文化研究（第十七輯——「郭店楚簡」專號）》，頁 38）。日本學者大西克也先生曾認爲裘先生上述的看法尚不足以證明「人」字應屬上讀，不過他仍贊同裘先生斷句在「人」，而再進一步也從語法角度得出斷句在「人」句意才完整（詳見〔日〕大西克也：〈「人之所畏，不可不畏」和「人之所畏，亦不可以不畏人」——從語法的角度來評論郭店《老子》乙本 5 號簡的斷句和含意〉，《第二屆儒道國際學術研討會——兩漢論文集》，臺北：國立臺灣師範大學，2005年，頁 151～165）。如今即據上所説，採納斷句在「人」的説法。

〔註111〕見劉殿爵：〈馬王堆漢墓帛書《老子》初探（下）〉，《明報月刊》第 17 卷第 9 期（1982 年 9 月），頁 35。

〔註112〕《老子》〈十五章〉、〈七十七章〉說：「保此道者，不欲盈」（筆者案：陳鼓應先生曾以爲「保此道者」以下數句和〈十五章〉文意不相類，而疑爲錯簡。詳見陳鼓應：〈老子哲學系統的形成和開展〉，《老子今註今譯及評介（三次修訂本）》，頁 15）、「天之道，其猶張弓與？高者抑之，下者舉之；有餘者損之，不足者補之。天之道，損有餘而補不足。人之道，則不然，損不足以奉有餘。孰能有餘以奉天下？唯有道者。是以聖人爲而不恃，功成而不處，其不欲見賢」。上引〈十五章〉所謂「盈」，「滿」也，也即是「有餘」之意。而「不欲見賢」，據蔣錫昌先生説：「按：《説文》：『賢，多財也。』〈三章〉：『不尚賢，使民不爭』，謂不尚多財，使民不爭也。此『賢』亦訓多財，即指上文之『有餘』而言。此言聖人爲而不恃有餘，功成而不處有餘，以其根本不欲見自己之有餘也。三句正承上文而言」（見蔣錫昌：《老子校詁》，頁 451）。又，關於此處蔣錫昌先生將「賢」訓爲「多財」，馮達甫先生曾説：「賢，常訓爲聰明才智，通觀全章，以蔣説（筆者案：即指蔣錫昌先生）爲勝」（見馮達甫：《老子譯注》，臺北：書林出版有限公司，1999 年，頁 170）。嚴敏先生也同作此解。詳見嚴敏：《〈老子〉辨析及啓示》（成都：巴蜀書社，2003 年），頁212。再來，張松輝先生在贊同老子所謂「賢」乃指「多財」之下，更指出「多財」原應即是「賢」之本義，試看他説：「『賢』從『貝』，有『多財』的含義。……《漢語大字典》在『賢』字條下列的第一義就説：『多財。《説文・貝部》：「賢，

「天道」的行爲，〔註113〕甚至甘願「被褐」只求「敝而不成」——「衣可蔽體就不奢求華服盛裝」。〔註114〕而這樣一來，「財貨」就不會再只集中並且「有餘」於侯王，侯王更不會再「食稅」過多，而具有一視同仁之「不仁，以百姓爲芻狗」這樣「襲明」（雙倍明智）之「恒善救人，故無棄人」的「能有餘以奉天下」如此廣大心胸。〔註115〕此乃寧願「後其身」、「外其身」、「身後」、「不敢爲天下

多才也。」《六書故·動物四》：「賢，貨貝多於人也。」楊樹達《增訂積微居小學金石論叢·釋賢》：「以臤爲賢，據其德也；加臣又以貝，則以財爲義矣。」』根據漢語的造字原則，『賢』的本義應該是多財」（見張松輝：《老子研究》，北京：人民出版社，2006 年，頁 435）。

〔註113〕語出《老子·七十七章》。

〔註114〕《老子》〈十五章〉、〈七十章〉說：「夫唯不欲盈，是以能敝而不成」、「聖人被褐」。而關於上引〈十五章〉文獻，集唐本《老子》原作「夫唯不盈，故能蔽不新成」，今據高明先生之說改正：「帛書甲本末句殘毀七字，……乙本脫『夫唯不欲盈』一句，作『保此道不欲盈，是以能斃而不成』。……俞樾云：「『蔽』乃『敝』之叚字；唐景龍碑作「弊」，亦『敝』之叚字；《永樂大典》正作「敝」。「不新成」三字，景龍碑作「復成」二字。然《淮南子·道應篇》引《老子》曰：「服此道者不欲盈，故能弊而不新成。」則古本如此。但今本無「而」字，於文義似未足耳。』俞氏云『蔽』乃『敝』之假借字』誠是，但是他據《淮南·道應》，而謂此文爲『故能弊而不新成』則不確。帛書《老子》此文作『是以能敝而不成』，無『新』字；傅奕本經文與帛書同；景龍、遂州、司馬諸本雖誤作『能弊復成』，但也不作『新成』。足以說明《老子》原本即當如此，今本『新』字乃由後人妄增。按此節經文，帛書甲本字有殘損，乙本句亦有脫漏，世傳今本則多有衍誤。茲據上舉古今各本共同勘校，此文當訂正爲：『保此道不欲盈，夫唯不欲盈，是以能敝而不成。』」（見高明：《帛書老子校注》，頁 297～298）。而何謂「敝（斃）而不成」，沈善增先生說：「『斃』，《集韻》：『衣皃』，即穿著衣服的樣子，可意譯爲『衣能蔽體』；『成』，通『盛』，《易·繫辭上》『成象爲之乾』，《陸釋》（筆者案：即指陸德明《經典釋文》）：『成象，蜀才作「盛象」。』《荀子·非十二子》『成名況乎諸侯』俞樾撰《諸子平議》：『成與盛通。』『斃而不成』，就是『衣可蔽體就不奢求華服盛裝』」（見沈善增：《還吾老子》，頁 268～269）。

〔註115〕語分出《老子》〈五章〉、〈二十七章〉、〈七十七章〉。其中，上引「恒善救人」之「恒」，集唐本《老子》原作「常」，今何以改正作「恒」，詳見本文第六章註 30。而何以「聖人不仁，以百姓爲芻狗」有一視同仁之意，此據沈善增先生說：「『芻狗』是一祭祀用物，對此物來說，『始用而旋棄』（筆者案：此乃清人劉師培語），乃獻祭者而非受祭者。……『芻狗』獻祭乃『盛以篋衍，巾以文繡』（筆者案：此乃《莊子·天運》語），包裝各各不同。因包裝不同，也可分出高低貴賤的等級來。王公獻的『芻狗』，一定比平民獻的『芻狗』富麗華貴得多。但在受祭者……看來，本質是一致的，都是草扎成的犧牲的代用品。言『芻狗』，強調其本質的一致性，也就意味著受

先」而先「不爭」我（侯王）的利益，〔註116〕如同老子稱許「幾於道（天道）」
的柔弱之「水」一般也有「善利萬物而不爭，處眾人之所惡」的行為。〔註117〕
此也即是侯王能展現一種「雌性的藝術而不是積極主動的雄性」。〔註118〕

祭者對之一視同仁」（見沈善增：《還吾老子》，頁151）。所以，也就是因為
「聖人式侯王」對待在他之下所有人乃如同「芻狗」那樣一視同仁，因此
當然沒有一個人會遭捨棄。又，〈十六章〉說：「復命曰常，知常曰明」，既
然所謂「復命」據本文第六章第四節已可知乃指「回復完整本眞的生命」，
那麼「明」的意思便即是指自知要「復命」之行為。而此處所引〈二十七
章〉中「襲明」之「明」所出現的背景卻是：「是以聖人恒善救人，故無棄
人；……是謂襲明」，由此比較可知，〈二十七章〉所謂「明」與〈十六章〉
所謂「明」，意義明顯不同。再來，「襲明」之「襲」也很難同於本章註63
中提到〈五十二章〉所謂「習（襲）常」之「襲」，是作「返、還」的意思。
因為今若依〈二十七章〉本身文意，「襲明」便應當從劉小龍先生所注釋指
「雙倍明智」之意，於語義較通，試看他先解說「襲」字：「帛書甲本中為
『帅』，屬於淘汰不用之字，乙本為『申』，宜從之」，接著說：「有的帛書
版本中，『申』字為『曳』。通行本中則為『襲』。這裡，『申』與『襲』均
有『重複』之義（筆者案：『襲』有『重』義，詳見漢語大字典編輯委員會
編：《漢語大字典》，頁1300），故可作『雙重』解。『曳』有以『前』牽引
『後』之義，故亦可作『雙重』解。由此而言，『申明』、『曳明』及『襲明』
均為：雙重明智，或雙倍明智。而『雙倍明智』恰好與原句中所述『聖人
既明於用一般人所認識的有用之人，又明於用一般人所棄而不用之人』的
原意相吻合，故可作較好的解釋」（見劉小龍：《老子原解》，北京：新星出
版社，2006年，頁159）。

〔註116〕語分出《老子》〈七章〉、〈六十六章〉、〈六十七章〉。而以上三個「身」字，即
是本章第二節曾引《爾雅‧釋詁下》說：「身，我也」之意，郭璞注曰：「今人
亦自呼為身」（見〔晉〕郭璞注，〔宋〕邢昺等疏：《爾雅注疏》，卷2，頁1
上）。

〔註117〕語俱出《老子‧八章》。而由於《老子》〈七十三章〉、〈八十一章〉曾說：「天
之道，不爭」、「天之道，利而不害」，故「水善利萬物而不爭，處眾人之所惡，
故幾於道」中的「道」，也可說是「天道」。

〔註118〕見〔美〕艾蘭（Sarah Allan）著，張海晏譯：《水之道與德之喻——中國早
期哲學思想的本喻》（上海：上海人民出版社，2002年），頁49。其實，在
《老子》中所謂「雌性的藝術」乃勝於雄性的力量，而為老子所推崇，例
如《老子》〈二十八章〉、〈三十六章〉、〈四十三章〉、〈六十一章〉、〈七十六
章〉、〈七十八章〉說：「知其雄，守其雌」、「柔弱勝剛強」、「天下之至柔，
馳騁天下之至堅」、「牝常以靜勝牡」、「堅強者死之徒，柔弱者生之徒。……
強大處下，柔弱處上」、「弱之勝強，柔之勝剛」。又，何以如此，無非在於
《老子‧五十五章》認為「物壯則老，謂之不道，不道早已」（筆者案：這
幾句話也見於〈三十章〉，然此重見於〈三十章〉之文應是衍文，詳見陳錫
勇：《老子校正》，頁259），此處所謂「道」正是指「柔『道』」（見陳鼓應：
〈老子哲學系統的形成和開展〉，《老子今註今譯及評介（三次修訂本）》，

是以，正是在有具備這樣「挫其銳，解其分，和其光，同其塵」之「玄同」——「消除個我的固蔽，化除一切的封閉隔閡，超越於世俗偏狹的人際關係之侷限，以開豁的心胸與無所偏的心境去待一切人物」——表現裡，〔註119〕即以關心人民百姓生活爲優先的「無私」行爲下，〔註120〕無疑從此會使「財貨」廣佈一邦之中所有人，一邦之中所有人就都可擁有得以溫飽的「財貨」，故一邦「財貨」能「廣」，自然「一邦不匱」也。

是時，若「天下」各邦侯王都能如此，那麼從此「財貨」就能廣佈「天下」，「天下」不再有人窮困飢餓匱乏與會成爲盜賊，自然還能「天下不匱」。〔註121〕而各邦侯王此時也必同受本來應「無譽」（無需誇譽）之「天下樂推而不厭」的「至譽」（最高的稱譽）。〔註122〕這無非正是《老子・二十二章》所說：「古之所謂『曲則全』者，豈虛言哉！誠全而歸之。」翻譯成白話來說就是：「古人所說的『委曲可以保全』等話，怎麼會是空話呢！它實實在在能夠達到的。」〔註123〕英國學者李約瑟（Joseph Needham）先生就視《老

頁 22）。趙聞起先生也嘗謂老子之「道」乃是「柔道」。見趙聞起：《天台經幢老子道德經眞本釋解（上）》（臺北：炎黃古道文化學會，1994 年），頁367。

〔註119〕語出《老子・五十六章》。而上引對「玄同」一詞的說法，見陳鼓應：《老子今註今譯及評介（三次修訂本）》，頁 255。

〔註120〕語出《老子・七章》。

〔註121〕此乃王弼在《老子・六十七章》中所作注語。見〔晉〕王弼注：《集唐字老子道德經注》，頁 139。

〔註122〕語分出《老子》〈三十九章〉、〈六十六章〉。其中，上引〈三十九章〉之「至譽無譽」，集唐本《老子》乃作「致數輿無輿」。今據清人高延第說：「『至譽無譽』，河上本作『致數車無車』，王弼本、《淮南子・道應篇》作『致數輿無輿』，各爲曲說，與本文誼不相附。陸氏《釋文》（筆者案：即指陸德明《經典釋文》）出『譽』字，註『毀譽』也，是原本作『譽』。由『譽』譌爲『輿』。由『輿』譌爲『車』。後人反謂《釋文》爲誤，非也。《莊子・至樂篇》：『至譽無譽』；下文云：『天無爲以之清，地無爲以之寧』云云，正引此章語，尤可證」，陳鼓應先生也說：「按：傅奕本、《次解》本、王雱本、范應元本、呂惠卿本及吳澄本，『輿』均作『譽』。《莊子・至樂篇》：『故曰：「至譽無譽。」』『故曰』乃引《老子》的話，『至譽無譽』或是《老子》原文」（分見〔清〕高延第撰：《老子證義》，臺北：藝文印書館，1966 年《無求備齋老子集成續編（第八函）》據光緒十二年涌翠山房刊本景印，卷下，39 章，頁 4 上～4 下、陳鼓應：《老子今註今譯及評介（三次修訂本）》，頁 198）。如今即據清人高延第及陳鼓應先生的說法改正。而何謂「至譽無譽」，依陳鼓應先生註釋說：「最高的稱譽是無需誇譽的」。見陳鼓應：《老子今註今譯及評介（三次修訂本）》，頁 198。

〔註123〕見陳鼓應：《老子今註今譯及評介（三次修訂本）》，頁 137。

子》此處乃高度展現了中國傳統「讓」之風俗，〔註 124〕日本學者大濱晧先生則稱「至譽無譽」是「爲政者的謙卑政治，以及無私政治，自我否定政治」。〔註 125〕

　　至於說如果還有些侯王認爲依舊有不用放棄奢侈享樂的生活，也即是可以捨棄「儉」而仍然有使「天下」能「廣」的「徑」或「施」（邪道）可走，〔註 126〕老子明顯的告訴這些侯王們，這始終都是一條無法通向「天下」能「廣」的走不通之死路矣！〔註 127〕

　　綜上言之，邏輯上來說，只要一旦侯王能「愛身」後，也即是已懂得愛惜，那麼便會從此影響他而使之在治理時，自然表現出儉省「財貨」的外在行爲，並且在有儉省「財貨」行爲的同時，還由於「不欲盈」、「不欲見賢」之關係，而具有「能有餘以奉天下」的廣大心胸，從此一邦之中所有人就都可擁有得以溫飽的「財貨」。又，若「天下」各邦侯王都能如此，那麼就能從本來「財貨」只「廣」於一邦而擴大成「廣」於「天下」，而使得「一邦不匱」變成「天下不匱」，是以此皆老子所謂：侯王「儉」故能影響一邦以至於「天下」而使其「財貨」「能廣」──「儉故能廣」也。〔註 128〕

〔註 124〕見〔英〕李約瑟（Joseph Needham）著，程滄波譯，南懷瑾校：〈道家與道教〉，《中國之科學與文明（第二冊）── 中國科學思想史（上）》（臺北：臺灣商務印書館，1985 年），頁 92。

〔註 125〕見〔日〕大濱晧著，李君奭譯：《老子的哲學》，頁 157。

〔註 126〕《老子‧五十三章》說：「人好徑」。而集唐本《老子》「人」作「民」，奚侗先生說：「『人』指人主（筆者案：奚侗先生即指在上位者）言。各本皆誤作『民』，與下文誼不相屬（筆者案：下文即是『朝甚除，田甚蕪，倉甚虛；服文綵，帶利劍，厭飲食，財貨有餘，是謂盜夸【集唐本《老子》原作『夸盜』，今何以改正，詳見本文第五章註 18】。非道也哉』）。蓋古籍往往『人』『民』互用，以其誼可兩通。此『人』字屬君言，自不能借『民』爲之，茲改正」（見奚侗：《老子集解》，下卷，53 章，頁 12 下）。蔣錫昌先生也有同樣看法，詳見蔣錫昌：《老子校詁》，頁 327。「徑」，依奚侗先生說：「徑，邪道也。見離騷王逸注」（見奚侗：《老子集解》，下卷，53 章，頁 12 下），此也即是同章所謂「行於大道，唯施是畏」之「施」，清人王念孫說：「『施』讀爲迤。迤，邪也。言行於大道之中，唯懼其入於邪道也」（見〔清〕王念孫撰：《老子雜志》，臺北：藝文印書館，1966 年《無求備齋老子集成續編（第七函）》據道光十二年「讀案雜志餘編」刊本景印，志餘上，頁 16 上～16 下）。

〔註 127〕《老子‧六十七章》說：「舍儉且廣；……死矣！」

〔註 128〕語出《老子‧六十七章》。

第四節　侯王對「言」之儉約以至於「不言、無爲」
——「多言數窮，不如守中」的身教模範

　　由本文第六章開始而行文至此，老子認爲在侯王於治理時已能做到：由「收斂『心』」以「積藏『德』」再到「愛惜『身』」，而自然表現出「儉省『財貨』」的行爲後，老子最後對侯王還有一特別要求，此即《老子・二章》說：「聖人居無爲之事，行不言之教」。〔註129〕

　　首先，何謂「無爲」，〔註130〕依蔣錫昌先生指出由於「無爲」、「不言」並言之，故「『不言』與『無爲』辭異誼同」。〔註131〕看來，老子在此處爲了避免吾人誤解其「無爲」乃指「完全無所作爲」，因此才有意以「不言」進一步解釋其「無爲」的意思。又，既然「不言之教」或「教不教」（「教以不言之教」），〔註132〕很明顯是指「以身爲教」，〔註133〕那麼所謂「無爲」（「無爲

〔註129〕關於集唐本《老子》中「居」字俱作「處」，今何以改正作「居」，詳見本文第五章註21。

〔註130〕集唐本《老子》中所有出現「無爲」的地方，今有一處需作改正，此即〈十章〉所謂「明白四達，能無爲乎」一句，其中「無爲」當作「無知」，此據陳鼓應先生說：「『知』王弼本作『爲』。河上公本及多種古本作『知』，據河上本改」（見陳鼓應：《老子今註今譯及評介（三次修訂本）》，頁86）。清人俞樾則說：「唐景龍碑作……『明白四達能無知』。其義並勝，當從之。」（見〔清〕俞樾：〈老子平議〉，《諸子平議》，臺北：世界書局，1991年，卷8，頁85。）而有一處倒是需改正作「無爲」，此同樣出現在〈十章〉所謂「愛民治邦（筆者案：此處集唐本《老子》原作『國』，今何以改正作『邦』，詳見本文第五章註20），能無知乎」一句，其中「無知」當作「無爲」，試看陳鼓應先生考察說：「景龍碑、林希逸本、吳澄本、焦竑本均作『爲』」（見陳鼓應：《老子今註今譯及評介（三次修訂本）》，頁85），清人俞樾則認爲：「唐景龍碑作『愛民治國能無爲』……其義並勝，當從之」（見〔清〕俞樾：〈老子平議〉，《諸子平議》，頁85）。如今即據上以改正之。

〔註131〕見蔣錫昌：《老子校詁》，頁37。

〔註132〕「教不教」，語出竹簡本《老子》甲組，集唐本《老子・六十四章》乃作「學不學」。今據陳錫勇先生之說改正作「教」：「『學』本作『戠』，教也，故當據甲編（筆者案：即指竹簡本《老子》甲組）作『教』。」（見陳錫勇：《老子校正》，頁118。）而將「教不教」解釋作「教以不言之教」，見陳錫勇：《郭店楚簡老子論證》，頁84。

〔註133〕分見蔣錫昌：《老子校詁》，頁15、常金倉：〈《老子》的教育思想與先秦文化傳統〉，《道家道教教育研究》（北京：教育科學出版社，1997年），頁8、《伍至學：《老子反名言論》，頁112、趙雅麗：《〈文子〉思想及竹簡〈文子〉復原研究》（北京：北京燕山出版社，2005年），頁91。

之事」）確實就當從陳代湘先生所說有「帥以正」的用意，[註134] 即「要求統治者以身作則，用自身的榜樣行為來治國」。[註135] 例如說自己先對「人為之欲」「損之又損」以至於達到具有「無為」（以身為教）的實質效果，[註136] 而後在人們的必然取法下自可「復眾人之所過」。[註137] 易言之，即如羅義俊先生所說：「聖王治國，要在身教」也。[註138]

再來，何謂「言」，據宋人葉夢得說：「號令教戒，無非『言』也」，[註139] 蔣錫昌先生也說：「『言』乃政教號令，非言語之意也」，張默生先生也有同樣看法，當今學者陳鼓應、余培林、劉笑敢、陳錫勇等先生同樣認為「言」乃政令是也。[註140]

準此，「聖人居無為之事，行不言之教」即在於是說：老子認為「聖人式侯王」最後必定還會「為無為」，[註141] 也就是會選擇以自身為榜樣的方式來「愛民治邦」，[註142] 而不是「示」民以「邦之利器」，[註143] 此種以頒佈形式上

〔註134〕「帥以正」，語出《論語·顏淵》。見〔魏〕何晏集解，〔宋〕邢昺疏：《論語注疏》（臺北：臺灣中華書局，1965年《四部備要·經部》據阮刻本校刊），卷12，頁5上。

〔註135〕見陳代湘：〈老子「無為」思想另解〉，《湘潭大學學報（哲學社會科學版）》1996年第1期，頁35。

〔註136〕《老子·四十八章》說：「損之又損，以至於無為。」而所「損」之對象乃在於「欲望」之類，詳見本章註50。

〔註137〕語出《老子·六十四章》。

〔註138〕見羅義俊：《〈老子〉入門》（上海：上海古籍出版社，2006年），頁65。

〔註139〕見〔宋〕葉夢得撰：《葉夢得老子解》（臺北：藝文印書館，1965年《無求備齋老子集成初編（第五函）》據葉德輝輯刊長沙中國古書刊印社刊本景印），子解上，第17章，頁5上。

〔註140〕分見蔣錫昌：《老子校詁》，頁345、張默生：《老子新釋》（臺南：大夏出版社，1990年），頁3、陳鼓應：《老子今註今譯及評介（三次修訂本）》，頁57、余培林：《新譯老子讀本》（臺北：三民書局，2002年），頁5、劉笑敢：《老子古今——五種對勘與析評引論（上卷）》，頁549。及詳見陳錫勇：〈《老子》「言」為「政令」舉證〉，《慶祝陳伯元先生七秩華誕論文集》（臺北：洪葉文化事業有限公司，2004年），頁21～30。

〔註141〕「為無為」，語分出《老子》〈三章〉、〈六十三章〉。

〔註142〕《老子·十章》說：「愛民治邦，能無為乎？」其中，上引「邦」字，集唐本《老子》原作「國」，今何以改正作「邦」，詳見本文第五章註20。又，上引「無為」，集唐本《老子》原作「無知」，今依本章註130之說明已改正作「無為」。

〔註143〕《老子·三十六章》說：「邦之利器不可以示人」，其中「邦」字集唐本《老子》原作「國」，今何以改正作「邦」，詳見本文第五章註20。

的「邦之利器」（聲教法令）之強制如「割」一般的治理行爲，〔註144〕來試圖
解決此時「大道廢、智慧出、六親不合、邦家昏亂」的局面。〔註145〕例如《老
子‧十九章》說頒佈：「絕智棄辯（辨），民利百倍；絕巧棄利，盜賊無有；絕
僞棄慮（慮），〔註146〕民復孝慈」，諸如此類「文彩斑斕」（「叟」，即「辨」）之
「言」（政令）。並且，此種侯王（被人們「侮之」的「上禮」之人）往往於頒
佈後在總是得不到人們回應的「莫之應」下，〔註147〕將使其覺得政令宣導多有
「不足」，故又開始不斷重複命令、呼囑，〔註148〕以致於轉變成強制性地對人

〔註144〕《老子‧二十八章》說：「大制無割」。而何謂「大制」，據蔣錫昌先生說：「『大
　　　制』猶云『大治』」（見蔣錫昌：《老子校詁》，頁192）。而其中「無割」，集
　　　唐本《老子》乃作「不割」，今檢之王弼注語（見〔晉〕王弼注：《集唐字老
　　　子道德經注》，頁60），與帛書本《老子》甲、乙本俱作「無割」，故以作「無
　　　割」爲是。又，此句話當理解爲：老子所謂的「大治」，乃是無做出任何「割」
　　　一般之行爲。
〔註145〕語出《老子‧十八章》。其中，上引「邦家」，集唐本《老子》原作「國家」，
　　　今何以改正作「邦家」，詳見本文第五章註20。
〔註146〕「慮」字，當釋爲「慮」，此於本文第一章註34已有說明。
〔註147〕《老子‧三十八章》說：「上德不德，是以有德；下德不失德，是以無德；上
　　　德無爲而無不爲；上仁爲之而無以爲；上義爲之而有以爲；上禮爲之而莫之
　　　應，則攘臂而扔之。故失道而後德，失德而後仁，失仁而後義，失義而後禮。」
　　　其中，「上德無爲而無不爲」，集唐本《老子》乃作「無以爲」，今何以改正，
　　　詳見本章註181。又，上引「上仁」之上、「上德」之下，集唐本《老子》原
　　　尚有列出「下德爲之而有以爲」，然而「下德」一句應爲衍文，此據高明先生
　　　說：「『下德』一句在此純屬多餘，絕非《老子》原文所有，當爲後人妄增。
　　　驗之《韓非子‧解老篇》，亦只言『上德』、『上仁』、『上義』，而無『下德』，
　　　與帛書《甲》、《乙》本相同，足證《老子》原本即應如此」（見高明：《帛書
　　　老子校注》，頁3）。再來，今據沈善增先生指出，所謂「失道」中的「道」
　　　指的乃是「上德」（見沈善增：《還吾老子》，頁25。趙又春先生也同意此解，
　　　詳見趙又春：《我讀〈老子〉》，頁194），若再依上文對「上德」、「下德」、「上
　　　仁」、「上義」、「上禮」的排列，那麼老子說：「失道而後德，失德而後仁，失
　　　仁而後義，失義而後禮」，就應說是「失上德而後下德，失下德而後上仁，失
　　　上仁而後上義，失上義而後上禮」。並且，陳鼓應先生更指出此章還可與〈十
　　　七章〉參讀，故「上德無爲而無不爲」即是「大上，下知有之」；「上仁爲之
　　　而無以爲」即是「其次，親而譽之」；「上義爲之而有以爲」即是「其次，畏
　　　之」；「上禮爲之而莫之應」即是「其次，侮之」。詳見陳鼓應：《老子今註今
　　　譯及評介（三次修訂本）》，頁193。故由此可見，在老子看來，所謂「上禮」
　　　之人乃是被人們「侮之」的最差之在上位者。
〔註148〕上引《老子‧十九章》，語出竹簡本《老子》甲組：「絕智棄辯（筆者案：據陳
　　　錫勇先生指出『辯』乃『辨』之借。詳見陳錫勇：《郭店楚簡老子論證》，頁12
　　　～14），民利百倍；絕巧棄利，盜賊無有；絕僞棄慮（慮），民復孝慈。三言以

們「攘臂而扔之」（民不從強以手引之，強民）的做法。〔註149〕

當然，老子也自知要侯王完全不發佈任何聲教法令以治邦，從現實情況來看根本不可能，所以《老子‧六十章》才又說：「治大邦，若亨小鮮」，〔註150〕是治理大邦就像烹熟小魚一般，若經常翻動與大力翻動，魚必然會碎，但卻也不能不翻動，而必得少翻與輕翻耳。再例如說〈二十三章〉也曾提到就算是「自然」仍難免會有短暫的「飄風」與「驟雨」。〔註151〕老子就以此說法而在本來「不言」的硬性規定下，又適時提出了「貴言」、「希言」的彈性空間，〔註152〕伍至學先生就說此無非亦「言」之「儉」而已。〔註153〕（詳見下

爲㝵，不足，或命之，或㝊（乎）豆（屬）」，集唐本《老子》則作：「絕聖棄智，民利百倍；絕仁棄義，民復孝慈；絕巧棄利，盜賊無有。此三者以爲文，不足。故令有所屬」。兩相比較，差異頗大。今依陳錫勇先生之說採用竹簡本爲是：「甲編（筆者案：即指竹簡本《老子》甲組）『絕智棄辨』（筆者案：《簡帛書法選》編輯組讀爲『辯』），後來各本訛作『絕聖棄智』。老子多稱『聖人』，絕無非聖之言，今作『絕聖』必戰國末所改（筆者案：關於此，陳錫勇先生在他處有更詳細說法，詳見陳錫勇：《郭店楚簡老子論證》，頁11～12）」，又說：「甲編『三言以爲辯（「㝵」應作「辬」，詳見下文），不足。』帛書本作『此三言也以爲文，未足。』義同，而通行本乃訛作『此三者以爲文，不足。』『三言』訛作『三者』，『三言』指涉所舉『絕智棄辨』等三言乃爲政者之政令，作三者，則原義晦而不明矣」（俱見陳錫勇：《老子釋義》，頁50）。而關於其中「㝵」字何以指「文彩斑闌之政令」，此據陳錫勇先生說：「『㝵』，甲編釋作『辯』，不當，應作『辬』，《說文》：『辬，駁文，從文、辡聲。』《廣雅‧釋詁》：『辬，文也。』故甲本、乙本、王本（筆者案：分別指帛書本《老子》甲、乙本與王弼本《老子》）並省作『文』。段玉裁曰：『斑者，辬之俗，今乃斑行而辬廢矣。』然則，『辬』即『文』，是指文彩斑闌之政令」（見陳錫勇：《老子校正》，頁219～220）。

〔註149〕語出《老子‧三十八章》。而何謂「攘臂而扔之」，宋人林希逸解釋說：「『仍』，引也。民不從強以手引之，強掣拽之也。只是形容強民之意，故曰『攘臂而仍之』」（見〔宋〕林希逸撰：《老子鬳齋口義》，臺北：藝文印書館，1965年《無求備齋老子集成初編（第六函）》據宋刊本景印，卷下，第38章，頁1上～1下）。

〔註150〕「亨」，集唐本《老子》作「烹」，陳錫勇先生說：「『烹』、『亨』通假，《禮記‧禮運》：『以亨以炙。』亨即烹」（見陳錫勇：《老子校正》，頁102）。「烹」、「亨」雖通假，不過今若考慮以老子爲「陳」人而使用當地方言的角度來看（詳見本文第二章第一節），那麼《老子》本作「亨」的可能性便極大，試看揚雄《方言》云：「胹、飪、亨、爛、糦、酋、酷，熟也。……陳、潁之間曰亨；……熟，其通語也」（見〔漢〕揚雄撰，〔清〕戴震疏證：《方言疏證》，臺北：臺灣中華書局，1965年《四部備要‧經部》據戴氏遺書本校刊，卷7，頁3下）。況且，帛書本《老子》乙本也作「亨」，故今即據改正。

〔註151〕《老子‧二十三章》說：「希言，自然。故飄風不終朝，驟雨不終日。」

〔註152〕語分出《老子》〈十七章〉、〈二十三章〉。

頁）若然，這當是所謂儉約「言」的較切實說法，以強調對「言」之使用要有所約束，是盡量「少言」的意思。

　　總之，不論如何，老子認為：「虛而不屈，動而愈出。多言數窮，不如守中」。〔註154〕由於「多言」即「有為」，此據上曾引述蔣錫昌先生說老子將「無為」、「不言」並言之，故『不言』與『無為』辭異誼同」，接著他又說：「『多言』為『不言』之反，亦為『無為』之反，故『多言』即有為也」。〔註155〕是以，此句乃謂「有為」的「政令煩苛，加速敗亡」，〔註156〕因為既然「天地尚不能久，而況於人乎」！〔註157〕是「即使天地，亦不能長久，又何況人為之政令乎」！〔註158〕故不如持守「既不是『虛而不屈』的『不為』，也不是『動而愈出』的『愈為』，而在『不如守於中』的『無為』」。〔註159〕是「此『中』乃老子自謂其中正之道，即無為之道也」。〔註160〕

　　準上所述，「不言、無為」才是老子認為最容易治理人民百姓的方式，〔註161〕而能像「聖人式侯王」那樣「居無為之事，行不言之教」的侯王，無疑也是所謂能順應「道（天道）」的「上德」之人、「知者」，〔註162〕又「聖

〔註153〕詳見伍至學：《老子反名言論》，頁99。其實，上正文引述伍先生的說法，乃是他將《老子》中之「言」俱解釋作「言說」下的判斷，但筆者以為老子對「言」此一觀念的使用存有歧義，而不當強作同一理解，必得先看其出現在何種文意背景下再作解釋，故許多地方仍當從於本節解作政令較可疏通老子思想。當然，伍先生上述的判斷，不論用在說明「政令」或「言說」似都可通。而本文以為可解作「政令」之「言」，出現的章節分別是《老子》〈二章〉、〈五章〉、〈十七章〉、〈二十三章〉、〈四十三章〉、〈五十六章〉。可解作「言說」之「言」，出現的章節則分別是《老子》〈八章〉、〈二十二章〉、〈二十七章〉、〈三十一章〉、〈四十一章〉、〈六十二章〉、〈六十六章〉、〈六十九章〉、〈七十章〉、〈七十三章〉、〈七十八章〉、〈八十一章〉。

〔註154〕語出《老子・五章》。

〔註155〕見蔣錫昌：《老子校詁》，頁37。

〔註156〕見陳鼓應：《老子今註今譯及評介（三次修訂本）》，頁68。其中，「多言數窮」之「數」應訓為「速」，此據馬敘倫先生說：「『數』，借為『速』。《禮記・曾子問》：『不知其已之遲數。』註：『「數」讀為「速」。』《莊子・人間世篇》：『以為棺槨則速腐。』崔譔本『速』作『數』，並其證」（見馬敘倫：《老子校詁》，卷1，頁41）。

〔註157〕語出《老子・二十三章》。

〔註158〕見陳錫勇：《老子校正》，頁234。

〔註159〕見曾為惠：《老子中庸思想》（臺北：文史哲出版社，1990年），頁119。

〔註160〕見蔣錫昌：《老子校詁》，頁37。

〔註161〕《老子・七十五章》說：「民之難治，以其上之有為，是以難治。」

〔註162〕《老子》〈三十七章〉、〈三十八章〉、〈五十六章〉說：「道恆（筆者案：『恆』，

人式侯王」也正是由於知道「有爲」會加速敗亡，而「無爲故無敗」，〔註163〕所以才「不敢爲（有爲）」矣。〔註164〕

不過，老子當時的情況卻是：「不言之教，無爲之益，天下希及之」。〔註165〕是「天下」的侯王多只是「有事」（義同「有爲」）、「爲之」的「上仁、上義、上禮」之人，〔註166〕故「不言、無爲」的治邦方式始終與他們保持平行線而無交集也。

簡言之，在侯王於治理時能做到老子設定由「收斂『心』」開始，到「儉省『財貨』」的一連串「聖人式侯王」之行爲後，老子最後又提出要「天下」侯王們儉約其治邦之「言」，以至於「居無爲之事，行不言之教」，而只以「聖人式侯王」由「收斂『心』」到「儉省『財貨』」之「尊行」（可貴的行爲）所形成之身教來「加人」（對人施以影響），〔註167〕如此以爲「天下」人的模範，這樣各治其邦即可，而此當即是本文第六章第一節便已提到老子所謂「聖人……爲天下式」的說法矣。〔註168〕又，如此一來，老子以爲他的目標必將實現。

第五節　結　語

由本章說明可知，老子的「儉嗇」思想是接著「斂嗇」思想繼續做推論，

集唐本《老子》原作『常』，今何以改正作『恒』，詳見本文第六章註30）無爲」、「上德無爲」、「知者不言」。又，上引「道恒無爲」之下，集唐本《老子》原還有接「而無不爲」四字。今檢之帛書本《老子》甲、乙本與竹簡本《老子》甲組，「而無不爲」四字皆未有，此四字或爲衍文。然而，此四字卻未必不能有，因爲照筆者看來，若作「道恒無爲而無不爲」語意將更清楚，而近於和老子同時代思想家孔子所說：「天何言哉？四時行焉，百物生焉。天何言哉？」（見〔魏〕何晏集解，〔宋〕邢昺疏：《論語注疏》，卷17，頁5上）。是「天道」雖「不言」（「無爲」），但「四時行焉、百物生焉」（「無不爲」）。是以，此處仍依集唐本《老子》作「無爲而無不爲」於語意更明。

〔註163〕語出《老子・六十四章》。
〔註164〕語出《老子・六十四章》。
〔註165〕語出《老子・四十三章》。
〔註166〕語分出《老子》〈三十八章〉、〈四十八章〉。其中，上引「上仁」之上、「上德」之下，集唐本《老子》尚有列出「下德」之人，然而「下德」一句應爲衍文，詳見本章註147。
〔註167〕《老子・六十二章》說：「尊行可以加人」，其中「尊行」指「可貴的行爲」，詳見本文第五章註23。而「加人」依陳鼓應先生註釋指「對人施以影響」。見陳鼓應：《老子今註今譯及評介（三次修訂本）》，頁272。
〔註168〕語出《老子・二十二章》。

而老子乃是以要侯王「保樸」的想法，作爲聯繫「斂嗇、儉嗇」思想之過渡。又，所謂「儉嗇」思想即是以「嗇」字之「愛惜」、「儉」義，再聯繫《老子》中其它諸多觀念，其中「愛惜」義主要是聯繫「身」（同於「樸」之「身」）此一觀念，「儉」義則集中論述在對於「財貨」與「言」（政令）的說法。

　　底下簡述本章得以開展之邏輯作爲小結：由於老子以爲要使侯王「保樸」，需要侯王有對此「樸」的愛惜，是以老子乃利用侯王想成爲唯一被「天下」一直寄託之對象的心理，告訴他唯有在治理時能「愛身」予「天下」周知始能成就之，老子即以此再吸引侯王願意「保樸」。而只要一旦侯王能表現出「愛身」的內在行爲後，也即是已懂得愛惜，那麼便會從此影響他而使其自然表現出儉省——老子主要指對「財貨」之儉省——的外在行爲，並且此時「聖人式侯王」還會由於在「不欲盈」、「不欲見賢」——「根本不欲見自己之有餘」——的關係下，形成「能有餘以奉天下」之廣大心胸，以使得「財貨」從此能「廣」於一邦。又，若「天下」各邦侯王都如此，「財貨」更能「廣」於「天下」，而從本來「一邦不匱」變成「天下不匱」。最後，在侯王於治理時已能做到由「收斂『心』」以「積藏『德』」再到「愛惜『身』」，而自然表現出「儉省『財貨』」之行爲後，老子對侯王尚有一特別要求，此也即是老子提出各邦侯王如今只需儉約治邦之「言」（政令），以至於「居無爲之事，行不言之教」的方式來各治其邦。換言之，即用身教「爲天下式」即可。

　　再來，由第六章開始而推論至此，本文在第六章第一節就提到老子思想的目標——「天下將自定」——也可順勢帶出。〔註169〕然而，在說明之前，吾人得先須知：陳鼓應先生曾說：「老子之關心天下事，由《老子》一書中『天下』一詞六十一見，遍及二十九章之多，〔註170〕可以爲證。他屢言『爲天下』、

〔註169〕語出《老子・三十七章》。
〔註170〕「天下」一詞，語分出《老子》〈二章〉、〈十三章〉、〈二十二章〉、〈二十六章〉、〈二十八章〉、〈二十九章〉、〈三十章〉、〈三十一章〉、〈三十二章〉、〈三十五章〉、〈三十七章〉、〈三十九章〉、〈四十章〉、〈四十三章〉、〈四十五章〉、〈四十六章〉、〈四十七章〉、〈四十八章〉、〈四十九章〉、〈五十二章〉、〈五十四章〉、〈五十六章〉、〈五十七章〉、〈六十章〉、〈六十一章〉、〈六十二章〉、〈六十三章〉、〈六十六章〉、〈六十七章〉、〈七十章〉、〈七十七章〉、〈七十八章〉。而集唐本《老子・二十五章》中原也有出現「天下」一詞，但此「天下」當改正作「天地」，此據陳錫勇先生說：「馬敍倫《老子覈詁》以爲當作『爲天地母』，並引成玄英疏『閒化陰陽，安立天地』，以證成玄英本當作『天地』。蔣錫昌《老子校詁》以《道德眞經集註》引王弼注『故可以爲天地母也』，證王弼本正文作『天地』，注亦作『天地』，今通行本正文及注文作『天下』者，後人

『寄天下』、『託天下』、『奉天下』;『爲天下正』、『爲天下谷』、『爲天下貴』。
可見他對『天下大事』的關懷程度」,而嚴敏先生的考察雖與陳鼓應先生有些
差距,但他也得出同樣結論:「老子提及『天下』的篇章有 27 章之多,『天下』
一詞出現約 54 次,……可見老子心中常繫天下,胸中常懷天下人」。〔註171〕
由此可見,老子思想最終關懷對象本在「天下」人,而絕非始終單爲侯王著
想。吾人所能有老子只替侯王立論的判斷,皆無非在於不知本文第六章一開
頭所提到,由於侯王們乃是能左右在他們之下的「天下」人一舉一動行爲之
關鍵,故若想安頓此時處於周文罷弊混亂局面中的「天下」人,當然唯有先
安頓侯王們一途,因此看似總爲侯王立論,而實際關懷對象卻都落在「天下」
人也。

　　總之,既然「老子重講『天下』,……所以老子講的政治思想恰當定位屬
於社會哲學或哲學人類學」,老子當爲「『天下』的思想家」,其「政治視野是
以全天下大局爲範圍的」。〔註172〕若然,如今若還同於第五章第一節曾指出稱
《老子》一書爲侯王的「政治經」、「侯王之寶典」、「人君爲治的手冊」,其思
想可視作「侯王之哲學」、「帝王之學」,便應可知此乃「見樹不見林」的不相
應之了解。

　　其實,老子思想的目標——「天下將自定」,無非正奠基於本文第六章第
一節所說,他已斷言侯王之下的「天下」所有人必然會效法侯王之行爲上。
因爲只要一旦侯王們於治理時都能做到老子所設定之「聖人式侯王」,會有的
一套由「收斂『心』」以「積藏『德』」再到「愛惜『身』」,而再自然表現出
「儉省『財貨』」的行爲後,那麼這些「聖人式侯王」由於「儉省」故其自然
「知足」並且還是「恒足」,〔註173〕又由於「收斂」以「歸根」故其自然「虛

所改」,陳錫勇先生並進一步指出通行本作「天下」,當係後人據河上本妄改,
　　　而以後各本作「天下」者,則因唐玄宗御注本而改,又竹簡本《老子》甲組
　　　作「天下」,「下」字乃訛誤也。詳見陳錫勇:《郭店楚簡老子論證》,頁 137
　　　～139。
〔註171〕分見陳鼓應:《老莊新論》(臺北:五南圖書出版有限公司,1995 年),頁 74、
　　　嚴敏:《〈老子〉辨析及啟示》,頁 373。
〔註172〕分見謝揚舉:《道家哲學之研究—— 比較與環境哲學視界中的道家》(西安:
　　　陝西人民出版社,2003 年),頁 110、110～111、168。
〔註173〕《老子・四十六章》說:「知足之足,恒(筆者案:『恒』,集唐本《老子》原
　　　作『常』,今何以改正作『恒』,詳見本文第六章註 30)足矣」,吳怡先生解
　　　釋「恒足」乃「經常的滿足」(見吳怡:《新譯老子解義》,臺北:三民書局,
　　　2005 年,頁 304)。其實,在自然表現出的儉省行爲下之「知足」,當然絕非

靜」。〔註174〕一言以蔽之，即是所謂「知足以靜」是也。〔註175〕

　　老子便是認爲侯王們最後只需「守」此順應「天道」行爲之「無爲」，〔註176〕即由「知足以靜」的行爲所形成之身教當成模範，〔註177〕再讓他們之下的「天下」所有人必然效法後也同樣「知足以靜」，此即所謂：「我無爲而民自化；我好靜而民自正」也。〔註178〕而若「天下」都「知足以靜」，那麼「天下」就將無不「自定」，因爲在老子看來，「知足以靜，天下將自定」矣。〔註179〕

　　當然，上述所說「天下將自定」無疑是由侯王們以「不言、無爲」（「無事」義同）的方式，也即是以「知足以靜」之行爲形成的身教當成模範來「取（治）天下」，〔註180〕而在人們的必然效法後，所導致的「無不治」或「無不爲」之結果。〔註181〕又，老子認爲人們在必然效法侯王之行爲下也「知足以

　　　　　暫時又虛假的滿足，而是眞正「恒足」之「知足」。
〔註174〕此推論詳見本文第六章第四節。
〔註175〕語出《老子·三十七章》。其中，上引「知足以靜」，集唐本《老子》原作「不欲以靜」。然而，如同本文第六章第三節已指出老子只說「寡欲」而非「不欲」，故「不欲以靜」當改。又，竹簡本《老子》甲組此句是作「智（知）以朿（靜）」，上一句則作「夫亦牀（將）智（知）足」，所以由此正可推知「以朿（靜）」上有脫一「足」字。今即據竹簡本《老子》甲組及其上下文意，改正作「知足以靜」。
〔註176〕《老子·三十七章》說：「道恒（筆者案：『恒』，集唐本《老子》原作『常』，今何以改正作『恒』，詳見本文第六章註30）無爲。侯王若能守之，萬物將自化。」而上引「道恒無爲」之下，集唐本《老子》原還有接「而無不爲」四字。今檢之帛書本《老子》甲、乙本與竹簡本《老子》甲組，「而無不爲」四字皆未有，此四字或爲衍文。然而，此四字的加上，筆者以爲卻可使語意更加清楚，詳見本文章註162。
〔註177〕《老子》〈二十八章〉、〈四十五章〉也有「守其雌，爲天下谿」、「清靜爲天下正」的說法。陳鼓應先生註釋前一句說：「默守雌靜，當爲天下所遵循之蹊徑。」（見陳鼓應：《老子今註今譯及評介（三次修訂本）》，頁159。）而下一句其中所謂「正」原即「模範」之意，此據蔣錫昌先生說：「『正』者，所以正人也，故含有模範之義」（見蔣錫昌：《老子校詁》，頁293）。
〔註178〕語出《老子·五十七章》。
〔註179〕語出《老子·三十七章》。其中，上引「知足以靜」，集唐本《老子》原作「不欲以靜」，今何以改正作「知足以靜」，詳見本章註175。
〔註180〕「取」通「治」，詳見本文第五章註25。
〔註181〕《老子》〈三章〉、〈四十八章〉說：「爲無爲，則無不治」、「無爲而無不爲。取天下恒（筆者案：『恒』，集唐本《老子》原作『常』，今何以改正作『恒』，詳見本文第六章註30）以無事（筆者案：〈五十七章〉有類似說法：『以無事取天下』），及其有事，不足以取天下」。而上引「無爲而無不爲」也可見於〈三

靜」，而皆「謂」（認爲）是他們「自化、自正」的「我自然」，〔註182〕認爲是他們「自己如此」、「自然而然」的結果，〔註183〕乃在於不知此「自然」是「聖人式侯王」以「無爲」所「輔」（展示）之下的「無不爲」效果。〔註184〕

十七章〉、〈三十八章〉。而關於〈三十七章〉「無爲而無不爲」的說法，已可詳見於本章註162，此不贅。又，集唐本《老子・三十八章》原作：「上德無爲而無以爲」，其中「無以爲」當作「無不爲」，試看陳錫勇先生的考察說：「『上德無爲而無以爲』，甲本、乙本（筆者案：即指帛書本《老子》甲、乙本）、河上公本同此。《韓非子・解老》、嚴遵《老子指歸》、傅奕本、范應元本、《文選・魏都賦》李善注引作『上德無爲而無不爲』。范應元所見王本（筆者案：即指王弼本《老子》）作『無不爲』，而今本王注（筆者案：即指《王弼注》）：『上德之人……故能有德而無不爲。』是今本正文作『無以爲』者乃後人妄改」，嚴靈峰先生則曾說：「《韓非・解老》或先於帛書，則當以《解老》之文爲正，帛書作『以』誤也」（分見陳錫勇：《老子校正》，頁11、嚴靈峰：《馬王堆老子帛書試探》，臺北：成文出版社，1982年《無求備齋老列莊三子集成補編（八）》據民國71年排印本景印，頁72）。今即據嚴靈峰、陳錫勇先生之說改正作「上德無爲而無不爲」。其實，在竹簡本《老子》未出土之前，高明、鄭良樹等學者曾依帛書本《老子》從未出現「無爲而無不爲」的說法，而一度認定「無爲而無不爲」乃戰國晚期或黃老學派對「無爲」思想加以改造後所增入（這些學者的看法，詳見廖名春：《新出楚簡試論》，臺北：臺灣古籍出版有限公司，2001年，頁193～194）。不過，在現今可見《老子》最早版本的竹簡本《老子》出土後，其乙組中對應集唐本《老子・四十八章》處，正有出現「亡爲而亡不爲」的說法，裘錫圭先生據此說：「可見這種思想絕非戰國晚期或漢初人所竄入。《莊子・知北遊》：『故曰：爲道者日損，損之又損之，以至於無爲，無爲而無不爲也。』引此章之文也作『無爲而無不爲』。高明先生認爲《莊子》之文有誤。從簡文也作『無爲而無不爲』來看，此說恐難成立」（見裘錫圭：〈郭店《老子》簡初探〉，《道家文化研究（第十七輯——「郭店楚簡」專號）》，頁62～63）。而廖名春先生除了依據竹簡本《老子》之外，他更從《老子》一書思想來看。他說：「『爲無爲，則無不治』與『無爲而無不爲』文字雖有小別，其旨意卻相同。『無不治』即『無不爲』。《老子》本文既然有『爲無爲，則無不治』（筆者案：語出《老子・三章》）說，爲什麼就不能有『無爲而無不爲』說？還有必要一定要戰國晚期或漢初黃老學派來改造？」最後他說：「今本《老子》第48章的『無爲而無不爲』說肯定是『《老子》原本之舊』，否定老子有『無爲而無不爲』說不論從楚簡本《老子》看，還是從《老子》一書的思想體系和思維方式看，都是不能成立的。」（分見廖名春：《新出楚簡試論》，頁199、200。）

〔註182〕《老子・十七章》說：「百姓皆謂：『我自然』。」而其中所謂「謂」，從語法上來看乃「認爲」的意思。詳見劉笑敢：《老子古今——五種對勘與析評引論（上卷）》，頁208～209。

〔註183〕「自然」有「自己如此」、「自然而然」的意思，詳見本文第六章註80。

〔註184〕《老子・六十四章》有「聖人……以輔萬物之自然」的說法，其中所謂「輔」，竹簡本《老子》甲組作「尃」。而丁原植先生則曾經指出以「尃」假借爲「輔」，

　　附帶一提，侯王的「知足以靜」當然代表其本眞中是如赤子嬰兒一般充厚著「德」的，如今「天下」人在必然效法其「知足以靜」後也「知足以靜」，老子自然能認爲此時「天下」人之本眞中也應該都充厚著「德」了，而這正是《老子・二十三章》所謂侯王從事於「德者」人們「同於德」的說法。簡言之，由於老子認定侯王「知足以靜」也代表著的「身」（「德」充厚本眞之狀態）之狀態也必然會被效法，〔註185〕而使人們皆被「孩之」，〔註186〕是皆能回復如嬰兒一般「身」之狀態。

　　是以，從一人觀侯王之「身」而後效法開始，慢慢擴展至一家、一鄉、一邦，又若「天下」各邦都如此，「德」自然普遍於「天下」，「天下」人就無不是「身」的狀態。此即《老子・五十四章》說：「修之身，其德乃眞；修之家，其德有餘；修之鄉，其德乃長；修之邦，其德乃豐；〔註187〕修之天下，其德乃普。故以身觀身，以家觀家，以鄉觀鄉，以邦觀邦，以天下觀天下。吾何以知天下然哉？以此。」〔註188〕老子就是以此「觀而後法」的推論，得知「天下」此時皆可有如赤子嬰兒般充厚之「德」的狀態也。

　　最後，同樣地，在「天下自定」以後，老子絕不會希望「天下」只能短暫地「自定」，而必然希望要「長久」的「自定」，〔註189〕不然亂象只有再起。

是合理的說法，古書也多有此例，但「專」字從《說文》看有「展示」的原始義理，或許更可作爲哲學探索上的說明。詳見丁原植：《郭店竹簡老子釋析與研究（增修版）》，頁79～80。今即從此原始義理作解釋。

〔註185〕「身」有指「德」充厚於本眞的狀態，詳見本章第二節。

〔註186〕語出《老子・四十九章》。

〔註187〕此處「邦」，集唐本《老子》原作「國」，今何以改正作「邦」，詳見本文第五章註20。又，只有改正作回「邦」，始能叶韻。試看，清人江有誥就說：「漢人往往避諱改故書，如……《老子》『修之邦』與下『豐』韻，『邦』改爲『國』，避高帝諱也。……古韻間有不合，未必非漢人所改」，魏源也說：「『邦』、『豐』爲韻，……皆古音也。諸本避漢諱改『邦』作『國』」（分見〔清〕江有誥撰：《古韻總論》，臺北：藝文印書館，1971年《叢書集成三編・學術叢編第四函》據倉聖明智大學刊本影印，音論，頁2上、〔清〕魏源撰：《老子本義》，臺北：藝文印書館，1966年《無求備齋老子集成續編（第七函）》據光緒二十八年避舍蓋公堂刊本景印，卷下，47章，頁29上）。

〔註188〕關於集唐本《老子》此章原有衍諸「於」字需刪，詳見本章註15的說明。又，上引「有餘」，集唐本《老子》原作「乃餘」，今檢之帛書本《老子》乙本、竹簡本《老子》乙組皆作「有餘」，並且王弼注語也曰：「有餘」（見〔晉〕王弼注：《集唐字老子道德經注》，頁111），故由此看來，作「乃餘」可能是後人爲求文字一律而妄改之，今即據改正。

〔註189〕本文第五章第一節有指出，王博先生曾考察出「追求長久」也是老子相當關

故老子認為他的理論也需要侯王之後不斷繼位的侯王仍一直實踐，所謂「子孫以祭祀不輟」（子孫奉行而不斷絕），〔註190〕是各邦侯王之繼位的子子孫孫，一直從事於在本文第五章第一節就已提到，老子認為治理人的最佳方法——「治人，莫若嗇」——也是能使「有國之母」（「邦」）達致「長久」的「道」（「嗇道」），〔註191〕而持續「知足、知止」、「虛靜」地以讓侯王之下的「天下」所有人效法後，〔註192〕也「同於道（嗇道）」矣。〔註193〕

　　準此，更準確來說，老子思想的目標當為「天下將長久自定」。〔註194〕又這樣一來，老子所憂心之周文罷弊的混亂局面自能不復見，而「天下」也「自然」地會走向長久平穩一途。總之，在筆者看來，該如何「治人」而達致「長久」，老子都以他認為最好且能涵蓋所有說法的方式——「嗇」字——下定論了，故老子自是由「嗇」回應「周文疲弊」此一挑戰也。

注的思考點。

〔註190〕語出《老子‧五十四章》。而陳錫勇先生注釋此句時指出有「子孫奉行而不斷絕」之意。見陳錫勇：《老子釋義》，頁119。

〔註191〕「有國之母」，語出《老子‧五十九章》。今據本文第五章註20可知，「國」指「國都」、「國」在「邦」中，故所謂「有國之母」當指「邦」是也。而何謂「嗇道」，若綜合本文對《老子》中「嗇」字意義的所有說法，那麼「嗇道」即是指「收斂『心』」以「積藏『德』」再到「愛惜『身』」，而再自然表現出「儉省『財貨』」，並且最後「儉約『言』」以至於「居無為之事，行不言之教」的一套治理時會表現出之行為。又，在本文第六、七章有提到《老子》中其它論及行為準則意義的「道」，如〈十五章〉、〈四十八章〉、〈六十五章〉所謂「道」，當然皆可包含在「嗇道」裡。

〔註192〕《老子‧四十四章》說：「知足不辱，知止不殆，可以長久。」其中，「知足」即「知止」，「足」、「止」同源，此據陳錫勇先生之說。詳見陳錫勇：《老子釋義》，頁103。

〔註193〕《老子‧二十三章》說：「從事於道者，同於道。」

〔註194〕這即是本文第五章第一節所判斷：老子要「追求長久」其實也本離不開政治上的考慮，此一說法的依據所在。

第八章　結　論

第一節　本文研究成果綜述

　　本文從考察《老子》中至今仍未受重視的「嗇」此一觀念開始，以至於逐漸建構出以「嗇」為中心觀念的老子思想新體系為結束。而本文重點在於發現若將《老子‧五十九章》中之「嗇」字，放在《老子》全書中觀察，也即是由「以老解老」的方法來考慮，今可得出「嗇」字於老子思想中具備歸結全書大部份思想篇幅理論的關鍵地位，與蘊含豐富意義。又，此豐富意義還是源自老子由「農」而來的一套世界觀。本文最終即以「嗇」為中心觀念，而由「斂嗇」到「儉嗇」的角度對老子思想體系進行重建。

　　既然，「以老解老」是本文最為重視的研究方法，那麼此隨即意味本文乃視《老子》五千餘言為老子所親著的一個整體，而這無非已牽涉到複雜的老子其人其書之問題。是以，在正式進入重建老子思想體系前，筆者自然要先對老子其人其書已然分歧的看法，有一說明後的自我立場交待，以便用來回應本文視《老子》五千餘言為老子所親著之一個整體的態度。而本文對老子其人其書的判斷是：老子（老聃）是春秋末年「陳」人，後來「居周久之」，曾在「周」任「太史」一職，之後返回「陳」逐漸著成《老子》五千餘言一書，而《老子》一書也可能在春秋末年即由「陳」此一地區慢慢流傳開來。

　　接者，對老子其人之定位，乃是筆者如下欲探討老子所處特定環境及其日後經歷，對老子何以能提出「嗇」有決定性影響的一個基礎。今得出：在「周文疲弊」下的混亂時代裡，「陳」所在的地理位置造就之連年戰爭，與其

社會環境動盪中的時刻不安，都是老子由「周」返回「陳」後，首當其衝要面對的挑戰，而此乃促使老子急欲安頓混亂不安局勢下之人「心」的外在背景所在。

另外，老子從年幼以至於三十年左右的時間，都在「陳」——堪稱具有「華夏」此一「居於中原，以農業爲主之民族」的典型特性——之地方風氣影響下，自然已形成一套由「農」而來的世界觀之內在制約，此制約在日後「居周久之」，甚至在擔任「太史」期間，都不斷地被加深、激盪與思索著。也正是由於這一套長久即存在於其潛意識當中制約著老子之「農的世界觀」，最終形成決定老子在面對問題時思索解答的方向。而這個方向無疑能使吾人了解到老子日後由「周」返回「陳」後，何以會有五千餘言中收攝大部份思想篇幅理論的歸結語——「莫若嗇」——之提出。他主要就是在內在制約的影響下，很自然地選擇且認定沒有比「嗇」此一蘊含豐富「農的世界觀」之字眼所帶出的思想，能安頓此時周文罷弊下之動盪人「心」，並且還能達致他所欲看到「天下將自定」的目標。

再者，本文最終既以「嗇」爲中心觀念重建老子思想體系爲主，那麼爲了在順利開展思想體系之前，能先對爲何可由「嗇」爲中心觀念有所說明，與能精確掌握「嗇」字意義，而不致於任意、主觀詮釋，故本文底下已分別由不同面向，以對「嗇」字作一仔細、嚴密而全面的考察與分析。

首先，本文乃從「嗇」字本義與其諸多引申義，及先秦諸子對「嗇」字意義使用的面向來看，而得出：「嗇」字本義包含「收斂」、「積藏」二義，「嗇」字正面的引申義有「愛惜」、「儉」等義，負面的引申義則是「吝嗇」、「缺少」、「貪」等義。而先秦諸子使用「嗇」字意義則一律只使用「嗇」字引申義，其中在用作官吏名與指稱人名外，還有「吝嗇」、「愛惜」、「儉」、「稅收、稅賦」義。

其次，轉從古今對《老子》中「嗇」字之體會的面向來看，而得出：在本文所指出歷代二十七家老學家或學者當中，有十六家僅以一種意義解「嗇」，而大致不外乎各以「收斂」、「愛惜」或「儉」等義釋之。以二種意義釋「嗇」者則有八家，皆環繞在「收斂」、「積藏」、「愛惜」、「儉」四義之上，並且其中同時以「愛惜」與「儉」二義解之者佔了五家。而以二義以上作解者，只有二家。要之，以一至二義解「嗇」者，在二十七家中有二十四家，已佔絕大多數。

今據此統計與古今老學家對《老子》中「嗇」字的詮解內容來看，筆者嘗試歸納古今對「嗇」字的二種態度：第一，以自我體會的方式作解，不然則是引用他人說法以為解。不過，無論是提出一己對「嗇」字的看法，還是引用他人對「嗇」字之理解，總是不加以說明老子所謂「嗇」何以有其認定的意義、何以贊同他人解法而引用，因此無非皆以主觀解《老子》中之「嗇」也。質言之，這無非以「我」解「嗇」，而非以《老》解「嗇」矣。第二，未能「以老解老」，僅以《老子·五十九章》看《老子·五十九章》，故「嗇」字意義長久以來皆被侷限在固定一章的文字脈絡中，其意義始終被窄化，也即是未能將「嗇」字放到《老子》全書中作一全面性的探討。綜言之，古今是皆未能先對老子所謂「嗇」進行仔細、嚴密而全面的考察與分析，故其說法都不免附會。

或許，正是在如此態度之下，才使古今老學家至今仍未重視《老子·五十九章》中，有非常明顯能替《老子》全書大部份思想篇幅理論下結論的話語。其實，如果沒有〈五十九章〉中那幾句文獻，本文絕不會也無法認定「嗇」字在老子思想中具有關鍵地位，與還據此判斷「嗇」字不該僅侷限在固定一章的文字脈絡中，而必須要將之拉向全書廣闊的視野，始能準確掌握其意義。

接上所言，底下筆者便順勢轉入最後一個面向，此也即是以《老子》本身看《老子》的面向。一開始本文先說明《老子·五十九章》何以在《老子》全書中是具備結論性質之一章：吾人考察出老子有以全書幾近一半之章節闡述「治人」的政治議題，故《老子》一書乃以政治思想為論述大宗。其次，則為王博先生所指出「追求長久」之問題。又，老子要「追求長久」之用心其實也本不離政治上的考慮。今再細看討論「治人」此種政治議題有四十章，「長久」有二十四章，若扣除重複便有五十八章，而這實際上已佔《老子》全書八十一章的七成以上。

吾人接著看《老子·五十九章》說：「治人、事天，莫若嗇。夫唯嗇，是謂早服；早服謂之重積德；重積德則無不克；無不克則莫知其極；莫知其極，可以有國；有國之母，可以長久。是謂深根固柢，長生久視之道」，此一篇幅不長的文字，實已由其中的「嗇」字與「治人」及「可以長久」、「長生久視之道」等文獻，精確地涵蓋並總結《老子》全書所有討論關於政治與如何能「長久」的問題，故〈五十九章〉當有替《老子》一書所討論的兩大議題，也即是替《老子》全書七成以上的思想篇幅理論，由「嗇」字下結論之意味。

　　若然，《老子・五十九章》既屬於結論性質的一章，而所謂結論又落在此章中之「嗇」字上，故「嗇」字自然可說已具有歸結《老子》全書大部份思想篇幅理論之關鍵地位。簡言之，該如何「治人」而達致「長久」，老子都以他認為最好而能涵蓋所有說法的方式──「嗇」字──下定論了。

　　也正是因為「嗇」字具有如此關鍵地位，故才使筆者欲有以此為中心觀念來重建老子思想體系的嘗試。由於中心觀念無非應該是一家思想所欲解決之問題，而提出最直接且能涵蓋與統貫其思想中其它觀念以成為一整體的最終說法。是以，「嗇」字的關鍵地位無疑已向吾人展示其有具備中心觀念之條件，而本文第六至七章即要證明《老子》中其它觀念，確實可由「嗇」統貫以逐步開展出一套有系統的思想。

　　而在對「嗇」字於《老子》全書關鍵地位有一確立後，老子所謂「嗇」之意涵便有擺在《老子》全書廣闊視野來考察的必要性，此也即是說要由「以老解老」的方法才能得出「嗇」字準確意義。本文最後就由《老子》原典中直接歸納出「嗇」字蘊含的四種意義：「收斂」、「積藏」、「愛惜」、「儉」義。據此，吾人也可知，老子乃不同於其他先秦諸子只使用「嗇」字引申義，因為他還使用了「嗇」字本義──「收斂」與「積藏」。又，所謂「收斂」、「積藏」、「愛惜」、「儉」義，應已很明顯是在「農的世界觀」當中才特別容易且同時會出現的觀念。例如說「收斂」一義可由農事裡的「秋收」行為體會而來，「積藏」義則可領悟自農事裡的「冬藏」規律，而「愛惜」與「儉」更是農業社會中長久以來即被強調該具備的美德。準此，在筆者看來，一套「農的世界觀」已有向吾人展現老子乃為一位「重農」的思想家也。

　　再來，為了底下開展思想體系時論述上的方便，本文便將此四種意義區分為二組：一組主「斂嗇」，也即是「嗇」字意義中的「收斂」與「積藏」；一組主「儉嗇」，也即是「嗇」字意義中的「愛惜」與「儉」。並且，在正式以「嗇」為中心觀念統貫《老子》中其它觀念而開展老子思想體系之前，筆者還有必要先對老子思想作一前提式的說明，此也即是：老子思考問題的起點，乃在於考量身處當時那個充滿「惡」與「苦難」的失序時代中，如何才能使「心」不再失落於外而得到安頓，也即是其「心」能否由外收斂回自我當中以為主宰的問題。而老子尤其急欲安頓的「心」，乃是當時侯王早在不知何時就已失落於外的「心」。

　　然而，為何要以安頓侯王之「心」為首出關懷，本在於是老子斷言侯王

的行為，都必然會使在他之下的「天下」所有人（尤其是一般人民百姓）效法。所以，如今若想達到「天下將自定」的目標，也即是欲安頓「天下」人，勢必只有先安頓「天下」各邦侯王一途。總之，老子認為侯王只要一旦能成為他心目中的理想治者——「聖人式侯王」，以行他如下以「嗇」字四種意義，開展出的一套思想理論要求下之「聖人式侯王」在治理時會有的行為，自然便可達到他要安頓當時侯王之目的，然後就只是讓這些「聖人式侯王」們，為「天下」人之模範而已。

是以，本文對老子「斂嗇」與「儉嗇」思想的說明，就主要是針對各邦侯王而立論，以便帶出老子要各邦侯王成為「聖人式侯王」，以行他所設定「聖人式侯王」於治理時，會表現出的由「斂嗇」到「儉嗇」之行為要求。而既然老子思考問題的起點是在於如何使當時侯王之「心」，能由外收斂回自我當中以為主宰的問題，故為了基於邏輯上的順序，「斂嗇」思想便很自然地會先於「儉嗇」思想以為筆者說明。

下面筆者就正式先由「嗇」字本義——「斂嗇」——的角度，以觀老子如何在其思想中由「嗇」字的「收斂」與「積藏」義，統貫《老子》中其它觀念而開展出一套「斂嗇」思想。今開展之邏輯如下：由於侯王之「心」早在不知何時已為過多「人為之欲」牽引，以致於其「心」從本真中出走，而成為流落於外瘋狂追逐「人為之欲」的無「德」之人。老子以為唯有使侯王願意將其「心」收斂回本真中以「重積德」，才能解決此時侯王本真中無「德」之危機。而老子乃想到可期望侯王對此時「天」、「人」已破裂產生不安心理後，他能有形成關懷而在治理時會開始注意，並進而效法「天道」既「反」（「退」）又「弱」（「不爭」）的「收斂」行為。當然，老子也考慮到侯王如果並無產生不安心理且還效法「天道」，故他又警告侯王說若不效法「天道」將會有「凶」之後果，同時也指出「含德之厚」如赤子嬰兒般的狀態後，將有的意想不到之好處，來強制與吸引侯王在治理時表現出收斂其「心」以「重積德」的內在行為，其是要「積」至本真中厚足著「德」之「藏德」那般「樸」的狀態才可以。

其實，老子針對當時侯王而有的「斂嗇」思考，其推論到最後無非就是要侯王「復歸於樸」的狀態，又老子當然不會希望侯王只能「復歸於樸」之狀態一陣子，而此由老子還提出要「保樸」的想法即可得知。老子也正是以如何能「保樸」的想法，過渡到他的「儉嗇」思想。

　　而所謂「儉嗇」思想，則是由「嗇」字引申義——「儉嗇」——之角度，以觀老子如何在其思想中由「嗇」字的「愛惜」與「儉」義，再統貫《老子》中其它觀念與說法而接續開展出一套「儉嗇」思想。今開展之邏輯如下：由於老子以爲要使侯王「保樸」，需要侯王有對此「樸」的愛惜，是以老子乃利用侯王想成爲唯一且持續被「天下」寄託之對象的心理，他告訴侯王說唯有在治理時能「愛身」予「天下」周知始能成就之，老子即以此再吸引侯王願意「保樸」。而只要一旦侯王能表現出「愛身」的內在行爲後，也即是已懂得愛惜，那麼便會從此影響他而使其自然表現出儉省——老子主要指對「財貨」的儉省——的外在行爲。與此同時，在侯王有儉省「財貨」的行爲時，老子說「聖人式侯王」還會由於在「不欲盈」、「不欲見賢」——「根本不欲見自己之有餘」——的關係下，形成「能有餘以奉天下」的廣大心胸，以使「財貨」從此能「廣」於一邦之中所有人，又若「天下」各邦侯王都如此，「財貨」更能「廣」於「天下」，而從本來「一邦不匱」變成「天下不匱」。最後，在侯王於治理時已能做到由「收斂『心』」以「積藏『德』」再到「愛惜『身』」，而自然表現出「儉省『財貨』」之行爲後，老子此時對侯王還有一特別要求，此即是老子提出各邦侯王如今只需儉約治邦之「言」（政令），以至於「居無爲之事，行不言之教」的方式來各治其邦。換言之，即用身教「爲天下式」即可。

　　推論至此，本文也可順勢帶出老子思想的目標。首先，在說明之前吾人須知：由於老子重講「天下」，故老子思想最終關懷對象本在「天下」人，而絕非始終單爲侯王著想。吾人所能有老子只替侯王立論的判斷，皆無非在於不知老子視侯王們，乃是能左右在他們之下的「天下」人一舉一動行爲之關鍵，故如今若想安頓處於周文罷弊混亂局面中的「天下」人，當然唯有先安頓侯王們一途，因此看似總爲侯王立論，而實際關懷對象卻都落在「天下」人也。若然，老子無疑乃是「天下」的思想家，其政治視野是以全「天下」大局爲範圍的。所以現今如果還稱《老子》一書爲侯王的「政治經」、「侯王之寶典」、「人君爲治的手冊」，其思想可視作「侯王之哲學」、「帝王之學」，便自是「見樹不見林」的不相應之了解。

　　其實，老子思想的目標——「天下將自定」，無非正奠基於上述老子已斷言在侯王之下的「天下」所有人，必然都會效法侯王的行爲之上。因爲只要一旦侯王們於治理時都能做到老子所設定之「聖人式侯王」，會有的一套由「收

斂「心」以「積藏『德』」再到「愛惜『身』」，而再自然表現出「儉省『財貨』」的行爲後，那麼這些「聖人式侯王」由於「儉省」故其自然「知足」，並且還是「恒足」，又由於「收斂」以「歸根」故其自然「虛靜」。一言以蔽之，即是所謂「知足以靜」是也。

　　老子便是認爲侯王們最後只需「守」此順應「天道」行爲之「無爲」，即由「知足以靜」的行爲所形成之身教當成模範，再讓他們之下的「天下」所有人必然效法後也同樣「知足以靜」，此即所謂：「我無爲而民自化；我好靜而民自正」也。而若「天下」都「知足以靜」，那麼「天下」就將無不「自定」，因爲在老子看來，「知足以靜，天下將自定」矣。

　　當然，上述所說「天下將自定」無疑是由侯王們以「無爲」（「無事」義同）的方式，也即是以「知足以靜」之行爲形成的身教當成模範來「取（治）天下」，而在人們必然效法後，所導致的「無不治」或「無不爲」之結果。又，老子認爲人們在必然效法侯王之行爲下也「知足以靜」，而皆「謂」（認爲）是他們「自化、自正」的「我自然」（自己如此、自然而然）結果，乃在於不知此「自然」是「聖人式侯王」以「無爲」所「輔」（展示）之下的「無不爲」效果。

　　最後，同樣地，在「天下自定」以後，老子自然不會希望「天下」只能短暫地「自定」，而必然希望要「長久」的「自定」，不然亂象只有再起。故老子認爲他的理論也需要侯王之後不斷繼位的侯王仍一直實踐，所謂「子孫以祭祀不輟」（子孫奉行而不斷絕），是各邦侯王之繼位的子子孫孫，一直奉行老子認爲治理人的最佳方法——「治人，莫若嗇」——也是能使「有國之母」（「邦」）達致「長久」的「道」（嗇道），而持續「知足、知止」、「虛靜」地以讓侯王之下的「天下」所有人效法後，也「同於道（嗇道）」矣。

　　是以，更準確來說，老子思想的目標當爲「天下將長久自定」。又這樣一來，老子所憂心之周文罷弊的混亂局面自能不復見，而「天下」也「自然」地會走向長久平穩一途。易言之，該如何「治人」而達致「長久」，老子都以他認爲最好而能涵蓋所有說法的方式——「嗇」字——下定論了，故老子自是由「嗇」回應「周文疲弊」此一挑戰也。

　　準上所述，本文最終就以「嗇」爲中心觀念，而由「嗇」所具備的四種意義，統貫《老子》中諸多觀念而逐步按照邏輯推論，開展了一套老子思想新體系，故以「嗇」爲老子思想體系之中心觀念的嘗試，確實已有被開發的

空間。而這當是再提出一套老子以「嗇」作爲回應「周文疲弊」一挑戰之智慧，本文也期以此嶄新思維，能刺激當代老學界不斷反省對老子思想體系固有之見解，以重新思考對老子思想體系之中心觀念的說法，是否也「莫若嗇」呢？如果說本文在日後能逐漸被確立此乃對老子思想的詮釋一個更完善之架構，無疑將是本文研究價值的重要體現之處。

第二節　檢　討

一、對老子思想的檢討 —— 老子思想根源性之問題

在第六章第一節筆者曾說老子已將「天下」之秩序，消融於各邦侯王的人格當中，並且也引述楊儒賓先生說：「由於道家將所有政治責任完全繫縛在人君一個人的身上，所負者重，則所要具備的條件也不輕」，這個所要具備之條件當然就是成爲高標準的「聖人式侯王」，以在治理時表現出老子所設定之「聖人式侯王」，會有的一套由「斂嗇」到「儉嗇」之「嗇道」行爲。然而，老子的理論雖已開展出來，但問題在於是成爲「聖人式侯王」的標準既然如此高，又「權之所在即是欲之所在」，〔註1〕那麼究竟有多少侯王，能夠願意放棄當時坐擁富貴權力的享受，而如此做呢？

老子似乎也已意識到這點，不然他不會還試圖以某些輔助方式，來強制或吸引侯王成爲「聖人式侯王」，以在治理時表現出這些行爲。例如說在第六章第四節有提到，老子曾警告侯王若不效法「天道」收斂之行爲將會有「凶」的後果，同時也以「心」收斂回本眞中後可有的意想不到之好處，來強制與吸引侯王願意在治理時，表現出收斂其「心」回本眞中以「重積德」的內在行爲。再例如說在第七章第二節曾指出老子有以能成爲被「天下」寄託的對象，吸引侯王在治理時表現出「愛身」的內在行爲。

不過，如果說當時侯王本身並無意願成爲什麼「聖人式侯王」，以在治理時還表現出某些行爲，也根本不爲以上的強制或吸引之方式所動，而寧願只想當個佔據一方之坐擁富貴權力的侯王，那麼如今在沒有侯王願意成爲「聖人式侯王」，以在治理時表現出這些行爲的情況下，老子思想在一開始侯王不

〔註1〕　見牟宗三：《政道與治道》（臺北：聯經出版事業股份有限公司，2003 年），頁153。

實踐，老子又把希望全寄放於侯王身上，就註定老子思想將成爲空談。故所謂「聖人式侯王」到頭來，仍不過只是老子心目中理想的邦君耳。

更何況，老子還不是只要一位侯王成爲「聖人式侯王」，以在治理時表現出那些行爲，他是要全「天下」侯王都如此，甚至是其繼位的子子孫孫皆相同。試想：以當時那個欲望大開的時代來看，要出現一位「聖人式侯王」都談何容易了，老子竟然還要全「天下」侯王及其繼位的子孫都如此，這在當時無異已是天方夜譚。

當然，對於其思想的落空，筆者以爲老子是有自覺的，試看《老子·七十章》說：「吾言甚易知，甚易行。天下莫能知，莫能行」，老子最後是不免感慨說，他的思想很容易了解，也很容易實行，不過「天下」侯王卻爲了一己之私而不能明白，不能實踐。

總之，老子將希望全寄放於侯王身上，乃是老子思想根源性之問題。因爲他的思想在還沒被實踐之前，由於根本無實踐主體，在一開始就窒礙難行。其實，就算當時眞有侯王願意實踐，那麼這種侯王究竟能有幾人呢？老子自己是曾悲觀地表示說：「知我者希，則我者貴」，〔註2〕是了解他用心的侯王必定很稀少，所以能取法而實踐他思想的侯王無非可謂是難得了。畢竟，將「一切責望都集中在治者個人之德上，這擔負太重了。幾乎無人能合此格」。〔註3〕

二、本文自我檢討

對於本文是否已成功詮釋的自我檢討，即要依據第一章第三節曾指出的三個檢驗標準：第一，詮釋背後究竟有多少原典支持，並且能否通過「本文的連貫性整體」之檢驗。第二，在去古已遠的今日，是否能仔細、嚴密且全面的考察與分析原典在當時所要表達之意義。第三，詮釋時對外能否顧及思想所以發生的條件，對內能否做到前後不自相矛盾以成一邏輯嚴密的整體。

底下是筆者認爲本文應有通過檢驗之自我判斷：本文在對老子思想體系

〔註2〕　語出《老子·七十章》。其中，上引「則」字，據明人憨山大師說：「『則』，謂法則。言取法也」（見〔明〕釋德清撰：《憨山道德經解》，臺北：中國子學名著集成編印基金會，1978年《道德經名注選輯（五）》據清光緒十二年金陵刻經處重鐫本影印，下篇，頁582）。而所謂「貴」，依陳鼓應先生註釋乃指「難得」之意。見陳鼓應：《老子今註今譯及評介（三次修訂本）》（臺北：臺灣商務印書館，2000年），頁295。

〔註3〕　見牟宗三：《政道與治道》，頁153。

開展之前，首先是由「以老解老」的方法，得出「嗇」字在老子思想中之關鍵地位及其豐富意義，據此才慎重考慮或許可嘗試由「嗇」字為老子思想之中心觀念，以重建一套老子思想新體系。當然，在開展之前，筆者也曾從「思想史的進路」說明老子所以能提出「嗇」的外在背景和內在制約，與從「嗇」字本義及其引申義、先秦諸子對「嗇」字意義使用、古今對《老子》中「嗇」字體會等諸面向，仔細考察與分析了「嗇」字意義。最終，本文就是以具備四種意義之「嗇」為中心觀念，前後按照邏輯推論而由「嗇」統貫《老子》中諸多重要觀念，建構出一整體之老子思想新體系。

另外，本文在以「嗇」統貫《老子》中諸多觀念而開展老子思想體系的過程中，對於有所推論之處都會引出《老子》原典作為依據。而關於筆者對《老子》原典的詮釋態度，乃是先以《老子》各種版本或諸多學者之見解，甚至以方言的角度，〔註4〕校正本文所依從之集唐本《老子》原典後，即在正文中或是以註腳的方式，指明此詮釋是源自《老子》原典何處所進行之推論。又，為了能使原典貼近老子時代意義，本文詮釋之時也盡可能對所據詮釋《老子》原典的意義，先有所考證與說明，並也回查原典所出現之原章節，以確定筆者所使用原典某字詞的意義，是否可順通於該章文意才詮釋。〔註5〕同時，也仔細分辨老子在某些觀念上是否使用了歧義，〔註6〕以避免在老子「用字的多種意義」（「同字異義」）下仍以同一意義勉強作解，〔註7〕當然對於老

〔註4〕 如本文將集唐本《老子‧六十章》「烹」改作「亨」字的情形。詳見本文第七章註150。

〔註5〕 《老子》有時在同一章中文意也並非一氣喝成，而這主要是由於在文字上多有出現歧義（例子可詳見本章註7所舉之第二個例子），故以「是否可順通於該章文意才詮釋」的方法，有時也無法使力，於是在無形當中又增加了詮釋的困難度。

〔註6〕 最明顯莫過於本文第七章第二、四節已指出，老子對「身」、「言」等觀念之意義使用。

〔註7〕 見嚴靈峰：〈老子的重要用語之新解釋〉，《無求備齋學術論集》（臺北：臺灣中華書局，1969年），頁1。其實，有時在同一章中也有「同字異義」的情況，例如本文第七章第二節對《老子‧十三章》中「身」字的說明即有這種情況。又例如說《老子‧四十一章》：「上士聞道，勤而行之；中士聞道，若存若亡；下士聞道，大笑之。不笑不足以為道。故建言有之：明道若昧；進道若退；夷道若纇；上德若谷；大白若辱；廣德若不足；建德若偷；質真若渝；大方無隅；大器晚成；大音希聲；大象無形。道隱無名。夫唯道，善貸且成。」陳鼓應先生說：「這裡說『道』可得而聞，可見這個不是形上之道。這個可聞之『道』，表現了若『昧』、若『退』、若『纇』（起伏不平）、……等等特性。

子在哪些觀念使用了同義也曾指明，〔註8〕以期盡量釐清出《老子》中字詞本有的「異字同義」之情況。〔註9〕

　　如今，基於上述所說皆可驗諸本文，筆者在自我評斷下認為本文應有達到成功詮釋之三個條件的標準。而如果說未來有出現任何足以提供一己修正本文論點之研究成果或出土資料，個人將願意不厭其煩地檢討本文以修正之。

　　結束全文之前，筆者最後仍需強調，本文無非是據現今可見之「老子」資料所提出自我對老子思想體系的說法。畢竟「解老自韓非下千百家，老子不復生，誰定之？」〔註10〕故對今日所有已建構出之老子思想體系的態度，便應該要如同馮友蘭先生所說儘管「你可以把你從『老子』發現的思想全部收集起來，寫成一部五萬字甚至五十萬字的新書。不管寫得多麼好，它也不過是一部新書。它可以與『老子』原書對照著讀，也可以對人們理解原書大有幫助，但是它永遠不能取代原書」。〔註11〕是以，筆者所做雖當然也無法取代《老子》原書，但卻希望能建構出一套在日後可被認同這是一條最直接能進入老子思想的康莊大道，而對學界有所貢獻也。

這裡所說的『道』，是就人生的層面上來說的。……本章末句說：『道隱無名。』這個幽隱而無形無名的『道』，顯然是指形而上的恍惚實存之『道』。這個『隱』而『無名』的『道』，當然是不可得而『聞』的，這和上文敘說可『聞』的『道』，在字義上顯然不一致。在許多地方，就是老子用字未曾考慮到文字上歧義的情形。」（見陳鼓應：〈老子哲學系統的形成和開展〉，《老子今註今譯及評介（三次修訂本）》，頁20。）

〔註8〕　如在本文第七章註41曾指出，「身」、「樸」、「一」、「常」等觀念的相同意義。
〔註9〕　分別詳見嚴靈峰：〈老子的重要用語之新解釋〉，《無求備齋學術論集》，頁2、22。
〔註10〕　見〔清〕魏源：〈論老子一〉，《老子本義》（臺北：藝文印書館，1966年《無求備齋老子集成續編（第七函）》據光緒二十八年避舍蓋公堂刊本景印），卷上，頁1上。
〔註11〕　見馮友蘭著，涂又光譯：《中國哲學簡史》（北京：北京大學出版社，1996年），頁12。

參考文獻

一、原　典

（一）經　部

1. 〔漢〕孔安國傳，〔唐〕孔穎達等正義：《尚書正義》，臺北：臺灣中華書局，1965 年《四部備要・經部》據阮刻本校刊。

2. 〔漢〕毛亨傳，〔漢〕鄭玄箋，〔唐〕孔穎達等正義：《毛詩正義》，臺北：臺灣中華書局，1965 年《四部備要・經部》據阮刻本校刊。

3. 〔漢〕鄭玄注，〔唐〕孔穎達等正義：《禮記正義》，臺北：臺灣中華書局，1965 年《四部備要・經部》據阮刻本校刊。

4. 〔漢〕何休注，〔唐〕徐彥疏：《春秋公羊傳注疏》，臺北：臺灣中華書局，1965 年《四部備要・經部》據阮刻本校刊。

5. 〔漢〕趙岐注，〔宋〕孫奭疏：《孟子注疏》，臺北：臺灣中華書局，1965 年《四部備要・經部》據阮刻本校刊。

6. 〔漢〕揚雄撰，〔清〕戴震疏證：《方言疏證》，臺北：臺灣中華書局，1965 年《四部備要・經部》據戴氏遺書本校刊。

7. 〔漢〕許慎撰：《說文解字眞本》，臺北：臺灣中華書局，1965 年《四部備要・經部》據大興朱氏依宋重刻本景印。

8. 〔魏〕何晏集解，〔宋〕邢昺疏：《論語注疏》，臺北：臺灣中華書局，1965 年《四部備要・經部》據阮刻本校刊。

9. 〔魏〕張揖撰，〔清〕王念孫疏：《廣雅疏證》，臺北：臺灣中華書局，1965 年《四部備要・經部》據家刻本校刊。

10. 〔晉〕杜預注，〔唐〕孔穎達等正義：《春秋左傳正義》，臺北：臺灣中華書局，1965 年《四部備要・經部》據阮刻本校刊。

11.〔晉〕郭璞注,〔宋〕邢昺等疏:《爾雅注疏》,臺北:臺灣中華書局,1965年《四部備要・經部》據阮刻本校刊。

12.〔梁〕顧野王撰,〔唐〕孫強增補:《大廣益會玉篇》,臺北:臺灣中華書局,1965年《四部備要・經部》據小學彙函本校刊。

13.〔唐〕陸德明撰:《經典釋文》,臺北:藝文印書館,1969年《百部叢書集成・抱經堂叢書第二函》據國立臺灣大學圖書館藏清乾隆中餘姚盧氏刊本影印。

14.〔明〕梅膺祚撰:《字彙》,上海:上海古籍出版社,1995年《續修四庫全書・經部(第二三二冊)》據華東師範大學圖書館藏明萬曆四十三年刻本影印。

15.〔明〕張自烈撰,〔清〕廖文英續:《正字通》,上海:上海古籍出版社,1995年《續修四庫全書・經部(第二三四冊)》據湖北省圖書館藏清康熙二十四年清畏堂刻本影印。

16.〔清〕段玉裁注:《說文解字段注》,臺北:臺灣中華書局,1965年《四部備要・經部》據經韻樓原刻本校刊。

17.〔清〕段玉裁注,〔清〕徐灝箋:《說文解字注箋》,臺北:廣文書局,1972年。

18.〔清〕王引之撰:《經傳釋詞》,臺北:臺灣商務印書館,1967年。

19.〔清〕江有誥撰:《古韻總論》,臺北:藝文印書館,1971年《叢書集成三編・學術叢編第四函》據倉聖明智大學刊本影印。

20.〔清〕朱駿聲撰:《說文通訓定聲》,臺北:藝文印書館,1975年。

21.〔清〕吳任臣撰:《字彙補》,上海:上海古籍出版社,1995年《續修四庫全書・經部(第二三三冊)》據清康熙五年彙賢齋刻本影印。

22. 韓席籌:《左傳分國集注》,香港:龍門書店,1966年。

(二)史 部

1.〔春秋〕左丘明撰,〔吳〕韋昭注:《國語》,臺北:臺灣中華書局,1965年《四部備要・史部》據士禮居黃氏重雕本校刊。

2.〔漢〕司馬遷撰,〔宋〕裴駰集解,〔唐〕司馬貞索隱,〔唐〕張守節正義:《史記》,臺北:臺灣中華書局,1965年《四部備要・史部》據武英殿本校刊。

3.〔漢〕劉向撰,〔宋〕曾鞏校:《說苑》,臺北:臺灣中華書局,1965年《四部備要・史部》據明刻本校刊。

4.〔漢〕高誘注:《戰國策》,臺北:臺灣中華書局,1965年《四部備要・史部》據士禮居黃氏覆剡川姚氏本校刊。

5.〔漢〕班固撰,〔唐〕顏師古注:《前漢書》,臺北:臺灣中華書局,1965

年《四部備要・史部》據武英殿本校刊。

6. 〔晉〕皇甫謐撰，〔清〕宋翔鳳集校：《帝王世紀》，上海：上海古籍出版社，1995 年《續修四庫全書・史部（第三○一冊）》據上海圖書館藏清光緒貴筑楊氏刻訓纂堂叢書本影印。

7. 〔宋〕范曄撰，〔梁〕劉昭補並注：《後漢書》，臺北：臺灣中華書局，1965年《四部備要・史部》據武英殿本校刊。

8. 〔宋〕歐陽修、宋祁同脩：《新唐書》，臺北：臺灣中華書局，1965 年《四部備要・史部》據武英殿本校刊。

9. 〔清〕孫星衍注：《晏子春秋》，臺北：臺灣中華書局，1965 年《四部備要・史部》據平津館本校刊。

10. 〔清〕田文鏡、王士俊等監修，〔清〕孫灝、顧棟高等編纂：《河南通志》，臺北：臺灣商務印書館，1983 年《景印文淵閣四庫全書・史部（第五三六冊）》據國立故宮博物院藏本影印。

11. 〔清〕王軒等纂修：《山西通志》，北京：中華書局，1990 年。

12. 〔清〕顧祖禹撰：《讀史方輿紀要》，上海：上海古籍出版社，1995年《續修四庫全書・史部（第六○四冊）》據上海圖書館藏稿本影印。

13. 〔清〕魏源撰：《海國圖志》，上海：上海古籍出版社，1995年《續修四庫全書・史部（第七四三冊）》據北京大學圖書館藏清光緒二年魏光燾平慶涇固道署刻本影印。

（三）子 部

1. 〔戰國〕韓非撰：《韓非子》，臺北：臺灣中華書局，1965年《四部備要・子部》據吳氏影宋乾道本校刊。

2. 〔秦〕呂不韋輯，〔漢〕高誘訓解：《呂氏春秋》，臺北：臺灣中華書局，1965 年《四部備要・子部》據畢氏靈巖山館校本校刊。

3. 〔漢〕王充撰，〔明〕程榮校：《論衡》，臺北：臺灣中華書局，1965 年《四部備要・子部》據明刻本校刊。

4. 〔晉〕王弼注：《集唐字老子道德經注》，臺北：藝文印書館，2001 年。

5. 〔晉〕郭象注，〔唐〕陸德明音義：《莊子》，臺北：臺灣中華書局，1965年《四部備要・子部》據明世德堂本校刊。

6. 〔唐〕楊倞注：《荀子》，臺北：臺灣中華書局，1965 年《四部備要・子部》據嘉善謝氏本校刊。

7. 〔唐〕房玄齡注：《管子》，臺北：臺灣中華書局，1965 年《四部備要・子部》據明吳郡趙氏本校刊。

8. 〔唐〕徐靈府注：《通玄眞經注》，臺北：世界書局，1980 年。

9. 〔宋〕釋延壽撰：《宗鏡錄》，上海：上海古籍出版社，2002 年《緒修四

庫全書・子部（第一二八三冊）》據高麗藏本影印。

10. 〔宋〕李昉等奉敕撰：《太平御覽》，臺北：臺灣商務印書館，1985 年《景印文淵閣四庫全書・子部（第八九六冊）》據國立故宮博物院藏本影印。

11. 〔宋〕朱熹註釋：《張子全書》，臺北：臺灣中華書局，1965 年《四部備要・子部》據高安朱氏藏書本校刊。

12. 〔宋〕杜道堅撰：《文子纘義》，臺北：臺灣中華書局，1965 年《四部備要・子部》據聚珍本校刊。

13. 〔清〕顧炎武著，〔清〕黃汝成集釋：《日知錄集釋》，臺北：臺灣中華書局，1965 年《四部備要・子部》據原刻本校刊。

14. 〔清〕王先謙撰：《荀子集解》，臺北：藝文印書館，1988 年。

15. 〔清〕俞樾撰：《諸子平議》，臺北：世界書局，1991 年。

（四）集　部

1. 〔宋〕王溥撰：《唐會要》，北京：中華書局，1985 年《叢書集成初編》據聚珍版叢書本排印。

2. 〔宋〕昭如、希陵等嗣法門人編：《雪巖祖欽禪師語錄》，臺北：新文豐出版公司，1992 年《卍續藏經（第一二二冊）》據藏經書院版影印。

3. 〔宋〕黎靖德編：《朱子語類》，臺北：文津出版社，1986 年。

4. 〔清〕全祖望撰：《鮚埼亭集》，上海：上海書店，1989 年《四部叢刊初編・集部》據姚江借樹山房刊本景印。

5. 〔清〕段玉裁撰：《經韻樓集》，上海：上海古籍出版社，2002 年《緒修四庫全書・集部（第一四三五冊）》據清嘉慶十九年刻本影印。

（五）無求備齋老子集成

1. 嚴靈峰輯校：《輯嚴遵老子注》，臺北：藝文印書館，1965 年《無求備齋老子集成初編（第一函）》據寫真活字本景印。

2. 〔唐〕傅奕校定：《道德經古本篇》，臺北：藝文印書館，1965 年《無求備齋老子集成初編（第二函）》據明刊正統道藏本景印。

3. 〔唐〕陸希聲撰：《道德真經傳》，臺北：藝文印書館，1965 年《無求備齋老子集成初編（第四函）》據清道光間錢熙祚刊指海本景印。

4. 〔宋〕葉夢得撰：《葉夢得老子解》，臺北：藝文印書館，1965 年《無求備齋老子集成初編（第五函）》據葉德輝輯刊長沙中國古書刊印社刊本景印。

5. 〔金〕寇才質撰：《道德真經四子古道集解》，臺北：藝文印書館，1965 年《無求備齋老子集成初編（第五函）》據清蔣元庭刊道藏輯要本景印。

6. 〔宋〕林希逸撰：《老子鬳齋口義》，臺北：藝文印書館，1965 年《無求

備齋老子集成初編（第六函）》據宋刊本景印。

7. 〔宋〕范應元撰：《老子道德經古本集註》，臺北：藝文印書館，1965 年《無求備齋老子集成初編（第七函）》據上海涵芬樓續古逸叢書景宋本景印。

8. 〔元〕吳澄撰：《道德眞經註》，臺北：藝文印書館，1965 年《無求備齋老子集成初編（第八函）》據明刊正統道藏本景印。

9. 〔清〕張爾岐撰：《老子說略》，臺北：藝文印書館，1966 年《無求備齋老子集成續編（第二函）》據嘉慶十三年小蓬萊館刊本景印。

10. 〔清〕畢沅撰：《老子道德經考異》，臺北：藝文印書館，1966 年《無求備齋老子集成續編（第四函）》據乾隆四十八年「經訓堂叢書」刊本景印。

11. 〔清〕王念孫撰：《老子雜志》，臺北：藝文印書館，1966 年《無求備齋老子集成續編（第七函）》據道光十二年「讀案雜志餘編」刊本景印。

12. 〔清〕魏源撰：《老子本義》，臺北：藝文印書館，1966 年《無求備齋老子集成續編（第七函）》據光緒二十八年避舍蓋公堂刊本景印。

13. 〔清〕高延第撰：《老子證義》，臺北：藝文印書館，1966 年《無求備齋老子集成續編（第八函）》據光緒十二年涌翠山房刊本景印。

14. 〔清〕嚴復撰：《道德經評點》，臺北：藝文印書館，1966 年《無求備齋老子集成續編（第九函）》據光緒三十一年日本東京榎木邦信朱墨套印本景印。

15. 奚侗：《老子集解》，臺北：藝文印書館，1966 年《無求備齋老子集成續編（第十二函）》據民國十四年排印本景印。

16. 勞健：《老子古本考》，臺北：藝文印書館，1966 年《無求備齋老子集成續編（第十七函）》據民國三十年手稿景印本景印。

17. 錢基博：《老子道德經解題及其讀法》，臺北：成文出版社，1982 年《無求備齋老列莊三子集成補編（七）》據民國二十三年排印本景印。

18. 嚴靈峰：《馬王堆老子帛書試探》，臺北：成文出版社，1982 年《無求備齋老列莊三子集成補編（八）》據民國七十一年排印本景印。

（六）道德經名注選輯

1. 〔漢〕嚴遵撰，〔唐〕谷神子註：《道德眞經指歸》，臺北：中國子學名著集成編印基金會，1978 年《道德經名注選輯（一）》據明萬曆間胡震亨刊祕冊彙函本影印。

2. 舊題〔漢〕河上公章句：《纂圖互註老子道德經》，臺北：中國子學名著集成編印基金會，1978 年《道德經名注選輯（一）》據明初建刊六子本影印。

3. 〔吳〕葛玄造：《老子道德經》，臺北：中國子學名著集成編印基金會，1978

年《道德經名注選輯（一）》據上海涵芬樓借常熟瞿氏鐵琴銅劍樓藏宋刊本影印。

4. 〔唐〕玄宗注：《御註道德眞經》，臺北：中國子學名著集成編印基金會，1978年《道德經名注選輯（二）》據舊鈔本影印。

5. 〔宋〕蘇轍註，〔明〕凌以棟批點：《道德經註》，臺北：中國子學名著集成編印基金會，1978 年《道德經名注選輯（二）》據明吳興凌氏刊朱墨套印本影印。

6. 〔宋〕徽宗注：《御解道德眞經》，臺北：中國子學名著集成編印基金會，1978 年《道德經名注選輯（三）》據覆刊明正統道藏本影印。

7. 〔元〕何道全註：《太上老子道德經》，臺北：中國子學名著集成編印基金會，1978 年《道德經名注選輯（三）》據明初刊黑口本影印。

8. 〔明〕太祖註：《大明太祖高皇帝御解道德眞經》，臺北：中國子學名著集成編印基金會，1978 年《道德經名注選輯（四）》據明刊正統道藏本影印。

9. 〔明〕薛蕙撰：《老子集解》，臺北：中國子學名著集成編印基金會，1978 年《道德經名注選輯（四）》據明嘉靖間刊本影印。

10. 〔明〕釋德清撰：《憨山道德經解》，臺北：中國子學名著集成編印基金會，1978 年《道德經名注選輯（五）》據清光緒十二年金陵刻經處重鐫本影印。

11. 〔明〕焦竑撰：《老子翼》，臺北：中國子學名著集成編印基金會，1978 年《道德經名注選輯（六）》據明萬曆間原刻本影印。

12. 〔明〕陸西星疏：《老子玄覽》，臺北：中國子學名著集成編印基金會，1978 年《道德經名注選輯（六）》據覆刊道藏精華方壺外史叢編本影印。

13. 〔清〕世祖註：《御註道德經》，臺北：中國子學名著集成編印基金會，1978 年《道德經名注選輯（七）》據清順治十三年內府刊本影印。

14. 〔清〕宋常星撰：《道德經講義》，臺北：中國子學名著集成編印基金會，1978 年《道德經名注選輯（七）》據道藏精華覆清康熙間原刻本影印。

（七）正統道藏

1. 舊題〔唐〕玄宗撰：《唐玄宗御製道德眞經疏》，臺北：新文豐出版股份有限公司，1995 年《正統道藏・洞神部（第十九冊）》據中央研究院存民初縮印孤本翻印。

2. 〔唐〕杜光庭述：《道德眞經廣聖義》，臺北：新文豐出版股份有限公司，1995 年《正統道藏・洞神部（第二十四冊）》據中央研究院存民初縮印孤本翻印。

3. 〔宋〕杜道堅註：《道德玄經原旨》，臺北：新文豐出版股份有限公司，1995 年《正統道藏・洞神部（第二十一冊）》據中央研究院存民初縮印孤本翻

印。

4. 〔宋〕杜道堅註:《玄經原旨發揮》,臺北:新文豐出版股份有限公司,1995
年《正統道藏・洞神部（第二十一冊）》據中央研究院存民初縮印孤本翻
印。

5. 〔宋〕杜道堅纂:《通玄眞經纘義》,臺北:新文豐出版股份有限公司,1995
年《正統道藏・洞神部（第二十八冊）》據中央研究院存民初縮印孤本翻
印。

6. 〔宋〕陳景元纂:《道德眞經藏室纂微篇》,臺北:新文豐出版股份有限公
司,1995 年《正統道藏・洞神部（第二十三冊）》據中央研究院存民初
縮印孤本翻印。

7. 〔宋〕薛致玄述:《道德眞經藏室纂微開題科文疏》,臺北:新文豐出版股
份有限公司,1995 年《正統道藏・洞神部（第二十三冊）》據中央研究
院存民初縮印孤本翻印。

（八）出土文獻

1. 《簡帛書法選》編輯組編:《郭店楚墓竹簡（老子甲、乙、丙）》,北京:
文物出版社,2002 年。

2. 《簡帛書法選》編輯組編:《郭店楚墓竹簡（太一生水、魯穆公問子思）》,
北京:文物出版社,2002 年。

3. 高明:《帛書老子校注》,北京:中華書局,2004 年。

二、專　著

1. 〔錫蘭〕L・A・貝克（Beck L. Adams）著,趙增越譯:《東方哲學簡史》,
北京:中國友誼出版公司,2006 年。

2. 丁四新:《郭店楚墓竹簡思想研究》,北京:東方出版社,2000 年。

3. 丁原植:《郭店竹簡老子釋析與研究（增修版）》,臺北:萬卷樓圖書有限
公司,1999 年。

4. 丁原植:《〈文子〉資料探索》,臺北:萬卷樓圖書有限公司,1999 年。

5. 〔日〕大濱晧著,李君奭譯:《老子的哲學》,彰化:專心企業有限公司,
1974 年。

6. 〔法〕丹納（Hippolyte-Adolphe Taine）著,傅雷譯:《藝術哲學》,合肥:
安徽文藝出版社,1992 年。

7. 尹志華:《北宋〈老子〉注研究》,成都:巴蜀書社,2004 年。

8. 尹振環:《楚簡老子辨析 —— 楚簡與帛書〈老子〉的比較研究》,北京:
中華書局,2001 年。

9. 尹國興:《老子秘語》,濟南:齊魯書社,2006 年。

10. 公木、邵漢明：《道家哲學》，長春：長春出版社，2007 年。

11. 方東美：《原始儒家道家哲學》，臺北：黎明文化事業股份有限公司，1987 年。

12. 王力：《詩經韻讀》，上海：上海古籍出版社，1980 年。

13. 王力：《老子研究》，上海：上海書店，1992 年。

14. 王明：《道家和道教思想研究》，北京：中國社會科學出版社，1990 年。

15. 王淮：《老子探義》，臺北：臺灣商務印書館，2001 年。

16. 王煜：《老莊思想論集》，臺北：聯經出版事業股份有限公司，1993 年。

17. 王博：《老子思想的史官特色》，臺北：文津出版社，1993 年。

18. 王中江：《道家形而上學》，上海：上海文化出版社，2001 年。

19. 王中江：《視欲變化中的中國人文與思想世界》，鄭州：中州古籍出版社，2005 年。

20. 王更生：《晏子春秋今註今譯》，臺北：臺灣商務印書館，1987 年。

21. 王叔岷：《古籍虛字廣義》，臺北：華正書局，1990 年。

22. 王長華：《春秋戰國士人與政治》，上海：上海人民出版社，1997 年。

23. 王國維：《觀堂集林》，臺北：河洛圖書出版社，1975 年。

24. 王樹人：《回歸原創之思——「象思維」視野下的中國智慧》，南京：江蘇人民出版社，2005 年。

25. 王葆玹：《老莊學新探》，上海：上海文化出版社，2002 年。

26. 王建疆：《澹然無極——老莊人生境界的審美生成》，北京：人民出版社，2006 年。

27. 王慶節：《解釋學、海德格爾與儒道今釋》，北京：中國人民大學出版社，2004 年。

28. 王邦雄：《儒道之間》，臺北：漢光文化事業股份有限公司，1987 年。

29. 王邦雄：《韓非子的哲學》，臺北：東大圖書股份有限公司，1993 年。

30. 王邦雄：《老子的哲學》，臺北：東大圖書股份有限公司，1999 年。

31. 王邦雄、岑溢成、楊祖漢、高柏園：《中國哲學史》，臺北：國立空中大學，2002 年。

32. 〔德〕卡爾・雅斯貝斯（Karl Jaspers）著，魏楚雄、俞新天譯：《歷史的起源與目標》，北京：華夏出版社，1989 年。

33. 〔美〕本傑明・史華茲（Benjamin I. Schwartz）著，程鋼譯，劉東校：《古代中國的思想世界》，南京：江蘇人民出版社，2004 年。

34. 古棣、周英：《老子通》，高雄：麗文文化事業股份有限公司，1995 年。

35. 田雲剛、張元潔：《老子人本思想研究》，北京：中國社會科學出版社，

2005 年。

36. 伍至學：《老子反名言論》，臺北：唐山出版社，2002 年。

37. 任繼愈：《老子繹讀》，北京：北京圖書館出版社，2006 年。

38. 任繼愈主編：《中國哲學發展史（先秦）》，北京：人民出版社，1983 年。

39. 任繼愈主編：《中國哲學發展史（秦漢）》，北京：人民出版社，1985 年。

40. 光復書局編輯部編：《中國地理大百科（五）—— 山東・河南》，臺北：光復書局企業股份有限公司，1997 年。

41. 〔日〕宇野精一主編，邱棨鐊譯：《中國思想（二）—— 道家與道教》，臺北：幼獅文化事業公司，1987 年。

42. 〔美〕安樂哲（Roger T. Ames）、郝大維（David L. Hall）著，何金俐譯：《道不遠人——比較哲學視域中的〈老子〉》，北京：學苑出版社，2004 年。

43. 〔美〕安樂哲（Roger T. Ames）著，彭國翔編譯：《自我的圓成—— 中西互鏡下的古典儒學與道家》，石家莊：河北人民出版社，2006 年。

44. 〔美〕休斯頓・史密士（Huston Smith）著，劉安雲譯，劉述先校訂：《人的宗教》，臺北：立緒文化事業有限公司，2006 年。

45. 安繼民、高秀昌、王守國：《道家雙峰—— 老莊思想合論》，開封：河南大學出版社，2001 年。

46. 朱哲：《先秦道家哲學研究》，上海：上海人民出版社，2000 年。

47. 朱心怡：《天之道與人之道—— 郭店楚簡儒、道思想研究》，臺北：文津出版社，2004 年。

48. 朱康有：《老子》，香港：中華書局，2000 年。

49. 朱謙之：《老子校釋》，臺北：華正書局，1986 年。

50. 朱維煥：《老子道德經闡釋》，臺北：臺灣學生書局，2001 年。

51. 朱維煥：《歷代聖哲所講論之心學述要》，臺北：臺灣學生書局，2001 年。

52. 牟宗三：《中國哲學的特質》，臺北：臺灣學生書局，1998 年。

53. 牟宗三：《中國哲學十九講—— 中國哲學之簡述及其所涵蘊之問題》，臺北：臺灣學生書局，1999 年。

54. 牟宗三：《政道與治道》，臺北：聯經出版事業股份有限公司，2003 年。

55. 牟宗三主講，蔡仁厚輯錄：《人文講習錄》，臺北：聯經出版事業股份有限公司，2003 年。

56. 〔美〕艾蘭（Sarah Allan）著，張海晏譯：《水之道與德之喻—— 中國早期哲學思想的本喻》，上海：上海人民出版社，2002 年。

57. 〔美〕艾蘭（Sarah Allan）、〔英〕魏克彬（Crispin Williams）原編，邢文編譯：《郭店老子—— 東西方學者的對話》，北京：學苑出版社，2003

年。

58. 吳怡：《新譯老子解義》，臺北：三民書局，2005 年。

59. 何新：《何新考古新論——聖與雄》，北京：金城出版社，2004 年。

60. 何炳棣：《黃土與中國農業之起源》，香港：香港中文大學，1969 年。

61. 何澤恆：《先秦儒道舊義新知錄》，臺北：大安出版社，2004 年。

62. 余英時：《歷史與思想》，臺北：聯經出版事業股份有限公司，1990 年。

63. 余英時：《中國思想傳統的現代詮釋》，南京：江蘇人民出版社，1995 年。

64. 余培林：《新譯老子讀本》，臺北：三民書局，2002 年。

65. 沙少海、徐子宏譯注：《老子》，臺北：臺灣古籍出版有限公司，2005 年。

66. 呂錫琛：《道家、道教與中國古代政治》，長沙：湖南人民出版社，2002 年。

67. 李勉：《管子今註今譯》，臺北：臺灣商務印書館，1988 年。

68. 李水海：《老子〈道德經〉楚語考論》，西安：陝西人民教育出版社，1990 年。

69. 李先耕：《老子今析》，北京：中國社會科學出版社，2002 年。

70. 李孺義：《「無」的意義——樸心玄覽中的道體論形而上學》，北京：人民文學出版社，1999 年。

71. 李若暉：《郭店竹書〈老子〉論考》，濟南：齊魯書社，2004 年。

72. 李天鳴：《中國疆域的變遷》，臺北：國立故宮博物院，1997 年。

73. 李永熾：《歷史中國（錦繡系列·中國全集二）》，臺北：錦繡出版社，1982 年。

74. 李玉潔：《楚國史》，開封：河南大學出版社，2002 年。

75. 李維武：《徐復觀學術思想評傳》，北京：北京圖書館出版社，2001 年。

76. 李澤厚：《中國古代思想史論》，臺北：三民書局，2000 年。

77. 李煥明編：《方東美先生哲學嘉言》，臺北：文史哲出版社，1992 年。

78. 李定生、徐慧君校釋：《文子校釋》，上海：上海古籍出版社，2004 年。

79. 〔英〕李約瑟（Joseph Needham）著，程滄波譯，南懷瑾校：《中國之科學與文明（第二冊）——中國科學思想史（上）》，臺北：臺灣商務印書館，1985 年。

80. 杜保瑞：《反者道之動》，臺北：鴻泰圖書公司，1995 年。

81. 沈善增：《還吾老子》，上海：上海人民出版社，2004 年。

82. 沈善增：《老子還真注釋》，上海：上海人民出版社，2005 年。

83. 沈善增：《老子走近青年》，上海：上海人民出版社，2007 年。

84. 汪治平：《佁畢居論文集》，臺北：四章堂文化事業有限公司，2006 年。

85. 周山：《中國學術思潮史（卷一——子學思潮）》，上海：上海社會科學院出版社，2006 年。

86. 周與沉：《身體：思想與修行——以中國經典爲中心的跨文化觀照》，北京：中國社會科學出版社，2005 年。

87. 林尹：《中國學術思想大綱》，臺北：臺灣商務印書館，1995 年。

88. 林語堂：《老子的智慧》，臺北：正中書局，2000 年。

89. 邱德修：《上博楚簡（一）（二）字詞解詁》，臺北：臺灣古籍出版有限公司，2005 年。

90. 金兌勇：《杜光庭〈道德眞經廣聖義〉的道教哲學研究》，成都：巴蜀書社，2005 年。

91. 金德建：《先秦諸子雜考》，河南：中州書畫社，1982 年。

92.〔日〕武內義雄：《武內義雄全集（第六卷——諸子篇一）》，東京：角川書店，1978 年。

93.〔澳〕柳存仁：《和風堂文集》，上海：上海古籍出版社，1991 年。

94. 紀敦詩：《老子正解（修訂本）》，臺北：臺灣商務印書館，1971 年。

95. 侯才：《郭店楚墓竹簡〈老子〉校讀》，大連：大連出版社，1999 年。

96. 胡適：《中國古代哲學史》，臺北：臺灣商務印書館，1982 年。

97. 胡適：《戴東原的哲學》，臺北：遠流出版事業股份有限公司，1988 年。

98. 胡適：《中國哲學史大綱》，北京：東方出版社，1996 年。

99. 胡道靜主編：《十家論老》，上海：上海人民出版社，2006 年。

100. 胡兆量、阿爾斯朗、瓊達等：《中國文化地理概述》，北京：北京大學出版社，2001 年。

101. 南懷瑾：《禪與道概論》，臺北：考古文化事業有限公司，2003 年。

102. 唐君毅：《中國哲學原論（導論篇）》，臺北：臺灣學生書局，1986 年。

103. 唐君毅：《中國哲學原論（原道篇卷一）》，臺北：臺灣學生書局，1986 年。

104.〔美〕唐納德‧J‧蒙羅（Donald J. Munro）著，莊國雄、陶黎銘譯：《早期中國「人」的觀念》，上海：上海古籍出版社，1994 年。

105. 孫以楷：《老子通論》，合肥：安徽大學出版社，2004 年。

106. 孫以楷、陸建華、劉慕方：《道家與中國哲學（先秦卷）》，北京：人民出版社，2004 年。

107. 孫思昉：《老子政治思想概論》，上海：上海商務印書館，1933 年。

108. 孫詒讓：《契文舉例》，北京：北京圖書館出版社，2000 年。

109. 徐志鈞：《老子帛書校注》，上海：學林出版社，2002 年。

110. 徐富昌：《睡虎地秦簡研究》，臺北：文史哲出版社，1993 年。

111. 徐復觀：《徐復觀文錄選粹》，臺北：臺灣學生書局，1980 年。

112. 徐復觀：《中國人性論史（先秦篇）》，臺北：臺灣商務印書館，1994 年。

113. 徐志摩等：《名家談人生》，臺北：牧村圖書有限公司，2003 年。

114. 徐仁甫編著，舟友僑校訂：《廣釋詞》，成都：四川人民出版社，1982 年。

115. 荊門市博物館編：《郭店楚墓竹簡》，北京：文物出版社，1998 年。

116. 袁保新：《老子哲學之詮釋與重建》，臺北：文津出版社，1997 年。

117. 〔美〕郝大維（David L. Hall）、安樂哲（Roger T. Ames）著，施忠連譯：《漢哲學思維的文化探源》，南京：江蘇人民出版社，1999 年。

118. 〔德〕馬丁‧海德格爾（Martin Heidegger）著，陳嘉映、王慶節合譯，熊偉校：《存在與時間》，北京：三聯書店，1987 年。

119. 〔德〕馬克斯‧韋伯（Max Weber）著，洪天富譯：《儒教與道教》，南京：江蘇人民出版社，2005 年。

120. 馬持盈：《詩經今註今譯》，臺北：臺灣商務印書館，1998 年。

121. 馬敘倫：《老子校詁》，香港：太平書局，1973 年。

122. 高亨：《老子正詁》，臺北：臺灣開明書店，1996 年。

123. 高明：《帛書老子校注》，北京：中華書局，2004 年。

124. 高敏：《睡虎地秦簡初探》，臺北：萬卷樓圖書有限公司，2000 年。

125. 高專誠：《御注老子》，太原：山西古籍出版社，2003 年。

126. 党聖元：《老子評注》，香港：三聯書店，2007 年。

127. 涂又光：《楚國哲學史》，武漢：湖北教育出版社，1995 年。

128. 莊萬壽：《道家史論》，臺北：萬卷樓圖書有限公司，2000 年。

129. 商承祚：《說文中之古文考》，臺北：學海出版社，1979 年。

130. 商原李剛：《道治與自由》，北京：社會科學文獻出版社，2005 年。

131. 國家文物局古文獻研究室編：《馬王堆漢墓帛書》，北京：文物出版社，1980 年。

132. 崔仁義：《荊門郭店楚簡〈老子〉研究》，北京：科學出版社，1998 年。

133. 崔永東主編：《思想家的治國之道》，北京：中國政法大學出版社，2007 年。

134. 張正明：《楚文化史》，臺北：南天書局有限公司，1990 年。

135. 張吉良：《老聃〈老子〉太史儋〈道德經〉》，濟南：齊魯書社，2001 年。

136. 張成權：《道家與中國哲學（隋唐五代）》，北京：人民出版社，2004 年。

137. 張松如：《老子說解》，濟南：齊魯書社，2007 年。
138. 張松輝：《老子研究》，北京：人民出版社，2006 年。
139. 張揚明：《老子考證》，臺北：黎明文化事業股份有限公司，1985 年。
140. 張揚明：《老子學術思想》，臺北：黎明文化事業股份有限公司，1991 年。
141. 張揚明：《老學驗證》，臺北：新文豐出版股份有限公司，1994 年。
142. 張舜徽：《周秦道論發微》，臺北：木鐸出版社，1983 年。
143. 張默生：《老子新釋》，臺南：大夏出版社，1990 年。
144. 張麗珠：《清代義理學新貌》，臺北：里仁書局，2002 年。
145. 張麗珠：《清代新義理學——傳統與現代的交會》，臺北：里仁書局，2003 年。
146. 張麗珠：《清代的義理學轉型》，臺北：里仁書局，2006 年。
147. 張鶴泉：《周代祭祀研究》，臺北：文津出版社，1993 年。
148. 張豔豔：《先秦儒道身體觀與其美學意義考察》，上海：上海古籍出版社，2007 年。
149. 張起鈞：《老子研究》，臺北：中華叢書委員會，1958 年。
150. 張起鈞、吳怡：《中國哲學史話》，臺北：東大圖書股份有限公司，2003 年。
151. 張純、王曉波：《韓非思想的歷史研究》，北京：中華書局，1986 年。
152. 梁啟超：《中國近三百年學術史——「清代學術概論」合刊》，臺北：里仁書局，2005 年。
153. 許建良：《先秦道家的道德世界》，北京：中國社會科學出版社，2006 年。
154. 許倬雲：《求古篇》，臺北：聯經出版事業股份有限公司，2003 年。
155. 許進雄：《簡明中國文字學》，臺北：學海出版社，2000 年。
156. 許結、許永璋：《老子詩學宇宙》，合肥：黃山書社，1992 年。
157. 郭沂：《郭店竹簡與先秦學術思想》，上海：上海教育出版社，2002 年。
158. 郭鶴鳴：《老子思想發微》，臺北：文史哲出版社，1999 年。
159. 郭震唐總編輯：《放眼中國（三）——神州中原》，臺北：錦繡出版社有限公司，1988 年。
160. 陳大齊：《荀子學說》，臺北：中國文化大學出版部，1988 年。
161. 陳奇猷：《呂氏春秋校釋》，臺北：華正書局，1988 年。
162. 陳明光：《中國古代納稅與應役》，臺北：臺灣商務印書館，1999 年。
163. 陳夢家：《殷虛卜辭綜述》，臺北：大通書局，1971 年。
164. 陳榮波：《哲學、語言與管理》，桃園：繼福堂出版社，2001 年。

165. 陳榮捷：《中國哲學論集》，臺北：中央研究院中國文哲研究所，1994 年。

166. 陳廣忠：《兩淮文化》，瀋陽：遼寧教育出版社，1995 年。

167. 陳廣忠：《中國道家新論》，合肥：黃山書社，2001 年。

168. 陳德和：《道家思想的哲學詮釋》，臺北：里仁書局，2005 年。

169. 陳錫勇：《老子校正》，臺北：里仁書局，2003 年。

170. 陳錫勇：《郭店楚簡老子論證》，臺北：里仁書局，2005 年。

171. 陳錫勇：《老子釋義》，臺北：國家出版社，2006 年。

172. 陳麗桂：《秦漢時期的黃老思想》，臺北：文津出版社，1997 年。

173. 陳鼓應：《老莊新論》，臺北：五南圖書出版有限公司，1995 年。

174. 陳鼓應：《老子今註今譯及評介（三次修訂本）》，臺北：臺灣商務印書館，2000 年。

175. 陳鼓應：《黃帝四經今註今譯——馬王堆漢墓出土帛書》，臺北：臺灣商務印書館，2001 年。

176. 陳鼓應：《老莊新論（修訂版）》，臺北：五南圖書出版股份有限公司，2006 年。

177. 陳鼓應主編：《道家文化研究（第十九輯——「玄學與重玄學」專號）》，北京：三聯書店，2002 年。

178. 陳鼓應、白奚：《老子評傳》，南京：南京大學出版社，2001 年。

179. 陸永品：《老莊研究》，鄭州：中州古籍出版社，1984 年。

180. 陸玉林：《中國學術通史（先秦卷)》，北京：人民出版社，2004 年。

181. 陶建國：《兩漢魏晉之道家思想》，臺北：文津出版社，1990 年。

182. 章太炎：《訄書（重訂本)》，上海：上海人民出版社，1984 年。

183. 傅佩榮：《傅佩榮解讀老子》，臺北：立緒文化事業有限公司，2004 年。

184. 傅武光：《孔孟老莊思想的平等精神》，臺北：文津出版社，1990 年。

185. 傅偉勳：《從創造性的詮釋學到大乘佛學》，臺北：東大圖書股份有限公司，1990 年。

186. 勞思光：《新編中國哲學史》，臺北：三民書局，2001 年。

187. 嵇哲：《先秦諸子學》，臺北：洪氏出版社，1982 年。

188. 曾爲惠：《老子中庸思想》，臺北：文史哲出版社，1990 年。

189. 曾爲惠：《老子辯難》，高雄：高雄文化出版社，1995 年。

190. 〔英〕湯恩比（Arnold Toynbee）著，陳曉林譯：《歷史研究》，臺北：桂冠圖書有限公司，1979 年。

191. 程南洲：《倫敦所藏敦煌老子寫本殘卷研究》，臺北：文津出版社，1985 年。

192. 程維榮：《道家與中國法文化》，上海：上海交通大學出版社，2001 年。

193. 〔意〕賀榮一：《道德經註譯與析解》，臺北：五南圖書出版公司，1985年。

194. 〔意〕賀榮一：《老子之道治主義》，臺北：五南圖書出版有限公司，1988年。

195. 馮天瑜：《中華元典精神》，上海：上海人民出版社，1994 年。

196. 馮達甫：《老子譯注》，臺北：書林出版有限公司，1999 年。

197. 馮友蘭：《中國哲學史新編》，臺北：藍燈文化事業股份有限公司，1991年。

198. 馮友蘭著，涂又光譯：《中國哲學簡史》，北京：北京大學出版社，1996年。

199. 黃釗：《帛書老子校注析》，臺北：臺灣學生書局，1991 年。

200. 彭浩：《郭店楚簡〈老子〉校讀》，武漢：湖北人民出版社，2000 年。

201. 黃登山：《老子釋義（三修版）》，臺北：臺灣學生書局，1999 年。

202. 楊釗：《先秦諸子與古史散論》，北京：北京師範大學出版社，2003 年。

203. 楊汝舟：《道學化成》，臺北：老莊學會基金會，2000 年。

204. 楊儒賓：《先秦道家「道」的觀念的發展》，臺北：國立臺灣大學出版委員會，1987 年。

205. 楊鴻儒：《無為自化——重讀老子》，成都：四川人民出版社，1997 年。

206. 楊家駱：《老子新考述略》，臺北：世界書局，1967 年。

207. 楊家駱主編：《呂氏春秋集釋等五書》，臺北：鼎文書局，1984 年。

208. 葛兆光：《中國思想史（第一卷）》，上海：復旦大學出版社，2000 年。

209. 葛兆光：《中國思想史（第二卷）》，上海：復旦大學出版社，2003 年。

210. 葛剛岩：《〈文子〉成書及其思想》，成都：巴蜀書社，2005 年。

211. 葛連祥：《老子會通》，臺北：著者自發行，1968 年。

212. 〔英〕葛瑞漢（A.C.Graham）著，張海晏譯：《論道者——中國古代哲學論辨》，北京：中國社會科學出版社，2003 年。

213. 董恩林：《唐代〈老子〉詮釋文獻研究》，濟南：齊魯書社，2003 年。

214. 裘錫圭：《古代文史研究新探》，江蘇：江蘇古籍出版社，1992 年。

215. 裘錫圭：《中國出土古文獻十講》，上海：復旦大學出版社，2004 年。

216. 詹劍峰：《老子其人其書及其道論》，武漢：華中師範大學出版社，2006年。

217. 鄒安華：《楚簡與帛書老子》，北京：民族出版社，2000 年。

218. 鄔昆如：《中國政治思想史（全）》，臺北：華視文化事業股份有限公司，

1992 年。

219. 寧鎮疆：《〈老子〉「早期傳本」結構及其流變研究》，上海：學林出版社，
2006 年。

220. 廖名春：《新出楚簡試論》，臺北：臺灣古籍出版有限公司，2001 年。

221. 廖名春：《郭店楚簡老子校釋》，北京：清華大學出版社，2003 年。

222. 熊公哲：《荀子今註今譯》，臺北：臺灣商務印書館，1988 年。

223. 熊鐵基：《秦漢新道家》，上海：上海人民出版社，2001 年。

224. 熊鐵基、馬良懷、劉韶軍：《中國老學史》，福州：福建人民出版社，1997
年。

225. 熊鐵基、劉韶軍、劉筱紅、吳琦、劉固盛：《二十世紀中國老學》，福州：
福建人民出版社，2003 年。

226. 蒙文通：《古學甄微》，成都：巴蜀書社，1987 年。

227. 蒙文通：《道書輯校十種》，成都：巴蜀書社，2001 年。

228. 趙又春：《我讀〈老子〉》，長沙：岳麓書社，2006 年。

229. 趙世超：《周代國野關係研究》，臺北：文津出版社，1993 年。

230. 趙聞起：《天台經幢老子道德經真本釋解》，臺北：炎黃古道文化學會，
1994 年。

231. 趙雅麗：《〈文子〉思想及竹簡〈文子〉復原研究》，北京：北京燕山出版
社，2005 年。

232. 劉小龍：《老子原解》，北京：新星出版社，2006 年。

233. 劉固盛：《宋元老學研究》，成都：巴蜀書社，2001 年。

234. 劉信芳：《荊門郭店竹簡老子解詁》，臺北：藝文印書館，1999 年。

235. 劉笑敢：《莊子哲學及其演變》，北京：中國社會科學出版社，1988 年。

236. 劉笑敢：《老子——年代新考與思想新詮》，臺北：東大圖書股份有限公
司，1997 年。

237. 劉笑敢：《老子古今——五種對勘與析評引論》，北京：中國社會科學出
版社，2006 年。

238. 劉殿爵：《採掇英華——劉殿爵教授論著中譯集》，香港：香港中文大學，
2004 年。

239. 劉瑞符：《老子章句淺釋》，臺北：華欣文化事業中心，1986 年。

240. 劉榮賢：《莊子外雜篇研究》，臺北：聯經出版事業股份有限公司，2004
年。

241. 劉福增：《老子哲學新論》，臺北：東大圖書股份有限公司，1999 年。

242. 劉韶軍：《唐玄宗‧宋徽宗‧明太祖‧清世祖〈老子〉御批點評》，長沙：

湖南人民出版社，1997 年。

243. 劉韶軍：《日本現代老子研究》，福州：福建人民出版社，2006 年。

244. 劉雪飛主編：《二十世紀儒學研究大系 —— 現代新儒學研究》，北京：中華書局，2003 年。

245. 樓宇烈：《王弼集校釋》，臺北：華正書局，1992 年。

246. 蔣錫昌：《老子校詁》，臺北：東昇出版事業有限公司，1980 年。

247. 蔡明田：《老子的政治思想》，臺北：藝文印書館，1976 年。

248. 蔡璧名：《身體與自然 —— 以〈黃帝內經素問〉爲中心論古代思想傳統中的身體觀》，臺北：國立臺灣大學出版委員會，1997 年。

249. 鄭志明：《中國意識與宗教》，臺北：臺灣學生書局，1993 年。

250. 鄭志明：《宗教的醫療觀與生命教育》，臺北：大元書局，2004 年。

251. 鄭志明：《宗教的生命關懷》，臺北：大元書局，2006 年。

252. 鄭良樹：《老子新校》，臺北：臺灣學生書局，1997 年。

253. 鄭良樹：《諸子著作年代考》，北京：北京圖書館出版社，2001 年。

254. 鄭良樹：《百年漢學論集》，臺北：臺灣學生書局，2007 年。

255. 黎建球：《中國百位哲學家》，臺北：東大圖書股份有限公司，1984 年。

256. 鄧立光：《老子新詮 —— 無爲之治及其形上理則》，上海：上海古籍出版社，2007 年。

257. 翦伯贊：《先秦史》，北京：北京大學出版社，1990 年。

258. 盧育三：《老子釋義》，天津：天津古籍出版社，1987 年。

259. 盧國龍：《中國重玄學》，北京：人民中國出版社，1993 年。

260. 歷劫餘生：《老子研究與政治》，上海：中國圖書雜誌公司，1939 年。

261. 戴美芝：《老子學考》，臺北：花木蘭文化出版社，2006 年。

262. 薛明生：《先秦兩漢道家思維與實踐》，臺北：文津出版社，2007 年。

263. 蕭公權：《中國政治思想史》，臺北：聯經出版事業股份有限公司，1982 年。

264. 蕭天石主編：《道德經名注選輯（二）》，臺北：中國子學名著集成編印基金會，1978 年。

265. 蕭天石主編：《道德經名注選輯（四）》，臺北：中國子學名著集成編印基金會，1978 年。

266. 蕭兵、葉舒憲：《老子的文化解讀 —— 性與神話學之研究》，武漢：湖北人民出版社，1996 年。

267. 錢穆：《莊老通辨》，臺北：三民書局，1973 年。

268. 錢穆：《先秦諸子繫年》，臺北：東大圖書股份有限公司，1986 年。

269. 錢鍾書：《管錐編》，香港：太平圖書公司，1980 年。

270. 駢宇騫：《銀雀山竹簡〈晏子春秋〉校釋》，臺北：萬卷樓圖書有限公司，
2000 年。

271. 〔德〕鮑吾剛（Wolfgang Bauer）著，嚴蓓雯、韓雪臨、吳德祖譯：《中國
人的幸福觀》，南京：江蘇人民出版社，2004 年。

272. 謝揚舉：《道家哲學之研究——比較與環境哲學視界中的道家》，西安：
陝西人民出版社，2003 年。

273. 〔美〕韓祿伯（Robert G. Henricks）著，邢文改編，余瑾翻譯：《簡帛老子
研究》，北京：學苑出版社，2002 年。

274. 聶中慶：《郭店楚簡〈老子〉研究》，北京：中華書局，2004 年。

275. 魏元珪：《老子思想體系探索》，臺北：新文豐出版公司，1997 年。

276. 羅振玉：《殷虛書契考釋三種》，北京：中華書局，2006 年。

277. 羅義俊：《〈老子〉入門》，上海：上海古籍出版社，2006 年。

278. 嚴敏：《〈老子〉辨析及啟示》，成都：巴蜀書社，2003 年。

279. 嚴耕望：《嚴耕望史學論文選集》，臺北：聯經出版事業公司，1991 年。

280. 嚴靈峰：《老莊研究》，臺北：臺灣中華書局，1966 年。

281. 嚴靈峰：《無求備齋學術論集》，臺北：臺灣中華書局，1969 年。

282. 嚴靈峰：《老子達解》，臺北：華正書局，1987 年。

283. 嚴靈峰：《老子研讀須知》，臺北：正中書局，1992 年。

284. 嚴靈峰編著：《道家四子新編》，臺北：臺灣商務印書館，1977 年。

285. 饒宗頤：《老子想爾注校證》，上海：上海古籍出版社，1991 年。

286. 顧德融、朱順龍：《春秋史》，上海：上海人民出版社，2001 年。

三、學位論文

1. 吳賢俊：《〈老子〉的名言批判》，桃園：中央大學哲學研究所碩士論文，
袁保新教授指導，1996 年 1 月。

2. 李宗定：《老子「道」的詮釋與反思——從韓非、王弼注老之溯源考察》，
嘉義：中正大學中國文學研究所博士論文，林安梧、劉文起教授共同指
導，2002 年 7 月。

3. 李欣玲：《從〈詩經〉探析周代農業社會》，嘉義：中正大學中國文學研
究所碩士論文，莊雅州教授指導，2003 年 6 月。

4. 卓伯翰：《老子政治思想研究》，臺北：東吳大學中國文學研究所碩士論
文，黃錦鋐教授指導，2002 年 6 月。

5. 馬耘：《論老莊哲學中「道」之無限性與人之自主問題》，臺北：臺灣大

學哲學研究所博士論文,陳鼓應、陳榮華教授共同指導,2005 年 10 月。

6. 張仕帆:《陸希聲〈道德眞經傳〉研究》,臺北:東吳大學中國文學研究所碩士論文,劉文起教授指導,2005 年 7 月。

7. 楊愛雅:《從對比修辭看〈老子〉的語言意涵》,彰化:彰化師範大學國語文教學碩士班碩士論文,周益忠教授指導,2002 年 8 月。

8. 蔡僑宗:《明太祖〈御製道德眞經〉之研究》,嘉義:中正大學中國文學研究所碩士論文,劉文起教授指導,2001 年 6 月。

四、工具書

1. 文史哲出版社編輯部編:《漢語古文字字形表》,臺北:文史哲出版社,1988 年。

2. 韋政通主編:《中國哲學辭典大全》,臺北:水牛圖書出版事業有限公司,1997 年。

3. 漢語大字典編輯委員會編:《漢語大字典》,臺北:建宏出版社,1998 年。

4. 嚴靈峰:《老列莊三子知見書目》,臺北:中華叢書編審委員會,1965 年。

五、單篇論文

（一）期刊論文

1. 丁亮:〈《老子》文本中的身體觀〉,《思與言——人文與社會科學雜誌》第 44 卷第 1 期,2006 年 3 月,頁 197〜246。

2. 尹振環:〈老子的重農與權謀〉,《中國文化月刊》第 174 期,1994 年 4 月,頁 32〜41。

3. 尹振環:〈埋沒千古的老子重農思想〉,《中州學刊》第 4 期,2002 年 7 月,頁 149〜151。

4. 尹振環:〈論《郭店竹簡老子》 —— 簡帛《老子》比較研究〉,《文獻》1999 年第 3 期,頁 4〜28。

5. 日知:〈墨子不知老子——《太平御覽》卷三二二「墨子曰」引書有誤〉,《古籍整理研究學刊》1992 年第 4 期,頁 4〜5。

6. 王三峽:〈竹簡《文子》新探〉,《孔子研究》2003 年第 2 期,頁 14〜23。

7. 王博:〈老子與夏族文化〉,《哲學研究》1989 年第 1 期,頁 43〜52。

8. 王劍:〈老子思想的陳楚地域文化淵源〉,《周口師範高等專科學校學報》第 18 卷第 1 期,2001 年 1 月,頁 95〜97。

9. 王繼學:〈論張爾岐的《老子說略》在老學史上的地位〉,《商丘師範學院學報》第 1 期,2006 年 2 月,頁 20〜22。

10. 付永聚：〈華夏族形成發展新論〉，《齊魯學刊》1995 年第 3 期，頁 43～48。

11. 牟宗三主講，盧雪崑記錄，楊祖漢校訂：〈老子《道德經》講演錄（一）〉，《鵝湖月刊》第 28 卷第 10 期，2003 年 4 月，頁 1～7。

12. 何澤恆：〈老子「寵辱若驚」章舊義新解〉，《國立臺灣大學文史哲學報》第 49 期，1998 年 12 月，頁 111～147。

13. 宋傑：〈春秋戰爭之地域分析與列國的爭霸方略（上）〉，《首都師範大學學報（社會科學版）》1999 年第 2 期，頁 1～6。

14. 宋傑：〈春秋戰爭之地域分析與列國的爭霸方略（下）〉，《首都師範大學學報（社會科學版）》1999 年第 3 期，頁 14～19。

15. 李玉潔：〈老子故里在鹿邑——兼駁老子故里渦陽說〉，《中州今古》1994 年第 1 期，頁 35～37。

16. 李娜：〈《老學典籍考——二千五百年來世界老學文獻總目》受到好評〉，《中州學刊》2005 年第 1 期，頁 191。

17. 杜正勝：〈形體、精氣與魂魄——中國傳統對「人」認識的形成〉，《新史學》第 2 卷第 3 期，1991 年 9 月，頁 1～66。

18. 沈爾安：〈韓非妙論「嗇神養生」〉，《健身科學》2005 年第 11 期，頁 27。

19. 定縣漢墓竹簡整理組：〈定縣 40 號漢墓出土竹簡簡介〉，《文物》1981 年第 8 期，頁 11～13。

20. 屈萬里：〈屈萬里先生手批老子〉，《中央研究院歷史語言研究所集刊》第 51 本第 4 分，1980 年 12 月，附載，頁 749～796。

21. 林文琪：〈論對於道的認識是一種身體化的認識——以《老子》、《管子》四篇為例的說明〉，《東吳哲學學報》第 12 期，2005 年 8 月，頁 63～98。

22. 林俊宏：〈《老子》政治思想的開展——從「道」的幾個概念談起〉，《政治科學論叢》第 10 期，1999 年 6 月，頁 171～194。

23. 金林：〈陸希聲的《道德真經傳》（一）〉，《中國道教》1999 年第 1 期，頁 28～32。

24. 施景鈐：〈治人事天莫若嗇——對張謇取號「嗇庵」之新解〉，《江蘇政協》2008 年第 5 期，頁 24～25。

25. 唐蘭：〈馬王堆出土《老子》乙本卷前古佚書的研究——兼論其與漢初儒法鬥爭的關係〉，《考古學報》1975 年第 1 期，頁 7～38。

26. 唐蘭：〈略論西周微史家族窖藏銅器群的重要意義——陝西扶風新出土墻盤銘文解釋〉，《文物》1978 年第 3 期，頁 19～24。

27. 唐蘭：〈論周昭王時代的青銅銘刻（上編）——昭王時代青銅器銘五十三篇的考釋〉，《古文字研究（第二輯）》，北京：中華書局，1981 年，頁 18～93。

28. 徐中舒：〈論堯舜禹禪讓與父系家族私有制的發生和發展〉，《四川大學學報（社會科學）》1958 年第 3、4 期合刊，頁 1～14。

29. 晁福林：〈論老子思想的歷史發展〉，《孔子研究》2002 年第 1 期，頁 21～35。

30. 馬義龍：〈陳國國都與墓地考〉，《周口師專學報》第 2 期，1996 年 6 月，頁 52～54。

31. 高柏園：〈論老子思想中的可持續性〉，《國立中央大學人文學報》第 29 期，2004 年 6 月，頁 49～68。

32. 高晨陽：〈郭店楚簡《老子》的真相及其與今本《老子》的關係——與郭沂先生商討〉，《中國哲學史》1999 年第 3 期，頁 77～81。

33. 商原李剛、梁燕成：〈古代道治思想的現代啟示——關於道家文化與西方文化比較的對話〉，《文化中國》2006 年第 1 期，頁 4～20。

34. 尉遲淦：〈從身體觀看老子政治哲學的當代意義〉，《鵝湖月刊》第 23 卷第 9 期，1998 年 3 月，頁 35～43。

35. 張全曉：〈治人事天莫若嗇——老子崇儉思想的現代解讀〉，《中國宗教》2007 年第 3 期，頁 64～66。

36. 張成秋：〈古書註釋發凡〉，《國立新竹教育大學語文學報》第 12 期，2005 年 12 月，頁 1～23。

37. 張素貞：〈韓非子解老篇的嗇惜之道〉，《中華文化復興月刊》1976 年第 3 期，頁 83～88。

38. 許宗興：〈「中國生命實踐哲學」的範疇論〉，《華梵人文學報》第 8 期，2007 年 1 月，頁 53～88。

39. 郭麗：〈房玄齡還是尹知章注釋了《管子》〉，《西南交通大學學報（社會科學版）》第 7 卷第 3 期，2006 年 6 月，頁 32～34。

40. 陳龍：〈以「嗇」治人事天——讀《老子·五十九章》〉，《玉溪師範學院學報》2008 年第 7 期，頁 9～14。

41. 陳代湘：〈老子「無為」思想另解〉，《湘潭大學學報（哲學社會科學版）》1996 年第 1 期，頁 34～36。

42. 陳信君：〈淺談老子「嗇」的妙用〉，《中國道教》2004 年第 4 期，頁 47～48。

43. 陳鼓應、白奚：〈孔老相會及其歷史意義〉，《南京大學學報（哲學·人文·社科版）》1998 年第 4 期，頁 28～32。

44. 陳廣忠：〈從簡、帛用韻比較論《老子》的作者——與郭沂商榷〉，《安徽大學學報》2000 年第 4 期，頁 1～8。

45. 陳德和：〈戰國老學的兩大主流——政治化老學與境界化老學〉，《鵝湖學誌》第 35 期，2005 年 12 月，頁 59～102。

46. 傅允生:〈春秋末期道家的重本抑末思想〉,《中共浙江省委黨校學報》2000
年第 5 期,頁 59～61。

47. 湖北省荊門市博物館:〈荊門郭店一號楚墓〉,《文物》1997 年第 7 期,頁
35～48。

48. 黃蝶紅:〈「治人事天莫若嗇」——析《七發》《子虛賦》《上林賦》的道
家思想〉,《玉林師專學報(哲學社會科學)》1995 年第 4 期,頁 52～55。

49. 葛兆光:〈眾妙之門——北極與太一、道、太極〉,《中國文化》第 3 期,
1990 年 2 月,頁 46～65。

50. 解光宇:〈郭店楚簡《老子》研究綜述〉,《學術界》1999 年第 5 期,頁
13～16。

51. 劉固盛:〈經典詮釋與老學研究〉,《洛陽師範學院學報》2006 年第 1 期,
頁 4～6。

52. 劉挺生:〈治人事天莫若嗇——《老子》治安思想探微〉,《合肥教育學
院學報》第 17 卷第 1 期,2000 年 2 月,頁 15～20。

53. 劉笑敢:〈「儒家不能以道家為忌」——試論牟宗三「以道釋儒」之詮釋
學意義〉,《國立中央大學文學院人文學報》第 24 期,2001 年 12 月,頁
339～369。

54. 劉殿爵:〈馬王堆漢墓帛書《老子》初探(上)〉,《明報月刊》第 17 卷第
8 期,1982 年 8 月,頁 11～17。

55. 劉殿爵:〈馬王堆漢墓帛書《老子》初探(下)〉,《明報月刊》第 17 卷第
9 期,1982 年 9 月,頁 35～40。

56. 劉榮賢:〈從郭店楚簡論《老子》書中段落與章節之問題〉,《中山人文學
報》第 10 期,2000 年 4 月,頁 1～26。

57. 鄭燦山:〈唐道士成玄英的重玄思想與道佛融通——以其老子疏為討論
核心〉,《臺北大學中文學報》創刊號,2006 年 7 月,頁 151～178。

58. 鄧立光:〈老聃職官新考〉,《鵝湖月刊》第 23 卷第 3 期,1997 年 6 月,
頁 37～42。

59. 羅勤:〈黎庶昌與《古逸叢書》芻議〉,《貴陽師專學報(社會科學版)》
1998 年第 1 期,頁 84～87。

60. 羅雙平:〈環境與人的心態〉,《中國人才》2001 年第 9 期,頁 56～57。

(二)論文集論文

1. 丁四新:〈論簡本與帛本、通行本《老子》的思想差異〉,《楚地出土簡帛
文獻思想研究(一)》,武漢:湖北教育出版社,2002 年,頁 152～171。

2. 〔日〕大西克也:〈「人之所畏,不可不畏」和「人之所畏,亦不可以不畏
人」——從語法的角度來評論郭店《老子》乙本 5 號簡的斷句和含意〉,

《第二屆儒道國際學術研討會——兩漢論文集》，臺北：國立臺灣師範大學，2005 年，頁 151～166。

3. 王卡：〈兩漢之際的儒學與老莊學〉，《道家文化研究（第八輯）》，上海：上海古籍出版社，1995 年，頁 267～276。

4. 王博：〈美國達慕思大學郭店《老子》國際學術討論會紀要〉，《道家文化研究（第十七輯——「郭店楚簡」專號）》，北京：三聯書店，1999 年，頁 1～12。

5. 王博：〈關於郭店楚墓竹簡《老子》的結構與性質——兼論其與通行本《老子》的關係〉，《道家文化研究（第十七輯——「郭店楚簡」專號）》，北京：三聯書店，1999 年，頁 149～166。

6. 王中江：〈道家哲學的現代理解——以嚴、章、梁、王、胡爲例〉，《道家文化研究（第十輯）》，上海：上海古籍出版社，1992 年，頁 373～389。

7. 王小盾：〈從生殖崇拜到祖先崇拜——漢文化發生過程中的一個重要環節〉，《中國文化源》，上海：百家出版社，1991 年，頁 141～175。

8. 王必勝、崔仁義：〈春秋《老子》及其作者——兼論郭店竹簡《老子》的命名〉，《郭店楚簡國際學術研討會論文集》，武漢：湖北人民出版社，2000 年，頁 506～514。

9.〔德〕卡爾‧雅斯貝爾斯（Karl Jaspers）作，陳愛政譯：〈老子〉，《德國思想家論中國》，南京：江蘇人民出版社，1995 年，頁 216～258。

10.〔意〕艾柯（Umberto Eco）著，王宇根譯：〈過度詮釋本文〉，《詮釋與過度詮釋》，紐約：牛津大學出版社，1995 年，頁 45～66。

11.〔韓〕吳相武：〈從早期《老子》注對「一」的解釋看漢魏老學的分歧〉，《詮釋與建構——湯一介先生 75 週年華誕暨從教 50 週年紀念文集》，北京：北京大學出版社，2001 年，頁 326～336。

12.〔日〕池田知久作，田人隆譯：〈中國思想史中「自然」的誕生〉，《中國的思維世界》，南京：江蘇人民出版社，2006 年，頁 10～45。

13.〔日〕李慶：〈明代的《老子》研究〉，《道家文化研究（第十五輯）》，北京：三聯書店，1999 年，頁 326～356。

14. 李零：〈郭店楚簡校讀記〉，《道家文化研究（第十七輯——「郭店楚簡」專號）》，北京：三聯書店，1999 年，頁 455～542。

15. 李若暉：〈郭店老子偶札〉，《郭店楚簡國際學術研討會論文集》，武漢：湖北人民出版社，2000 年，頁 519～523。

16. 李遠國：〈論宋代重玄學的三大特徵——以陳摶、陳景元爲中心〉，《道家文化研究（第十九輯——「玄學與重玄學」專號）》，北京：三聯書店，2002 年，頁 331～356。

17. 李學勤：〈孔孟之間與老莊之間〉，《「新出土文獻與先秦思想重構」國際

學術研討會會議論文集》，臺北：臺灣大學哲學系、中央研究院中國文哲研究所、輔仁大學文學院、東吳大學哲學系主辦，2005 年，頁 1-1～1-7。

18. 杜正勝：〈形體、精氣與魂魄——中國傳統對「人」認識的形成〉，《人觀、意義與社會》，臺北：中央研究院民族學研究所，1993 年，頁 27～88。

19. 周策縱：〈五四思潮對漢學的影響及其檢討〉，《漢學研究之回顧與前瞻（下冊）》，北京：中華書局，1995 年，頁 159～166。

20. 〔德〕阿斯特（Friedrich Ast）作，洪漢鼎譯：〈詮釋學〉，《詮釋學經典文選（上）》，臺北：桂冠圖書股份有限公司，2002 年，頁 1～22。

21. 〔馬來西亞〕胡興榮：〈李榮《老子注》的重玄思想〉，《道家文化研究（第十九輯——「玄學與重玄學」專號）》，北京：三聯書店，2002 年，頁 287～317。

22. 卿希泰、姜生：〈「天之道」與「人之道」——道家倫理的二元結構及對中國倫理的影響〉，《道家文化研究（第十六輯）》，北京：三聯書店，1999 年，頁 76～88。

23. 徐洪興：〈郭店竹簡《老子》三種——對《老子》一書研究的新的重大發現〉，《本世紀出土思想文獻與中國古典哲學研究論文集（下冊）》，臺北：輔仁大學出版社，1999 年，頁 395～408。

24. 徐富昌：〈典籍異文之鑑別與運用——以簡帛本與今本《老子》為例〉，《出土文獻研究方法論文集初集》，臺北：國立臺灣大學出版中心，2005 年，頁 99～188。

25. 唐明邦：〈竹簡《老子》與通行本《老子》比較研究〉，《郭店楚簡國際學術研討會論文集》，武漢：湖北人民出版社，2000 年，頁 429～435。

26. 夏春梅：〈論儒佛注老的老子哲學詮釋史觀〉，《第一次儒佛會通學術研討會論文集》，臺北：華梵大學哲學系，1997 年，頁 28～34。

27. 〔法〕泰納（Hippolyte-Adolphe Taine）：〈《英國文學史》序言〉，《西方文藝理論名著選編（中卷）》，北京：北京大學出版社，1994 年，頁 150～156。

28. 祝平次：〈從禮的觀點論先秦儒、道身體/主體觀念的差異〉，《中國古代思想中的氣論及身體觀》，臺北：巨流圖書公司，1993 年，頁 261～324。

29. 高明：〈讀郭店《老子》〉，《郭店老子——東西方學者的對話》，北京：學苑出版社，2003 年，頁 39～43。

30. 張煦：〈梁任公提訴《老子》時代一案判決書〉，《古史辨（四）》，上海：上海古籍出版社，1982 年，下編，頁 307～316。

31. 張壽林：〈老子《道德經》出於儒後考〉，《古史辨（四）》，上海：上海古籍出版社，1982 年，下編，頁 317～331。

32. 張松輝：〈老莊文化應屬中原文化〉,《道家與道教 —— 第二屆國際學術研討會論文集》,廣州：廣州人民出版社,2001 年,頁 203～211。

33. 張豐乾：〈關於郭店竹簡《老子》與今本《老子》的關係 —— 就教於郭沂先生〉,《三清青年學術論文集 (一)》,臺北：自由出版社,2005 年,頁 82～93。

34. 常金倉：〈《老子》的教育思想與先秦文化傳統〉,《道家道教教育研究》,北京：教育科學出版社,1997 年,頁 1～12。

35. 許抗生：〈簡論魏晉玄學是新道家〉,《道家文化研究 (第一輯)》,上海：上海古籍出版社,1992 年,頁 286～298。

36. 許抗生：〈初讀郭店竹簡《老子》〉,《郭店楚簡研究 (中國哲學第二十輯)》,瀋陽：遼寧教育出版社,1999 年,頁 93～102。

37. 陳蓮笙：〈以「嗇」治人事天〉,《和諧世界 以道相通 —— 國際道德經論壇論文集 (上)》,北京：宗教文化出版社,2007 年,頁 7～9。

38. 陳錫勇：〈《老子》「言」爲「政令」舉證〉,《慶祝陳伯元先生七秩華誕論文集》,臺北：洪葉文化事業有限公司,2004 年,頁 21～30。

39. 〔日〕麥谷邦夫：〈唐玄宗《道德眞經》注疏之撰述與其思想特徵〉,《道家文化研究 (第十五輯)》,北京：三聯書店,1999 年,頁 357～374。

40. 湯一介：〈論魏晉玄學到初唐重玄學〉,《道家文化研究 (第十九輯 ——「玄學與重玄學」專號)》,北京：三聯書店,2002 年,頁 1～22。

41. 程水金：〈郭店簡書《老子》的性質及其學術定位〉,《郭店楚簡國際學術研討會論文集》,武漢：湖北人民出版社,2000 年,頁 499～505。

42. 楊儒賓：〈支離與踐行 —— 論先秦思想裏的兩種身體觀〉,《中國古代思想中的氣論及身體觀》,臺北：巨流圖書公司,1993 年,頁 415～450。

43. 裘錫圭：〈郭店《老子》簡初探〉,《道家文化研究 (第十七輯 ——「郭店楚簡」專號)》,北京：三聯書店,1999 年,頁 25～63。

44. 裘錫圭：〈糾正我在郭店《老子》簡釋讀中的一個錯誤 —— 關於「絕僞棄詐」〉,《郭店楚簡國際學術研討會論文集》,武漢：湖北人民出版社,2000 年,頁 25～30。

45. 〔英〕雷敦龢 (Edmund Ryden)：〈郭店《老子》甲、乙、丙組校箋〉,《郭店老子 —— 東西方學者的對話》,北京：學苑出版社,2003 年,頁 197～269。

46. 趙建偉：〈郭店竹簡《老子》校釋〉,《道家文化研究 (第十七輯 ——「郭店楚簡」專號)》,北京：三聯書店,1999 年,頁 260～296。

47. 劉固盛：〈簡帛《老子》研究述要〉,《出土文獻探賾》,武漢：崇文書局,2005 年,頁 184～197。

48. 劉國勝：〈郭店《老子》札記〉,《郭店楚簡國際學術研討會論文集》,武

漢：湖北人民出版社，2000 年，頁 515～518。

49. 劉建國：〈老子時代通考〉，《哲學史論叢》，吉林：吉林人民出版社，1980
年，頁 84～111。

50. 劉笑敢：〈關於《老子》之雌性比喻的詮釋問題〉，《現象學與人文科學——
——現象學與道家哲學專輯》第 2 期，2005 年 12 月，頁 63～104。

51. 劉韶軍：〈郭店竹簡《老子》文本分析〉，《出土文獻探賾》，武漢：崇文
書局，2005 年，頁 147～162。

52. 蔡明田：〈論老子的善道〉，《第一次世界道學會議第四屆國際易學大會會
後論文集》，臺北：中華民國老莊學會，1988 年，頁 108～120。

53. 魏啓鵬：〈楚簡《老子》柬釋〉，《道家文化研究（第十七輯——「郭店
楚簡」專號)》，北京：三聯書店，1999 年，頁 208～259。

54. 龐樸：〈古墓新知——漫讀郭店楚簡〉，《郭店楚簡研究（中國哲學第二
十輯)》，瀋陽：遼寧教育出版社，1999 年，頁 7～12。

55. 龐樸：〈郢燕書說——郭店楚簡中山三器心旁文字試說〉，《郭店楚簡國
際學術研討會論文集》，武漢：湖北人民出版社，2000 年，頁 37～42。

56. 〔美〕羅浩（Harold D. Roth)：〈郭店《老子》對文研究的方法論問題〉，《郭
店老子——東西方學者的對話》，北京：學苑出版社，2003 年，頁 59～
80。

57. 羅檢秋：〈近代道家思想的新開展〉，《道家文化研究（第二十輯——「道
家思想在當代」專號)》，北京：三聯書店，2003 年，頁 10～28。

58. 譚戒甫：〈二老研究〉，《古史辨（六)》，上海：上海古籍出版社，1982
年，下編，頁 473～515。

（三）會議論文

1. 楊錦桑：〈老子「儉嗇」思想試析〉，「華梵大學哲學系 951 研究生論文發
表會」，2006 年 11 月 11 日。

六、網路資料

1. 丁原植主講，謝章義紀錄：〈「道家經典研讀會」第一次會議紀錄——老
子其人其書〉，主講於 2005 年 12 月 10 日，臺灣大學哲學系 201 研討室，
2007 年 6 月 14 日，取自：
http://homepage.ntu.edu.tw/~duhbauruei/5rso/congress/05daoread/2005dao.h
tm（「杜保瑞的中國哲學教室」網站）。

2. 全國哲學社會科學規劃辦公室：〈博通古今融貫中西的老學書目文獻——
《老學典籍考：二千五百年來世界老學文獻總目》成果簡介〉，發表於
2005 年 7 月 12 日，2007 年 6 月 7 日，取自：

http://www.npopss-cn.gov.cn/chgxj/zx/zxw16.htm(「全國哲學社會科學規劃辦公室」網站)。

3. 晉榮東:〈略論郭店楚簡的思想史意義及其限度〉,發表於 2003 年 6 月 15 日,2006 年 7 月 18 日,取自:
http://www.confucius2000.com/confucian/llgdcddsxsyyjqxd.htm (「Confucius2000」網站)。

附錄一：本文所據集唐本《老子》經文 [註1]

〈一章〉

道，可道，非常道；名，可名，非常名。無名，天地之始；有名，萬物之母。故常無，欲以觀其妙；常有，欲以觀其徼。此兩者，同出而異名，同謂之玄。玄之又玄，眾妙之門。

〈二章〉

天下皆知美之為美，斯惡已；皆知善之為善，斯不善已。故有無相生，難易相成，長短相較，高下相傾，音聲相和，前後相隨。是以聖人處無為之事，行不言之教。萬物作焉而不辭，生而不有，為而不恃，功成而弗居。夫唯弗居，是以不去。

〈三章〉

不尚賢，使民不爭；不貴難得之貨，使民不為盜；不見可欲，使民心不亂。是以聖人之治，虛其心，實其腹，弱其志，強其骨。常使民無知無欲。使夫知者不敢為也。為無為，則無不治。

〈四章〉

道沖，而用之或不盈。淵兮，似萬物之宗。挫其銳，解其紛，和其光，同其塵。湛兮，似或存。吾不知誰之子，象帝之先。

[註1] 集唐本《老子》經文依〔晉〕王弼注：《集唐字老子道德經注》（臺北：藝文印書館，2001年）。而對此集唐本《老子》原典所加新式標點，大致照陳鼓應先生所作〈老子校定文〉為主。詳見陳鼓應：〈老子校定文〉，《老子今註今譯及評介（三次修訂本）》（臺北：臺灣商務印書館，2000年），附錄三，頁407～438。又，本文曾有校正此集唐本《老子》之處，俱可詳見本文各章註腳，這裡則不做更動，以保留集唐本《老子》原貌。

〈五章〉

　　天地不仁，以萬物爲芻狗；聖人不仁，以百姓爲芻狗。天地之間，其猶橐籥乎？虛而不屈，動而愈出。多言數窮，不如守中。

〈六章〉

　　谷神不死，是謂玄牝。玄牝之門，是謂天地根。緜緜若存，用之不勤。

〈七章〉

　　天長地久。天地所以能長且久者，以其不自生，故能長生。是以聖人後其身而身先；外其身而身存。非以其無私邪？故能成其私。

〈八章〉

　　上善若水。水善利萬物而不爭，居眾人之所惡，故幾於道。居善地，心善淵，與善仁，言善信，正善治，事善能，動善時。夫唯不爭，故無尤。

〈九章〉

　　持而盈之，不如其已；揣而梲之，不可長保。金玉滿堂，莫之能守；富貴而驕，自遺其咎。功遂身退，天之道。

〈十章〉

　　載營魄抱一，能無離乎？專氣致柔，能嬰兒乎？滌除玄覽，能無疵乎？愛民治國，能無知乎？天門開闔，能爲雌乎？明白四達，能無爲乎？生之畜之。生而不有，爲而不恃，長而不宰，是謂玄德。

〈十一章〉

　　三十輻共一轂，當其無，有車之用。埏埴以爲器，當其無，有器之用。鑿戶牖以爲室，當其無，有室之用。故有之以爲利，無之以爲用。

〈十二章〉

　　五色令人目盲；五音令人耳聾；五味令人口爽；馳騁畋獵，令人心發狂；難得之貨，令人行妨。是以聖人爲腹不爲目，故去彼取此。

〈十三章〉

　　寵辱若驚，貴大患若身。何謂寵辱若驚？寵爲下，得之若驚，失之若驚，是謂寵辱若驚。何謂貴大患若身？吾所以有大患者，爲吾有身，及吾無身，吾有何患？故貴以身爲天下，若可寄天下；愛以身爲天下，若可託天下。

〈十四章〉

視之不見，名曰夷；聽之不聞，名曰希；搏之不得，名曰微。此三者不可致詰，故混而爲一。其上不皦，其下不昧。繩繩不可名，復歸於無物。是謂無狀之狀，無物之象，是謂惚恍。迎之不見其首，隨之不見其後。執古之道，以御今之有。能知古始，是謂道紀。

〈十五章〉

古之善爲士者，微妙玄通，深不可識。夫唯不可識，故強爲之容：豫兮若冬涉川；猶兮若畏四鄰；儼兮其若客；渙兮若冰之將釋；敦兮其若樸；曠兮其若谷；混兮其若濁。孰能濁以靜之徐清；孰能安以久動之徐生。保此道者，不欲盈。夫唯不盈，故能蔽不新成。

〈十六章〉

致虛極，守靜篤。萬物竝作，吾以觀復。夫物芸芸，各復歸其根。歸根曰靜，是謂復命。復命曰常，知常曰明。不知常，妄作，凶。知常容，容乃公，公乃王，王乃天，天乃道，道乃久，沒身不殆。

〈十七章〉

大上，下知有之；其次，親而譽之；其次，畏之；其次，侮之。信不足焉，有不信焉。悠兮其貴言。功成事遂，百姓皆謂：「我自然」。

〈十八章〉

大道廢，有仁義；智慧出，有大僞；六親不和，有孝慈；國家昏亂，有忠臣。

〈十九章〉

絕聖棄智，民利百倍；絕仁棄義，民復孝慈；絕巧棄利，盜賊無有。此三者以爲文，不足。故令有所屬：見素抱樸，少私寡欲。

〈二十章〉

絕學無憂。唯之與阿，相去幾何？善之與惡，相去若何？人之所畏，不可不畏。荒兮，其未央哉！眾人熙熙，如享太牢，如春登台。我獨泊兮，其未兆，如嬰兒之未孩。儽儽兮，若無所歸。眾人皆有餘，而我獨若遺。我愚人之心也哉！沌沌兮！俗人昭昭，我獨若昏。俗人察察，我獨悶悶。澹兮其若海，飂兮若無止。眾人皆有以，而我獨頑似鄙。我獨異於人，而貴食母。

〈二十一章〉

孔德之容，惟道是從。道之爲物，惟恍惟惚。惚兮恍兮，其中有象；恍

兮惚兮，其中有物；窈兮冥兮，其中有精；其精甚眞，其中有信。自古及今，其名不去，以閱眾甫。吾何以知眾甫之狀哉！以此。

〈二十二章〉

曲則全，枉則直，窪則盈，敝則新，少則得，多則惑。是以聖人抱一爲天下式。不自見，故明；不自是，故彰；不自伐，故有功；不自矜，故長。夫唯不爭，故天下莫能與之爭。古之所謂「曲則全」者，豈虛言哉！誠全而歸之。

〈二十三章〉

希言，自然。故飄風不終朝，驟雨不終日。孰爲此者？天地。天地尚不能久，而況於人乎！故從事於道者，道者同於道；德者，同於德；失者，同於失。同於道者，道亦樂得之；同於德者，德亦樂得之；同於失者，失亦樂得之。信不足焉，有不信焉。

〈二十四章〉

企者不立；跨者不行；自見者不明；自是者不彰；自伐者無功；自矜者不長。其在道也，曰：餘食贅行。物或惡之，故有道者不處。

〈二十五章〉

有物混成，先天地生。寂兮寥兮，獨立不改，周行而不殆，可以爲天下母。吾不知其名，字之曰道，強爲之名曰大。大曰逝，逝曰遠，遠曰反。故道大，天大，地大，王亦大。域中有四大，而王居其一焉。人法地，地法天，天法道，道法自然。

〈二十六章〉

重爲輕根，靜爲躁君。是以聖人終日行不離輜重。雖有榮觀，燕處超然。奈何萬乘之主，而以身輕天下？輕則失本，躁則失君。

〈二十七章〉

善行無轍迹；善言無瑕讁；善數不用籌策；善閉無關楗而不可開；善結無繩約而不可解。是以聖人常善救人，故無棄人；常善救物，故無棄物。是謂襲明。故善人者，不善人之師；不善人者，善人之資。不貴其師，不愛其資，雖智大迷，是謂要妙。

〈二十八章〉

知其雄，守其雌，爲天下谿。爲天下谿，常德不離，復歸於嬰兒。知其

白，守其黑，爲天下式。爲天下式，常德不忒，復歸於無極。知其榮，守其辱，爲天下谷。常德乃足，復歸於樸。樸散則爲器，聖人用之，則爲官長，故大制不割。

〈二十九章〉

　　將欲取天下而爲之，吾見其不得已。天下神器，不可爲也。爲者敗之，執者失之。故物或行或隨；或歔或吹；或強或羸；或挫或隳。是以聖人去甚、去奢、去泰。

〈三十章〉

　　以道佐人主者，不以兵強天下。其事好還。師之所處，荊棘生焉。大軍之後，必有凶年。善有果而已，不敢以取強。果而勿矜，果而勿伐，果而勿驕，果而不得已，果而勿強。物壯則老，是謂不道，不道早已。

〈三十一章〉

　　夫佳兵者，不祥之器。物或惡之，故有道者不處。君子居則貴左，用兵則貴右。兵者不祥之器，非君子之器，不得已而用之，恬淡爲上。勝而不美，而美之者，是樂殺人。夫樂殺人者，則不可以得志於天下矣。吉事尙左，凶事尙右。偏將軍居左，上將軍居右，言以喪禮處之。殺人之眾，以哀悲泣之，戰勝以喪禮處之。

〈三十二章〉

　　道常無名、樸。雖小，天下莫能臣也。侯王若能守之，萬物將自賓。天地相合，以降甘露，民莫之令而自均。始制有名，名亦既有，夫亦將知止，知止所以不殆。譬道之在天下，猶川谷之於江海。

〈三十三章〉

　　知人者智，自知者明。勝人者有力，自勝者強。知足者富。強行者有志。不失其所者久。死而不亡者壽。

〈三十四章〉

　　大道泛兮，其可左右。萬物恃之而生而不辭，功成不名有。衣養萬物而不爲主，常無欲，可名於小；萬物歸焉而不爲主，可名爲大。以其終不自爲大，故能成其大。

〈三十五章〉

　　執大象，天下往。往而不害，安平太。樂與餌，過客止。道之出口，淡

乎其無味，視之不足見，聽之不足聞，用之不可既。

〈三十六章〉

　　將欲歙之，必固張之；將欲弱之，必固強之；將欲廢之，必固興之；將欲奪之，必固與之。是謂微明。柔弱勝剛強。魚不可脫於淵，國之利器不可以示人。

〈三十七章〉

　　道常無為而無不為。侯王若能守之，萬物將自化。化而欲作，吾將鎮之以無名之樸。無名之樸，夫亦將無欲。不欲以靜，天下將自定。

〈三十八章〉

　　上德不德，是以有德；下德不失德，是以無德。上德無為而無以為；下德為之而有以為；上仁為之而無以為；上義為之而有以為；上禮為之而莫之應，則攘臂而扔之。故失道而後德，失德而後仁，失仁而後義，失義而後禮。夫禮者，忠信之薄而亂之首。前識者，道之華，而愚之始。是以大丈夫處其厚，不居其薄；處其實，不居其華。故去彼取此。

〈三十九章〉

　　昔之得一者：天得一以清；地得一以寧；神得一以靈；谷得一以盈；萬物得一以生；侯王得一以為天下貞。其致之，天無以清，將恐裂；地無以寧，將恐發；神無以靈，將恐歇；谷無以盈，將恐竭；萬物無以生，將恐滅；侯王無以貴高，將恐蹶。故貴以賤為本，高以下為基。是以侯王自謂孤、寡、不穀。此非以賤為本邪？非乎？故致數輿無輿。不欲琭琭如玉，珞珞如石。

〈四十章〉

　　反者道之動；弱者道之用。天下萬物生於有，有生於無。

〈四十一章〉

　　上士聞道，勤而行之；中士聞道，若存若亡；下士聞道，大笑之。不笑不足以為道。故建言有之：明道若昧；進道若退；夷道若纇；上德若谷；大白若辱；廣德若不足；建德若偷；質真若渝；大方無隅；大器晚成；大音希聲；大象無形。道隱無名。夫唯道，善貸且成。

〈四十二章〉

　　道生一，一生二，二生三，三生萬物。萬物負陰而抱陽，沖氣以為和。人之所惡，唯孤、寡、不穀，而王公以為稱。故物或損之而益，或益之而損。

人之所教，我亦教之。強梁者不得其死，吾將以爲教父。

〈四十三章〉

天下之至柔，馳騁天下之至堅。無有入無間，吾是以知無爲之有益。不言之教，無爲之益，天下希及之。

〈四十四章〉

名與身孰親？身與貨孰多？得與亡孰病？是故，甚愛必大費；多藏必厚亡。知足不辱，知止不殆，可以長久。

〈四十五章〉

大成若缺，其用不弊。大盈若沖，其用不窮。大直若屈，大巧若拙，大辯若訥。躁勝寒，靜勝熱。清靜爲天下正。

〈四十六章〉

天下有道，卻走馬以糞。天下無道，戎馬生於郊。禍莫大於不知足；咎莫大於欲得。故知足之足，常足矣。

〈四十七章〉

不出戶，知天下；不闚牖，見天道。其出彌遠，其知彌少。是以聖人不行而知，不見而名，不爲而成。

〈四十八章〉

爲學日益，爲道日損。損之又損，以至於無爲。無爲而無不爲。取天下常以無事，及其有事，不足以取天下。

〈四十九章〉

聖人無常心，以百姓心爲心。善者，吾善之；不善者，吾亦善之。德善。信者，吾信之；不信者，吾亦信之。德信。聖人在天下，歙歙，爲天下渾其心，百姓皆注其耳目，聖人皆孩之。

〈五十章〉

出生入死。生之徒，十有三；死之徒，十有三；人之生，動之死地，亦十有三。夫何故？以其生生之厚。蓋聞善攝生者，陸行不遇兕虎，入軍不被甲兵。兕無所投其角，虎無所措其爪，兵無所容其刃。夫何故？以其無死地。

〈五十一章〉

道生之，德畜之，物形之，勢成之。是以萬物莫不尊道而貴德。道之尊，

德之貴，夫莫之命而常自然。故道生之，德畜之；長之育之；亭之毒之；養之覆之。生而不有，為而不恃，長而不宰。是謂玄德。

〈五十二章〉

　　天下有始，以為天下母。既得其母，以知其子；既知其子，復守其母，沒身不殆。塞其兌，閉其門，終身不勤。開其兌，濟其事，終身不救。見小曰明，守柔曰強。用其光，復歸其明，無遺身殃，是謂習常。

〈五十三章〉

　　使我介然有知，行於大道，唯施是畏。大道甚夷，而民好徑。朝甚除，田甚蕪，倉甚虛；服文綵，帶利劍，厭飲食，財貨有餘，是謂夸盜。非道也哉！

〈五十四章〉

　　善建者不拔，善抱者不脫，子孫以祭祀不輟。修之於身，其德乃真；修之於家，其德乃餘；修之於鄉，其德乃長；修之於國，其德乃豐；修之於天下，其德乃普。故以身觀身，以家觀家，以鄉觀鄉，以國觀國，以天下觀天下。吾何以知天下然哉？以此。

〈五十五章〉

　　含德之厚，比於赤子。蜂蠆虺蛇不螫，猛獸不據，攫鳥不搏。骨弱筋柔而握固。未知牝牡之合而全作，精之至也。終日號而不嗄，和之至也。知和曰常，知常曰明。益生曰祥。心使氣曰強。物壯則老，謂之不道，不道早已。

〈五十六章〉

　　知者不言，言者不知。塞其兌，閉其門，挫其銳，解其分，和其光，同其塵，是謂玄同。故不可得而親，不可得而疏；不可得而利，不可得而害；不可得而貴，不可得而賤。故為天下貴。

〈五十七章〉

　　以正治國，以奇用兵，以無事取天下。吾何以知其然哉？以此：天下多忌諱，而民彌貧；民多利器，國家滋昏；人多伎巧，奇物滋起；法令滋彰，盜賊多有。故聖人云：「我無為而民自化；我好靜而民自正；我無事而民自富；我無欲而民自樸。」

〈五十八章〉

　　其政悶悶，其民淳淳；其政察察，其民缺缺。禍兮福之所倚，福兮禍之

所伏。孰知其極？其無正。正復爲奇，善復爲妖。人之迷，其日固久。是以聖人方而不割，廉而不劌，直而不肆，光而不燿。

〈五十九章〉

治人、事天，莫若嗇。夫唯嗇，是謂早服；早服謂之重積德；重積德則無不克；無不克則莫知其極；莫知其極，可以有國；有國之母，可以長久。是謂深根固柢，長生久視之道。

〈六十章〉

治大國，若烹小鮮。以道莅天下，其鬼不神；非其鬼不神，其神不傷人；非其神不傷人，聖人亦不傷人。夫兩不相傷，故德交歸焉。

〈六十一章〉

大國者下流，天下之交，天下之牝。牝常以靜勝牡，以靜爲下。故大國以下小國，則取小國；小國以下大國，則取大國。故或下以取，或下而取。大國不過欲兼畜人，小國不過欲入事人。夫兩者各得其所欲，大者宜爲下。

〈六十二章〉

道者萬物之奧。善人之寶，不善人之所保。美言可以市，尊行可以加人。人之不善，何棄之有？故立天子，置三公，雖有拱璧以先駟馬，不如坐進此道。古之所以貴此道者何？不曰：以求得，有罪以免邪？故爲天下貴。

〈六十三章〉

爲無爲，事無事，味無味。大小多少，報怨以德。圖難於其易，爲大於其細。天下難事，必作於易；天下大事，必作於細。是以聖人終不爲大，故能成其大。夫輕諾必寡信，多易必多難。是以聖人猶難之，故終無難矣。

〈六十四章〉

其安易持，其未兆易謀。其脆易泮，其微易散。爲之於未有，治之於未亂。合抱之木，生於毫末；九層之臺，起於累土；千里之行，始於足下。爲者敗之，執者失之。是以聖人無爲故無敗；無執故無失。民之從事，常於幾成而敗之。慎終如始，則無敗事。是以聖人欲不欲，不貴難得之貨；學不學，復眾人之所過，以輔萬物自然而不敢爲。

〈六十五章〉

古之善爲道者，非以明民，將以愚之。民之難治，以其智多。故以智治國，國之賊；不以智治國，國之福。知此兩者亦稽式。常知稽式，是謂玄德。

玄德深矣，遠矣，與物反矣，然後乃至大順。

〈六十六章〉

　　江海所以能爲百谷王者，以其善下之，故能爲百谷王。是以欲上民，必以言下之；欲先民，必以身後之。是以聖人處上而民不重，處前而民不害。是以天下樂推而不厭。以其不爭，故天下莫能與之爭。

〈六十七章〉

　　天下皆謂我：「道大，似不肖。」夫唯大，故似不肖。若肖，久矣其細也夫！我有三寶，持而保之。一曰慈，二曰儉，三曰不敢爲天下先。慈故能勇；儉故能廣；不敢爲天下先，故能成器長。今舍慈且勇；舍儉且廣；舍後且先，死矣！夫慈以戰則勝，以守則固。天將救之，以慈衞之。

〈六十八章〉

　　善爲士者，不武；善戰者，不怒；善勝敵者，不與；善用人者，爲之下。是謂不爭之德，是謂用人之力，是謂配天，古之極。

〈六十九章〉

　　用兵有言：「吾不敢爲主，而爲客；不敢進寸，而退尺。」是謂行無行；攘無臂；扔無敵；執無兵。禍莫大於輕敵，輕敵幾喪吾寶。故抗兵相加，哀者勝矣。

〈七十章〉

　　吾言甚易知，甚易行。天下莫能知，莫能行。言有宗，事有君。夫唯無知，是以不我知。知我者希，則我者貴。是以聖人被褐而懷玉。

〈七十一章〉

　　知不知，上；不知知，病。夫唯病病，是以不病。聖人不病，以其病病，是以不病。

〈七十二章〉

　　民不畏威，則大威至。無狎其所居，無厭其所生。夫唯不厭，是以不厭。是以聖人自知不自見；自愛不自貴。故去彼取此。

〈七十三章〉

　　勇於敢則殺，勇於不敢則活。此兩者，或利或害。天之所惡，孰知其故？是以聖人猶難之。天之道，不爭而善勝，不言而善應，不召而自來，繟然而善謀。天網恢恢，疏而不失。

〈七十四章〉

民不畏死，奈何以死懼之？若使民常畏死，而爲奇者，吾得執而殺之，孰敢？常有司殺者殺。夫代司殺者殺，是謂代大匠斲，夫代大匠斲者，希有不傷其手矣。

〈七十五章〉

民之饑，以其上食稅之多，是以饑。民之難治，以其上之有爲，是以難治。民之輕死，以其求生之厚，是以輕死。夫唯無以生爲者，是賢於貴生。

〈七十六章〉

人之生也柔弱，其死也堅強。萬物草木之生也柔脆，其死也枯槁。故堅強者死之徒，柔弱者生之徒。是以兵強則不勝，木強則兵。強大處下，柔弱處上。

〈七十七章〉

天之道，其猶張弓與？高者抑之，下者舉之；有餘者損之，不足者補之。天之道，損有餘而補不足。人之道，則不然，損不足以奉有餘。孰能有餘以奉天下？唯有道者。是以聖人爲而不恃，功成而不處，其不欲見賢。

〈七十八章〉

天下莫柔弱於水，而攻堅強者莫之能勝，其無以易之。弱之勝強，柔之勝剛，天下莫不知，莫能行。是以聖人云：「受國之垢，是謂社稷主；受國不祥，是爲天下王。」正言若反。

〈七十九章〉

和大怨，必有餘怨，安可以爲善？是以聖人執左契，而不責於人。有德司契，無德司徹。天道無親，常與善人。

〈八十章〉

小國寡民。使有什伯之器而不用；使民重死而不遠徙。雖有舟輿，無所乘之；雖有甲兵，無所陳之。使人復結繩而用之。甘其食，美其服，安其居，樂其俗。鄰國相望，雞犬之聲相聞，民至老死，不相往來。

〈八十一章〉

信言不美，美言不信。善者不辯，辯者不善。知者不博，博者不知。聖人不積，既以爲人己愈有，既以與人己愈多。天之道，利而不害；聖人之道，爲而不爭。

附錄二：攻讀碩士學位期間已發表「老子」相關論文 〔註1〕

一、會議論文

1. 陳育民：〈老子與巫術文化的關係——以老子所說「無」與「道」為觀察線索〉，「國立清華大學中國文學系 2005 年全國研究生論文發表會」，新竹：國立清華大學中國文學系主辦，2005 年 11 月 5 日。

2. 陳育民：〈老子「心」的再開發——由「斂嗇心」所凝聚的一套自我生命關懷學〉，「第四屆 2005 年三清青年學者道家道教學術論文發表會」，臺北：財團法人三清道家道教文化基金會主辦，2005 年 10 月 7 日。〔註2〕

3. 陳育民：〈老子論「心」——一個對自我生命失落後的關懷〉，「『國文經緯』——國立彰化師範大學國文研究所第一屆研究生論文研討會」，彰化：國立彰化師範大學國文學系主辦，2005 年 4 月 30 日。〔註3〕

〔註1〕 此處所列不含發表於網路上及已投稿而尚未收到審稿結果消息的論文，發表於網路上的論文詳目及發表之最新消息，請連結上我的部落格網址：http://tw.myblog.yahoo.com/jw!G8s_BSKbHB5EbKuTSBjNrMwcMQ--，或無名小站網址：http://www.wretch.cc/blog/ilikedog101。又，有的論文乃在碩士畢業後始刊載。而有些已發表論文中曾出現諸多不成熟或欠缺考慮，甚至不夠周全的觀點，在碩論中多有進行修改與補充，是以如今最完整說法俱已呈現於筆者碩論中。

〔註2〕 本論文將收入《三清青年學術論文集（四）》（出版年、頁碼皆待考）。又，本論文於參加財團法人三清道家道教文化基金會主辦之「第四屆 2005 年三清青年學者道家道教學術論文發表會暨論文比賽」，獲頒「碩士生道家類第三名」。

〔註3〕 本論文將收入《國文經緯（第一期）》（出版年、頁碼皆待考）。

二、學報論文

1. 陳育民：〈老學史簡述——從先秦以至現當代的考察〉，《國立新竹教育大學語文學報》第 14 期，2007 年 12 月，頁 19～42。

2. 陳育民：〈老子論「天道」與「人道」的關係〉，《國立屏東教育大學學報》第 26 期，2007 年 3 月，頁 343～364。

3. 陳育民：〈老子其人其書的定位——對司馬遷所作《老子列傳》的肯定與修正〉，《國立新竹教育大學語文學報》第 13 期，2006 年 12 月，頁 109～128。

三、期刊論文

1. 陳育民：〈論老子所謂「聖人居無爲之事，行不言之教」——老子的「身教」思想〉，《人文月刊》（香港人文哲學會出版）第 162 期，2007 年 6 月，頁 5～10。

2. 陳育民：〈對《老子‧十三章》中「身」之意義分判〉，《人文月刊》第 161 期，2007 年 5 月，頁 4～8。

3. 陳育民：〈由《老子》中的「嗇」字看老子思想具有的「收斂」智慧〉，《國文天地》第 21 卷第 8 期，2006 年 1 月，頁 42～45。

4. 陳育民：〈老子論「德」與赤子嬰兒之間的關係〉，《中華道統文化學會期刊——道統之美：傳統價值之定位與重塑》第 3 期，2005 年 11 月，頁 3～5。

5. 陳育民：〈老子與陳國巫術文化〉，《宗教哲學季刊》第 34 期，2005 年 10 月，頁 48～55。

6. 陳育民：〈老子「心」的三個內涵〉，《孔孟月刊》第 43 卷第 9、10 期，2005 年 6 月，頁 29～33。

7. 陳育民：〈老子思想中的農業思維——以《老子》書中「地」與「嗇」的關係爲探討核心〉，《人文月刊》第 137 期，2005 年 5 月，頁 4～12。

8. 陳育民：〈從《老子》版本的比較中看「心」在老子思想的重要性——以通行本《老子‧第三章》爲例〉，《國文天地》第 20 卷第 12 期，2005 年 5 月，頁 29～33。